茶韻禪味

차의 맛을 선에 담다

차운선미

최석환 지음

茶의 세계

동아시아 차운의 세계를 담아낸 한권의 책

차의 맛이 선의 맛에 담긴 깨달음

원명(圓明. 전 통도사 방장)

"자네 차 몇 잔 마셨나." 이 말은 스승인 경봉(鏡鋒)노스님이 찾아오는 청풍(淸風) 납자(衲子)들에게 즐겨 쓴 말입니다. 그뿐만 아니라 노스님은 뜻이 통하고 말귀를 알아듣는 눈 밝은 선객(禪客)이 극락암을 찾아오며 시자에게 "차 달여오라(拈茶來)."라고 말씀했습니다. 그런데 뜻이 통하지 않는 이에게는 "극락에 길이 없는데 어찌 여기까지 왔느냐."고 질타하기도 했습니다.

이번에 동아시아 선차연구가인 최석환(崔錫煥) 회장이 20년간 정성을 들여 차의 맛이 선의 맛에 이르는 다운선미의 출간 소식을 듣고 기쁜 마음으로 축하의 서언(序言)을 쓰게 되었는데 경봉노스님을 모시고 극락암에 있을 때 노스님을 찾아오는 이들에게 이르시길 "시자야, 염다래 하라."는 말씀이 청량한 목소리로 어제 일처럼 들려오는 것 같았습니다.

그리고 눈이 열려있는 사람에게 일완청차(一碗淸茶)를 달여 선차(禪茶)의 품격(品格)을 높여주었던 절경이 펼쳐지는 것 같았습니다. 당대의 조주(趙州)선사는 그를 찾아오는 이에게 한결같이 "차나 마시게(喫茶去)."로 대중(大衆)을 제접했습니다. 조주의 차의 정신을 노스님이 이어가 염다래를 제창, 한국 선가에 조주의 가풍이 널리 전해져 갔습니다. 선가(禪家)에서는 차는 곧 깨달음과 직결된다고 많은 선승(禪僧)들이 간파했고 불가(佛家)에서는 다반사라는 말이 있듯 차와 선은 불가분의 관계가 있다고 말할 수 있습니다. 위앙종(爲仰宗)을 창종(創宗)한 위산(爲山)선사가 제자인 앙산(仰山)스님에게 말씀했습니다. "하루 종일 찻잎을 땄는데도 자네는 소리만 들리고 모습이 보이지 않는구나." 그때 앙산이 차 나무를 흔들었습니다. "자네는 용(用)만 얻었지, 체(體)는 얻지 못했구나."

이 같은 선어들은 차를 앞에 놓고 깨달음과 연결시키는 선승들의 중요한 화두(話頭)로 차와 선이 기나긴 세월을 두고 이어져 왔음을 증명시키고 있는 것 같습니다.

이번에 저자가 20년간에 걸쳐 동아시아를 넘나들면서 차운선미(茶韻禪味)에 선차를 담아낸 열정이 한국선차문화에 중요한 이정표를 남기게 되었다고 볼 수 있습니다.

이 책에서는 달마(達摩)가 눈꺼풀을 던져 차나무로 변한 역사적 의미부터 중국에 차씨를 전파한 신라(新羅) 김지장(金地藏)의 금지차의 중국 구화산(九華山) 전래설(傳來說), 6천년 전 차다근 발견과 차 한 잔으로 마음을 깨우다 등 다양한 주제를 담고 있어 차의 맛이 선의 맛에 이른다는 의미를 담고 있습니다. 이 한 권의 책을 통해 깨달음을 이룰 수 있다는 가르침을 담고 있어 동아시아 선차문화사에 적지 않은 공헌을 할 수 있다고 여겨지며 많은 차인들이 이 한 권을 통해 깨달음을 이루시길 바랍니다.

2021년 8월 영축산 통도사 비로암에서

차의 향기로움과 선의 맛과 어울림

이홍파 (낙산차회 회주)

달마대사(達摩大師)가 눈꺼풀을 던져 차나무로 탄생(誕生)한 이래 차와 선은 오랫동안 한배를 타고 천년의 세월 동안 이어져 오면서 다선일미가 법류(法流)처럼 흘러갔습니다. 선승들의 '식후에 차 석잔(食後三碗茶)'은 가풍(家風)처럼 이어져 왔습니다.

저자는 최근 동아시아를 넘나들면서 끽다거(喫茶去)를 출간하여 감명받은 바 있는데 이번에 다시 차운선미(茶韻禪味)라는 저술을 통해 20년간 천착해 온 선차라는 개념을 이 책 한 권에 담아냈습니다.

필자는 당대(唐代) 공차원(貢茶院)이 있는 자순차의 발원지인 후저우(湖州) 장흥과 오조홍인(五祖弘忍) 대사가 선풍(禪風)을 일으킨 황매산 오조사에서 열린 제11차 세계선차문화교류대회를 참관하면서 차와 선이 깨달음과 직결됨을 깨달은 바가 커서 이 책의 축사를 쓰게 되었습니다.

이 책은 차의 글의 어원을 쫓아 '차가 곧 사람의 만남'으로부터 시작하여 차를 발견한 신농, 달마의 차와 대렵보다 100년 앞선 시기를 중국으로 가져가 김지장이 구화산에 심게 된 배경과 차 한 잔으로 마음을 깨우다 등 차와 선이 곧 깨달음과 직결됨을 소상히 밝혀내 선차의 길잡이가 될 것 같습니다.

또한 저자가 선차를 붙잡고 20년간 동아시아를 누비며 한국 선차를 세계에 공헌하고 있음을 이 책을 통해 실감했습니다.

태허 홍선(太虛 泓宣)스님의 스승인 경운원기(擎雲元奇)선사의 법연의 인연으로 오래전 선암사(仙巖寺) 설선당(說禪堂) 공루(空樓)에 올라가 "종이 주머니에 조금 남은 지난해 묵은 차를 강남의 유자꽃과 함께 달이니 한줄기 향운 감출 수 없고 솔바람 불어 시골집에 다다르네."라는 경운원기선사가 차운한 석옥청공(石屋淸珙) 선사의 산거시(山居詩)를 볼 때마다 선과 차에 매료되면서 오랫동안 경운원기선사의 차운시를 화두처럼 간직해 왔는데 이 책을 통해 그 실마리가 풀리는 것 같았습니다.

이번에 최석환 회장이 차운선미를 저술한다는 소식을 듣고 차향이 담고 선의 맛이 곧 차의 맛으로 일관되게 저술한 이 책은 차사에 큰 공헌을 하리라고 기대하면서 차운선미에 차향을 실어 세계로 퍼져나가길 염원합니다.

2021년 7월 낙산 묘각사에서

차를 맛보며 선미禪味를 즐긴다

공종원(언론인)

'차의 세계' 발행인 최석환 씨가 이번에 '차운선미(茶韻禪味)'라는 제명을 단차를 논하는 신간을 내놓았다. 차를 논한 저자의 저술은 '차의 미'와 '선과 차' 그리고 최근의 '끽다거'에 이르기까지 거의 열 손가락을 다 동원할 정도로 다양하고 광범한 것이기에 일일이 거론하기 어렵지만, 그 저술들의 내용과 자료적 가치 때문에 차계의 큰 업적으로 널리 인구에 회자하고 있는 것이 사실이다.

하지만 그런 가운데 이번 간행된 '차운선미'는 저자의 다른 차 저술과 구분되는 특별한 위상을 드러내고 있는 것 같다. 저자 자신은 "이 책은 차를 인문학적으로 전개하기보다 품다(品茶)의 세계를 담아냈다."라고 설명하고 있다.

그러나 필자가 보기에는 이 저서가 지향하는 바는 단순한 '품다'기 아니라 차의 맛을 통해 곧 선의 맛을 느낀다는 의미를 담고 있는 것 같다. "선가의 차는 곧 깨달음과 직결된다."리는 그의 주장은 이미 저자가 20여 년 전 '선차(禪茶)'라는 개념을 들고 동아시아 차계를 선도하기 시작할 때부터 일관되게 탐구 천착해온 과제이기도 하다. 때문에 '차운선미'라는 제명 역시 단순한 차향(茶香)보다는 오감의 세계의 차원에서 선의 세계로 차원을 높여 '선의 맛'으로 승화한다는 의미를 함축한 것처럼 보인다.

그런 의미를 저자는 이 책 속에서 그야말로 인문학적으로 추적하기보다 현실의 음차현장과 차를 사랑했던 선사들의 수행현장을 답사하면서 좀 더 구체적으로 설명하고 싶어 한다. 차와 선을 직접 거론하자면 '제8장 차와 선이 만나다'나 '제9장 선향이 깃든 차실공간'으로 충분하겠으나 저자는 차의 시원과 근본을 도외시할 수 없는 듯하다. '제1장 하늘이 열린 차의 세상'이거나 '제2장 찻잎을 살피다'에서 '차가 곧 사람'이란 항목과 '차를 발견한 신농'을 우선 말하고 있는 것이 그것을 이야기한다.

그뿐만 아니라 '제4장 황금보다 귀한 차'라거나 '제5장 천하제일의 한국의 명차'와 '제6장 천하제일의 중국의 명차'를 통해 현실적으로 명차의 현장을 순례하고 차맛을 보고 품평하는 것들은 일반 차인들에게도 좋은 참고자료가 될 듯하다. 그러나 차를 마시는 품차의 현장에서 단순히 차를 맛보는 것만이 아니라 궁극적으로는 과거 선가의 전통에서 보듯이 차가 '다반사(茶飯事)'의 생활밀착형 차생활을 대변할 뿐 아니라 더 나아가 궁극적으로는 차를 마시는 과정에서 선미(禪味)를 느끼고 마침내 깨달음을 성취하는데 이를 수 있어야 한다는 것을 깊이 음미해야 할 것이다. '차운선미'는 그런 의미에서 '선차(禪茶)'와 '다선일미(茶禪一味)'의 현실을 확고히 깨우치는데 적잖게 공헌하리라 기대된다.

2021년 8월 추분(秋分)날에

차의 맛을 선에 담긴 향기로운 이야기들

김의정(명원문화재단 이사장)

　1500년 전 선법(禪法)을 동토(東土)에 전해준 보리달마(菩提達摩)대사가 졸음을 쫓기 위해 눈꺼풀을 던졌는데 그 자리에 차나무가 자라나면서 차와선은 한배를 타고 기나긴 세월을 흘러갔습니다. 그 후 신라(新羅)의 무상(無相)선사가 나와 '선차지법(禪茶之法)'을 제창(濟唱)했고 송대(宋代) 원오극근(圓悟克勤)선사가 '다선일미(茶禪一味)'를 제창하면서 선과차는 법류(法流)처럼 흘러갔습니다. 차를 말할 때 향긋한 차의 향기로움을 떠올리게 되었는데 이번에 새롭게 간행(刊行)한 '차운선미(茶韻禪味)' 에서는 선가(禪家)에서 차는 음료의 차원을 뛰어넘어 깨달음과 직결됨에 착안(着眼)하여 한잔의 차가 깨달음으로 이끌어 내는 방향성을 제시한 점에서 두고두고 차사에 중요한 이정표를 세웠다고 말할 수 있습니다. 이 책에서는 한국의 선차가 신라말(新羅末) 구산선문 조사들에 의해 바다를 건너 신라 땅에서 중흥되었는데 다시 한국의 선차가 선의 본고장인 중국으로 건너가 꽃을 피우게 됨을 한국차인으로서 자부심을 일으키게 했습니다. 이 책을 살피다가 80년대 초 명원((茗園) 김미희(金美熙) 선생이 세종문화회관에서 사원다례(寺院茶禮)를 처음 들고나와 우리나라에 처음 선차의 중요성을 깨우쳐준 사실을 담고 있어 이 책의 무게를 더해주고 있어 깊은 감동(感動)을 받았습니다. 2001년 하얏트 그랜드볼룸에서 열린 명원 차문화상 시상식에 바루를 이용한 명원 팔정다선법(八正茶禪法)을 처음으로 시연했던 기억이 새롭게 다가오는 것 같습니다. 팔정차선법은 팔정도를 활용하여 동서양을 망라하여 종교의 진리를 일원화하여 인간의 근원인 성(性)과 명(命)을 함께 쌍수수련(雙修修練)하는 선법으로 미묘한 수련법을 말하고 있습니다. 한국의 선차의 원류는 신라의 무상선사로부터 선맥을 이어간 마조도일(馬祖道一)선사의 제자인 남전보원(南泉普原)선사로부터 인가(認可)를 받고 돌아온 신라의 철감도윤(鐵鑑道允)선사와 끽다거(喫茶去) 화두(話頭)로 유명한 조주종심(趙州從諗)선사의 법형제의 인연(因緣)으로 백림선사(柏林禪寺)에 2001년 10월 〈한·중우의조주고불선차기념비(韓中友誼趙州古佛禪茶記念碑)〉를 세울 때 차계의 반대를 무릅쓰고 적극 참여하게 된 필자는 그로 인해 한국차문화의 위상을 새롭게 높여준 사실들을 기록하여 감회가 새롭게 다가왔습니다.

　'차운선미'의 제목이 말해주듯 차의 향기로움이 선의 맛을 담은 의미가 담긴 이 책에서는 지금까지 인문학(人文學) 중심(中心)으로 한국의 차사(茶史)가 써졌다면 이 책은 한잔의 차맛을 통해 깨달음을 추구하고 있는 점에서 한국차문화의 위상을 높이 평가할 수 있다고 말할 수 있습니다. 이 책을 쓴 저자 최석환 차인은 '차운선미'에 담긴 내용들은 신농(神農)의 찻잎의 발견으로부터 시작하여 천년 간 이어져 온 제다(製茶)

의 맥, 잊힌 한국의 명차(茗茶), 천하제일(天下第一)의 중국의 명차(茗茶), 차를 선향(禪香)에 담다, 차 한 잔에 마음을 깨우다, 선향이 깃든 차실, 차를 말하는 세계의 차 명인들 등 주옥(珠玉)같은 내용들을 담고 있는 점에서 저자가 오랫동안 준비한 열정에 축하를 드립니다.

이 책에 담긴 주옥같은 말씀들을 '다반향초(茶半香草)'에 담아 한국의 선차가 동아시아로 널리 퍼져나가 길 간절하게 바랍니다.

2021년 8월 칠월 칠석날에

차의 맛을 선의 맛에 담다

차나무가 이 땅에 모습을 드러낸 이래 사람들은 차를 앞에 놓고 고담준론을 나눈지가 천여년의 세월을 흘러갔다. 인류(人類) 역사(歷史)속에서 차문화(茶文化)는 문화(文化), 예술(藝術), 종교(宗敎)와 어우러지면서 다양하게 발전(發展)되어 가면서 한국인의 정신속에 차문화는 기층문화(基層文化)로 자리잡아 갔다.

일찍히 차(茶)와 선(禪)이 불가(佛家)로 전해져 오면서 많은 사람들이 선승들에게 여쭈었다. '무엇이 승려의 가풍입니까(問如何是和尙家風)'라고 말했다. 선가에서는 '식후에 차 세잔(食後三碗茶)이 스님의 가풍(家風)이 되면서 선가(禪家)에서는 무수히 많은 사람들이 차의 맛이 선의 맛(禪味茶味)이란 말이 유행시켰다. 그 점을 주목하여 20년간에 걸쳐 동아시아에서 잊혀져가는 선차문화(禪茶文化)를 새롭게 조명 하여 차의 향기로움이 선의 맛에 이른다는 차운선미(茶韻禪味)의 저술(著述)을 출간케 되었다. 이 책은 차의 어원(語原)이 담긴 차와 사람의 동행(同行)을 시작으로 차와 사람의 만남을 통해 천여년간 이어져온 차의 맛(茶味)을 다선일미의 각도에서 기술했다. 차와 사람의 첫 인연은 신농씨(神農氏)로부터 출발(出發)되었다. "신농은 온갖 풀을 맛보다가 일흔두번이나 중독(中毒)되어 이를 차로 해독(解毒)했다." 신농씨를 통해 차의 기나긴 역사가 이루어졌다. 두 번째 만남은 육우(陸羽)가 〈茶經〉을 저술(著述)하면서 사람들은 갖가지 궁리를 하기 시작했다. 차와 사람의 관계에는 처음에는 약용(藥用)으로 쓰이다가 제사(祭祀)나 제물(祭物)로 올려졌다. 그러다가 차와 선이 만나면서 깨달음의 차로다가서면서 차와 선은 수천년 동안 이어져 왔다.

이 책에 담긴 깨우침은 지금까지 차문화를 인문학(人文學)으로 정신문화(精神文化)를 추구(追求)했다면 이 책은 차의 맛(一味))을 통해 깨달음을 추구하는데 그 의미가 있다고 말할 수 있겠다. 5000년 전 신농씨가 차(茶)를 발견한 이래 무수히 많은 사람들이 발전시켜 나갔다. 그중 선차(禪茶)를 말할 때 빼놓을 수 없는 인물이 신라의 무상(無相)선사인데 동선(董璿)이 무상선사를 찾아와 차아(茶芽)를 전해

주었는데 무상은 차를 받고 너무나 기뻐했다는 고사가 전해온다. 솜털처럼 어린 싹은 차중의 차로 천여년간 그 맥이 이어져 왔다. 차운선미에 담긴 깨우침은 차를 통해 선에 이르는 가르침은 옛 조사(祖師)들의 어록과 문헌(文獻)을 중심(中心)으로 담고 있다. 이 책은 저자가 20년간 동아시아를 누비며 불가(佛家)로 이어져온 다선일미의 정신 속에 차 한잔이 깨달음과 이어진다는 의미를 추적한 끝에 '차의 맛을 선의 맛'에 담았다. 한국 정신 문화속에 선차의 의미를 담아 한국 민족의 마음속에 살아있는 선차일미 정신을 불어넣어 이 한권을 완성했다. 이 책이 나오기까지 지지와 성원을 보내주신 국내외 다승과 차인들의 성원에 감사드린다. 이 책은 차운선미 속에 차의 정신을 담으면서 차의 맛이 선의 맛이며 깨달음과 직결됨을 하나씩 밝혀 나갔다. 이 책의 교정 교열을 맡아준 열린선원 법현스님에게 감사를 전한다. 이 책을 통해 세계 각국의 차인들이 일가(一家)를 이루어나가길 바라면서 다선일미의 정신으로 행복(幸福)한 차의 세상을 열어나가길 바란다.

2021년 가을 최석환

9장 선향이 깃든 차실

10장 차를 말하는 세계의 차명인들

1장

하늘이 열린
차의 세상

[1. 하늘이 열린 차의 세상
차茶와 사람의 동행同行]

차나무가 세상에 드러나면서

5,000년 전 신농(神農)이 차(茶)를 발견(發見)한 이래, 수많은 사람이 차라는 글의 어원(語源)을 놓고 갖가지 해석들을 펼쳐 나갔다. 육우(陸羽)의 〈다경(茶經)〉에 도(茶), 가(檟), 설(蔎), 명(茗), 천(荈)을 차로 읽는다. 차문화가 대중 곁으로 다가서면서 서법가(書法家)들은 붓을 잡고 차라는 글을 움직이는 동선으로 쓰기 시작했다. 문필가들은 차라는 글을 앞에 놓고 다양한 해석을 내놓았다. 중국의 저명 차인 커우단(寇丹) 선생은 사람들을 만날 때마다 주고받는 인사로 자신을 '한 잎의 찻잎'에 비유한 바 있다. 찻잎이 여러 잎이 모여 향기를 내듯 차는 사람의 만남으로부터 비롯되었다고 말해 왔다. 차와 글의 어원을 절묘하게 다가선 것은 서법가들의 손끝에서 탄생한 서예 예술에서도 볼 수 있다.

차의 길을 따라 걷는 스승과 동자의 구도의 길

차의 글에 담긴 뜻

차가 시작된 이래 차라는 글을 놓고 다양한 해석이 뒤따랐다.《신농식경(神農食經)》에도 '차를 오래 복용하면 사람에게 힘이 솟게 하고 즐겁게 해 준다'라고 말하고 있다.

화타(華佗)의《식론(食論)》에서도 '쓴 차를 오래 복용하면 생각이 깊이 든다'라고 말하고 있다.

그처럼 차가 전파될 시기에는 차는 약용(藥用)으로 쓰이다가 육우(陸羽)가 나와《다경(茶經)》을 저술하면서 사람들은 갖가지 궁리를 하기 시작했다.

차와 글의 어원을 절묘하게 다가선 것은 서법가들의 손끝에서 탄생한 서예에서도 볼 수 있다. 세계 각국의 차인들이 지켜보는 가운데 2012년 10월 서울에서 열린 제7차 세계선차문화교류대회(世界禪茶文化交流大會)의 개막식 날 중국의 서법가인 각리(閣梨)를 대신하여 허베이(河北) 차문화 연구가인 수만(舒曼) 선생이 무대 위로 올라와 한 폭의 서법을 한국 측에 전해주었다. 그 글을 펼쳐보는 순간 놀라움을 감출 수 없었던 까닭은, 차(茶)라는 글을 차의 세계에 담아 움직이는 동선(動線)을 그려낸 서법가의 안목에 놀라움을 금할 수 없었기 때문이다. 한 폭의 묵적이 움직이는 행선(行禪)으로 그려낸 장면들을 볼 때마다 서예가의 놀라운 안목을 느낄 수 있다. 수많은 예술가들이 다선일미를 묵적으로 남겼다. 2012년 한국에서 처음으로 선차대회가 열렸을 때 중국의 서법가가 나와 한 폭의 화선지를 펼쳐지는 순간 다선일미가 들어났다.

차와 사람의 어울림

사람이 동선으로 걷는 장면을 다선일미에 담아냈다. 그 같은 묵적을 보는 순간 차의 글의 어원이 사람으로 비롯되었듯이 차와 선이 한길을 주장한 다선일미를 수천 년 동안 사람으로부터 비롯되었음이 다선일미라는 묵적에서 깨닫게 했다.

선다일미의 세계를 동선으로 움직이게 한
중국의 서법가의 놀라운 필체가 돋보인다.

차가 시작된 이래 차라는 글을 놓고 다양한 해석이 뒤따랐다. 《신농식경(神農食經)》에도 '차를 오래 복용하면 사람에게 힘이 솟게 하고 즐겁게 해 준다'라고 말하고 있다.

화타(華佗)의 《식론(食論)》에서도 '쓴 차를 오래 복용하면 생각이 깊이 든다'라고 말하고 있다. 그처럼 차는 처음에는 약용(藥用)으로 쓰이다가 육우(陸羽)가 나와 《다경(茶經)》을 저술하면서 사람들은 갖가지 궁리를 하기 시작했다.

《서초지국(瑞草之國)》을 저술한 중국의 저명한 차인 왕쉬펑(王旭峰) 선생은 "차와 사람의 관계는 최초 약용에서 시작되어 나중에는 제사에 쓰이는 제물이 되었다. 차와 사람의 관계에 있어서 차는 한 수 위에 있는 신통력을 지녀 신성하게 다가왔다. 차를 가까이하면서 수시로 사람들의 질병을 치료할 수 있었다. 차를 이야기할 때마다 염제(炎帝) 신농씨(神農氏)를 떠올리게 된데는 코로나 바이러스로 전 세계가 공포에 떨고 있을 때 신농은 백 가지 풀을 먹다가 72번이나 중독(中毒)되어 독이 온몸으로 퍼져나가 견딜 수 없게 되자 차라는 식물을 씹게 되었다. 신농은 뱃속으로 들어간 찻잎을 먹은 뒤에 배를 문질렀고 마침내 창자는 깨끗해졌다. 지금처럼 코로나 바이러스 확진자의 옷깃만 스쳐도 감염되는 현실에서 신농처럼 찻잎을 씹은 뒤에 몸이 회복되었듯이 신농같은 선지자가 나와 위기를 극복해나가길 기대해 본다. 차와 사람의 이런 만남의 관계로 인해 향후 수천 년 동안 양자의 조화를 만들어 냈다.

명(明)대의 침주(沈周)의 혜산차회도(惠山茶會圖).

[2. 만다라의 땅 천관대에서
천상의 차를 맛보다]

하늘의 길을 열어준 천관대 천상차회

천 길이나 솟아오른 우뚝 선 바위 하나가 아련하게 펼쳐졌다. 《화엄경(華嚴經)》
제27장 '보살주처품(菩薩住處品)'에 등장하는 천관설법대(天冠說法臺)는 푸젠성(福
建省) 닝더(寧德) 곽동진(霍東鎭)에 있는 지제산(支提山)을 말한다. 이 산이 유명하
게 된 데는 신라의 원표대사(元表大師)가 인도(印度)의 구법 중 심왕(心王) 보살로
부터 지제산(支提山) 영부(靈符)를 가리키며 '동남방(東南方)'에 지제산이 있으니 옛
적부터 보살들이 머물렀으며 지금도 천관보살이 권속일천 보살과 함께 그 가운데

〈화엄경〉보살주처품에 등장하는 천관대. 신라의 원표대사 성적(聖跡)이 살아있는 곳이다.

2012년 숙우회가 천관대에서 만다라 다법을 펼쳐보이고 있다.

있으며 법을 설하고 있다'고 말했다. 원표는 천관보살의 인도(印度)로《화엄경(華嚴經)》80권을 짊어지고 곽동을 찾아가 천관보살(天冠菩薩)에게 예를 올리고 나라연굴(那羅延屈)에 들어가 조석(朝夕)으로 화엄경을 독송하며 수행해나갔다. 원표는 지제산에 머물면서 계곡의 물로 차를 끓여 마시면서 집을 짓고 살면서 조석으로 화엄경을 독송하며 수행했다. 회창법난이 일어나자 원표는 화엄경을 종려 나무함에 넣고 석실 깊이 숨기고 어디론지 떠났다. 원표가 지제석실을 떠난 뒤 선종(宣宗. 대중원년 大衆元年) 시기에 일찍이 원표대사의 화엄경에 얽힌 이야기를 듣고 감동한 보복혜평(保福慧評) 선사가 지제산 감실 문을 열고 들어가니 종이에 먹빛이 새로 쓴 것과 같이 선명했다. 혜평은 석실에 있던 화엄경을 푸저우(福州)의 절에 보관했다. 그렇게 신라인 원표의 원력으로 지제산은 천관 신앙의 메카가 되었다. 천관보살의 상주처인 천관설법대가 원표대사와 인연이 깊은 곳임을 발견한 것은 우연찮게 이루어졌다.

　2009년 제4차 세계선차문화교류대회를 유치하기 위해 푸젠성의 차계(茶界) 인물들과 지제산 화엄사를 찾아갔다. 화엄사 선차실에서 화엄사 주지 후이징(惠淨) 스님과 마주 앉았다. 후이징 스님은 자리에 앉더니 능숙한 솜씨로 주석 통을 열고 차를 한 움큼 집어 개완잔에 넣었다. 그 순간 차향이 코끝을 스치고 지나갔다. 이내 물을 붓고 차를 우려냈다. 그 잔을 잡는 순간 고국 땅에서 맛본 작설차의 진한 감동이 느껴졌다. 그 순간 단도직입적으로 후이징 스님께 물었다.

"이 차는 어떻게 법제(法製)를 하십니까?"

"곡우 전후 찻잎을 채취하여 아홉 번을 쪄서 따뜻한 방에 말립니다."

"어찌 한국의 법제와 같습니까."

"이 절을 창건한 분이 신라의 원표 대사입니다. 오늘 비로소 원표의 후손을 만나게 되어 기쁩니다."

천관대에서 열린 천상차회

그 말끝에 모두 박장대소했다.

"어떻게 차향이 이렇게도 향긋합니까?"

"저는 매일 차향을 느낄 때마다 일미진중함시방(一微塵中含十方)을 보는 듯합니다."

그날 맛본 차의 향기는 오랫동안 내 마음을 적셔 왔다. 그렇게 원표대사가 세상에 드러나게 된 것은 차 한 잔의 공덕에서 출발했다고 말할 수 있겠다. 한국이 잊고 있던 원표대사를 차 한 잔으로 깨웠다. 그로부터 4년이 지난 뒤 후이징 스님과 화엄사 선차실에서 마주 앉아 차를 앞에 놓고 다담이 오가다가 천관대에 한번 가보고 싶다는 말을 꺼냈다.

후이징 스님은 빙그레 미소지으며 "인연이 있어야 천관대에 오를 수 있다."라고 말했다. 그때 후이징스님은 "천관대는 좀처럼 접근하기가 만만치 않아요. 그런데 하늘이 길을 열어주면 갈 수 있을 것이요."하고 말했다. 산을 넘고 강을 건너 천관대에 오르는 길은 천 길이나 되는 바위 위로 올라가야 했고, 절체절명의 순간들이 생과 사를 뛰어넘고서야 오른 천관대에 마음을 몽땅 빼앗겨버렸다. 첩첩이 둘러싸인 연꽃 만다라는 그야말로 천상의 세계가 따로 없음을 깨닫게 해준다. 닝더현 정부는 외국인들도 원표대사의 성적을 좇아 저렇게 고행을 아끼지 않는데 왜 우리는 소중한 문화유산을 눈앞에 두고도 잊고 있었느냐고 통탄했다. 그 후 천관대의 중요성을 인식하고 천관대를 닝더현의 중요한 성지의 하나로 개발하게 되었다.

2012년 처음으로 천관대에 올라갔을 때 밧줄을 타고 올라갔다 천관대의 중요성을 인식한 닝더현(寧德縣) 정부는 다음 해 천관대에 길을 뚫으면서 닝더의 성지로 바뀌었다. 그같은 결실을 맺게 된 것은 나의 끈질긴 노력으로 천관대가 성역화되면서 해마다 단오날 천상차회를 열게 되었다. 이 얼마나 벅찬 감동의 순간인가? 근 8년간 천관대의 변화를 지켜본 감회가 남다르다. 해마다 천관대에서 단오날 평화의 다례를 올리고 천상차회를 열어 중국차계를 감동시키면서 그 열기가 대륙을 뜨겁게 감동시키자 한국에까지 펴져 나갔다.

해마다 단오날 천관대에서 열린 천상차회. 2017년 열린 평화의 다례

천관대를 찾아간 까닭

천관대에 오르던 날 하늘에서 빗방울이 대지(大地)로 떨어져 내렸다. 그때가 2012년 4월 19일이었다. 지제산 화엄사에서 산과 강과 개울을 건너 천관대의 마지막 관문인 화엄정(華嚴亭)이 이르렀다. 천관대 아랫마을에서 흘러내리는 물로 목을 축이고 다시 발걸음을 재촉했다. 길목마다 만난 차나무가 향기로웠다. 천관대 아래 한 채의 집이 있는데, 이 집의 촌로에게 천관대에 관해 여쭈었다.

"천관대에 오르려 하는데 오르는 길은 순탄합니까?"

나를 바라보던 촌노는 놀란 표정을 지으며 다음과 같이 말했다.

"어찌 중국사람들도 잘 오르지 못하는 곳을 외국인이 오르려 합니까?"

"산과 바다를 건너 만 리 길을 멀다 하지 않고 천관대를 찾아 왔습니다. 천 년 전 신라의 원표대사가 천관보살의 성적을 쫓아 여기까지 왔는데 어찌 포기하겠습니까?"

"그런 열정이라면 오를 수 있겠지요. 천관대에 오르면 천관보살이 한 가지 소원을 들어주었다는 고사가 있어요. 꼭 천관대에 올라 성공하길 빕니다. 그런데 절대 천관대에 오를 때 뒤돌아보면 안 돼요. 앞만 보고 가야 합니다."

"왜 그렇습니까?"

"뒤돌아보면 위험합니다. 꼭 천관대에 오르길 빕니다."

촌노와의 이런저런 이야기를 끝내고 나무 지팡이에 의지해서 천관대에 올라갔다.

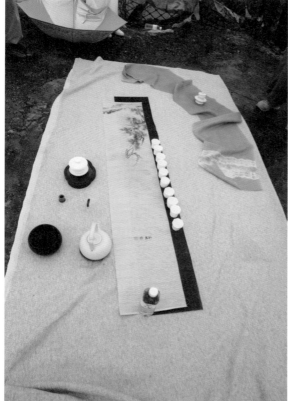

한 · 중 차인들과 어우러진 천상차회 이모저모

그런데 천관대에 이르는 길은 만만치 않은 고행의 길이었다. 나뭇가지를 의지하고 올라가야 했다. 천관설법대 가까이에 왔을 때 길이 보이지 않았다. 여기부터 바위를 붙잡고 올라가야 했다. 먼저 스님과 그 뒤 재가인이 뒤따랐다. 내가 맨 마지막으로 올라갔다. 천관대에 가기 위해서는 바위를 올라가야 하는데 앞이 캄캄했다. 그 순간 장사경잠(長沙景岑)의 화두 백척간두진일보(百尺竿頭一步)가 떠올랐다. 백 척이나 되는 장대 끝에서 앞으로 나갈 수도 없고 뒤로 물러날 수도 없는 절체절명의 화두였다.

그때 나의 귀가에 '앞으로 더 나아가라'라는 소리가 메아리처럼 울렸다. 여기서 머뭇거리다간 더 이상 전진할 수 없다는 울림의 소리였다. 그 순간 카메라를 뒤로 메고 바위를 밟고 엎드려 올라갔다. 1차 관문을 통과한 뒤 담력이 생겨 풀이나 나무를 붙잡고 전진했다. 살며시 뒤를 돌아보니 장흥 천관산과 빼닮아 보여 놀랐다. 30여 분 올라갔을까. 바위와 나무를 붙잡고 올라가니 맨 마지막 10여 m에 밧줄 하나가 놓여 있었다. 그 밧줄을 붙잡고 단숨에 천관대에 도착할 수 있었다. 그렇게 천관대는 하늘의 길이 열려 극적으로 올라갈 수 있었다.

다음 해(2013년 4월), 공차의식(貢茶儀式)를 올리기 위해 천관대에 두 번째로 한 · 중 순례단을 이끌고 찾아갔다. 먼저 도량을 깨끗하게 정화한 뒤 향로(香爐)에 향불을 먼저 붙였다. 이는 천관대 공차의식에 동행한 중국의 신바오(心寶) 스님에 따르면 '천관보살이 굽어 살펴 주시기에 향을 피워 도량을 깨끗하게 해주고 참가한 모든 이에게 복전을 주실 것'이라고 말했다. 30kg이 넘는 무거운 짐을 옮겨온 후이징 스님이 아니었으면 이와 같은 천관보살에게 올리는 공차의식은 상상할 수 없을 것이다.

티베트 범어(梵語)를 새긴 깃발의 중앙에 다석(茶席)을 만들었다. 우주를 상징하는 사각의 천을 바닥에 깔고 그 위로 화엄사에서 공수해 온 동백꽃을 한가운데 놓자 찻자리가 마련되었다. 맨 먼저 후이징 스님이 반야심경을 선창하자 일행이 따라 염송했다. 염송이 끝난 뒤 천관대 위에서 숙우회의 사업 만다라 차 행법이 펼쳐졌다. 네 명의 다우가 자리에 앉아 손에 하늘의 기운을 불어넣은 뒤 손을 잡고 원(圓)을 그리며 꽃을 허공에 날렸다. 이윽고 한 다우가 정병으로 찻잔에 물을 붓고 차호에 한국에서 가져간 녹차를 넣고 또 다른 다우는 향을 피우고 사방을 돌며 차를 우려냈다. 네 명의 다우는 찻잔을 잡더니 갓 우린 차를 허공에 높이 들고 천관보살에게 공양했다. 이 순간을 지켜본 숙우회 강수길 선생은 "제가 고안해 낸 만다라 차 행법이 만다라의 땅 천관대에서 이뤄질 줄을 예견치 못했는데 벅찬 감동의 순간입니다."라고 말했다.

20여 분간 펼쳐진 만다라 사업 차행법을 지켜본 참가자들은 우주와 자신이 하나임을 깨달을 수 있었다. 만다라의 땅 천관대에 헌다를 올린 뒤 먼저 후이징 스님과 신바오 스님에게 차를 올렸다. 한국의 차맛에 감격한 중국의 종교국 관리는 연신 향불 앞에 합장했다. 마음속으로 천관보살이 굽어 살펴 주실 것을 발원한 듯했다. 천관대에 앉아 차 맛을 음미했다. 그 맛은 미중유처럼 감미로웠다.

해마다 단오날 천상차회가 열리던 날

2017년 5월 단오날 (5월 30일), 천관대에서 천상차회가 열리게 된 것은 각별한 사연이 있다. 1990년 중반 구산선문(九山禪門)의 자취를 쫓아 강릉 굴산산문(堀山山門)을 찾아가 굴산사지를 살피다가 뜻밖에 범일(梵日) 선사가 강릉 단오제(端午祭)의 주신으로 받들어졌던 사실을 알게 되었다. 중국 춘추전국시대 초(楚)나라 시인 굴원(屈原)이 부패를 청산하려다가 실패하여 좌절된 뒤 스스로 목숨을 끊었다. 사람들은 굴원의 넋을 위로하기 위해 그로부터 단오절이 생겼다고 말하고 있다. 그렇기에 중국인들은 단오절의 의미를 각별하게 생각하고 있었다. 뜻밖에 그 의미 깊은 단오절 날 천상에 올라가 천상차회를 열어 사드로 얼어붙은 한 · 중의 경색된 정국을 차 한 잔의 공덕으로 풀어보려는 염원을 담고 있다. 2012년 처음으로 천관대에 올랐을 때 느낌은 밀교의 태장만다라(胎藏曼茶羅)를 그대로 옮겨 놓은 것 같았다. 그 자리에서 삼배를 올리고 좌선에 빠져들었다. 화엄사에서 온 스님이 두 손을 모아 '나무아미타불'을 연신 외웠다. 한참 만에 좌선에서 깨어났다 천관대에서 아래를 바라보니 현기증이 났다. 1000여 미터 정도 되

어 보였다. 라마승들이 천관
대에 티베트 경전들을 새겨둔
깃발들이 나부꼈다. 천관설
법대에는 향로를 꽂았던 흔적
이 있었다. 예전에 화엄사의
후이징 스님의 말씀이 떠올랐
다.

"마음이 산란한 때 불현듯
천관대에 올라 좌선을 하면
산란한 마음이 사라집니다.
그래서 나는 천관대를 좋아하
게 되었습니다."

힘들게 걸어가는 동안에는
고행이지만 천관대에 올라 자

천상차회에 참가한 한·중 차인들

연을 관조하면 그렇게 행복할 수 없다고 말하였다.

후이징 스님과의 각별한 인연으로 천관대가 하나씩 세상에 드러났다. 이처럼 천관대가 주목받은 까닭은 화엄 만다라 세계를 그대로 옮겨 놓았던 곳이기 때문이다. 당·송·명·청을 거쳐 수행자들이 평생 한 번 천관대에 오르길 발원했다. 그런데 지제산이 말해주듯 뱀과 독사들이 많아 쉽사리 접근을 허용치 않아 금기시했다. 그날 깜짝 놀란 것은 아랫마을 촌락의 삽살개 한 마리가 천관대 정상까지 올라왔다. 그 삽살개를 바라보면서, 하물며 동물까지도 성불하려고 천관대 꼭대기까지 올라왔는데, 중생의 염원을 천관보살이 그냥 외면하지 않을 것이라는 사실을 깨달았다.

일찍이 천관대를 주목하게 된 것은 신라의 원표대사와 차에 얽힌 사실을 접한 뒤부터였다. 원표대사는 신라의 구법승으로 천축(印度)의 월지국(月支國)을 참배하던 중 심왕보살을 만나 그로부터 지제산 영부(靈府)를 가리키며 80권의 《화엄경華嚴經》을 수기로 주시며 천관보살을 만나게 했다. 원표는 심왕보살에 이끌려 80권의 《화엄경》을 짊어지고 곽동산을 방문하여 천관보살을 뵙고 지제산 석실에 머물렀다. 그리고 회창 법란이 일어나자 《화엄경》을 나무함에 담아서 석실 가운데에 깊숙이 숨기고 신라로 건너와 보림사를 창건하였다. 그 감실이 지금의 나라연굴사이다. 명나라 시기 세워진 《나라암비기(那羅岩碑記)》에는 '나라연굴암은 민녕(閩寧)에 있다. 매우 높은 산에 석실이 있는데여기서 원표대사가 주석하면서 나라연굴사를 창건했다. 684~704년경, 회창법란 시기 원표대사는 《화엄경》을 가지고 신라로 들어갔다'라고 적혀 있다.

천관대에서 향과 차가 만난다

2012년 봄날 처음으로 산을 넘고 강을 건너 밧줄로 천관대에 올랐을 때를 상상하면 지금의 천관대는 인로왕보살이 인도하여 반야용선(般若龍船)을 타고 극락세계로 올라가는 듯했다. 이후부터 천관대에 빠져들어 해마다 천관대에서 평화의 다례가 올려졌다.

2017년 5월 천관대에 동행한 한·중 순례단은 그 의미를 처음에는 모르고 있다가 천관대 정상에 올라가서야 실감했다. 쇠밧줄과 사다리에 의지하여 간신히 천관대에 올랐던 장면이 펼쳐져 있는 광경을 보고 깜짝 놀랐다.

천관대에 올라 숨을 가다듬고 제단을 정갈하게 한 이후 천상차회가 열렸다. 한국에서 가져온 차와 도예 명장 신현철 선생이 재현한 병향로(柄香爐)를 앞에 놓고 헌다의식이 거행되었다. 차는 한국의 녹차와 중국의 백차를 번갈아 우려낸 뒤 중국 측의 지제산 화엄사 쌘룽(賢融) 스님과 한국 측의 한국국제선차문화연구회 최석환 회장의 헌다와 향도는 성종 스님으로 이어졌다. 그 뒤 전 대중이 차 한 잔을 천관대에 올리면서 천상차회는 개최되었다.

한국 경주 단석산 신선사 마애불에 나온 병향로에 침향을 피우자 향연이 천관산에 퍼졌다. 향도 연구가인 성종스님이 천관대에 올렸다. 그 순간 향연이 천상으로 퍼져나갔다. 차향이 향연을 타고 천상으로 퍼져나가자 쌘룽스님은 천관보살이 굽어 살펴주신 은덕이라고 말씀했다. 그 향연을 지켜보면서 2013년 3월 천관대에서 만다라 의식이 거행되었을 때 심바오스님의 말씀이 머릿속에 스쳤다.

'천관보살은 침향을 무척 좋아합니다. 천관보살을 위하여 향을 피웁시다.'

그렇게 천관대에서 헌다의식 이후 천관대에서 천상차회가 열렸다.

찻자리는 푸저우(福州) 이안거의 왕 사장이 정갈하게 마련했다. 천관대에서 이루어진 천상차회는 순례객까지 합세하여 아름답게 펼쳐졌다. 천관대에서 찻자리가 이루어졌다. 천상에서 여러 사람에게 차를 한 잔씩 돌렸다. 그 차를 받고 차 맛이 오감(五感)으로 넘어가는 순간 차향이 온몸으로 느껴졌다. 천관대에서만 맛볼 수 있는 차 맛이었다. 차를 2시간을 마신 뒤 냉차로 우려냈다. 냉차인데도 향기가 온몸에 느껴졌다. 천상에서 맛본 특별한 차선일미에 빠져들었다.

해마다 단오날 천관대에서 천상차회를 개최한다는 소식이 송광사 현봉 스님에게 전해졌다.

현봉 스님이 원표대사의 성적을 쫓아 천관대에 오른 것은 2018년 7월이었다. 천관대에서 평화의 다례가 열린 지 7번째였다. 하늘의 양기(陽氣)가 가장 높은 단오날 천관대에 오르려는데 산 아래에 이르니 진돗개 한 마리가 기다리고 있었다. 2017년 천관대까지 먼저 길을 안내한 바로 그 개였다. 진돗개는 사람을 알아본 듯 꼬리를 흔들면서 반갑게 맞이했다. 마을 앞에서 한숨을 돌리고 한·중이 함께 참여한 평화의 다제는 가파른 계단을 따라 산 정상에 이르렀을 때 하늘까지 쾌청했다. 마치 천관보살께서 이끌어주시는 듯 천관대를 올라갔다.

천관대에 이르니 시시각각으로 변하는 자연 현상계를 바라보면 만다라의 땅이 그려졌다. 지제지〈支提志〉를 살피다가 천관대가 천관설법대로 불린 사실이 발견되었다. 간간이 설법대에 관한 시가 머릿속을 스쳤다. 석해망(釋海盟)의 '설법대' 시는 이렇게 시작된다.

높은 단상에서 새벽 푸르름을 보며 전해지는 천관이 앉은 석상(石狀)이 있다.
그해에 설법을 알지 못하지만, 현재 오히려 빗속의 꽃향기를 느낀다.
高台一望晓苍苍, 传是天冠坐石床.
不识当年说甚法, 至今犹觉雨花香.

천관대에 오르면 반드시 거쳐야 할 통과의례처럼 천관보살 앞에 향(香) 하나를 피워 천관보살이 살펴주시길 염원했다. 전 대중이 천관보살을 향해 합장했다. 송광사의 현봉 스님이 천관보살을 염송한 뒤 전 대중이 천관보살을 염송하자 하늘 끝까지 메아리가 울려 퍼졌다. 제단을 천관대에 모시고 있는 향로 앞에 마련했다. 그리고 차 한 잔을 들고 제단을 한 바퀴 돈 뒤, 차를 천관보살을 향해 올린 뒤 다제는 엄숙하게 끝났다.

천관대에서 평화의 다례가 끝난 뒤 천관대에서 찻자리가 펼쳐졌다. 이안거에서 미리 준비한 백차(白茶)를 내놓았다. 차를 맛본 대중들은 무미의 맛을 느껴진다면서, 천상의 차맛이 바로 이 맛이라고 극찬을 아끼지 않았다. 천상차회는 코로나가 세상을 강타하기 이전 2019년까지 8차례나 개최되었다. 코로나가 종식되면 다시 단오날 천상차회를 열어 무미의 차 맛을 세상 밖으로 전하려 한다.

천관대에서 무미의 차를 맛보다

천관대에서 연 최초의 천상차회는 매우 생소한 용어이다. 하늘 끝자락에서 만난 천상에서 맛본 그 차 맛은 이루 말로 표현할 수 없을 정도로 환상적이었다. 천관대를 주목하게 된 데는 신라말 원표대사의 인연에서 비롯되었다. 수많은 사람이 천관대를 찾아 주옥같은 시어를 남겼다. 그런데 나는 정대홍 상인의 〈설법대(說法臺)〉라는 시가 늘 잊히지 않았다.

온 방에 선광(禪光)이 옛 불가에 넘치고
동천(洞天) 명소로 생활이 가득하다.
마른 대나무와 같은 정신을 강하게 하고
도는 고독한 구름 위로 펼쳐지네.

천관 설법대 에도 2시간 계속된 천상차회는 극락 만다라 세계를 그대로 옮겨 놓은 것 같았다. 그 옆에서 천상차회를 지켜본 왕 보살에게 차 한 잔을 권했다. 왕 보살은 향기로운 차맛에 감격했다. 그녀에게 천관대를 찾게 된 연유를 여쭈었다.

"몇 해 전 천관대가 관광지로 개방되었다는 소식을 접하고 단오날 때를 맞추어 찾아 왔어요."

"어떻게 천관대를 알게 되셨나요?"

"중국인들이 평생 한 번 오르고 싶은 곳이 천관대입니다. 그런데 한국인이 원표대사의 족적을 쫓아 천관대를 찾아온 이래 중국 닝더현 정부가 감동하여 개방되었다는 보도를 접하고 천관대에 꼭 한번 와보고 싶었습니다. 오늘 한국인을 뵈니 원표대사를 만난 이상으로 기쁜 마음을 금할 수 없어요."

이렇게 천관대는 만난 사람들이 평생 한 번 찾길 소망했다. 평화의 다례로 시작한 천관대는 해마다 천상차회를 통해 하늘의 문이 활짝 열리면서 천상의 차향이 지제산을 휘감았다. 천관보살의 크신 은덕으로 차 한 잔이 평화의 상징으로 자리매김했다.

천 년 전, 원표대사의 인연으로 천상차향(天上茶香)을 마음에 담고 천관대를 내려왔다. 해마다 단오날 천상차회를 8번째 개최해온 원력은 원표대사의 공덕이라고 말할 수 있겠다. 천상(天上)에서 맛본 차맛(茶味)은 무미(無味)의 맛으로 지금도 잊을 수 없다.

[3. 저 산 아래 우타이산에 차가 있네]

　죽음이 없는 신비의 땅 '샹그리라(香格里拉)'는 윈난성(雲南省) 중뎬(中甸)에만 있는 것은 아니었다. 중국 산시성(山西省)에 아득히 안긴 듯한 우타이산(五臺山)에도 있다. 먼 옛날 티베트인들은 차를 말에 싣고 차마고도(茶馬古道)의 문을 열었다. 이제 그 차마고도로 차를 실어 나르던 병차(餠茶)를 우타이산에서도 맛볼 수가 있으니 가슴 벅찬 순간이 아닐 수 없다.

　우타이산은 4대 명산 중 문수보살(文殊菩薩)의 성지로 알려지면서 '한·중·일 불교의 메카'로 자리 잡아갔다. 선덕여왕 5년(636) 신라의 자장율사(慈藏律師)도 바다를 건너 험난한 산을 넘어 우타이산에 이르렀다. 자장율사는 문수보살이 머무르는 태화지(太和地)에 이르러 문수보살 석상 앞에 지극정성으로 발원한 끝에 문수보살을 친견하기에 이르렀다. 명산인 우타이산이 차문화의 메카로 떠오른 것은 2005년 5월 산시성(山西省)의 대동시(大同市) 각산사(覺山寺)에

하늘 아래에서 내려다 본 우타이산.

차를 즐기는 우타이산 사람들

서 천 년 고차수가 발견되는 등 차나무의 북방한계선이 무너져버린 뒤였다.

하루를 차로 시작하는 우타이산 사람들은 차가 없으면 살 수 없다. 우타이산을 걷다 보면 찻주전자를 들고 다니는 사람들을 손쉽게 볼 수 있다. 손에는 차통을 들고 사람들과 이야기를 나누면서 차를 마시는 사람들로 손쉽게 만날 수 있다. 그 유명한 선종 공안에 나오는 덕산선감(德山宣鑑, 782~865)과 떡장수 할머니 이야기도 우타이산이 발원지였다. 《금강경(金剛經)》에 능한 덕산선감이 우타이산에서 떡을 파는 노파에게 금강경의 '과거심불가득 현재심불가득(過去心不可得 現在心不可得)'에 막혀 그날 공양을 받지 못했다는 일화는 두고두고 회자했다. 그 현장이 우타이산이다.

우타이산에서 차인으로 소문난 왕 여사를 우연히 만났다. 우타이산에 밝은 김춘여(金春女) 여사가 왕 여사를 한번 만나보자는 제안을 했다. 그를 따라 왕 여사 집에 이르자 마침 차를 우리고 있었다.

그의 차 우리는 솜씨는 보통이 아니었다. 가만히 살펴보니 그가 우리는 차가 말에 실어 나르던 바로 그 푸얼차 아니던가. 이 깊은 산중에서 푸얼차를 만난 것은 뜻밖이었다. 우타이산 사람들은 화차를 마시는 것이 일상생활이었는데 요즘 들어 부쩍 푸얼차를 즐기는 까닭을 물었다. 왕 여사는 능숙한 솜씨로 차를 우려낸 뒤 말문을 열었다.

"여기 우타이산은 날씨가 매우 춥습니다. 그 전에는 화차 종류를 마셨는데, 타이위안(太原)의 친구로부터 푸얼차를 어렵게 구하게 되어 맛을 보게 되었죠. 그 맛이 일품이고, 몸을 훈훈하게 해주어 마시기 시작했습니다."

그녀가 높이 든 찻잔으로 차를 들여다보았다. 붉디붉은 차향이 오감으로 느껴졌다. 이 푸얼차가 그 옛날 말에 실

날마다 찻물을 들고 사는 우타이산 사람들.

고 차마고도의 길을 따라 실크로드로 건너간 푸얼차였다.

"선생은 어찌 우타이산에 오게 되었습니까?"

"천여 년 전, 신라의 무상선사가 있어요. 무상선사는 인성염불로 대중을 이끌었는데 정토종의 4조 법조선사가 여기 우타이산 죽림사에서 무상선사의 인성염불을 전승하여 오회염불을 제창하였다는 말을 듣고 이렇게 오게 되었습니다."

"아, 그렇군요. 우리도 잘 몰랐는데 선생을 통해 오회염불을 듣게 되었으니 이 얼마나 기쁜 일입니까. 저도 이제 아침마다 오회염불을 외워야 할 것 같습니다."

"너무나 기쁜 일입니다."

이 여사와 차를 앞에 놓고 이야기를 나누다 보니 해가 중천에 떠 있었다.

밖을 나서니 손에 차병을 들고 있는 사람들과 염주를 돌리며 주문을 외우는 사람들로 인산인해였다. 산 아래 우타이산을 주목하게 된 데는 신라말 자장율사가 문수보살을 만나 신라에 율법을 들어온 데다가 문수 신앙의 발원지로 유명하기 때문이었다.

푸얼차를 마시며 오묘한 차향에 빠져드는 우타이산 사람들을 보면서 차의 향이 곧 선한 마음을 일으켜 향기로운 차향에 빠져들게 된다는 사실을 깨닫게 되었다.

4. 사람 냄새 물씬 풍기는
구갑 마을 사람들

윈난(雲南)의 거령신(巨靈神)을 받들고 있는 야생 고차수의 고향 천가채(千家寨)로 가려면 꼭 거쳐야 할 관문이 구갑(九甲) 마을이다. 구갑은 애뢰산(哀牢山) 아래에 있는 마을이다.

구갑 마을을 찾아가던 날 뜻밖에도 5일 장이 열렸는데 그 현장을 생생히 목격했다. 전날 구갑 마을의 촌락에서 대대로 살아온 할머니를 만났다. 해 질 무렵까지 이삭을 거두기 위해 빗자루로 담아내고 있었다. 그 옆에는 붉디붉은 복사꽃이 절정을 이루었다. 오염되지 않은 이곳에서 옛 풍습을 지니며 살아가고 있음을 실감했다.

날이 밝자 구갑 마을 촌락에 장이 들어섰다. 구갑 사람들은 활기차 보였다. 1주일에 한 번 열리는 5일 장에 나와 흥정하는 사람과 생필품을 구하는 장면이 여기저기 목격되었다.

세계 차왕 호텔을 빠져나와 맨 먼저 구갑 마을 어귀에 벌집째 들고나와 꿀을 파는 상인을 만났다. 자세히 바라보니 야생 꿀이 아닌 재배 꿀이었다. 촌노에게 다가가 야생 꿀이냐고 묻자, "이보시오, 요즘 야생 꿀이 어디 있느냐."고 오히려 내 얼굴을 바라보면서 어리둥절하게 했다.

이 첩첩산중도 도회지에 물든 모습을 보고 매우 놀랐다. 사람들 틈을 헤집고 들어

서자 갖가지 약초에서부터 애뢰산에서 채집한 신기한 약초들이 즐비했다. 그 많은 애뢰산의 토산품 중 햇차에 눈길이 모였다. 떡차 형태로 만든 녹차가 아니던가. 그런데 찬찬히 녹차를 살피니 엄격한 법제 방식이 아닌 마을 수공으로 만든 것이었다. 아직 마을 사람들은 차를 장인 정신이 아닌 일상 생필품처럼, 물 대신 음다(飲茶)를 함을 실감했다.

원난 사람들은 명전 전후에 찻잎을 채취하여 녹차를 만들어 5일 장이 열리면 마을 촌노들은 자신이 만든 차를 들고 나와 차를 팔고 있었다. 그리고 명전 전후 찻잎을 채취하여 법제한 녹차들이 손님을 기다렸다.

한 할머니에게 자신이 만든 햇차를 한 움큼 집으라고 하니 수줍은 듯 햇차를 두 손으로 집으며 미소지었다. "왜 푸얼차(普洱茶)는 없습니까."라고 묻자 "사람들은 산차(散茶) 형태를 좋아하지 푸얼차는 좋아하지 않아 수요가 없지요."라고 말했다. 원난 사람들은 병차 형태보다 산차를 좋아하고 있다는 사실을 깨달았다.

그의 앞으로 다가가 타차(沱茶) 하나를 손에 잡았다. 이 마을에 대대로 내려온 수공 제다법으로 법제하여 차 맛이 향기롭다고 말한다. 타차 두 덩이를 구입하자 할머니는 활짝 웃음을 보였다. 귀국한 뒤 타차를 우려 마셨는데 찻잎이 쓴 기운이 너무 강해 다시 보관해 두었다. 그러다가 10년이 지난 뒤 불현듯 개봉했다. 그런데 뜻밖에도 찻잎을 우려낸 뒤 찻잎이 하나씩 되살아났고 차향이 오감으로 느껴졌다. 바로 이 차가 고려시대 노규선사가 지리산 운봉에서 법제한 조아차(早芽茶)의 원형을 발견하고 조아차의 실체가 밝혀지는 순간이다.

중국의 시장 풍경은 한국에서 거의 사라진 5일 장 풍경과 비슷했다. 푸얼차의 고향에서 녹차를 즐기는 모습을 지켜보면서 대만(타이완)이나 한국에서 푸얼차를 선호하면서 덩달아 푸얼차가 세상에 알려졌음을 알게 되었다.

5일장이 열리는 구갑마을 사람들이 자신이 손수 만든 야생차를 들고 나와 차를 팔고 있다.

　구갑 마을이 유명세가 따른 까닭은 천가채의 2,700년 된 고차왕수(古茶王樹) 덕택이다. 세계 최대의 야생 고차수로 알려지면서 자부심이 대단한 마을이다. 이 마을 사람들은 예나 지금이나 애뢰산의 기운을 머금고 농업을 주업으로 살아간다. 그들은 오염되지 않은 마을을 지키며 행복해한다. 5일 장이 들어서는 그날 마을에서부터 어린아이를 업고 시장에 나오는 사람들로부터 5일 장의 아름다운 모습이 보였다. 그들이 시장을 돌며 이것저것을 흥정하며 생필품을 한 바구니씩 들고 조용히 마을로 돌아가는 뒷모습에서 인간의 진한 정을 느껴 봤다. 참으로 보기 드문 5일 장을 구갑 마을에서 목격하면서 이 또한 거령신이 우리에게 준 값진 선물이라고 여겼다.

2장

찻잎을
살피다

[1. 차조茶祖로 추앙받는 염제신농씨神農氏]

차의 길을 연 염제 신농

다신(茶神)으로 떠받들어지고 있는 신농씨는 온갖 풀을 맛보는 동안 하루에 일흔두 번이나 중독된 것을 백초(百草)로 만든 차(茶)로 해독하면서 차의 기나긴 역사가 시작되었다. 신농 이전에는 차를 약용(藥用)으로 쓰였다. 신농씨가 차를 발견한 뒤부터 차가 음료로 발전되어가다가 육우가 나와 《다경》을 저술하면서 사람들은 갖가지 궁리를 하기 시작했다. 중국에 차가 전래된 시기는 대략 5,000년 전에 파촉(巴蜀, 현재 쓰촨성) 땅을 지나 동아시아로 전파되었다. 백성들은 신농이 차를 전해 준 고마움을 지금까지 잊지 않고 있다. 차를 숭상하는 동아시아권 모두가 염황자손(炎黃子孫)이라고 말한다. 염황은 바로 염제(炎帝) 신농씨(神農氏)를 두고 하는 말이다. 신농은 고대삼황(三皇: 伏羲, 神農, 黃帝)의 한 사람으로 차를 발견했을 뿐 아니라 곡식 종자를 수집하여 농사짓는 법을 가르쳐 백성들에게 오곡(五穀)을 파종케 했다. 벼가 자라난 뒤 오곡이 풍성해지자 사람들은 그를 신농씨라고 불렀다. 해마다 농사가 잘되기를 비는 신농제(神農祭)와 햇차가 나는 곡우(穀雨) 전에 차에 고마움을 비는 다신제(茶神祭)를 올렸다. 그처럼 오늘까지 신농을 받들어 오고 있는 것은 민중들의 가슴속

차나무에서 올라온 일창이기

신농상. 찻잔을 들고 있다.

에 살아있다는 증거라고 말할 수 있겠다.

오랫동안 한국인에게 익숙하게 쓰여 온 '차례(茶禮)'라는 말이 있다. 차례란 조상(祖上)에게 제사(祭祀)를 지내는 의식(儀式)을 말하는데 제사 때 차를 올리는 풍습이 오늘까지 전해진 것이다. 이런 풍습은 오랫동안 한국인의 마음속에 자리 잡았다. 따라서 신농은 중국뿐 아니라 차를 숭상하는 동아시아권 모두에게 다신으로 받들어져 왔다.

《국어사전》에는 '중국의 전설상의 제왕 삼황의 한 사람으로 성(姓)은 강(姜), 형상은 인신(人身), 우수(牛首), 화덕(火德)으로 염제(炎帝)라고도 하며 농업, 의료(醫療), 약사(藥師)의 신 또 8괘(卦)를 겹쳐서 64괘를 만들어 역자(易者)의 신, 주조(鑄造)와 양조(釀造) 등의 신이 되고 교역의 법을 가르쳐 상업의 신으로도 되어 있다.'라고 전해온다.

그처럼 신농을 다신으로 받드는 이유는 그로부터 차가 출발한 것으로 보아 왔기 때문이다.

육우의 《다경(茶經)》에 '차를 마시게 된 것은 신농씨에서 비롯되었다.'라고 쓰여 있다. 도(荼), 가(檟), 설(設), 명(茗), 천(荈)이란 글이 차로 불린다. 신농의 고향 후난성에는 차릉이 있는데 신농을 추앙하여 차릉시로 승격한 뒤 다채로운 추모 열기가 뜨겁다. 2008년 11월 6일 처음으로 다조 신농을 기리는 국제학술연토회를 열어 후난(湖南) 땅에 차조(茶祖) 신농 열기가 뜨겁게 달아올랐다. 후난성 다엽학회가 주관하는 중화다조신농문화연토회(中華茶祖神農文化研討會)는 그런 의미에서 신농의 정신을 선양하는 데 적지 않은 기여를 하였다. 후난 다엽학회의 초청으로 한국대표로 참가하여 '다조 신농의 국제적 이해'라는 논고의 서론에 이렇게 시작했다.

'차를 숭상하는 동아시아권 모두가 염황자손(炎黃子孫)이라고 말한다. 염황은 바로 염제(炎

帝) 신농씨(神農氏)를 두고 하는 말이다.

처음 차의 출발이 신농씨로부터 비롯된 까닭은 신농이 차를 발견하기 이전에는 차를 약용에서 시작하여 제사에 쓰이는 재물이 되었다가 차와 사람의 관계로 이어지면서 차가 정신문화의 한 축으로 자리 잡아갔다.'라고 말했다.

감로보혜 선사가 몽정산 상청봉에 심은 일곱그루의 차나무

논문발표가 끝난 뒤 학술회의에 참가한 중국의 학자들로부터 중국이 몰랐던 신농의 세세한 기록들을 밝혀내 놀라움을 금할 수 없다고 찬사를 보내왔다. 이렇게 신농의 고향에서 불어온 신농 바람은 바다를 건너 동아시아 차인들이 신농을 다조로 높이 받들게 된 계기가 되었다.

차의 길을 열다

진·한 시대 이전에는 차는 단순히 약용(藥用)이었다. 《신농식경(神農食經)》에도 '차를 오래 복용하면 힘이 솟고 즐거워진다.'라고 말하고 있다. 화타(華陀)의 《식론(食論)》에서도 '쓴 차를 오래 복용하면 생각이 깊이 든다.'라고 언급했다. 서한(西漢) 말년을 살다간 왕포(王褒)의 《화양국지(華陽國志)》 동약(僮約) 부(賦)에 왕포와 편료(便了)와 노예 문서 중 차에 관한 기록이 있다. '차를 끓이고 다구를 세척할 것과 무양(武陽)에 가서 차를 팔 것을 규정한다.'라는 내용이었다. 이 부(賦)는 한(漢) 선제(宣帝) 신작 3년 (기원전 59년)에 지은 것으로 적어도 이 기록은 서한(西漢) 시기에 쓰촨(四川) 지방에 차가 민중들에게 전파되기 시작했음을 보여 주는 대목이다.

또 다른 기록은 서한(西漢) 시대의 농부(農夫) 오리진(吳理眞)이 몽정산(蒙頂山) 상청봉(上淸蜂)에서 차나무 일곱 그루를 심었고 그 나무에서 나는 차를 몽정차로 불렀다.

이슬을 먹고 자란다는 몽정 감로차는 중국차의 시작이었다. 4월 20일 곡우가 지나면 차나무에서 솟아오른 찻잎을 따서 가마솥에 넣고 고온에 덖어서 밤새도록 말린 뒤 새 차가 탄생한다. 그 차가 몽정 감로차이다.

새벽 3시, 어둠이 짙게 물들어 있는 시간. 목탁 소리와 함께 고요한 산사는 일제히 잠에서 깨어난다. 한 학인이 부처님 전에 차 한 잔을 올린다. 이 같은 풍습은 2천 년 전 당나라 시기 쓰촨성 몽정산의 보혜(普慧) 선사 때 이미 시작되었고 오늘까지 그 흐름이 이어져 온다.

몽정차(蒙頂茶)는 대략 4월 초파일 전후에 잎을 땄다. 그 전에 찻잎이 나오기는 하나 석가모니의 탄신일을 기해 따기 시작한다. 해마다 초파일이 되면 몽정산 인근 72개 사찰의 승려들이 몽정산에 모여 향을 피우고 목욕재계한 뒤 선차(仙茶)를 위한 제를 올린다.

제(祭)가 끝난 뒤 고승들은 찻잎을 씹어 한 번 양치질을 한 뒤 365개의 차나무 잎사귀를 씹는다. 365개를 씹는 것은 365일 동안 차를 땄음을 뜻한다. 산사의 스님들이 찻잎을 한데 모아 기술이 능한 스님들이 차를 덖는다. 그때 다른 승려들은 둥글게 둘러앉아 차를 마시면서 경전을 읽는다. 찻잎 우려낸 물을 마시고 도를 얻었다고 한다.

이로부터 시작된 차의 전파는 다조 신농, 서한시대 왕포, 쓰촨 몽정산의 오리진을 거쳐 육우가 《다경》을 쓰면서 비로소 차문화가 활짝 꽃을 피웠다.

신농과 한국 차문화의 연관관계

신농은 중국인들이 모두 염황의 자손이라고 받들어 오는 것처럼 한국차를 말할 때 그를 맨 먼저 거론하는 것은 신농이 백 가지 풀을 맛본 뒤 어느 날 72가지 독에 중독됐다가 그것을 차로 해독한 뒤부터 사람들이 차를 중시했기 때문이다.

한국인들에게 신농 바람을 일으킨 계기는 1987년 중국의 학자 뤄빈지(駱賓基, 1917~1994)이 평생에 걸쳐 연구한 《금문신고(金文新攷)》(산서인민출판사)의 출간이었다. 한국 금문학자인 소남자(召南子) 김재섭(金載燮, 1932~)에 의해 《금문신고》가 국내에 알려지면서 신농에 대한 연구가 활발히 전개되었다. 더 나아가 소남자 선생은 조선(朝鮮)이란 글의 어원과 4,500년 전 삼황오제 시대의 고조선과 동이족의 시조가 신농이라는 사실을 밝혀내 충격을 주었다.

《금문신고》의 〈화폐집〉에 신농을 다음과 같이 기록했다.

"황제(皇帝)와 염제(炎帝)는 원래 서로 혼인한 두 개의 씨족으로 하나는 '호랑이[虎]'족으로 옛날에는 '높을 고(皐: 밝을 화)'인 유웅씨(有熊氏)와 또 하나는 목축족(牧畜族)의 양씨(羊氏)로 후세에 여(女)자를 더하여 강(姜)이라고 한 것을 완전히 긍정케 된다."

92년 8월 뤄빈지 선생의 초청으로 베이징대학 조선문화연구소가 주최한 제4차 국제학술연토회에 초청받은 소남자 김재섭 선생은 감격의 순간을 다음과 같이 피력했다.

"사실 뜻밖이었으나 낙 선생과 '같은 시대에 살고 있으니 반드시 한번 만나고 싶다.'라는 소원이 이루어져 학술대회에 참석을 계기로 선생과의 상면이 이루어졌다. '신농상(神農像)'과 흡사한 화기가 넘치는 좋은 할아버지를 대하는 훈훈한 인정이 넘치는 분이었다는 인상을 받았다."라고 피력한 바 있다.

그럼에도 불구하고 신농의 연구는 하나의 점(點)에 불과했다. 신농은 다신으로보다 농업의 신으로 받들어 오고 있다. 오래전에 그려진 복희씨와 신농씨의 인물도에서 신농이 곡식을 들고 있는 장면이 그려졌다. 그런데 안동의 돈수 스님은 찻잔을 든 신농상을 우연찮게 수집했는데 그 그림을 살펴보며 신농이 다조로 오랫동안 추앙해 왔음이 보여진다. 청(淸) 도광(道光) 18년에 쓰인 《염릉지(炎陵志)》에는 신농의 모습을 긴 뿔이 나고 앞니가 하나 빠진 사내의 모습

으로 그렸다. 신농을 떠올릴 때 지금으로부
터 4, 5천 년 전 곡식을 파종하고 뽕나무와
삼베를 심게 하는 등 백성들에게 농사를 가
르친 신농씨로 칭송해 왔다. 매년 우리의 신
농제 또한 농자가 잘되게 풍년을 기원하는
제례였다. 지금도 그 의식은 면면히 한국 땅
에서 이어져 오고 있다.

5천 년간 내려온 신농의 전설과 신화가 얼
마쯤 대중에게 어필될지는 모르나 지금도 신
농을 다신으로 받들어 오는 것을 보아 그를
전설 속의 인물이 아니라 역사 속의 인물로
각인되는 것 같았다. 진한 시기 양나라 학자
도홍경(陶弘景)이 교정한 《神農本草經》이란
책이 있다. 이 책에는 "찻잎은 쓴데 그것을
마시면 사람의 생각에 도움이 되고 적게 눕
고 몸이 가벼워지고 눈이 밝아진다."라고 했
다. 더 나아가 《神農食經》에는 '차를 오래 복
용하면 사람에게 힘이 솟아난다.'라고 말한
다.

이들 책은 신농이 생각했던 것들을 기록한
책이다. 이 책을 통해 신농의 생각을 읽을
수가 있다.

육우의 《다경》 칠지사(七之事)에 신농을
일러 중국의 고대 삼황의 한 사람인 염제 신
농 때부터 차를 마시기 시작했다고 말한다.

그처럼 신농의 베일이 하나씩 벗겨지면서
차를 발견한 다신으로 알려지면서 후학들이
그의 정신을 이어가려고 하고 있다.

염제의 차릉이 있는 후난성에 부는
신농의 부활

후난성은 일찍이 차의 고향으로 자리매김
했다. 염제가 묻힌 차릉(茶陵)으로 인해 후

농업의 신이 다신으로 추앙받고 있는 선불교(禪佛敎)

후난성 염재능에 모시고 있는 신농상

난은 일찍이 차의 고도로 자리매김했다. 또한 흑차의 발원지 또한 후난성 익양이었다. 어디 그뿐이던가. 남악(南嶽) 형산은 선불교(禪佛敎)의 발원지(發源地)이기도 하다. 근래에 우왕 비가 형산에서 발견되면서 뜨거운 관심이 모아졌다.

형산은 산세가 수려할 뿐 아니라 신농과 요순(堯舜) 우임금에 이르기까지 초기 중국의 정치적 기반이었다. 그래서 신농 연구가들은 남악 형산을 즐겨찾기도 한다. 그런데 2007년 홍콩의 〈문회보(文汇报)〉에 따르면 남악 형산에서 거의 천 년간 사라진 우왕의 비석이 발견되어 충격을 주었다. 우왕은 요순 때에 하(夏)나라를 창건한 전설 속의 성왕(聖王)으로 형산에서 우왕 비석의 발견은 충격이었다. 전설 속의 인물을 역사 속의 인물로 각인시켜 주었고 형산과 우왕이 관련된 사실이 입증되기도 했다. 후난성 문화재 연구자들은 여러 차례의 감정 결과 우왕비의 진본이라고 밝혀냈다.

장사(長沙) 웨루(岳麓)산에 있는 우왕비는 송나라 시기까지 전해져 왔는데 송대 이후 종적이 묘연해졌다. 우왕비는 전자(篆字)체 77자가 9행으로 나누어 새겨져 있다. 50년 전 우왕의 비석은 탁본만 전해져왔는데 사학자이며 문필가인 곽말약(郭沫若)도 우왕비의 해독이 어려워 탁본을 놓고 3년간 연구했으나 겨우 세 글자만 해독했을 뿐 매우 난해했다. 우왕은 요순시대 순임금으로부터 천자 자리를 물려받은 중국 최초 왕조의 시조이다. 우왕비는 80년대 말 형산의 운봉(雲峰) 촌의 한 농부가 발견했으나 해독이 어려워 관심을 갖지 못했다. 그 농부는 집을 지을 때 절반을 쪼개 벽과 담으로 사용했다가 CCTV의 개가로 연구가 시작되면서 밝혀졌다.

신농씨에 관한 자료들이 속속 밝혀지면서 후난성 차 연구가들을 긴장시켰다. 그 후 나온 책《차조신농(茶祖神農)》,《매력상차(魅力相茶)》 등이 속속 출간되었다. 신농의 정신을 잇는 중화 다조 신농 문화 논전은 이를 잘 말해 준다. 다조 신농과 후난 차 문화 부흥이 바로 그것이다.

후난 차문화를 떠올릴 때마다 맨 먼저 등장하는 대목은 "신농이 백 가지 풀을 맛본 뒤 하루에 72번이나 중독되었다."는 이야기가 회자되고 있다. 후난성에 신농 신드롬이 일어나면서 후난 사람들은 신농 본초경을 인용하여 후난 차문화 선양에 나섰다.

뒤늦게나마 후난성에서 다조 신농의 학술대회를 여는 등 신농의 차의 정신을 선양케 됨은 매우 기쁜 일이었다.

염제 신농릉은 현 서쪽 30리에 있다. 사기에는 염제가 묻힌 장사차의 고향이라고 한다. 송 건덕(乾德) 6년(968) 태조가 사람을 보내 전국 고릉을 살피도록 했는데 마침내 후난(湖南) 차릉현 남쪽 백리의 백록동(白麓洞, 지금은 炎陵縣 康樂鄕 鹿原陂)에서 염제릉에서 찾아 묘를 세우고 제사를 지내고 후세에까지 이어졌다. 지금까지 염릉과 상린(相鄰)의 차릉, 안인현(安仁縣)은 신농 '상초식차(尝草識茶)'의 전설에 전해지고 있다. 《여씨춘추(呂

2008년 후난성에서 《중화다조신농문화논전》이 개최되면서 신농 신드롬을 일으키고 있다. 세계 각국의 차학자들이 참가하여 신농을 차의 신으로 본격 조명하였다.

氏春秋)》에 "천화와 국가는 덕으로서가 아니고, 의(義)를 행함으로써가 아니라 덕으로서 의로서 상을 주지 않아도 백성이 부지런하고 벌을 주지 않아도 잘못을 바로잡는다. 그것이 신농황제의 정치이다."라는 글에서 "공익이 먼저이고 개인의 안위는 나중"이라는 고상한 품덕을 칭송하고 중화 문명의 전통 미덕에 부합된다. 매년 9월 9일 후난성의 각계 인사가 염릉(炎陵)에서 신농씨에게 다례를 지내는 행사에 참여한다. 선조들이 화하(華夏) 후대의 양무(養撫)하고 육성한 은혜를 회고하고 선조가 인류를 위해 차와 같은 건강음료를 발견한 감사의 마음을 갖는다.

오늘날 중국인들은 자신들이 염황자손이라고 믿듯이 염제 신농씨가 중화민족에게 준 은혜를 잊지 않고 있다. 그것이 새롭게 신농의 차정신이 부활하는 이유이기도 하다.

[2. 눈꺼풀을 던져 차나무를 탄생시킨 선종비조 보리달마]

뱃길로 광저우로 건너온 보리달마

520년경 남인도(南印度)의 향지국(香至國)의 왕자인 보리달마(菩提達摩,?-528)대사가 뱃길로 광저우(廣州)에 도착했다. 사람들은 전에 보지 못한 사람의 출현으로 그를 신비롭게 바라봤다. 처음 달마는 광저우에 도착했다. 달마가 광저우에 왔다는 소식을 듣고 광저우 자사(刺史) 소앙(蕭昻)은 정중히 맞이했다. 소앙은 예를 갖추고 양무제에게 표(表)를 올려 인도의 성인이 왔다는 소식을 전했다. 불심천자(佛心天子)로 알려진 양(梁) 무제(武帝)는 곧 바로 소앙(蕭昻)에게 달마를 황궁(皇宮)으로 모시고 오게 했다. 황궁으로 들어선 달마는 무제와 맞닥뜨렸다. 달마를 바라본 무제는 먼저 달마에게 물었다.

"짐이 즉위한 이래 절을 세우고 경을 등사하고 승려를 득도시켰으니 어떠한 공덕이 있습니까."
"아무런 공덕이 없습니다."

"어째서 공덕이 없습니까."

"그것은 유루(有漏)의 인연에 불과합니다."

"그러면 어떠한 것이 진실한 공덕입니까."

"청정한 지혜는 묘하고 원만하여 세속의 인연으로는 구할 수 없습니다."

"어떠한 것이 제1의 성제(聖帝)입니까."

"확 트여서 성스럽다고 할 수도 없습니다[廓然無聖]."

"짐을 대하는 자는 누구요."

"오직 모를 뿐입니다[不識]."

달마는 양무제와 뜻이 맞지 않아 양쯔강(揚子江)을 건너 위나라로 들어갔다. 뒤늦게 황궁을 찾은 보 지공(寶 誌公) 선사에게 양무제가 묻는다.

"달마는 대체 어떤 사람이요?"

"대왕께서는 관음보살의 화신을 몰라보셨습니까."

뒤늦게 양무제는 후회하고 신하를 파견하여 다시 달마를 모시고 오게 했다.

신하들이 달마를 뒤쫓아 난징의 양자강 가까이 쫓아갔을 때 갈대를 타고 유유히 위나라로 떠나갔다. 달마가 양무제와 결별하고 곧바로 양나라를 떠나지 않았다. 달마는 난징의 장로사, 정산사, 막부산 달마동굴 등에서 수행하면서 때를 기다렸다. 달마가 수행한 정산사에는 지금도 명대(明代)에 조성한 달마도강도(達摩渡江圖)가 비석에 남겨져 이

달마의 눈꺼풀을 던져 차나무로 변하게 된 내력을 판화가인 진철문 선생이 그려냈다.

를 뒷받침하고 있다. 그처럼 달마는 양나라에서도 존경을 받았다.

달마가 눈꺼풀을 던져 차나무로 탄생하다

달마는 양무제와 결별하고 갈대를 타고 양나라로 건너와 곧바로 소실산(少室山) 소림사 달마동굴에 들어가 동굴 안에서 밤낮으로 좌선삼매에 빠져들었다. 지금도 소림무술로 유명한 숭산의 소림사 정상에 백옥달마상이 천하 사람들을 내려다보고 있다. 그 백옥상 아래에 달마동굴이 하나 있는데 이곳이 선차의 발원지다. 어느 날 달마가 좌선을 하고 있을 때 졸음을 쫓기 위해 두 눈꺼풀을 잘라 버렸다. 이튿날 그 잘라 버린 눈꺼풀이 차나무로 변해 있었다. 이것은 고사이지만 선차의 출발점은 달마의 눈꺼풀에 모아진다. 시인 신현정 씨는 달마의 눈꺼풀에 대해 '느닷없이 뒤집혀서 허공을 크게 뜨고 올려다본 것 같지를 않나.'고 읊었다. 달마의 눈꺼풀은 바로 차의 출발이다.

인도의 수행자 라즈니쉬는 달마를 '차를 발명한 사람'이라고 말했다. 달마가 수행했던 타이(tai)라는 산 이름에서 '차(茶)'라는 이름이 유래되었다고 한다. 중국에서 표준어로 쓰는 '차'의 의미의 발음은 '차아(cha)'인데 영어권에서 사용하는 티(tea)란 이름은 바로 중국 푸젠성 지역의 사투리인 'te'에서 나왔다. 그래서 영어권에서 차를 의미하는 단어를 '티(tea)'라 부르고 힌두어로는 '차이(chai)', 말라티야에서는 정확히 차(茶)라고 부른다.

검은 눈꺼풀을 지닌 달마를 낙양에서 숭산까지 쫓아 온 혜가가 그를 찾아왔다. 단비구법(斷臂求法)으로 유명한 이 일화는 숭산 소림사 내에 있는 입설정에서 유래된 화두이다. 입설정 기둥에 눈 속에서 한쪽 팔을 잘라 법을 구한 사람[斷臂求法, 立雪人]이라는 그 말의 뜻은 달마의 법을 이은 혜가 선사를 두고 하는 말이었다. 눈이 쏟아지는 어느 밤에 달마가 입설정에서 좌선을 하고 있는데 혜가가 그 뒤에서 간절히 구원을 청하는 소리가 들렸다.

"제 마음이 평안을 찾지 못하고 있습니다. 청하옵건대 제 마음을 안정시켜 주시옵소서."

"어디 자네 마음이라는 것 내어놓아 보시게. 그러면 그 마음을 진정시켜 주겠네."

"마음이라는 걸 찾아보아도 찾을 수 없습니다."

"내 이제 자네의 마음을 평안케 해주었네."

달마와 혜가를 이야기할 때 트레이드마크처럼 등장하는 이 설화는 소림사 입설정에 그대로 투영되어 있다.

달마가 눈꺼풀을 잘라 차나무로 변한 소실산(少室山) 아래 동굴에서 벽만 바라보고 좌선을 하고 있는데 신광(慧可)이 제자로 받아들여 줄 것을 간청했으나 부동의 자세로 들은 척도 하지 않는 달마 앞에 혜가는 한쪽 팔을 잘라 던져 보이면서 비로소 법을 이었다. 달마동굴의 깊이는 7미터, 너비는 3미터 남짓한 이 동굴을 달마동(達摩洞)이라고 부른다. 달마는 벽만 바라보고 앉았는데 마주 보고 있던 돌에서 달마의 모습이 그대로 투영돼 버렸다고 전한다. 혜가 선사는 달마대사로부터 법을 이어받은 후 달마대사를 진면모를 다음과 같이 말했다.

"나의 스승은 동굴 속에서 9년 동안 벽을 향해 앉아 계셨는데 이것은 마음을 닦아 도를 구하기 위함도 아니요, 또 명상에 잠겨 공을 이루기 위함도 아니며 모든 인연이 이르지 못함으로 인하여 인연을 만나기 위해 기다렸을 뿐입니다."

중국 선가에서는 혜가가 법을 구한 곳이 소실산 아래 달마동이라는 설도 있고 입설정이라는 설도 있다. 달마와 혜가의 인연이 담긴 단비구법(斷臂求法)은 겸제 정선의 〈程門立雪圖〉에도 그대로 나타난다. 그만큼 달마설화는 때로는 달마도로 또는 입설도로 민중에게 널리 회자되어 왔다.

역사적 인물로 드러난 보리달마(菩提達摩)

보리달마가 실존 인물인가 전설적 인물인가를 놓고 의견이 분분하다. 그를 전설적인 인물로 치부하면서 차나무 탄생설화 또한 허구라고 강력히 주장하는 세력도 생겨났다.

1999년 8월 일본 화엄학연구소장 고지마타이잔(小島岱山)이 중국 허난성(河南省) 일대에 산재하고 있는 불교 사적을 답사하던 중 허난성 삼문협(三門峽)시 협현(陝縣)의 서이촌(西李村) 두구(陡溝)에 있는 웅이산 삼천사(三千寺)를 탐사하다가 양무제가 진찬한 달마비 원석을 발견하고 그 비에 달마(達摩, 전설적 인물)'가 아닌 '달마(達摩. 역사적 실존인물)'이라고 적혀 있는 것을 확인하면서 달마가 역사적 인물로 규명되었다.

1,500년 전 북위(北魏)의 양현지(楊衒之)의 《낙양가람기(洛陽伽藍記)》에 달마에 관한 기록이 처음 등장한 《낙양가람기(洛陽伽藍記)》〈영녕사조(永寧寺條)〉에는 다음과 같이 기술했다.

서역에서 온 보리달마라는 사문이 있었다. 페르시아 태생의 호인(胡人)이다. 멀리 변경지역에서 중국에 막 도착하여, 탑의 금반이 햇빛을 받아 빛나고 광명이 구름을 뚫고 쏟아지며 보탁이 바람에 울려 허공에 메아리치는 것을 보면서 그의 성가(聖歌)를 읊조려 찬탄하고 분명히 신의 조화라고 칭송했다. 그의 나이 150세이며 많은 나라를 돌아다녀서 가 보지 않은 곳이 없었지만 이토록 훌륭한 절은 이 지상에 존재하지 않았으며 부처의 나라를 찾아도 이만한 곳은 아닐 것이라고 말하면서 "나무, 나무"를 부르며 며칠이나 합장을 계속했다. [西域高僧名叫菩提達摩, 是波斯國人. 他出生於邊遠之地, 來到中國遊覽, 見永寧寺金盤炫輝日輝, 光彩映照雲表, 寶鈴應風而響, 鳴

聲飄出天外. 他不禁口詠梵唄, 讚歎不已. 以爲建造此寺, 實爲神人之功. 竝且感慨道... '我已有一百五十歲, 前後經過幾個國家, 無不遍遊其境, 而此寺之精緻華麗, 則是天竺國所沒有的. 甚至窮盡佛所居之處, 也沒有這樣的佛寺.' 於是口唱 '南無', 合掌連日, 以示恭敬].

이것이 달마에 대한 첫 기록이다.

양현지의《영녕사조(永寧寺組)》에 '영녕사 건축공사가 끝날 무렵 명제가 태후와 함께 탑에 올랐다. 궁중이 손바닥 보이듯 환히 보이고 도성의 안뜰처럼 보였다. 당시 서역의 승려인 보리달마가 있었는데 그는 파사국(波期國)의 사람이었다. 멀리 변방 지역에서 태어나 중원을 유람하다가 이 탑의 금반에 해가 비쳐 그 광채가 구름 위까지 퍼지고 바람이 보탁(寶鐸)을 흔들어 하늘 밖까지 울려 퍼졌다고 쓰여있다.

달마가 열반한 웅이산

달마가 열반했던 하남성(河南省) 삼문협(三門峽) 서이촌(西李村)에 자리한 웅이산(熊耳山, 해발 912m)과 맞닥뜨리게 된 것은 1999년 여름 고지마타이잔을 통해 웅이산과 달마의 존재가 세상에 알려진 뒤 외국인으로 처음 미 개방 지역인 웅이산을 특별허가를 받아. 2000년 봄 한국인으로는 처음으로 웅이산을 찾았을 때다. 웅이산과 맞닥뜨리는 순간 그 산세에 압도당하고 말았다. 일본의 선화가인 센슈(雪舟)의 〈혜가단비도(慧可斷臂圖)〉를 대하는 듯 웅이산의 거대한 봉우리는 마치 달마가 좌선을 하고 있는 것 같았다. 고지마타이잔은 웅이산을 가리켜 '달마의 묘비에 걸맞게 투철한 선정에서 나오는 영기가 뻗치는 장소'라고 피력한 바 있다. 여기가 바로 달마가 눈꺼풀을 던져 차나무로 변화시킨 곳이라는 사실이 단박에 다가왔다. 그런데 달마 묘비에서 웅이산 정상까지는 약 4시간을 종주해야 올라갈 수 있다. 거대한 산 하나가 바위처럼 우뚝 솟아있는 장관은 웅이산 뿐이었다. 달마대사가 열반했던 웅이산에는 양무제가 진찬한 진단(震旦)의 초조(初祖) 보리달마의 비가 천년의 세월을 버텨왔다. 그 비에는 다음과 같은 기록이 보인다.

"내가 들으니 창해(滄海)의 안에 여룡(驪龍)의 구슬이 있으니 흰 털의 빛이어서 하늘이 이를 보지 못하고 사람이 이를 알지 못하였던 것이라 하오. 이를 대사께서 얻으셨소. 대사의 이름은 달마(達摩)니 천축(天竺)사람이요. 그러나 그의 살던 곳을 자세히 알 수 없고 따라서 그의 성씨(姓氏)도 자세하지 못합니다. 대사는 정(精)과 영(靈)을 벼로 삼으셨고 음(陰)과 양(陽)으로 그릇을 삼으시어 성품은 하늘이 빌려주셨고 지혜는 신(神)이 주셨기에 바다처럼 깊고 산처럼 높으며 구름을 능별하는 기상을 가졌으니 이는 우타신자(郵陀身子)의 총명과 변재를 닮으셨고 담마불리(曇摩弗利)의 넓은 학식을 겸하셨습니다."

이렇게 무제는 달마대사의 공적을 높이 추앙했다.

판화로 걸어 나온 달마선차

2020년 경첩(3월 5일)을 앞두고 판화가와 스님이 청덕궁 앞의 선차실을 찾아와 차를 앞에 놓고 다담이 오고 가다가 달마의 눈꺼풀이 차나무로 변한 이야기로 옮겼다, 차 맛을 오감으로 느낄 즈음 말을 꺼냈다. "사실 달마가 눈꺼풀을 던져 차나무가 탄생하지 않았다면 차와 사람의 관계가 이루어질 수가 없지 않습니까?"라고 말했다. 나의 견해를 듣고 있던 두 다우는 파안대소했다. 그들의 표정을 살피다가 판화의 고수인 진철문 박사에게 "세상이 불안에 떨고 있는 지금 달마의 눈꺼풀을 던져 차나무로 변화된 역동적인 장면을 판화로 형상화 하면 어떠합니까?"라고 여쭈어보았다. 그 말이 끝나기 전에 진 박사는 두 손으로 합장하면서 "좋은 생각입니다. 이 시대에는 달마대사 같은 선지식인이 절실히 필요합니다."라고 회답했다. 그렇게 달마의 눈꺼풀이 허공을 날아 차씨로 탄생하게 된 장면을 판화로 시도하게 되었다. 한 달을 기다린 끝에 완성된 달마판화도가 완성되었다는 연락이 왔다. 메일을 살펴보니 눈이 휘둥그레졌다. 하늘에는 붉은 눈이 내리고 땅에서는 달마의 눈꺼풀이 차씨로 변화되는 과정이 묘사되어 있었다. 달마가 눈꺼풀을 던져 차나무로 변하게 된 내력을 진 박사는 다음과 같이 기술했다.

중국 비림 박물관에 보존되어 있는 밥그릇을 든 보리달마

한겨울 마른하늘에 흰 눈이 아닌 '붉은 눈' 나는 판화제작에 앞서 '붉은 눈'에 주목했어요. 그리고 달마의 눈꺼풀과 달마의 눈 우리는 달마의 눈이 선화(禪畵)에서 왜 눈이 둥글고 눈꺼풀이 없을까? 우리 차인들에게 아스라이 들려오는 달마대사의 차나무와 이야기! 궁금증을 해소해보기로 했다. 달마 판화도에서 달마가 눈꺼풀 없는 눈을 커다랗게 하고 있는 이유는, 수행하던 중 졸음을 이기지 못해 처음엔 눈썹을 뽑았는데 그래도 잠이 계속 오자 참다못해 결국에는 눈꺼풀이 내려앉는 것을 막기 위해 아예 눈꺼풀을 잘라버렸기 때문이다. 달마대사가 자신의 눈꺼풀을 자를 때 선혈이 낭자했을 것이다. 아니면 눈꺼풀에서 피가 뿜어져 나와 붉은 눈이 내리는 것처럼 보였을 것이다.

달마가 눈꺼풀을 던져 차나무로 변한 이래 선차의 역사가 시작되었듯이 차와 선은 한 배를 타고 1500년을 이어져 왔다. 낙양박물관에는 달마가 한 손에 밥그릇을 잡고 좌선하는 장면이 돌비에 새겨져 있는데 오른쪽 눈만 내놓고 빙그레 미소 짓는다. 이 같은 달마도는 한쪽 눈을 잘라 차나무로 변화시켰음을 표현하고 있는 것 같았다.

그런데 경남 양산 통도사 응진전 벽화에 왼쪽 손과 눈이 그려졌다. 이름 모를 선화가가 비림 박물관의 달마면 벽도를 보고 그려낸 것 같았다.

[3. 육천 년 전 차 마신
     흔적과 차목 발견되다]

차의 역사(歷史)를 새로 써야 할 중대사건(重大事件)이 벌어졌다. 2004년 중국의 고고학자가 저장성(浙工省) 여요(余姚)의 전라산 하모도(河姆渡) 신석기 유적지에서 약 6000년 전 차나무 뿌리가 발견되어 세상을 놀라게 했다. 지금까지 차의 역사를 말할 때 5000년 전 신농씨를 근거로 하여 처음에는 찻잎을 끓여 마시다가 찻잎을 건조시켜 보관하면서 차 마시는 풍습이 대중화되었다고 전해온다. 이번 차나무 뿌리의 발견으로 중국 차사가 전면 뒤집어지고 말았다.

2004년 저장성 전라산(田螺山) 유지에서 차나무 뿌리가 발견된 뒤 중·일 공동연구 그룹이 면밀한 검토 끝에 2008년 겨울 유지에서 발견한 나무가 동백과에 속하는 산다과(山茶科)로 결론지으면서 세상에 알려졌다. 그 소식을 처음 접한 것은 2008년 11월 6일 후난성(湖南省)에서 열린 '신농학술논전'에서 발표자로 나온 장시성 사회과학원의 첸원화(陳文華) 선생이 〈신농시대의 차〉를 발표하면서 전라산 유지에서 발견된 차목을 첫 언급했다. 그때 그의 발표장면을 지켜보면서 놀라움을 감추지 못하다가 귀국한 뒤 산케이신문(11월 31일) 보도에 6천 년 전 중국서 최고의 차밭 유구가 발견되었다는 보도를 접했다. 중국과 공동연구를 해온 카나자와(金澤大學) 나카무라 신이치(中村愼一) 교수의 카나자와시에서 열린 성과보고회에서 첫 발표되었다. 전라

산 차나무의 뿌리를 찾아 나선 것은 2008년 12월 18일이었다. 중국의 다우 청원다관(淸園茶館) 우메이화(吳美華) 여사에게 전화로 이번에 저장성 여요시의 전라산의 6천 년 전 다목을 취재코자 하오니 현지조사를 부탁했다.

태고보우 현창기념비 제막의식을 마치고 닝보의 청원다관에 이르렀을 때 닝보의 차문화촉진회 관계자들이 모여 자연스럽게 6천 년 전 차나무 뿌리로 옮겨가 열띤 토론이 벌어졌다. 중국 최고 차밭 유구의 발견으로 여요시는 발 빠르게 여요시차협회를 결성하고 닝보와 연계 차문화 발전을 이루고자 했다. 다음 날 아침 일찍 닝보를 출발 전라산 하모도 유적을 찾았다.

차나무 뿌리는 별도의 연구동에 보관되었다. 연구원이 다목의 보관을 위해 다목을 물에 담궈 두었다. 전라산 유지에서 6천 년 전 다목을 보는 순간 그 기쁨을 형언할 수 없을 정도로 벅찬 감격을 느꼈다. 하마터면 6천 년 차 역사가 매몰될 순간에 역사 밖으로 걸어 나온 일대 사건이 아닐 수 없었다.

차의 역사를 6천 년 전으로 끌어올릴 중대사건

차나무의 기원설을 놓고 갖가지 주장이 있어 왔으나, 대체로 5천 년 전 쓰촨성(四川省) 서남지역에서 차를 마시기 시작하면서 중국 전역에 퍼져나갔다는 것이 지금까지 정설이었다.

차나무 기원설을 말할 때 그 맨 앞자리에 신농씨가 등장한다.

신농이 백초(百草)를 맛본 뒤 72가지 독초에 중독이 되어 마지막 차(茶)로 독초를 해독했다는 전설 같은 이야기가 차나무의 기원으로 보아 왔다.

그런데 2004년 고고학자에 의해 저장성 여요의 전라산 유적지에서 6천 년 전의 차나무의 뿌리가 발견되면서 차나무의 기원설에 대한 의혹이 증폭되기 시작했다.

차나무의 역사 검증은 고고학계로 넘어갔고 중·일 공동연구로 4년간 면밀한 검토 끝에 2009년 11월 초 당시 전라산에서 발견된 나무뿌리는 차나무 뿌리로 밝혀지면서 차의 역사를 6천 년 전으로 끌어올렸다.

전라산의 유지가 세상에 드러난 것은 35년 전 여름 저장성 여요의 농민이 배수시설을 건설하다가 우물터를 발견하고 우물을 파내려 가다가 깊은 구덩이 밑의 말뚝을 발견한 것이 시작이었다. 그것이 그 유명한 하모도 유적의 발견이었다. 하모도 유적은 7km의 전라산으로 이어졌다.

하모도는 벼의 재배지로도 유명하다. 이곳에서 도자기 석기와 동물 뼈가 함께 나와 신석기 시대 생활상을 알 수가 있었다. 이곳을 일러 전라산유지현장관(田螺山遺址現場館)이라 붙이고 차나무 뿌리와 발견된 전라산 유지 전부를 커다란 타원형 룸을 만들어 영구 보존케 했다.

이 차나무 뿌리의 발견으로 중국차 역사가 6천 년 전으로 앞당겨지는 일대 사건이 아닐 수 없었다. 전라산 유적지를 발견했을 당시를 회상한 고고학자 순궈핑(孫國平)은 당시의 기억을 이렇게 회상했다.

"이 나무뿌리는 간단하지 않았습니다. 그것들은 차나무 뿌리였으며 중국 역사에서 발견된 최초의 차나무 뿌리입니다."

전라산에 대한 관심이 증폭되자 여요시 차문화 촉진회는 중국차문화연구회, 중국농업과학원, 차엽연구소, 중국차엽박물관 등과 전문가를 초청 여요 선명(仙茗)연토회를 저장성 여요시에서 열었다.

학술연토회에서 1990년 전문가 학자들의 연구 고증을 통해 전라산에서 발견된 나무는 녹나무과로 원시차의 주성분을 가지고 있는 차나무 뿌리로 인류가 인공으로 재배한 최초의 차나무라고 결론지었다.

녹나무에 대한 기록으로 《동군록(桐君錄)》에는 "민간에서 단(檀)잎을 많이 끓였으며 대조리(大皂李)는 차를 만들었다."라고 하였다.

'전라산 유지 자연보존적 종합연구'(2008.11)에서 베이징대 고고학 연구중심에 따르면 전라산 유적지는 신석기 시대의 저습지 유적으로 지금은 논으로 이용되고 있다.

중심문화층연대는 대략 7000~5500년으로 내다봤다. 당시 지표에서 발굴된 길이 3m, 넓이 2m의 구덩이에서 십여 그루의 나무뿌리가 출토되었다. 당시 토질의 습도는 비교적 낮아 나무뿌리의 보존 상태가 양호하여 현미경 관측에서 나무뿌리는 산차과에 속한다고 알려졌다. 발견된 나무뿌리를 고고학적으로 연구한 결과 산차(山茶, Camelli)에 속하는 나무로 밝혀졌다.

6천 년 전 차나무 뿌리의 발견과 함께 여요시는 큰 변화가 일어났다. 그중 2008년 7월 여요시 차문화촉진회 회원들이 양롱진(梁弄鎭) 도사산(道士山)을 고찰 3m나 되는 두 그루의 고차수를 발견했다. 직경 13cm, 높이가 3.55m에 이르는 이 고차수 나무로 저장성 여요에 일찍이 차문화가 발전되었음을 증명했다.

6천 년 전 차나무를 보다

6000년 전 차다근이 아주 우연찮게 발견되었는데 전라산 유지에서 6000년 전의 차나무 뿌리가 발견된 전라산 논밭 가운데 덩그렇게 나무뿌리가 그대로 서 있고 그 담장 사이에서 차나무 뿌리가 출토되었다고 한다. 먼발치에서 그 현장을 바라보며 만감이 교차했다.

그리고 전라산 유지에서 발견된 차나무 뿌리가 궁금했다. 연구팀 한 사람이 고고학연구동에 보관되었다고 전해왔다.

서둘러서 전라산 유지 현장관의 담장을 끼고 우측으로 한참 가다가 연구동이 나왔다. 여기가 바로 6천 년 우리 차의 역사가 고스란히 담긴 저장성 문물고고연구소 보관동이었다.

연구원들이 열심히 문물을 고르고 있었다. 이 동은 일반인들에게 극비로 제한될 뿐 아니라 앞으로 2년간 연구 끝에 일반에 공개된다고 한다.

〈차의 세계〉가 중국 내에서 차지하는 위상을 높이 평가하여 잘 보여주지 않는 6천 년 전 차나무 뿌리를 극적으로 공개했다.

닝보의 차문화촉진회의 청원다관의 우메이화 여사와 첸웨이취안(陳偉)씨와 닝보차문화촉진회 부비서장이 앞장서고 우리가 뒤를 따랐다.

연구동은 엄격히 관리되었고 쉬즈칭(徐志靑) 연구원이 6천 년 전의 다목을 들고 나왔다.

다목은 부패방지를 위해 작은 대야의 물속에 잠겨있었다. 그 차나무 뿌리를 보는 순간 만감이 교차되었다. 우리 일행은 차나무 뿌리를 관찰했다. 그러자 연구동 마당으로 차나무 뿌리를 들고 가서 연구원에게 차나무 뿌리를 들게 했다. 나무뿌리에서 광채가 났다. 연구 결과에 따르면 '이 나무는 산차에 속하는 나무로 샘플(CHNT 3-366-371)을 6개월 분석한 결과 모두 산차에 속하는 나무로 밝혀졌다.

산차는 차매(茶梅)라고도 하는데 산차 기름을 짜기 위해서는 차나무가 필요해서 누군가가 차나무를 재배했을 가능성이 큰 것으로 밝혀졌다. 더욱이 차와 어울리는 도자기의 발견과 함께 중국차 역사를 새로 써야 할 쾌거가 아닐 수 없다.

[4. 삼천이백년 전에 재배한
   세계 차왕의 어머니를 보다]

봉칭의 3,200년 재배 차나무

2009년 3월 11일 아침 일찍 구갑(九甲)마을을 출발한 우리 일행이 려강(麗江)을 바라다보며 다리(大里)를 거쳐 유명한 차산지인 무량산까지 도착하는데 6시간이 소요되었다. 흥미로운 것은 가는 곳마다 마을 담장에 문자가 새겨져 있었는데 자세히 들으니 윈난 소수민족의 상형문자를 새긴 것이라고 한다. 더욱이 무량산은 수나라 말기부터 당 초까지 윈난성 대리 주변과 애뢰산, 무량산 북부에 거주했던 바이족들이 세력을 형성했던 곳이다. 무량산으로 가는 길에서 만난 바이족들의 표정은 밝아 보였다.

무량산(無量山)에서 봉칭현(鳳慶縣)까지는 다시 2시간을 달려가야 했다. 린창시(臨冶市) 봉칭현에 이르렀을 때 날이 저물었다. 봉칭현의 아랫마을에서 머물고 다음날 3,200년 고차수를 찾아갔다.

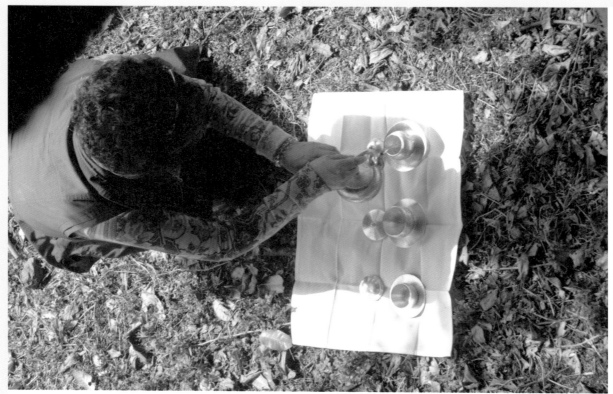
한국의 햇차를 중국으로 가져가 세계 차왕의 어머니에게 차를 올렸다.

봉칭현(鳳慶縣)으로 가는 길은 구름다리를 타고 가는 것처럼 가팔랐다. 육우의 《다경》에 의하면 파산과 협천에는 두 사람이 팔을 벌려야 안을 수 있을 만큼 큰 차나무가 있었다고 한다. 그 파산은 지금의 윈난을 말한다. 애뢰산(哀牢山)을 찾았을 때 높이가 수십 층이나 되는 차나무를 보고 화들짝 놀라 그 자리에서 발길을 뗄 수가 없었다. 그런 고차수 나무가 윈난 지역에만 7,000여 그루에 이른다니 말로 설명할 수 없는 현실이 다가왔다. 그런데 중국 정부는 2007년에야 애뢰산 차왕수를 인정하면서 애뢰산은 자생차로 봉칭현에 있는 재배차로 공식지정해 버렸다. 지금까지 쓰촨성 기원설을 강하게 주장하면서 당시 오랑캐의 땅이던 윈난을 인정하기가 쉽지 않았던 것 같았다.

그 뒤 터져 나온 것이 중국 저장성 여요시 전라산의 6천 년 된 유구 발견이다. 6천 년 전의 지층에서 세계 최고(最古)의 차밭으로 보이는 유구를 발견한 것은 동아시아 차사의 또 다른 역사 한 페이지를 장식했다. 더욱이 여요의 전라산은 육우의 《다경》에서 '폭포산에 대차수가 있다.'라는 기록이 전해 오는 곳으로 신빙성이 높았다. 육우의 《다경》〈팔지출(八之出)〉에 여요현 폭포 천령에서 나오는 것은 선명(仙茗)이라는 기록이 전해온다. 따라서 2001년 전라산 유적의 재배차 밭에서 발견된 유구를 통해 차 역사를 6,000년이나 앞당겨 세계를 긴장시킨 바 있다. 이로써 봉칭에 자생하는 세계 최고의 3,200년 재배차, 고차수의 어머니를 뛰어넘어 차 역사를 6,000년 끌어올려 버렸다. 그런 역사적 배경을 더듬어 보면서 봉칭에 있는 3,200년 고차수를 찾아갔다.

세계 최고의 재배차 고향에 서다

세계 차왕의 어머니인 차왕수(茶王樹)를 접한 것은 2007년 여름이었다. 2005년 윈난에서 베이징까지 차마고도의 길을 재현해 낸 호밍팡(胡明方) 사장으로부터 처음 그 소식을 듣고 매우 놀랐다. 그 뒤 고차수 기행을 시작하면서 윈난 린창시 봉칭현을 찾아 직접 확인한 것은 2009년 3월 1일이었다. 봉칭현에서 약 2시간 동안 첩첩산중을 달려 촌장을 따라 차왕수 마을에 이른 것은 해가 중천에 떠 있을 무렵이었다.

세계 차왕의 어머니[世界茶王之母]라고 칭송되는 차왕수가 거대하게 다가왔다. 그 아래의 또 다른 고차수가 눈에 들어왔다. 차나무 잎에서 새순이 솟아올랐다. 봉칭현 사람들은 새순이 올라오기 직전 싹을 따서 내다 판다. 일찍이 그 촉을 윈난 사람들은 귀하게 여겼다. 차나무 줄기에서 올라온 촉을 바라보면서 촌장이 다가와 세계 차왕의 어머니에게 가는 길을 재촉했다. 큰 대문을 열고 들어서니 2007년 베이징에서 호 사장의 이야기를 들으며 노트북을 열고 보았던 그 차나무였다. 봉칭현 면수촌 향죽정에 자리한 차왕수는 둘레가 6m, 높이가 11m에 달했다. 먼저 차나무 앞에서 한국에서 가져간 녹차로 정성껏 헌다를 한 뒤 차나무를 관찰하기 시작했다.

세계 차왕의 어머니로 불린 차왕수

우리 일행 중 5명이 손을 잡고 돌아야 차나무 둘레를 잡을 수 있었다. 이 차나무가 처음 보고된 것은 1980년대로 베이징시 농전관 관장 왕딩지(王丁志)가 향죽정에 있는 차왕수의 수령을 3,200년으로 추정했다. 2004년 초 일본 농학박사이자 차 전문가인 오오모리소오지(大森正司) 씨와 중국농업과학원 차엽연구소 임지 박사가 향죽정 차왕수를 측정했는데 수령이 3,200~3,500년 사이로 추정되었다.

그렇게 이 차나무는 베일을 벗게 되었다. 차나무를 살피다가 마을 아래 촌장 집에서 차를 마셨다. 해마다 조금씩 채취한 차를 섞어 만든 3,200년 고수차였다. 맑고 시원한 그 맛에 감동을 받았다. 더욱이 창밖의 매화가 일품이었다. 그리고 이 마을 담벼락에 걸쳐 있는 차나무가 이 마을의 차 역사를 말해 주는 듯했다. 봉칭현 향죽정은 예부터 차나무 재배 지역으로 유구한 역사를 지녔다. 포랑족, 랑호족, 덕양족의 선조인 복인(複人)은 최초의 차농이었고 그중 소만진 국소론 향죽정 대차수는 세계에서 수령이 가장 긴 고차수이다. 세계 차왕의 어머니를 바라보면서 《다경(茶經)》이 전하는 파산(巴山, 지금의 윈난)이 차의 출발점이라는 사실이 더욱 강하게 다가왔다.

2,700년 된 차왕수

[5. 이천칠백년 차나무
앞에서 다기에
소우주를 발견하다]

차왕수를 찾아 애뢰산(哀牢山)을 가다

차왕수를 찾는 길은 고행의 길이었다. 2009년 3월 7일
인천공항을 출발해 비행기를 타고 5시간 만에 쿤밍(昆明)에
내린 우리 일행은 다음 날 아침 일찍 공죽사(空竹寺)의 오백
나한당(五百羅漢堂) 앞에 나아가 신라의 455번째 조사에 오
른 무상(無相) 선사에게 헌다를 마치고 무사히 차왕수(茶王
樹)를 친견할 수 있길 발원했다. 보천사 법진 스님과 지민
스님, 이영조 다우, 일본 나고야에서 온 우라모토준코 여사
와 중국에서 사업을 하는 지묵당 등이 두 대의 차로 멀고 먼

애뢰산으로 향했다.

　쿤밍에서 구갑(九甲) 마을까지는 11시간이 걸리는 먼 거리였다. 쿤밍을 빠져나와 쌍백(双柏)으로 가는 도중에 도로공사로 길이 통제되는 바람에 4시간을 길 위에서 머물게 되었다. 그런데 차량이 머무는 동안 사람들은 미동도 하지 않고 일상적인 모습으로 돌아간 중국인들을 보고 놀라웠다. 여기서 중국의 만만디를 느낄 수 있었다. 서두르지 않고 현실에 적응하는 그들만의 철학을 느꼈다. 그들을 바라다보면서 마조의 평상심을 생각했다.

　차량이 긴 행렬로 늘어선 도로 앞에 유채꽃이 만발해 있었다. 도로 사이로 긴 차량 행렬이 멈추자 유채향이 나는 곳을 따라 강가로 내려가 개울을 건넜다. 목동이 소를 몰고 유유자적하는 모습부터 아낙네가 물소를 목욕시키는 모습, 아이들이 뛰어노는 모습 등을 바라보며 마치 선재 동자가 53 선지식을 친견하기 위해 했던 갖가지 사람을 만나는 구도 행각이 눈 앞에 펼쳐지고 있는 듯한 착각이 들었다. 어느새 해는 서산에 기울었다. 마을 담장에 복사꽃이 탐스럽게 피어 있었다. 그 사이 물소가 한가롭게 낮잠을 자고 있었다. 그 물소를 바라보며 개울로 내려가자 지평선 멀리 아이들이 소 가까이 다가왔다. 아이에게 소와 목동이 되어 놀기를 권유했다. 천진난만한 아이들은 소와 한마음이 되어 놀았다. 벌써 해는 졌고 어둠이 짙게 깔렸다. 마을 곳곳에 복사꽃과 매화 등이 만발하여 차와 사람이 어우러지는 것 같았다. 차왕수를 만나러 가는 길 위에서 4시간 멈춰 서는 사이 선재 동자를 만나면서 문득 거령신을 만나는 것은 그리 간단한 일이 아님을 실감했다.

　7시 30분이 돼서야 어둠을 헤치고 쌍백을 빠져나왔다. 쿤밍에서 애뢰산에 가는 동안 붉게 물든 가시오동(刺桐, Ekythkim Vakieyata) 나무를 만났다. 그 나무가 윈난 지역에 많은 까닭은 약재로 많이 쓰이기 때문이다. 또 솜나무(木棉花, Gossampinus malabarica)의 꽃봉오리를 말려 이질이나 설사 등의 치료약으로 쓰는 등 윈난 사람들은 나무 하나도 소중한 자원으로 생각하고 있었다.

거령신(巨靈神)을 찾아 애뢰산을 가다

　2009년 3월 9일의 아침이 밝자 일찍부터 애뢰산의 인근 구갑(九甲)마을을 향해 출발한 우리 일행은 가는 곳마다 자연에 도취되어 길에 멈춰 섰다. 법진 스님은 "아, 세상에 이런 일이!"라는 감탄을 연발했다. 논밭을 일구며 목축을 주업으로 살아가는 윈난 사람들의 삶이 가슴에 와 닿았다. 쌍백에서 아침 일찍 출발한 우리들은 4시가 돼서야 구갑마을에 도착했다. 다음날 날이 밝자 서둘러 애뢰산 차왕수를 친견키 위해 향정부로 갔는데 일이 생겼다. 애뢰산은 일급 국가 보호구역이므로 출입이 엄격히 통제되어 현 정부의 허가를 받아야 넘어갈 수 있다는 사실을 구갑마을의 향정부에 도착해서야 알게 된 것이다. 한국과 중국의 잡지사 연합취재 목적으로 왔다고 우리의 취재 목적을 말하자 향정부 관리가 현 정부를 뛰어다니며 극적으로 허가를 얻어 11시 30분경 허가가 났다.

　구갑 세계 차왕호텔에서 미리 점심을 먹고 12시쯤 출발한 우리 일행은 12시 40분에야 애뢰산 입구에 도착했다. 입구에서 애뢰산 차왕수까지는 해발 2,280m로 3시간이 소요되는 먼 거리였다. 애뢰산은 천년 고차수의 보호를 위해 자연보호구역으로 지정되면서 마을 사람들까지 입산이 금지된 덕에 천혜의 자연을 그대로 간직하고 있다. 차왕수를 친견하기 위해 반드시 거쳐야 할 폭포수였다. 그 물결이 사람의 마음까지 움직였다. 일찍이 왕안석(王安石) 시인은 애뢰산의 아름다움을 한 편의 시로 읊었다.

한국의 고차수 순례단이 윈난의 애뢰산을 찾아가 2,700년된 세계차왕 앞에서 기념촬영을 했다.

세상의 독특하고 웅장하고 별나며 괴상한 경치는 항상 멀고 험한 곳에 있어 인적이 드문 곳에 있다. 뜻있는 자가 아니면 이를 수 없다. 그 깎아지른 절벽 위에 사람들이 가 본 적이 없으니 도화원(桃花源)이나 혹은 어떤 보물을 숨겨 놓을 수도 있겠는가.

왕안석의 시를 음미하면서 구천폭포(九天瀑布)에 이르니 왕안석의 말이 실감났다. 폭포 옆 차나무에서 내려다본 연못은 무척 맑아 밑바닥까지 환히 볼 수 있었다. 폭포 양측의 깎아지른 절벽은 높고 험하여 거의 하늘과 땅이 수직으로 맞닿은 구름 끝에 곧게 뻗은 것 같았다. 폭소 소리를 들으며 애뢰산으로 향했다.

사슴들이 자신들의 낙원처럼 이리저리 뛰어놀았다. 애뢰산으로 가는 중간 철문이 굳게 잠겨있었다. 애뢰산 관리소에서 젊은 여성이 내려와 문을 열었다. 그 길을 통과해야만 애뢰산에 오를 수 있다. 오르는 길에 붉게 핀 산다화(동백)를 볼 수 있었다. 그 길을 따라 올라가자 한참 만에야 관리소가 나왔다. 그 관리소에 앉아 마신 감미로운 차 한 잔에 선경에 빠져드는 것 같았다. 다시 1시간 30분을 더 들어가야 차왕수를 만날 수 있다고 했다. 이제 길을 재촉했다. 구갑향 정부에서 따라온 관리와 애뢰산 관리소 관리인 1명이 앞장서서 우리를 이끌었다. 애뢰산에서 들은 이야기로는 이 지역에만 높고 높은 고차수가 300여 그루에 이른다고 했다. 애뢰산으로 가는 길목마다 이름을 부여했다. 그리고 높은 차나무들이 우리를 차의 세계에 흠뻑 빠져들게 했다.

천하제일의 차왕수를 보다

1시 30분에 애뢰산 입구에서 출발한 우리 일행은 5시가 다 돼서야 거령신으로 떠받들어지는 차왕수에 이르렀다. 멀리서 차왕수를 보는 순간 차나무를 향해 한없는 감사를 드렸다. 2,700년을 살아온 이 차나무의 역사는 곧 차의 역사를 말해 준다. 기원전 7세기경 제나라 환공(桓公), 진나라 문공(文公), 초장왕(楚庄王) 등 춘추 오패가 중원에서 위세를 떨치고 있을 때부터 이 차나무가 애뢰산 땅을 뚫고 나와 큰 숲 안에 묵묵히 자라고 있었다고 여겨진다.

그리고 육우의 《茶經》에도 대차수에 대해 '파산(巴山) 협천(峽川)에 두 사람이 팔을 벌려야 안을 수 있는 차나무가 있다'라고 언급되어 있다. 두 사람이 팔을 벌려 안아야 할 대차수는 지름이 3.2m 이상이고 적경은 적어도 1m 정도로 추정된다. 그러나 육우가 언급했듯이 윈난에 그런 고차수가 있는데도 지금까지 침묵한 까닭은 무엇일까. 애뢰산의 고차수는 1996년 11월 윈난농대 중국농업과학원에 보고되었으나 2007년에야 세계 최고의 고노차수로 지정되었다. 그 뒤 윈난 쿤밍에서 '애뢰산 야생 고차수와 차나무의 식물군락의 발견과 의의'라는 학술연토회가 열렸다. 대면적의 야생자연군락과 특대 고차수의 발견에 힘입어 애뢰산 고차수의 생태환경, 차나무 식물군락에서 고차수의 식물학적 특징, 생태 적합성, 화학성과 고차수의 수령, 애뢰산 야생 고차수 군락과 고차수 발견의 의의 및 가치 등에 대한 과학적 논증이 진행되었다.

지금까지 중국은 쓰촨 아안 몽정산을 차의 원류로 고집한 것에 대해 차가 한족 중심으로 이동했기 때문이라는 이유를 들어 왔다. 윈난이 당시 오랑캐의 땅이었기 때문에 차의 원류를 윈난으로 인정하는 것을 탐탁지 않게 여긴 원인도 있다. 그러나 중국은 2007년 애뢰산 차왕수를 인정하면서 자생차는 애뢰산 차왕수, 재배차는 윈난 봉경의 3200년 차왕수를 원류로 지정, 차나무 전래설을 자생차와 재배차로 구분해 정립시키기에 이르렀다. 애뢰산 대차수 2호인 차왕수의 역사적 평가가 이루어지자 셴페이핑(沈培平) 윈난성 서기는 "애뢰산이 예로부터 원시 생태적 자연환경으로 인해 외부의 관심을 받지 못하다가 애뢰산에 의해 유명해졌고 애뢰산의 호두나무와 차나무가 심어지면서 영원히 푸른 산과 녹수가 흐르게 되었다."라고 말하였다. 그리고 셴페이핑 서기는 애뢰산 차왕수를 두고 "만년을 안으며 인류 시조와 동행한다."라고 말했다.

애뢰산에 얽힌 내력을 살피다가 개울을 건너 차왕수에 다가갔다. 먼저 2,700년 동안 이곳을 지켜 온 거령신에게 한국에서 준비해 간 차로 정성껏 헌다공양을 했다. 그 순간 차향이 애뢰산 아래로 퍼져나갔다. 이 순간을 얼마나 기다렸던가. 거령신 차왕수에게 차를 올린 뒤 세계 차왕수를 살피다가 세계 차상 이서하 총재가 이끄는 천인천복 그룹이 세계차왕기념비를 세운 것을 보고 깜짝 놀랐다. 듣자 하니 천복 그룹이 애뢰산 고차수를 기념 관리하겠다고 구갑현 정부에 제시했다고 한다. 그러나 중국 인민들의 반대로 무산되었다는 웃지 못할 사건도 있었다. 그 옆에 '국차괴보(國茶瑰寶)'라는 글이 새겨져 있었다. 국가의 보물 중의 보물이라는 그 말이 실감났다. 차왕수를 살피니 높이가 19.5m, 폭 16.5x18m, 가장 낮은 나뭇가지는 10m, 직경 1.02m라는 사실이 놀라웠다. 하늘 끝까지 치솟은 높이만큼 기나긴 차의 역사를 말해 주는 차왕수는 2,700년 전 중국 제나라 시기에 심어진 이래 세계 민족의 숲에서 새로운 모습으로 우뚝 섰다.

다기에 소우주를 담다

2011년 3월 10일 5시 50분, 애뢰산(哀牢山) 아래 해발 2,280m에 있는 천가채(千家寨) 차왕수 앞에서 벌어진

해질 무렵 다기에 물그림자가 비치더니
단숨에 2,700년 된 고차수가 한국에서 가져간 다기에 담겼다.

일이다. 이틀을 달려 6시간을 주행한 끝에 거령신으로 떠받들어지는 차왕수에 헌다를 마친 뒤, 차 한 잔이 간절해져 한국에서 함께 고차수 탐험에 나선 보천사 주지 법진 스님에게 차왕수 앞에서 차 한잔하자고 제안했다. 마침 보온병에 뜨거운 물이 남아있어 한국에서 가져간 은다기 뚜껑을 열고 뜨거운 물을 부었다. 다기의 뚜껑을 닫으려는 순간 다기에 비친 찻잎이 아름다워 사진을 찍으려는데, 우연히 다기에 담긴 찻물 위로 차왕수의 모습이 비쳐 들어왔다. 그 놀라움과 경이로움에 카메라 셔터를 멈출 수 없었다. 높이 19.5m나 되는 차왕수가 다기에 담긴다는 것은 예사로운 일이 아니었다.

그 순간 2005년경 오대산 우통수를 찾았다가 잔설이 내려앉은 나뭇가지가 우통수 물에 담긴 장면을 카메라에 담았던 일이 생각났다. 셔터를 누르는 동안 다기 속의 찻물에 차나무의 그림자가 나타났다가 6시가 다가오자 순식간에 사라졌다. 불과 3분 간격에 벌어진 그 날의 순간을 잊을 수 없었다. 그때 그 순간을 지켜본 뒤 카메라에 담긴 사진을 살핀 법진 스님은 '우담바라의 꽃이 피는 것과 같은 길조'라고 극찬을 아끼지 않았다.

차왕수 나무를 살피다가 내려온 보천사 지민 스님은 "차왕수를 한국의 차와 다기에 담아 가니 한국과 중국이 차향처럼 오래 이어지길 비는 거령신(巨靈神)의 감은(感恩)"이라고 말했다. 이 순간을 지켜본 중국 〈해협다도〉지의 첸용광(陳勇光) 기자는 "있을 수 없는 현실이 눈 앞에 펼쳐지는 광경은 최 선생의 원력이 중국과 차연으로 맺어진 결과"라고 평했다. 이렇듯 순간에 다기에 담긴 차왕수를 지켜본 다우들은 '다기에 담긴 소우주'가 담기었다고 정의했다.

애뢰산 차왕수에 다기에 담다

원난성 애뢰산(哀牢山) 천가채(千家寨) 차왕수를 다기에 담긴 사진이 공개되자 두 가지 반응이 일어났다. 첫째는 "어떻게 19m나 되는 차나무를 작은 다기에 담아낼 수 있는가" 부터 갖가지 질문이 쏟아져 나왔다. 그때마다 자연이 인간에게 준 가장 보배로운 선물이 차라고 말했다. 다기에 19m의 차나무를 담게 된 것은 뜻밖의 행운이었다. 그때가 2011년 3월 5시 50분, 다기 뚜껑을 열고 찻잎을 바라보려는 순간, 해 질 무렵 그림자가 다기에 담기었다. 그때 사진을 찍기 시작했는데, 3분간 2700년이나 된 차나무가 나타났다가 사라져 간 소우주를 담아낼 수 있었던 것은 거령신이 인간에게 준 고귀한 선물이라고 말할 수 있겠다. 다기에 담긴 사진이 세계일보에 차 에세이로 공개되자 뜨거운 반응이 이어났다 '70미터가 넘는 고차수를 다기에 담아낼 수 있느냐?' 등 반응이 쏟아져 나왔다. 그때 거령신이 보호하여 차왕수를 다기에 담아낼 수 있었다고 답했다. 두 번째는 중국차 연구가인 박용모 선생으로부터 한 통의 이메일이 날아왔다. 내용인즉 2,700년 차왕수 기사 중 자신이 알고 있는 것과 다른 점이 있다는 것이었다. 천복집단이 애뢰산을 독점 계약해 관리하겠다고 쓰마오시 인민정부에 제시했다가 인민들의 반대로 무산된 사건은 2001년 10월 천복 집단과 푸얼시정부(당시 쓰마오시) 사이에 협정이 체결되면서 2005년까지 관리인을 두고 유지되다가 차왕수의 가치가 높아지자 중국 윈난성 정부가 차왕수의 보호를 위하여 찻잎 채취를 금지했고, 천복집단은 이에 재판을 청구하게 된 것이며, 그 소문이 세상에 알려진 뒤 중국인들의 비난이 커지자 천복집단이 소를 취하하여 현재 중국 지방 정부가 관리 · 보호하게 되었다는 것이다.

그런데 현지 사정은 조금 다르다. 전후 과정은 생략하고 천복그룹이 천가채를 독점하려 하자 중국 인민들의 반대로 무산되었다는 내용으로 전해지고 있다. 어쨌든 이는 중국이 뒤늦게 차나무의 가치를 알고 철저하게 보호를 하는 것으로 볼 수 있겠다. 그리고 현재 중국이 차나무 보호를 위해 삼엄한 관리를 하고 있는 것은 매우 놀라운 일이었다. 그 차나무를 보호하기 위해 마을 사람들의 출입이 엄격히 통제되는 바람에 구갑 사람들의 불만이 이만저만 큰 것이 아니었다. 애뢰산에 자라는 찻잎이나 식물들을 채취해 생활해 오다가 터전을 잃어버린 구갑 사람들 가운데에는 그 삼엄한 경계를 뚫고 다람쥐처럼 나무를 타고 찻잎을 몰래 채취하는 사람도 있다니 또 한 번 놀랐다. 그런데 우리의 실정은 어떠한가. 70년대 말 지리산 자락에 자생하는 차나무를 베어버리고 농가 수익이 높은 밤나무를 심었던 과거는 높이가 수십 미터나 되는 그 많은 윈난의 고차수를 보고 또 한 번 마음을 숙연하게 했다.

[6. 대렴보다 100년 앞선 시기
중국으로 차씨를 전파한
김지장의 **금지차**]

중국에 차종을 가져간 김지장은 누구인가

김지장은 신라 경덕왕(景德王)의 근친(近親)으로 719년 성덕왕(聖德王) 18년 당(唐)나라로 구법(求法)할 때 차씨앗(茶種)과 오채송(五釵松), 황립도(黃粒稻)를 가지고 들어간 사실이 명(明) 만력(萬曆)에 편찬한 《구화산지(九華山志)》 물산(物産) 편에 기록하면서 신라의 차문화를 대렴(大廉)이 차씨를 전해준 역사보다 100년을 앞당겨 주었다.

그 같은 기록을 접하고 김지장 연구에 몰두했다. 1999년 12월 한국에서 최초로 〈육신보살 지장법사 국제 학술대회〉을 기획하게 되면서, 1999년 10월 김지장 자취를 쫓아 구화산을 찾게 되면서 김지장의 실체가 드러나기 시작했다. 김지장 스님이 처음 은거(隱居)한 구화산 노호동(盧虎洞) 동굴(洞窟) 바위 정상에서 500여 년으로 추정되는 김지장 노차수를 발견하여 김지장차의 중국 전래설을 입증시켜 주었다.

당 만력 연간(萬曆年間)에 편찬한 《구화산지(九華山志)》에 따르면 대렴보다 100년 앞선 시기 김지장 스님이 중국에 입당구법(入唐求法)하러 당나라로 들어갔을 때 신라

구화산 노호동에서 발견된 김지장 고차수

의 수도 경주(慶州)에서 차씨앗을 가져가 구화산에 심게 되면서 오늘날의 구화불차(九華佛茶)가 신라에서 가져간 금지차로 알려지고 있다. 하지만 한국 차계의 사정은 그렇지 않은 것 같다. 신라 흥덕왕 시기 왕명으로 대렴이 당나라로부터 차 종자를 가져와 지리산에 심게 되면서 한국 차문화가 싹을 틔웠다고 말하고 있다. 그간 김지장 스님이 당나라에 구법 길에 올랐을 때 신라에서 가져간 차씨가 자라나 구화불차라는 사실을 잊고 있었다. 그 같은 사실은 기록으로 전해 왔을 뿐 실체가 불분명하다는 견해였다.

구화산 노호동에서 발견한 김지장 대차수 발견

1999년 10월 김지장이 수행했던 구화산 노호동 정상 바위 암벽 사이에서 수령(樹齡) 500년 정도로 추정되는 김지장 노차수(老茶樹)를 발견하면서 김지장 차종의 신라 전래설을 입증시키게 되었다. 발견 경위는 우연찮게 이루어졌다.

당시 구화산 일대의 김지장의 발자취를 찾던 중 노호동 정상 바위 암벽 사이로 나뭇잎 하나가 햇빛에 반사되면서 눈부시게 빛났다. 그 순간을 놓칠 리 없어 단숨에 노호동 바위 암벽을 타고 바위 위로 올라갔다. 사람 키만 한 나무 세 그루가 햇빛에 반짝거리며 서 있었다. 바위를 건너뛰어 가까이 다가가 나무를 살피니 차나무였다. 그 자리에서 실측한 뒤 사진을 찍고 1999년 12월 《불교춘추》(통권 16호)를 통해 공개하자 세상에 알려졌다.

지금까지 한국 차나무 전래설을 놓고 의견이 분분할 뿐 아니라 대렴이 중국에 사신으로 갔을 때 가져온 차씨를 지리산에 심은 것이 한국차의 전래설로 굳어져 있었다. 그런데 대렴보다 100년 앞선 시기 신라 땅에 차나무가 있었다는 것은 한국 차사(茶史)를 뒤집을 중요한 사건이 아닐 수 없다. 《삼국사기(三國史記)》에도 신라 선덕여왕 시기 차가 토착화되었다고 기록되어 있듯이 20여 년 전 구화산에서 김지장 노차수의 발견으로 입증시켜 주었다.

2002년 열반한 당시 구화산 방장 렌더(仁德) 스님을 만났을 때 노호동 차나무 발견 사실을 말씀드리자 깜짝 놀라며 신라차가 중국에 전래하였다는 설을 입증하는 결정적 사건이라고 기뻐했다. 그 뒤 차나무를 확인하기 위해 국내외 많은 전문가들이 노호동 차나무를 찾으려 했으나 보존 차원에서 그 차나무를 세상에 드러나지 않게 하여 오늘까지 숨겨져 있다. 《구화산록(九華山錄)》에 남아있는 김지장 차나무는 김지장 스님이 남대에서 수행하고 있을 때 심었다는 남대(南臺) 공심차로 알려져 있었는데 그곳은 오늘날 소천태(小天台)의 남대암(南台庵)이라고 한다. 안후이(安徽) 농업대학의 왕젠훙(王鎭恒) 교수의 조사에 따르면 지금도 약 10그루의 차나무가 있는데, 높이가 약 160cm에

나무 폭이 130cm이며 잎의 길이는 11.5cm라고 한다. 지금까지 밝혀진 김지장의 차나무 중 최고의 기록이었다.

이 차나무는 지장 스님이 고배경대(高拜經台)에서 은거하고, 천태동굴에서 수행하면서 차를 달여먹었다는 설득력 있는 장소에 자생하고 있어 지금까지 가장 오래된 차나무로 인정받아 왔다. 그러나 이번에 노호동에서 발견된 김지장차는 김지장 스님이 제일 처음 구화산에 은거하면서 수행했던 동굴 정상에 남아 있어 설득력이 강하다. 차나무는 높이가 230cm나 되고 둥치는 사람 팔뚝보다 굵었다.

그간 김지장의 차씨 전래설은 단편적 문헌에만 그쳤다. 그러다가 2001년 중국 안후이성 우후시(芜湖市)에서 열린 '우후국제차문화논전'에서 〈신라에서 가져간 금지차에 관한 연구〉를 발표하여 당시 참가자들로부터 관심을 불러일으켰다. 구화산지를 근거로 김지장차의 신라 전래설은 있으나 김지장차의 차나무는 확인되지 않았다. 1999년 가을 김지장 스님이 수행한 구화산 노호동 정상에서 500여 년으로 추정되는 김지장 노차수의 발견으로 중국차학자들로부터 찬사를 받았다.

김지장 차나무 실체 우후국제차박람회에서 첫 보고

2002년 봄 안후이성 우후시에서 우후국제차박람회가 개최되었는데 〈김지장 차문화 연구〉라는 논고를 발표하였

〈구화산지〉에 소개된 김지장차가 중국으로 전래된 내용을 수록했다.

다. 그 자리에는 한국의 경주 새등이요의 최차란 선생과 원불교 전명진 교무와 중국 차계의 거목인 안후이 농대의 왕젠훙(王鎭恒) 교수가 지켜보고 있었다.

발표자로 나선 저자는 1999년 중국 안후이성 구화산 노호동에서 500여 년으로 추정되는 김지장 차수의 발견 사진과 《구화산지》와 《청양현지(靑陽縣志)》을 근거로 다음과 같은 근거로 발표했다.

"1999년 10월 17일 중국 구화산에 산재해 있는 김지장의 행적을 취재하던 중 지장 스님의 첫 고행처인 노호동에서 지장 스님이 심었다고 전해지는 차나무를 발견했습니다. 지금까지 구화산록(九華山錄)에 남아있는 김지장 차나무는 김지장 스님이 남대(南台)에 거처하고 살았을 때 심었다는 남대 공심차(南臺空心茶)로 알려져 있었는데 이번에 구화산 노호동에서 김지장 차수의 발견으로 구화산 차사를 새로 쓰게 되었다고 피력했습니다.

그 같은 근거는 구화산지와 청양현지를 토대로 하고 있다고 구화산 금지차 전래설을 밝혔습니다.

《구화산지》에는 '속이 빈 작은 대나무 같고 김지장이 가져다 심은 것'으로 전한다. 《청양현지》에는 '금지차란 서역(西域)으로부터 온 차이다'라고 기록되어 있다. 또 '신광령(神光嶺)에 심었는데 구름과 이슬을 받고 자라난 것으로 차맛이 매우 훌륭했다'라고 실려 있다. 금지차의 전파 경로와 유래에 대해서는 김지장이 바다 동쪽 신라에서 가져온 것으로 차씨가 자라나 오늘날 구화불차가 되었다고 문헌 자료들을 공개했습니다."

강연을 듣고 있는 중국의 차학계의 연구자들은 놀라운 반응을 보여 왔다.

김지장 스님이 중국에 건너갈 때 가져간 차씨를 구화산에 파종한 이후 자라난 금지차는 김지장 스님이 금지차의 제다(製茶) 방법을 제시했는데 곡우(穀雨) 때 따서 정성드려 만든 금지(金地) 작설차(雀舌茶)는 참새의 혀와 같고 모양은 부처님의 손과 같았으며, 싹과 잎이 자연스럽게 펼쳐지고 색은 비취처럼 푸르고 흰 털이 많았다. 차탕의 색은 담백한 황록이었고, 향기가 청아하고 맛이 신선하고 단아하고 잎은 연하고 푸르렀다. 그 품격을 보아 불차(佛茶)의 풍미로 손색이 없었다고 밝혔습니다. 기회 있을 때마다 김지장차의 전래설에 대해 다양한 의견을 내놓았다. 신라에서 가져간 김지장차씨 전래설을 중국에서 열린 김지장 국제학술연토회에서 발표하여 관심을 불러일으켰다.

그중 2003년 안후이성 구화산에서 열린 제1차 지장문화제를 맞아 김지장 국제학술연토회에서 신라에서 가져간 금지차를 발표했다. 그 논지는 다음과 같이 전개했다.

"한국차를 연구하는 대부분의 학자들은 신라 흥덕왕 3년(828) 왕명으로 당나라 사신으로 갔던 대렴이 귀국하면서 차종자를 휴대하고 와서 지리산 자락에 심은 뒤 한국의 차문화가 전파되었다는 견해를 피력해왔다."

그리고 그 장소가 화개(花開)인가, 구례(求禮)인가를 놓고 거의 반세기에 걸친 논쟁이 있어 왔다. 그러나 흥덕왕 때 차종자를 중국으로부터 가져온 뒤 음다(飮茶) 풍습이 성행되었다는 《삼국사기》의 내용은 전면 수정되어야 한다. 이미 김지장은 신라 성덕왕 18년(719)에 바다를 건너 구화산으로 들어갈 때 차종자와 황립도, 오채송 등을 휴대하고 갔던 것이다. 그렇게 보면 대렴이 중국에서 가져온 차종보다 무려 100여 년 앞선 시기에 이미 신라에 음다 풍습이 성행했었던 증거이다. 중국인들은 말한다. "구화불차가 신라(한국)로 귀향하려는 움직임을 보이고 있다." 그러기에 이제부터 한국차를 말할 때 김지장차를 논의하지 않으면 안 되게 되었다. 신라 왕족 출신의 고승 지장(地藏, 696~794) 스님이 중국으로 들어갈 때 차 씨앗을 가지고 들어가 구화산에 심었는데 그 차가 지장불차(地藏佛茶)다. 파나마박람회 등에서 금질장상(金質裝賞) 등을 수상하는 등 명성을 이어왔으며, 금지차, 공경차(空梗茶), 지장불차, 민원차(閔園茶) 등으로 유명하다.

《청양현지》에는 '금지차란 서역으로부터 온 차이다.'라고 기록되어 있고 《구화산지》에는 '속이 빈 작은 대나무 같고 김지장이 가져다 심은 것'으로 전한다. 또 '신광령 이남에 심었는데 구름과 이슬을 받고 자란 것으로 차맛이 매우 훌륭했다.'라고 실려 있다. 차의 전파 경로와 유래에 대해서는 김지장이 바다 동쪽 신라에서 가져온 것으로 알려져 있다.

이렇게 문헌을 근거로 중국국제학술대회석상에서 김지장에 관한 신라차 전래설을 발표하자 주목을 받기 시작했다.

김지장차 원산지 신라설에 대한 논쟁

2002년 9월 김지장 성도기념일을 맞아 김지장학술연토회를 구화산에서 개최했다. 발표자로 나와 금지차는 신라에서 가져온 불차라고 문제 제기를 해왔다. 그러자 중국차학 그룹이 앞을 다투어 반격을 시작했다. 중국학자 그룹들은 이지세(李之世)의 시(詩)에 서역을 근거로 '서역은 신라가 아니다.'라는 주장을 펼치기 시작했다. 당시에는 한국차학계는 중국에서 김지장차의 논쟁이 일어나고 있는 사전 정보조차 없었던 시기였다.

김지장차씨 전래설이 중국 전역에 퍼져나가자 중국 차학자 그룹이 반격에 나서기 시작했다. 그 전말은 다음과 같이 시작되었다.

김지장차씨 전래설로 신드롬을 일으키자 중국 차학 그룹이 반론을 제기하기 시작했다.

그 도화선은 2008년 5월 재연되었다. 닝보(寧波) 국제 해상차로 국제논단에서 2008년 〈중국 차문화를 한국에 전파해간 주요 인물과 그의 사상〉이란 논고를 발표해 신선한 충격을 주었다. 그 같은 내용을 접한 중국의 차학자 그룹들은 충격에 휩싸였다.

같은 해 《建築과 文化》(2008년 5월)에 〈중국차를 한국에 전파한 인물〉이라는 제목으로 게재한 바 있다. 그 내용 중 김지장 부분을 살펴본다.

한·중 차문화 교류사를 살필 때 빼놓을 수 없는 인물(人物)이 김지장이라는 인물이다. 그는 신라 왕손으로 태어나 24살 때 중국 안후이성 구화산으로 들어가 열반(涅槃)한 뒤 지장보살(地藏菩薩)의 화신이 되었다. 그가 신라에서 중국으로 갈 때 휴대(携帶)하고 간 차(茶)가 김지장차였다. 이는 대렴이 중국으로부터 차씨를 가져온 시기보다 80년이 앞선다. 《구화산지》 권8에 다음과 같은 기록이 전해온다.

'김지장차는 신라 때(당영휘[唐永徽] 14년, 서기 653) 지장 스님이 신라에서 가져간 차종의 이름이다', '나무줄기가 속이 비어 작은 대나무와 같다(梗空如篠) 전하는데 김지장이 (신라로부터) 가져온 차씨였다고 한다[相傳金地藏携來種].'

《청양현지》에도 '김지장차란 서역(西域)으로부터 가져온 것이다.'라고 전해지며 1669년 유원장(劉源長)이 지은 《개옹다사(介翁茶史)》에는 더욱 구체적인 글이 보인다. 〈공경차〉가 그것이다.

구화산에는 공경차가 있는데 이는 김지장이 심은 바이다. 대체로 보건대 구름 안개 중에 기후가 항상 온습하여 이 땅에 심은 바 맛이 자연 것과 같지 않았다. 구화산은 지주 청양현으로 원명은 구자산(九子山)이다. 이태백이 아홉 봉우리가 연꽃을 닮았다고 하여 고쳐 구화산으로 하였다. 김지장은 신라 스님으로 당나라 지덕 년 간(756~758)에 바다를 건너 구화산에 거처하며 이 차를 심었다. 나이 99세에 함중에 앉아 임종하였는데 3년 뒤에 함을 열어 보니 얼굴빛이 살아있는 듯했으며 뼈마디가 모두 움직이더라[九華山有空梗茶 是金地藏所植 大低煙霞雲霧中氣常溫潤 與地植味自不同 山屬池州靑陽原名九子山 因李白謂九峯似蓮花乃更爲九華山 金地藏新羅國僧 唐至德間渡海居九華乃植此茶 年九十九坐化函中 後三載開視顔色如生與之骨節俱勤].

그 차가 중국 안후이성 구화산의 구화불차로 알려진 바로 그 차였다.

《전당시(全唐詩)》 권808에 김지장의 차시(茶詩)가 전해 오는데 〈송동자하산(宋童子下山)〉이 바로 그 시로, 동국인(東國人)이 지은 것 중 현존하는 최초(最初)의 율시(律詩)이다.

空門寂寞汝思家　　　절간이 적막하니 집 생각나겠지

禮別雲房下九華	승방에서 작별하고 너는 산을 내려간다.
愛向竹欄騎竹馬	대나무 울타리 옆에서 죽마 타던 것 그리워
懶於金地聚金沙	절에서의 수양을 게을리하더니
漆瓶潤底休招月	산골 물 병에 담아 달 부르기도 그치고
烹茗遼中罷弄花	사발에 차 달이며 꽃 장난도 그만두고
好玄不須頻下淚	잘 가거라 눈물일랑 자주 흘리지 말고
老僧相伴有煙霞	노승에겐 벗할 안개 노을 있으니.

김지장의 이 시가 구화산 차문화에 끼친 공적(功績)을 놓고 볼 때 한국차를 중국으로 전파하는 데 적지 않은 영향을 끼쳤다고 말할 수 있다. 더욱이 정중종(淨衆宗)을 일으킨 무상(無相) 선사가 선차지법(禪茶之法)을 일으킨 비조(鼻祖)로 떠오르면서 오히려 중국 차문화사에 동국인이 적지 않은 영향을 끼쳤다고 말할 수 있게 되었다.

논문이 나간 뒤 닝보 차문화 촉진회 비서장인 주지파(竺齊法)는《차주간(茶周刊)》(2008년 9월 16일)에 실린 〈김지장의 차와 구화산〉이란 글에서 문제를 들고 나왔다.

먼저 그는 《구화산지》와 《청양현지》의 기록을 들어 '일반적으로 '전하다[傳].'라는 것은 전설이나 입으로 전해진 것으로 확실한 근거가 될 수는 없다. 다행히 김지장은 아래에 인용된 〈송동자하산(送童子下山)〉의 시에 샘물을 길어 차를 끓인 아호(雅好)가 쓰여 있다. 그가 차를 좋아하던 사람이라는 것을 설명하고 완전히 그가 구화산에 차를 심었던 사실성에 대한 증거일 수 있다. 또한 '휴대해서 왔다.'라는 표현이 부정확하다. 최석환은 중국 인터넷의 많은 글에서 그가 신라에서 휴대해 왔다는 글을 보았다. 2008년 4월 하순 닝보에서 열린 동아시아차문화연구센터 시상식 겸 해상차로국제논단(海上茶路國際論壇)에 참가한 최석환 선생도 논문에서 김지장이 신라차를 가지고 구화산에 왔다고 말했다.'

라고 서술했다. 주지파는 김지장 스님이 신라에서 가져간 차씨를 구화산에 심게 되었다는 나의 주장을 인정할 수 없다고 제기했다. 나는 그간 중국 여러 곳의 학술연토회에서 김지장 신라 차씨 전래설을 놓고 김지장이 신라에서 차씨를 휴대하고 구화산으로 왔다는 근거를 제시했다. 그 이유는 한국에는 원래 차가 자라지 않은 데다가 대략 6~7세기에 중국에서 전해졌다고 보고 있기 때문이라고 밝혔다.

이에 대해 주지파는 "김지장이 구화산에 심은 것이 신라차라면 먼저 한국에서 원래 차가 자랐다는 증거가 있어야 한다. 증거가 없다면 그가 신라에서 차를 가지고 왔다고 말하기 어렵다. 혹은 그가 가지고 온 것이 중국에 전해진 차라면 이것은 논리적으로 매우 성립하기 어렵다"는 견해였다.

이에 2009년 5월 닝보(寧波)에서 열린 제2차 해상차로 연토회에서 안후이 농대 딩이쇼우(丁以秀) 교수가 〈김교각(金喬覺)과 구화산〉이란 논문을 들고나와 주지파의 의견에 동조하고 나섰다. 즉 '김교각은 개원(開元) 7년(719)의 당나라 흥성(興盛)했던 시기에 중국에 왔는데 당시 신라에는 차나무가 없었다. 그래서 신라를 서역으로 볼 수 없다. 후인들은 신화라는 것은 근거가 되기엔 부족하다. 만약 구화차를 김교각이 가지고 왔다면

2002년 안후이성 우후시에서 열린 우후 국제논전에서 최석환 본지 발행인은 '김지장 금지차 연구'를 발표하여 당시 신라의 차가 구화산으로 전래된 설을 처음으로 언급하여 중국 차학계로부터 관심을 불러 일으켰다.

구화산 부근 지역에서 가져온 중국 차씨이다.'라고 밝혔다. 그러나 중국차학계의 반격에도 선차문화를 이끌어 온 나로서는 이에 동조하지 않았다. 《삼국사기》에서도 차는 신라 27대 선덕여왕(638-647)때부터 성행했다. 이에 주지파의 주장은 신빙성이 없다고 볼 수 있다.

김지장 스님이 신라 성덕왕 18년(당개원 7년, 719년) 신라에서 차씨앗을 휴대하고 당나라로 들어갔다. 이들 자료를 살펴보건데 신라의 차문화는 김지장 스님이 중국을 떠나기 이전인 80여 년 전에 성했다고 볼 수 있다. 이들 자료를 검토해보면 김지장이 신라를 떠나 구법길에 오를 때 차씨를 휴대하고 구화산에 심은 것이 분명해진다.

딩이쇼우의 스승이며 안후이 농대 교수를 지낸 《중국 명산지》의 저자 왕젠훙 교수는 〈구화산 김지장과 차문화〉라는 글에서 다음과 같이 피력했다.

'《청양현지》에서 김지장차란 서역으로부터 가져온 차이다. 차의 전파 경로와 유래를 살펴보면 김지장이 바다 동쪽 신라에서 가져온 것으로 알려졌다. 중국은 고대에 농업이 발달한 국가로서 여러 가지 농업기술이 발달하였다. 기원전 후삼한은 이미 벼 재배를 하였고 8백 년 후 김교각이 누런 벼와 오차송과 차씨를 가지고 구화산에 왔다. 그때 말하기를 서역은 동쪽 바다를 사이에 두고 있는 신라를 가리킨다.'라고 분명히 밝히고 있다.

뒤늦게 중국 전문가와 학자들이 구화산 차 전래를 놓고 대렴의 차씨 전래설과 당시 신라에는 차가 없었다는 근거를 들어 김지장차의 구화산 전래설을 부정해 버렸다. 그러나 80년 초 발표된 왕젠훙의 글도 분명히 서역은 신라를 가리킨다고 못 박았다. 더욱이 중국 차연구가인 린시민(林士民)은 2009년 닝보에서 열린 해상차로와 동아시아 차문화 연토회에서 발표한 〈조선 반도로 전해진 해상차로〉에서 저자의 졸고 〈중국 차문화의 한국전파〉라는 글을 인용하

며 장보고 선단을 통해 차
씨가 전해졌다고 피력했
다. 이렇게 김지장의 구화
산 차씨 전래설을 여러 학
자가 인정한 바 있다.

구화산 김지장차는
신라에서 가져갔다

오늘날 중국 안후이성
에서 생산되는 차는 수십
종에 이르지만 황산모봉
차(黃山毛峰茶)와 김지장
차만이 명차의 대열에 올
라 있다. 구화불차의 특징

2002년 한국의 불교춘추사와 구화산 불교문화연구회와 공동으로 구화산에서 열린 중한다예교류

은 줄기 속이 가는 대나무처럼 비어 있고 맛 또한 입가를 감돈다. 황산모봉차는 작은 은빛 털이 찻잎을 덮고 있어 차
맛이 달다. 구화불차는 황산모봉차와 달리 맑은 비단 같은 청량한 아침 이슬을 밟고 물을 마시는 것과 같이 맛과 향
이 뛰어나 선승들이 즐겨 먹는다고 한다. 그래서 구화불차를 선차라고 불렀다고 말할 수 있다.

금지차(金地茶)·구화모봉(九華毛峰)·구화운무(九華雲霧)·구화불차(九華佛茶)·민원차(閔圓茶) 등으로 이어지
는 구화산의 차는 구화산의 후산인 쌍계사에서 수행한 대흥 법사에 의해 그 명맥을 이어갔다.

1990년 말 쌍계 조아차와 서축 운무차를 확인하기 위해 구화산 쌍계사를 찾았다. 쌍계사로 들어가니 차나무들이
즐비해 있었다. 대흥 법사의 육신을 모신 육신전에 참배를 하고 스님들에게서 듣길 "쌍계 조아차는 원래 김지장차에
서 연유했다"고 말할 수 있다.

이렇듯 김지장이 신라에서 중국으로 들어갔을 때 차씨를 휴대했다는 설의 실체가 속속 드러나면서 구화불차는 신
라의 김지장이 전파했다는 사실에 우리차의 강한 자부심을 느껴왔다. 그러나 중국 차학계에서 김지장차는 신라로부
터 가져온 것이 아니라 구화산 인근의 차씨일 가능성을 제기하기 시작했다.

《구화산화성사기(九華山化城寺記)》, 《구화산지》, 《청양현지》를 바탕으로 김지장의 실체는 꺼지지 않는 등불처럼
되살아나 구화산에 갈 때마다 한국인으로서 자부심을 느낄 수 있었다. 1990년대 중반 구화산에 처음 찾아가 김지장
차나무 전래설을 연구했을 때 당시 구화산 방장 인덕 스님의 "구화산의 김지장차는 신라의 김지장 스님이 가져온 차"
라는 말을 지금도 잊을 수가 없다. 김지장의 차향이 구화산을 찾을 때마다 온몸에 배어났는데 지금도 김지장차가 쌍
계조아차, 서축운무차, 구화불차로 명성이 꺼지지 않고 이어진 것은 천 년 전 김지장이 신라에서 가져간 차씨 하나
가 발화되어 차연(茶緣)으로 맺어진 까닭이라고 할 수 있다.

[7. 대렴大廉의 차종
중국 천태산天台山
귀운동에서 전래 되었다]

　우리 차의 기원설을 밝힐 때 맨 먼저 등장하는 인물이 대렴(大廉)이다. 대렴은 우리나라 차나무 전래설을 이야기할 때 빼놓을 수 없는 인물이다. 따라서 차 연구가들은 《삼국사기》를 들먹이면서 대렴이 차종을 중국으로부터 가져왔다고 기술하고 있다. 그 차종을 지리산 자락에 심은 것은 익히 잘 알려진 일이다. 그런데 그 차종을 중국 어느 지역에서 가져왔는지는 주된 관심사였다. 지금까지 쓰촨성 몽정산(蒙頂山)과 저장성 천태산(天台山) 두 곳을 놓고 차 연구가들의 의견이 분분하다. 그러던 중 1999년 5월 저장대 유학생 이은경(李恩京) 씨가 통치칭(童啓慶) 교수의 지도를 받아 생물유전학과 비교형태학의 방법을 통해 중국 천태산(天台山)과 한국 지리산(智異山) 차수(茶樹)의 비교 연구를 발표해 놀라운 결과를 가져왔다.

　사실 천태산 차의 전래는 한국보다는 오히려 일본이 더 앞섰다. 729년 천태산에서 유학하고 돌아간 에이사이(榮西) 선사가 차종을 일본으로 가져갔던 사실이 밝혀지면서 이는 일찍부터 학계의 공인된 사실이기도 했다. 1990년대 말 한 연구가가 생물유

천태산 귀운동의 차나무.
이 차씨를 신라의 대렴공이 가져와 지리산에 파종하면서 한국의 차문화가 전파되었다.

천태산의 갈현다포 기념비

전학적으로 밝혀낸 천태산은 한 · 일 차종 전래의 핵
으로 등장했다.

차문화의 핵심으로 등장한 천태산

지금까지 천태산은 일본 차문화의 메카가 되면서 자
연 한국차와 연관지으려 하지 않았다. 그 성벽이 조금
씩 무너져 버린 것은 1999년 초 통치칭 교수의 지도를
받아 저장대 화가지(華家也) 캠퍼스에서 차학 박사를 이
수중이던 한 유학생의 끈질긴 노력에 의해서였다.

그는 〈생물유전학과 비교 형태학의 방법〉이란 논문
을 통해 지리산 차수와 천태산 차수를 비교, 생물유전
학적으로 연구한 결과, 놀랍게도 유전학적으로 두 가지
찻잎이 동일 품종임을 입증하는 개가를 얻었다.

1990년대 말 천태산 차와 지리산 차의 과학적 입
증이 증명된 이후 한국 차계에서는 이렇다 할 연구
성과가 나오지 않고 수면 아래에만 머물렀다. 2006
년 천태산 화정봉 귀운동 일대를 조사하던 중 뜻밖에
도 한나라 때 갈현(葛玄) 선사가 심었다고 전해지는
차나무를 보고 화들짝 놀랐다. 그것은 1990년 초 전
남 광양 옥룡사터 일대의 야생차밭을 조사하던 중 만
난 차나무와 너무나 비슷한 수종이라 충격에 휩싸였
다. 그때 1990년대 말 대렴의 차종의 원류를 추적,
그 차가 천태산 차라는 사실을 밝혀낸 한 유학생의
연구 성과를 떠올리면서 역사는 끝없는 수레바퀴처
럼 윤회한다는 사실을 깨우치게 되었다.

대렴의 차씨 전래설을 추적하다가 뜻밖에 저장대
의 차학과 차다분의 권위자인 왕웨이페이(王岳飛) 교
수로부터 놀라운 말을 들었다. 그는 나를 보더니 "한
국차의 뿌리가 천태(天台)에 있습니다. 주목해 주십시
오."라며 천태로부터 한국차의 연원이 시작되었다고
이야기를 꺼냈다. 그도 그럴 것이 왕 교수는 천태현이
고향인 까닭에 천태현 창산의 유기농 차밭을 한국인이
경영하도록 주선했던 인물로 남달리 한국 차연(茶緣)

천태산 귀운동에서 바라본 아름다운 풍광

에 애정이 많은 사람이다. 그뿐만 아니라 천태현 농업국의 차엽연구가인 쉬이랜밍(許廉明)과 통치칭 교수 등 중국의 차 연구가들이 한국차의 연원은 천태산 귀운동에서 시작되었다고 입을 모았다. 그들의 지적처럼 저장차는 동북아시아에서 중심 메카로 떠오르고 있었다. 그후 주목을 끌게 된 것은 한국 천태종의 발원지가 천태산이라는 점이다. 천태종 종회의 장인 무원스님의 주장에 따르면 "대렴이 사신으로 갔다가 당나라에서 돌아올 때 천태산 화정봉 귀운동에서 차씨를 갖고 돌아왔는데 왕명에 의해 지리산에 차씨를 심게 되었습니다. 의천 대각국사는 지자탑원에서 발원하여 천태종을 창종했는데 천태종 승려로서 천태산 운무차가 한국차의 근원이라는 사실에 감동을 받게 되었다고 말했다.

저장차가 떠오르는 까닭

저장 지방은 녹차의 주산지이며 유명한 용정차의 고향으로 저장 사람들은 한 잔의 차에서 행복을 구하려 한다. 따라서 저장차 또한 급부상하고 있는 까닭이다. 저장차는 우리에게 낯익은 용정차로 일찍 알려졌다. 그런 잠재적 가능성을 그들은 용정미인으로 알려진 이영애를 전격 스카웃해 저장 천도호(浙江千島湖) 부근에서 생산되는 농푸산취안(農夫山泉)사의 농푸차(農夫茶) 광고모델로 등장시켜 세상을 깜짝 놀라게 했다. 이와 같은 전략에는 세계적 명차 용정차를 알리려는 의지가 깔려 있었다.

천태산 차와 한국차의 인연설을 밝히려는 첫 번째 단추는 통치칭 교수로 모아졌다. 통 교수는 1999년 유학생 이은경의 천태산 차와 지리산 차를 연구한 지도교수로 이번 연구의 핵심인물이기에 그를 만나 연구 배경을 밝혀보는 것이 필요했다. 2006년 4월 중순, 통 교수를 항저우의 아름다운 다관에서 만나 연구 과정에 대해 물었다.

"아시다시피 대렴이 중국에 사신으로 온 뒤 황제로부터 차 씨를 얻어 지리산에 심었다는 사실은 익히 알려진 일입니다. 이 문제에 대해 경상대학 임학과 교수를 지낸 김재생(金在生) 교수가 1982년 「한국의 전통 민속 식물학에 관한 연구」라는 논문에서 당시 대렴이 입수한 차의 종자가 저장성 천태산이 원산이라는 사실을 밝혀낸 바 있습니다. 그 연장선상에서 좀 더 과학적으로 분석해보라고 한국의 유학생에게 권한 것이 출발점이 되어 이루어졌습니다. 그는 천태산 화정봉 갈현다포의 고차수의 찻잎과 지리산 화엄사 쌍계사 부근의 찻잎을 채취, 차나무의 성장(性狀) 구조, 잎의 모양과 마주나기의 수[對生數] 같은 외형은 물론 생태적 안전성을 지닌 종자와 꽃가루의 미세구조 및 유전성 상등에 있어 세 가지가 서로 놀랄 만큼 닮았거나 일치하게 되었음을 밝혔습니다. 이는 김재생 교수의 연구 이후 쾌거가 아닐 수 없습니다."

그 뒤 본격적인 천태산 화정봉 탐사가 시작되었고 2006년 6월 7일에서야 현지조사를 통해 비로소 천 년간 묻어두었던 차종의 역사가 과학적으로 증명되었다.

또 다른 저장차와 한국차의 친연관계

지금까지 대렴이 가져온 차종을 놓고 학계의 의견이 분분했으나 1982년 김재생 교수의 연구 결과 이후 1999년 과학적 접근이 이뤄지면서 대렴의 차가 천태산 차로 굳어진 상태이다. 그러나 아직 한국 차계에서는 그 사실이 침묵 속에 있어 어떤 형태로 발전할지는 장담하기 어렵다.

그렇지만 천태산 차와 지리산 차의 수종이 동일하다는 연구 결과가 나온 이상 차의 연원을 역사적 관점과 과학적 관점에서 접근하려는 노력이 절실히 요구된다. 이는 대렴의 차종에 대한 기록 《삼국사기》 신라 흥덕왕 3년 서기 828

조에서부터 출발한다. "당에서 사신으로 갔던 대렴이 차의 종자를 가지고 돌아오자 왕은 그것을 지리산에 심게 하였다. 차는 성덕여왕 때부터 있었지만 이때에 이르러 성행했다." 이 기록을 통해 우리는 견당사(遣唐使) 대렴이 중국으로부터 가져온 차종을 첫 번째로 차역사에 자리매김하는 경향은 크게 잘못이다. 대렴 이전에 성덕여왕 시기부터 차가 성행했다고 밝혔듯이 한국의 차 역사를 뒤돌아볼 때 "나는 이렇게 들었다."라는 설이 팽배하고 있다. 최근 들어 "대렴이 가져온 차종이 발아되기 직전 모두 죽었다."라는 설을 주장하는 쪽도 있다. 또 대렴이 파종한 차종이 화엄사와 쌍계사를 놓고 하동군과 구례군이 팽팽히 자기네 쪽으로 끌어당기려는 의도가 있지만 이번에 과학적으로 분석한 저장차와 지리산 차의 닮은 점에서 어느 나무에서 채취했고 그곳이 어디인지를 밝히고 싶지 않았다. 왜냐하면 또 다른 논쟁을 불러일으키기 쉬울 것이기 때문이다.

《삼국사기》에 전하는 바와 같이 그 위치를 규명하기란 간단하지 않다. 그러나 지리산 자락에 왕명으로 차씨를 파종하면서 한국의 차문화 싹을 틔우게 되었다고 보고 있다. 차 연구가들은 "대렴이 심은 차 씨앗은 발아하지 못하였고 설령 발아했더라도 겨울을 넘기지 못하고 동사했다는 주장은 추측일뿐 그것이 사실일 수 없다."라고 말한다.

그처럼 대렴이 대씨인지 김씨인지도 규명되지 않는 현실 속에서 중국은 대렴 차종보다 무려 100년이 앞선 김지장의 차수를 들고 나왔다. 신라왕자 지장 스님이 신라에서 휴대하고 간 차종이 구화산에 아직도 자라고 있음을 잊어서는 안 된다. 《구화산지》에는 이렇게 전하고 있다. "금지차는(당 영휘 4년, 서기 653년) 김지장이란 스님이 신라에서 가져간 차이름이다. 나무줄기 속이 비어 작은 대나무와 같다."라고 했다.

2001년 중국 우후시에서 열린 '우후국제차문화논전'에서 김지장차씨 구화산 전래설을 처음 제기한 후 2008년 닝보시에서 열린 한·중·일·말레이시아가 참가한 해상차로 학술연토회의 '중국차가 신라로 전파된 경로 통해 밝힌 한국차문화의 원류'에서 김지장 스님이 중국으로 건너갔을 때 휴대하고 간 차씨가 구화불차의 원조라고 밝히면서 김지장 차의 실체가 드러나기 시작했다. 저장 사람들은 천태산 차가 한국차의 원조라고 말하는 대신, 한국측은 과학과 역사는 별개라는 이야기를 전개했다. 그러던 중 통치칭 교수로부터 한 편의 자료를 보았다. 자료에는 "한국 역사문헌에 따르면 828년 당(唐) 문종(文宗) 때 천태산 차 씨를 조선에서 온 사신에게 주어서 천태산 차 씨는 조선에 전래되었다."라고 되어 있었다. 그러나 이 기록은 진짜인지 가짜인지 의견이 분분하고 전문가들도 의심스럽다고 지적한다. 지금까지 기록은 김부식의 《삼국사기》를 근거로 대렴의 차씨를 지리산에 심은 것으로 굳어졌다. 그러나 아직 천태산 차가 정녕 대렴이 가져온 차종인지에 대해서는 더 연구가 이루어져야 한다. 1982년 경상대 김재생 교수의 지리산 차가 천태산 차라는 사실을 제기한 이후 이렇다 할 연구 성과가 나오지 않고 있는 시점에서 연구가 더 성행되어야 될 것이라 본다. 그러던 중 저장성 천태산 출신인 저장대 차학과의 왕웨이페이 교수의 주선으로 천태현 창산의 10여 년간 버려져 있던 차밭 60여만 평이 한국의 차상(茶商) 조기원(趙基元) 씨에게 낙찰되어 세상을 깜짝 놀라게 했다. 천태산록에서 불과 2km 정도 떨어져 있는 이 차밭은 유기농 차밭으로 중국에 몇 안 되는 빼어난 자연경관이 압도한다. 천태산 차와 지리산 차의 친연관계인지는 몰라도 한국차의 싹이 천태에서 다시 소생하는 느낌을 받았다.

차 연구가인 완하오경(阮浩耕) 선생은 "한국인이 천태산 차밭을 경영하는 것은 중요한 의미가 있죠. 비록 인구는 적지만 한국의 차문화 연원이 매우 깊어서 한국과 중국의 차문화 발전에 천태산 차가 그 중심에 서게 될 것입니다."라고 말했다. 천태산은 송나라 시기 대각 국사 의천이 뇌원차를 송나라에 수급했고 용봉단차를 수입하는 등 차문화 교류를 이루었던 터전이었다. 그 위에 천태산 차가 곧 한국차의 연원으로 밝혀짐으로써 한국차의 싹이 곧 천태에서 피어날 것만 같았다.

[8. 하무산 운무차를
아십니까]

한 · 중 차학자의 선문답

20004년 8월 무더운 여름날 밤 11시가 가까워질 쯤 후저우(湖州) 대주점으로 중국 저명한 차인 커우단(寇丹) 선생이 제자인 주민(朱民) 여사를 대동하고 내가 묵고 있는 호텔의 객실로 찾아왔다. 서로 인사를 나눈 뒤 난데없이 일대 법거량(法擧揚)이 시작되었다.

시인이며 한학자인 지준모 선생이 이같은 과정을 지켜 보았는데 법거량의 주인공은 중국저명 차학자인 커우단 선생과 한국의 차인인 나와 법거량이 벌어졌다. 그 당시 커우단 선생은 70대 초반으로 왕성하게 활동하던 시기였고 나는 그때 40대 초반으로 중국 차문화에 깊이 빠져들던 시기였다.

밤 11시가 될 쯤 커우단 선생은 나를 바라보더니 섭섭한 감회를 드러냈다.

"후저우에는 좋은 차(茶)만 있는 것이 아니라 훌륭한 선승(禪僧)들도 있어요. 아마 한국인들은 잘 모르는 것 같아요"

"대체 그 선승이 누구입니까?"

"그대가 석옥청공을 아는가?"

중국 저명의 차인이 던진 말을 가만히 듣고만 있을 수 없어 반격의 칼을 꺼냈다.

"임제의 정맥을 이어온 석옥청공은 한국에서도 이름이 높습니다."

"그대가 어찌 석옥을 잘 아시오?"

"1996년 여름 석옥청공의 자취를 쫓아 후저우(湖州)에 처음 왔을 때 석옥청공을 알 수 있는 사람이 없었어요. 후저우에서 25km 떨어진 묘서진(妙西鎭)에 있는 천호암을 학인하고 천호암을 찾아갔을 때 석옥이 주석했던 천호암은 흔적없이 사라지고 왕

2004년 8월 〈후저우 신문〉에 커우단 선생과 저자가 나눈 대화가 '열기 가득한 학문으로 나타난 선학사상'이란 내용으로 소개되면서 석옥청공 태고보우 선사의 아름다운 미담이 세상에 알려지게 되었다.

쑈푸 노인이 차밭을 가꾸며 살아가고 있었어요." 커우단 선생은 얼른 나의 말을 가로막으며 말을 꺼냈다.

"〈후저우신문〉에 여러 번 소개되었으나, 다만 계통적 연구가 부족했지요. 그분이 암자(庵子)를 짓고 있었던 하막산(霞幕山)에는 나도 두 번 갔었고 한국인 친구들도 갔습니다."라고 일침을 가해왔다. 커우단 선생을 바라보며 단도직입적으로 물었다.

"하무산에 석옥(石屋)이 심은 15그루의 차나무가 아직도 존재하는지요?"

"750여 년 전에 심은 차나무가 어떻게 아직도 있겠어요..." 라는 답이 돌아왔다.

그렇게 차를 앞에 놓고 고담준론(高談峻論)이 오고 가다가 두 사람의 논전은 끝났다. 커우단 노사는 석옥을 꿰뚫어 보고 있는 나의 지식에 감동하여 두 나라 차문화 발전에 협력하자면서 새벽 1시가 넘어서야 논전은 끝난 뒤 두 사람은 다음을 기약하고 담론을 마무리했다. 제자인 주민 여사가 커우단 노사를 정중히 모시고 자리를 떴다.

3개월이 지난 뒤 커우단 노사는 후저우 신문(2004년 11월 10일)에 "열기 가득한 학문으로 나타난 선학사상"이란 제목으로 신문지면을 화려하게 장식했다. 커우단 노사는 다음과 같이 말하고 있다.

"2004년 8월 말 한국《차의세계》발행인이 다음 날 귀국해야 하는 관계로 당일 밤 11시 이후에 만날 것을 약속하고 약 2시간 정도 호주차(湖州茶)에 대한 이야기 내용들이 신문지면을 장식했다.

뒤에 화제(話題)가 바뀌어서《차의세계》최석환 발행인이 탄식하여 말하기를 "후저우에서 몇 사람에게 물었더니, 석옥청공(石屋淸珙)에 대해 아는 사람이 적거나 또는 전혀 모르니 정말 이상합니다. 그분의 이름은 한국의 비석이나 옛날의 중국에도 있는데, 그분이 참 호주인이 아니가요."라고 했다.

石屋清珙的诗

□寇丹

今年8月末，韩国《茶的世界》编辑因为日回国，于当晚11时后约我谈湖州茶事2个多小时后话锋一转叹说"在湖州问了几个人，他们对石屋清珙这个人很少了解或不知道，实在奇径。他的名字在韩国的石碑上，古碑上都有，他就是湖州人呀。"我解释完，湖州报刊有过介绍，只是缺少系统研究。他结庵的妙西霞幕山我去过两次，韩国明友也去过。他问说："石屋种的15棵茶树还在不在？"真是的，750多年前的茶树怎么还在呢？原来这位叫崔锡焕的韩国友人也兼《禅文化》的谣源禅寺住持7年。所谓"禅茶一味"，他身兼两职，实则一家，怪不得如此关心。

唐代茶道盛行的文化基础是禅风大盛，是茶传播的翅膀。研究茶文化不与宗教相联系，往往主观，住往是舍本抑末及里抱点皮毛。石屋清珙是常熟人，母姓刘，父姓温，生于宋壬申(1272)年，自幼在崇福寺出家3年，再至天目山高峰禅师处习禅3年，后来又拜建阳及庵刘师，也到杭州灵隐寺当过二把刀。31岁时到了湖州妙西的霞幕山顶，见风光绮丽就结草为庵，取名天湖庵。因他精通佛法禅学，他的诗被人评为"章句精丽，如岩泉夜响，玉磬晨鸣"名声远播，被请去当地新创的福源禅寺住持7年。其间皇帝诏他入京他称病不去，只得到一袭赐予的金缕法衣。他们闹市中的烦扰，40岁后重回天湖庵，在元土辰(1352)年秋天圆寂，活了81岁。直到他临终，他还是行不苟扶式，坐不辅椅，写的字是蝇头小楷，和来访者谈话住住通宵达旦。客人倦困时他笑道，你们这些后生，连这点精神都没有，还学什么道哪。"他无论在哪都极俭朴，有人甚至以为他故意做作。他记写生活的诗说"白云影里茶头屋，黄叶堆头折脚铛。渴煮紫笋捞无米茶饭，破砂盆爆烂生姜"他是人而不是仙，内心也存矛盾："要求作佛真不难，唯断安心真不难。几度霜天明月夜，坐来觉得五更寒"。"霞雾山高路又遥，庵居入简魏三条。却嫌佳处太危险，落得多人登陡步。"他还写诗和白云开玩笑说我的草屋已经这么狭窄了，你还挤进来占半间屋干什么？但他热爱霞幕山，写了长达1200字的长诗歌颂"山名霞幕泉水湖，门记得壬子初，山头有块台石台，宛如青水出芙蓉。更有天湖一泉水，先天至今何曾枯……"

石屋禅师死后被朝廷追谥为佛慈慧照禅师。在世时收高丽国(今韩国)太古普愚为嫡传弟子，太古就成为韩国禅宗临济宗的祖师。石屋火化后的骨骸在天湖庵旁建了灵骨塔，一部分送到韩国去供养至今。塔铭记传有查。石屋自己记说他在山林中生活，瞌睡之余爱写点感想和诗，可是缺坏少墨并不能全部记下来。可就这样，他还留下语录1卷约11000字和《山居诗》14000余言，由他的参学门人至柔等编成集子。今在韩国出版有全汉字的《石屋清珙禅师语录》。

纵览石屋禅师的文字，觉得他虽出家为僧，在信念上却，是积极向上热爱自然，人生毫无空荒寂寞的情绪，把禅的哲学思想情趣体现在生活小事中。试举几：

吾家住在雪溪西，水满天湖月满溪。未到尽惊山险峻，曾来方识路高低。蜗涎素壁粘枯壳，虎过新蹄印雨泥，闲闲柴门春画永，青桐花发画鸟啼。

人得山来便学呆，寻常有口懒能开。他非莫与他分辨，自适应当自剪裁。瓦灶通红茶已熟，低窗生白月初来，古今谁解轻浮担，浪许孤陵坐钓台。

满头白发瘦凌层，日用生涯事事解。本日秋分春日白，竹篮盛半筒朱藜。黄精欲买山间客，紫菜长需海外僧，谁道新年七十七，开池栽藕种菱菱。

竞利奔名何足夸，清闲独许野僧家。心田不长无明草，觉苑长开智慧花。黄土坡边多蕨笋，青苔地上少尘沙。我年三十余来此，几度晴窗伴落霞。

石屋接近生活，发现生活中的哲理。如写栽蔬："手携刀尺走诸方，线长针来日夜忙，最堪别人长与短，自家长短几曾量"。写漆匠："里面尽情灰得子，外头为妙好措饰，虽然本有灵光在，也要工夫发明它"等等。

禅学在世界上已成为一种热门的学科。它对人类相互关爱和热爱生命，自然都起到积极的作用。作为湖州对外文化交流，道家的张志和、禅家的石屋清珙，智永都可作为"文化使者"的形象，只要我们认真切实不是搞形式的，也就是一种资源或遗产了。

2004년 8월 커우단 선생과 《차의세계》 발행인이 2시간 나눈 대화 내용을 커우단 선생이 중국 〈후저우신문〉에 기고한 내용이다.

커우단 선생이 설명하기를 "후저우 신문에 여러 번 소개되었으나, 다만 계통적 연구가 부족했지요. 그분이 암자(庵子)를 짓고 있었던 하막산(霞幕山)에는 나도 두 번 갔었고 한국인 친구들도 또한 갔습니다."라고 했다.

그는 갑자기 물었다. "석옥(石屋)이 심은 15그루의 차나무가 아직도 있는지요."

"750여 년 전에 심은 차나무가 어떻게 아직도 있겠어요" 하고 답했다. 이 사람은 최석환(崔錫煥)이라는 한국인 친구로 《선문화(禪文化)》 발행인을 겸하고 있으니, 소위 '다선일미(茶禪一味)'로 몸은 두 직을 겸하고 있으나 실제로는 한 집안이므로 이같이 관심이 많은 것은 이상할 것이 없다."라고 피력하면서 석옥청공 선사가 세상에 드러났다.

커우단 노사와 나눈 다담이 후저우 신문에 소개된 뒤 한때 "그대가 석옥을 아는가?" 석옥이 심은 15그루의 차나무는 아직도 존재하는가?"라는 담설들은 오랫동안 회자 되면서 후저우 차문화를 깨웠고 한중차문화교류의 다리가 되어 후저우 차사의 한 페이지를 장식하게 되었다.

석옥청공의 선맥 태고보우를 통해 고려로 이어져

원나라 때 후저우(湖州) 하무산에서 임제(臨濟)의 선풍(禪風)을 널리 전해온 석옥청공(石屋淸供) 선사는 하무산에서 은거하며 차선일미를 실천하고 있을 때 고려의 태고 보우국사가 46세 때 지정 병숙년(1326)에 원나라 수도 대도(大都)를 거쳐 임제종의 18대 계승자인 석옥청공 선사를 찾아가 뜻이 계합하여 석옥청공 선사는 태고 보우에게 '금린(金鱗)이 곧은 낚시에 올라온다.'라는 시어(詩語)를 전해 주면서 마침내 임제의 선법(禪法)이 고려(高麗)로 이어지게 했다.

석옥과 태고의 시가(詩歌)를 통해 서로 닮은 점이 드러났다.

1996년 처음으로 하무산을 찾아간 한국의 태고보우의 법손들

千湖水湛琉璃碧	천호(千湖)의 물이 맑아 유리같이 푸르고
霞霧山圍錦幛紅	하무산은 비단을 둘러 붉구나.
觸目本來成現事	눈에 부딪히는 것이 본래 현세의 일을 이루니
何須叉手問禪翁	어찌 반드시 손을 끼고 참선하는 늙은이에게 묻겠는가.

– 석옥청공

古澗寒泉水	옛 시내의 찬 샘물을
一口飮卽吐	한 입 마셨다가 곧 토하니
却流波波上	저 흐르는 물결 위에
趙州眉目露	조주의 면목이 드러났네.

– 태고보우

600년이 지난 뒤 1996년 9월 임제종 법손들이 하무산을 찾아오면서 후저우 대외문화교류의 중요한 이정표를 세웠다. 그 당시 석옥청공이 손수 차나무를 심고 차를 재배하면서 다선일미를 실천한 사실의 발견이 선차문화의 활력을 불러일으켰다.

1996년 여름 태고종 종정 덕암 스님을 모시고 석옥청공 선사에게 임제의법을 이어온 태고보우국사의 흔적이 남긴 하무산 천호암을 찾았을 때 하무차밭을 경적하던 왕쑈푸(王小犬) 노인이 있었다. 왕노인은 천호암 유지에 살아오면서 한국인을 만난 것은 처음이라면서 고려 때 태고보우국사을 만난 것 이상으로 기뻐했다. 왕노인은 부엌으로 들어

가 대접을 가져와 찻잎을 대접에 넣더니 뜨거운 물을 부었다. 차를 맛보니 차향이 감미롭게 휘감았다. 그때 왕노인에게 "이 차는 무슨 차입니까?"라고 여쭈었다.

"하무차라고하지요. 이 절을 처음 개창한 석옥청공이후 비전(祕傳)되었던 것입니다. 이 차는 무엇보다도 맛이 좋습니다. 하무산 운무가 사시사철 걷힐 날이 없는 까닭으로 차를 재배하기에 적합합니다."라고 말했다.

왕노인을 통해 잊고 있던 하무차가 되살아나는 것 같았다. 당시 왕노인이 대접에 내놓은 하무차의 그 맑고 향기로움이 아직도 잊히지 않았다.

그 후 자료를 살피다가 〈석옥청공선사어록〉에 하무산 자연풍광을 노래한 산문이 있어 눈길을 끌었다.

"산 이름이 하막산(霞幕山)이요. 샘 이름이 천호(千湖)에서 살 만한 곳을 가려서 정한 것은 임자년 초로 기억한다(卜居記得壬子初). 산 위 흙덩이에 반석(磐石)을 얹으니 마치 물에서 나온 푸른 부용과 같구나. 다시 천호(天湖)에 샘이 있어서 선천(先天)부터 지금까지 흐르니 언제나 마르겠는가. 샘 옆에 암자를 지어 이곳에서 늙으려 하니 이곳에는 한 점 홍진(紅塵)도 없구나."

석옥청공이 천호의 맑은 물을 노래한 시이다. 이에 태고보우는 그에 회답하듯 조주의 면목을 들어내 보였다. 예로부터 하무산에는 죽순과 고사리가 가득하고 동산에는 차가 가득하다고 노래했다. 그처럼 석옥은 자연을 벗하며 30여 년을 그렇게 하무산에서 자연을 의지하며 청빈하게 살았다. 석옥으로부터 임제의 법맥을 이어간 태고보우는 석옥의 영향을 받아 고려에 차맥을 전해 주었다. 이를 두고 하무차(한국에서는 운무차)가 한국에 전해져 한국의 차문화에 영향을 끼쳤다고 말하고 있다.

하무차는 이제 백차로 되살아났다

중국 후저우 하무산에 석옥청공 선사가 심은 운무차는 인근 저장성 안길백차의 영향으로 현재는 백차산지로 변화되었다.

원나라 시기 석옥이 심고 가꾼 하무산 운무차는 흔적없이 사라져 버렸다. 그런데 후저우시 묘서진 인민정부는 2003년 하무산 일대의 석옥청공이 심은 오래된 차나무를 모두 잘라 버리고 수종변경에 나섰다.

당시 현지 주민들에게 '왜 차나무를 없애 버리느냐.'고 여쭈었던 기억이 생각났다. '백차 산지를 조성하려고 저렇게 과거 수종을 모두 잘라 버렸어요.'

2004년 여름 커우단 선생을 처음 만났을 때 '석옥청공이 심은 차나무를 알고 계십니까.'로 시작된 하무산 차는 많은 역사의 뒤안길을 안고 있다. 그런데 지금은 옛 운무차는 흔적없이 사라지고 백차기지로 변해버린 모습을 보고 깜짝 놀랐다. 과거의 기억은 잊고 광활하게 펼쳐진 차밭 풍경을 보고 마치 설산에 눈이 녹아 온 산천이 눈 속에 뒤덮혀 있는 현실처럼 하무산의 차밭은 그야말로 차밭 삼매경에 빠져들 만했다.

후저우 묘서진 인민 정부는 하무산 일대를 백차(白茶)기지로 가꾸면서 백차 중점 산지로 바뀌어 버렸다. 석옥이 심은 15그루의 차나무의 뿌리조차 사라져갔고 하무산 일대를 백차산지로 조성하면서 석옥과 태고의 차나무의 존재는 희미한 불빛처럼 사라져갔다. 후저우 묘서진 하무산은 이제 백차산지로 예로부터 이어져 온 하무차의 명성을 이어가고 있다.

3장
[천년 제다의
비밀]

[1. 원표대사의 제다맥
푸젠성 닝더 화엄사에서
원형을 찾아내다]

덖음차 제다 맥 원류는 어디인가

해마다 곡우(穀雨)를 전후하여 햇차를 법제(法製)할 때마다 가마솥에 찻잎을 넣고 덖는 방법을 놓고 그간 그 비법이 어디서 전래되었는지 논쟁하였다. 중국 항저우(杭州) 경산(徑山)과 일본 큐수(九州)를 두고 원류 논란이 끊이지 않은 데에는 이유가 있다.

우선 화개에 덖음차를 전래시킨 김복순씨가 큐수 제다공장에서 차를 만들었던 것이 와전되었다는 이야기가 있다. 또 하나는 화개지역에 차를 전파한 화교출신 청파 조병곤(靑波 趙秉坤, 1895~1964)을 발견하면서 한국의 제다법이 경산에서 건너왔을 가능성도 제기되었다.

또 다른 제다의 맥은 원표 대사가 수행했던 푸젠성 화엄사의 덖음차의 제다법이 장흥 보림사 사하촌에서 만들어진 제다의 맥과 연결되고 있다. 마지막으로 고려 말 이

원표대사가 수행한 푸젠성 닝더 화엄사에서 구증구포 방식으로 제다법이 전래되고 있다.
그 맥이 전남 장흥 보림사로 이어져 왔다.

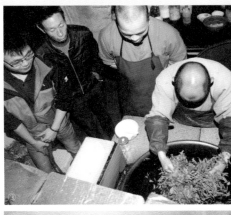

1. 뜨겁게 달군 가마솥에 갓 따온 햇차를 넣는다.
2. 주걱으로 살짝 뒤적거린 뒤 맨손으로 찻잎을
덖는다. 3. 4. 당렌 스님이 재빠르게 찻잎을 덖는
모습을 지켜보는 스님들 5. 6. 가마솥에서 찻잎을
재빠르게 덖어 수분을 제거한다. 7. 솥에서 갓 꺼낸
찻잎을 모아 가며 덖는다. 8. 9. 10. 차 덖는 장면

엄진철(利嚴眞徹) 선사가 운거도응(雲居道膺) 선사에게 선맥을 이어온 장시성(江西省) 운거산(雲居山) 진여선사(眞如禪寺)의 제다법과 일치되고 있음을 볼 때 한국선종사찰의 제다법은 중국선종에서 영향을 받아왔다고 볼 수 있다.

2009년 3월 닝더 화엄사 주지실에서 우려낸 차맛과 보림사 사하촌의 차맛이 일치되면서 지금까지 의문이 한순간 사라져 가는 것 같았다. 화엄사 제다과정을 살피고자 2012년 4월 닝더 화엄사 채다, 살청, 제다, 품다 등 전 과정을 지켜보았다. 그러다가 한국의 덖음차의 원형이 경산이 아니라 푸젠성 닝더 화엄사 제다법과 한국의 덖음차 제다법과 일치됨을 발견하면서 한국 제다사를 다시 쓰게 되는 기쁨에 한동안 벗어나지 못했다.

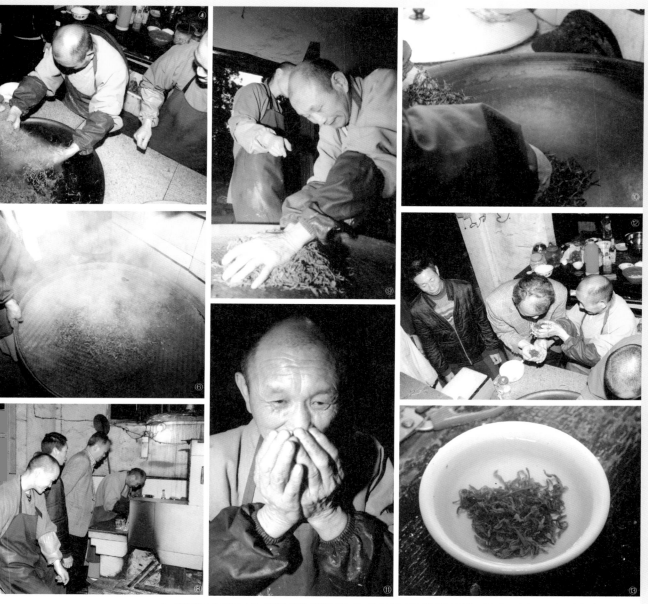

11. 차가 완성된 뒤 두 손에 찻잎을 담아 차향을 맡는다. 12. 2시간 동안 법제한 차맛을 감별하는 필자. 13. 갓 우려낸 차의 탕색

한국 덖음차 원형 닝더 화엄사에서 찾았다.

2009년 3월 5일이었다. 푸젠성 닝더 화엄사를 찾았을 때 사찰 내의 차실로 안내되어 주지 후이징(惠淨) 스님과 마주 앉았다. 그때 스님이 커다란 주석 통을 열자 주석 통 사이에서 차향이 나와 방 안 가득 퍼졌다. 차를 한 움큼 개 완잔에 넣고 뜨거운 물을 부어 이내 차를 우려냈다. 찻잔을 잡고 차를 마시자 차향이 입 안 가득 퍼져 나갔다. '이 차 는 한국의 보림사 사하촌에서 맛본 차와 같은 듯하다.'하고 말하자 후이징 스님은 매우 놀라는 표정을 지었다. 그리 고 제다 방법에 대해 묻자 가마솥에 넣고 손으로 비비는 방법이 거의 한국의 덖음차 만드는 방법과 일치했다. 그 자리에서 차 만드는 시기를 묻자 청명과 곡우 직전이라는 답이 돌아왔다. 그때 후이징 스님에게 차 만드는 철에 제다법을 살펴보고 싶다고 말하자 후이징 스님은 한번 초대하겠다고 답했다. 그러나 세월은 유수처럼 흘러 쉽사리 화엄사를 찾지 못했다. 차 만드는 기회를 몇 해 놓쳐 버리다가 3년이 지난 2012년 4월 18일에서야 닝더 화엄사에서 후이징 스님과 해후했다. 스님은 산문(山門) 앞까지 나와 나를 반갑게 맞이했다. 선차실로 이끈 후이징 스님은 찻물이 끓자 능숙한 솜씨로 명전 전에 딴 햇차를 한 움큼 개완잔에 넣고 차를 우려냈다.

"이렇게 차의 인연으로 스님을 다시 만나게 된 것은 기쁜 인연입니다"라고 말문을 열었다. 이 같은 인연은 내가 한국과 중국의 다연으로 맺어진 인연이라고 말하자 빙그레 미소로 답했다. 스님은 "특별히 선생을 위해 찻잎을 남겨 두었습니다."라고 말했다.

스님에게 "차와의 연연에 감사를 드립니다."라고 회답했다.

그날 밤 지제산(支堤山) 화엄사(華嚴寺)에 어둠이 짙게 깔리기 시작하자 한 스님이 나를 공양간으로 안내했다. 공양간에서는 차 소임을 맡고 있는 화엄사 스님들이 분주하게 차 덖을 준비를 하고 있었다. 한 거사는 장작불을 피워 솥을 달구고 있었다. 화엄사 제다맥을 처음으로 외국 차인에게 공개하는 순간이었다. 차 만드는 고수인 당렌(当仁) 스님이 공양간 2층 다락에서 차 2kg을 가지고 내려왔다. 그는 시종일관 해맑은 미소를 머금고 있었다. 차 덖는 데 있어 귀신이라는 소리를 듣는 시엔신(現信) 스님의 눈빛이 빛났다. 그 뒤를 당렌 스님, 쉬먀오(釋妙) 스님, 시엔하오(現號), 양찐광(楊金光), 첸시엔좌이(陳仙宅) 거사가 따랐다. 먼저 양찐광 거사가 가마솥을 달궜다. 온도는 첫 솥에서는 고온에서 차를 덖어 낸 뒤 가마솥의 불의 온도를 100℃를 넘지 않아야 한다고 말했다. 불의 온도가 높으면 찻잎이 손상된다는 것이다. 그래서 찻잎을 애인 다루듯 해야 한다는 것이 중국 제다의 불문율이라고 말했다. 우리는 230~300℃ 고온의 솥에서 차를 덖는데 중국은 100℃를 유지한다는 사실이 놀라웠다.

64세인 시엔신 스님의 눈빛이 빛났다. 손으로 가마솥의 온도를 감지했다. 정확히 가마솥의 100℃ 온도를 감지한 시엔신 스님은 생엽을 이내 가마솥에 넣고 재빠른 동작으로 차를 덖었다. 놀라운 것은 이 방법이 우리의 제다법과 같다는 것이다. 제다의 맥이 푸젠에서 흘러와 한국 제다의 원형이 되었다는 사실에 한동안 그 자리에서 차 덖는 모습을 멍하니 쳐다봤다. 시엔신 스님은 이마에 땀방울이 맺혀 있었다. 그 뒤를 따르는 스님들은 예사롭지 않았다. 20분간 첫 솥에 생엽(生葉)을 넣고 덖어낸 뒤 덖은 찻잎을 솥에서 꺼내 멍석에 올려놓고 재빠르게 손으로 비볐다. 시엔신 스님과 시엔하오 거사가 번갈아 가며 손으로 비비기 시작했다. 그런데 놀라운 것은 우리 식으로 빨래하듯 차를 비비지 않았다는 점이다. 찻잎이 손상되지 않게 공을 굴리듯 덖어냈다. 시엔신 스님에게 연유를 묻자 찻잎을 굴리듯 덖지 않으면 파괴되어 차맛이 써져 차를 마실 수 없다고 답했다. 그리고 덖은 찻잎을 위아래로 높이 들어 올리며 말렸다. 두 번째 찻잎이 가마솥에 들어갔고 첫 번째와 똑같은 방법으로 덖었다. 차 주걱을 이용, 맨손으로 찻잎을 덖었다.

그렇게 세 번을 가마솥에 찻잎을 넣었다가 세 번을 덖으며 마무리되었다. 시엔신 스님이 가마솥 옆에서 차 덖는 과정을 지켜보던 나에게 맨 마지막으로 덖은 차를 집어 코끝으로 차향을 맡게 했다. 차향이 향기로웠다.

일찍이 수산 스님은 '찻잎을 딸 때의 향기와 마지막 덖을 때의 향기가 일치해야 최고의 차 맛'이라고 정의한 바 있다. 중국과 한국은 계절이 달라 중국은 명전 직전에 딴 차를 최고로 친다. 그러나 우리의 경우 곡우 무렵 딴 찻잎을 최고로 여겼다. 여기서 중국과 한국의 기후가 확연히 다른 것을 알 수 있다.

중국의 제다는 세 번을 덖는 데 2시간이 걸렸다. 반드시 가마솥의 온도는 두 번째부터 80℃를 넘어서는 안 된다고 했다. 그리고 마지막은 멍석에 비비지 않고 가마솥에서 계속 덖는다. 2kg을 덖는 데 2시간이 걸렸다. 차를 덖은 뒤 그 자리에서 뜨거운 물을 붓고 차 맛을 감별했다.

"아! 이 맛은 1988년 봄 보림사 사하촌에서 이정애 할머니가 우려낸 그 차 맛이 아니던가."

사찰에 유행처럼 번진 구증구포설은 화엄사에서 무너져 버렸다. 솥에서 3번에 끝낸다는 사실과 보림사 사하촌에서 만들었던 이정애 할머니 또한 다섯 번에 끝난다는 사실에서 일치점이 달랐다.

햇차를 앞에 놓고 차 맛을 보다가 그날 밤 덖은 차를 앞에 놓고 화엄사 선차실에서 품다(品茶)가 이루어졌다. 시엔신 스님 밑에서 제다맥을 익히고 있는 쉬먀오 스님이 팽주로 차를 우려냈다. 갓 덖어 낸 찻잎을 개완에 넣고 뜨거운 물로 차를 우려냈다. 그 향긋한 내음이 코끝을 스쳤다. 모두들 향긋한 차 맛의 선미에 빠져들어 갔다. 차실 안에는 차향이 뭉게뭉게 퍼져 나갔다. 차를 반쯤 마셨을 때 후이징 스님이 들어오자 쉬먀오 스님이 팽주를 후이징 스님에게 넘겼다. 후이징 스님도 햇차 맛을 보다가 나를 보더니 차 덖는 과정을 잘 보았느냐고 물었다. 스님 덕분에 한국과 중국의 제다가 혈연처럼 이어졌음을 발견해 기뻤다고 말하자 스님은 미소로 회답했다.

향긋한 햇차를 마시던 후이징 스님은 "역시 햇차보다 묵은 차가 더 차향이 좋습니다."라고 말한 뒤 주석 통에서 묵은 차를 꺼내 우려냈다. 그 차향이 감미로웠다. 문득 백사원의 크주오카이(柯作楷)의 말이 생각났다.

"오래 묵은 차를 마주하니 마치 부처를 만나는 듯 나 또한 경건한 마음이 든다."

이 말을 생각하다가 녹차도 1년 묵혀 두면 차향이 더 향기로움을 알게 되었다.

원표의 자취 쫓아 만난 닝더에서 한국 차의 뿌리 찾다

닝더 화엄사는 일찍이 원표 대사가 주석하면서 화엄신앙을 일으켰던 도량이다. 닝더를 주목하는 까닭은 신라의 원표 대사를 통해 화엄신앙이 신라로 전파된 사실을 알게 된 뒤부터였다. 또한 원표 대사가 차에도 일가를 이루고 있었다는 사실이 근래 속속 밝혀졌다. 2009년 푸딩 자국사에서 열린 제4차 세계선차문화교류대회에서 발표자로 나온 자국사 주지 시엔즈(賢志) 스님은 "당나라 천보 연간에 신라의 승려 원표가 중국을 거쳐 서역으로 불경을 구하러 갔다가 80화엄경을 구해 천관보살이 상주한다는 닝더에 도착, 심왕(心王) 보살을 참배하고 나라연굴사(那羅延窟寺)에서 수행했는데, 그때 원표가 '나무를 마셨다.'라고 기록하고 있으니, 나무라는 것은 차일 가능성이 크다."라고 말했다. 추측건대 현재 화엄사에 남겨진 덖음차의 제다법은 중국도 기계화되면서 중국 땅에서 점점 사라져 간 제다법으로 그 차의 제다법이 1980년대 중반 보림사 제다법과 일치하고 있음은, 원표 대사가 회창법난을 만나 신라로 귀국했을 때 닝더 지제산 나라연 조사에서 즐겼던 차의 법제를 가져왔기 때문일 것으로 추측된다. 지금도 나라연굴사 앞의 차나무가 이를 말해 준다. 뜨거운 열탕으로 제 맛을 내는 다법이 사라진 지금 중국 닝더의 제다법을 다시 이어와야 한다는 논의가 진행되고 있다. 가마솥에 찻잎을 넣고 멍석에 비비는 방법이 닝더에서 뱃길로 한국 땅에 전파되었던 사실은 한국 제다사의 또 다른 혁명을 가져오고 있다.

후이징 스님과 2일 간 밤새워 다담을 나눈 뒤 20일 날이 밝자 그와 향긋한 햇차 세 모금을 마신 뒤 지제산을 떠났다. 지제산을 떠나기 직전 후이징 스님은 명전 직전 만든 차를 한 근 선물했다. 스님과의 아름다운 인연은 차로 인한 또 하나의 아름다운 인연으로 가슴에 남았다.

[2. 지리산 피아골 단주차]

왜 단주차인가

　한국에서 나는 차는 대부분 여러 그루의 나무에서 채취한 찻잎으로 햇차를 만든
다. 한 그루의 나무에서 채취하여 법제(法製)한 단주차(單株茶)는 한국에서 찾아볼
수 없다. 그런데 2019년 6월부터 한국의 고차산(古茶山)을 탐사하는 과정에서 단주
차의 중요성을 깨달았다.

　단주차의 특징은 차 맛이 부드러우며 깊고 오묘한 맛이 오랫동안 오감(五感)으로
느껴진다는 것이다. 때문에 단주차에 한번 빠지면 쉽게 헤어나지 못한다. 경자년(庚
子年) 새해에 한국의 고차산을 조사하던 중 옛 기억이 떠올랐다. 섬진강의 흘러내리
는 계곡물을 따라 지리산 피아골의 바위틈에서 100여 년을 버텨온 대차수(大茶樹)를
본 적이 있다. 피아골의 석산제다 손윤기 사장에게 연락을 취해 피아골의 대차수를
찾아 나섰다. 계곡을 따라 피아골 대차수에 이르니 15년 전과 조금도 변함없이 버티

지리산 피아골의 고차수

고 서 있었다. 지리산을 에워싸고 있는 대차수를 살피다가 곡우를 전후하여 단주차를 한번 만들어 보자는 제안을 했다. 기꺼이 손 사장은 나의 제안을 받아들였다. 손 사장은 지리산 피아골의 노차수를 가르키며 "이 같은 차나무는 찾아보기 어렵습니다. 바위틈에 자라고 있어 무이암차에서 느낄 수 있는 암골화향(巖骨花香)을 머금고 있어요."라고 말했다.

주변을 살펴보니 차나무에서 차 씨앗이 떨어져 대차수 아래에 차나무들이 무성히 자라고 있었다. 매우 기쁜 광경이었다.

피아골 대차수로 차를 법제하다

2020년 4월 초 손 사장에게 연락을 취해 피아골 대차수의 찻잎을 제다해 보자는 의견을 제시했다. 그러자 매우 난감한 표정을 지었다. 자신이 차 사업에 손을 뗀 상태라 가마솥이 없어 차를 덖을 수 없다는 이야기였다. 1주일 뒤 손 사장으로부터 연락이 왔다. 손 사장은 마을 주변의 가마솥을 사용하려다 한국에서 처음 단주차를 만드는 일이 소문이 나면 좋지 않다는 나의 의견을 듣고 1주일을 고민한 끝에 석산제다 옆 창고를 개조하여 별도의 솥을 걸고 단주차를 법제하게 되었다고 고백했다. 2020년 5월 12일 구례로 내려가 피아골의 석산제다로 향했다.

1시가 가까워서 피아골의 석산제다에 도착하자 손 사장이 반갑게 맞았다. 곧바로 피아골 대차수로 향했다. 손윤기 사장과 제다의 명인이신 그의 아내와 다우 오신옥씨 등이 함께 했다. 먼저 찻잎을 채취하기 전 지리산이 한눈에 보이는 대차수 앞에서 다신(茶神)에게 올리는 피아골 대차수 나무 앞에 헌다 의식을 거행한 뒤 찻잎을 채취했다.

한국에서 처음 이루어지는, 오롯이 한 나무에서 채취하는 단주차가 만들어지는 순간이었다. 2시간여 찻잎을 채취한 뒤 가마솥에 불이 350도까지 달아오르길 기다린 후 찻잎을 넣었다. 순간 차향이 코끝으로 스쳤다. 아, 이 향이 바로 단주차란 말인가.

제다의 경험이 풍부한 김동남 보살이 가마솥의 불이 달아오르자 민첩한 동작으로 찻잎을 덖기 시작했다. 가마솥에 찻잎이 들어갔다가 나오길 아홉 번을 반복한 끝에 단주차가 탄생했다. 김보살은 20여 년간 차를 덖어왔지만, 이번처럼 신명 나기는 처음이라고 말했다. 찻잎을 가마솥에서 꺼내 멍석에 비빌 때 찻잎 사이로 스미는 햇살이 신비로웠다. 차를 비비는 순간마다 전에 느끼지 못한 향기로움이 물씬 풍겼다. 2시간 가마솥에서 넣었다가 멍석에 비비길 반복한 끝에 한국 최초의 단주차가 탄생했다. 온종일 차를 법제하고 나니 완성된 차의 무게는 60g이 전부였다. 왕명에 의해 차 씨앗을 지리산에 심은 대렴을 기리기 위해 흥덕왕릉에 차를 올리고자 한다고 계획을 밝혔고, 손 사장은 선뜻 60g 전부를 기증하겠다고 말했다. 자신의 땀과 정성이 더해져 더욱 귀한 단주차를 아낌없이 내놓는 손 사장의 배짱에 놀랐다.

단주차의 특이한 점은 봉지를 열지 않았는데도 차향이 사방으로 퍼져 나간다는 것이다. 그처럼 단주차가 차의 온전한 맛을 지니고 있음에 놀랐다. 이번 단주차는 첫 맛과 끝 맛이 한결같다는 점이 특징이었다. 오래전 불갑사 수산 스님은 찻잎을 채취했을 때의 차향과 마지막 덖을 때의 차향이 일치해야 온전한 법제가 이루어진다는 말씀을 하신 바 있다. 그 말이 이 향을 증명하듯 떠올랐다.

햇차를 완성해 품다하고 있을 때 마침 하동에 들른 한국식품개발연구원 김상희 박사가 단주차 품다회에 동참했다. 팽주의 노련한 솜씨로 갓 덖어 낸 단주차를 다기에 넣고 적당하게 물의 온도를 맞추어 물을 다기에 부었다. 차향

이 한 번 퍼지고, 찻잔에 차를 한 잔씩 우려냈다. 잔을 잡는 순간 강하지 않으면서 은은한 향기가 오감(五感)으로 느껴왔다. 품다회에 참가한 한 다우는 자신은 녹차가 몸에 맞지 않아 잘 마시지 않았는데 이번에는 이렇게 향기로운 차 맛에 놀랐다고 평했다. 그는 다음날이 되어서도 입안에 여운이 남아 잊히지 않는다고 했다.

중국에서 단주차는 자주 볼 수 있었는데 한국에서 비로소 단주차를 만나게 된 기쁨을 얻었다. 단주차는 온전히 한 나무에서 따서 법제한 차를 의미한다. 이렇게 차 맛이 감미로움을 예전에 미처 몰랐다. 오래된 대차수로 법제한 고수차(古树茶)는 특유의 차향을 지니고 있음을 느꼈다. 그 후 한국의 단주차와 중국의 단주차를 비교하기 위해 10년간 숙성한 윈난의 단주차를 품다해 보았는데 그 또한 피아골의 단주차에서 느끼는 맛과 일치했다. 단주차야말로 지금까지 느낄 수 없었던 차 맛의 또 다른 세계라고 말할 수 있겠다.

지리산 피아골의 고차수로 한국 최초로 단주차를 탄생시켰다.

대렴의 차가 단주차로 입증되다

신라(新羅) 흥덕왕(興德王)때 대렴(大廉)이 사신(使臣)으로 갔다가 차씨를 가져와 지리산 자락에 심었다는 이야기를 놓고 구례와 하동이 첨예한 대립을 보였다. 하동의 차 시배지와 구례의 긴대밭(長竹田)이 대렴의 차씨의 전파지라고 주장하는 것이다.

《삼국사기》 기록에 따르면 '신라 흥덕왕 3년(서기 828) 대렴이 당나라로 사신으로 갔다가 돌아올 때 차종자를 가지고 옴에 왕이 지리산에 심게 하였다'고 한다. 이것이 역사상 최초의 한국차에 대한 기록이다. 차는 선덕왕(632-647) 때부터 성행했으나 흥덕왕 때에 이르러 비로소 성행하였다고 기록되어 있다.

이에 이리씨의 〈조선의 차와 선〉에 화엄사 인근 긴 대밭이 있는데 예로부터 유명하여 대렴이 차씨를 심은 유력한 후보지라고 기술했다. 예측컨데 대렴이 긴 대밭에 차를 심어 그로부터 조선의 차가 보급된 것으로 생각되어 화엄사가 차의 발상지라고 이에이리씨는 주장하고 있다.

피아골 연곡사 부근 계곡의 바위 사이를 뚫고 성장한 대차수는 높이가 3m고 둥치가 35㎝ 이상인 것을 볼 때 대렴이 뿌린 차의 유력한 후보로 거론할만하다. 그 같은 차나무는 지리산 인근 어디서도 찾아볼 수 없음이 분명하다. 지금까지 하동 화개면 정금리 도심 다원에 있던 천년을 지켜온 차나무가 몇 해 전 뿌리마저 고사(枯死)하면서 더욱 피아골의 대차수에 관심이 갔다. 이번에 피아골 대차수 찻잎으로 차를 법제한 까닭은 신라 흥덕왕릉에 차를 공차하여 대렴이 차씨를 지리산에 파종한 의미를 후학들에게 전하기 위해서였다. 대렴이 파종한 것으로 추정되는 차를 흥덕왕에게 왕(王)의 차(茶)로 올려 한국 차의 정신(精神)을 전하기 위함이었다.

지리산 피아골의 대차수 잎으로 차를 법제하기는 이번에 처음 있는 일이며 온종일 찻잎을 채취해 법제한 차의 총량은 60g에 불과했다. 정성을 다해 만든 단주차는 흥덕왕릉에 올려져 대렴의 차의 정신을 잇고자 하였다.

3. 햇차의 계절
제다의 맥을 찾아
고저산 자순차에 담긴
장인정신을 엿보다

청명(4월 5일)에서 곡우(4월 20일)가 다가오면 남녘의 차산지에선 차나무 사이로 일창이기로 올라온 어린 찻잎을 따는 사람들의 분주한 손길을 볼 수 있다. 원숭이가 높은 나무 위에 올라가 찻잎을 따는 듯한 광경이 온 산천에 펼쳐져 있다. 이른 아침 고저산(顧者山) 자락에서 재취한 찻잎을 밤새워 덖는 제다 과정을 지켜보면서 한 잔의 차가 나오기까지 차농의 온갖 정성이 담겨 있음을 실감할 수 있었다. 그러면 이제 채다, 제다, 품다로 이어지는 고저산 자순차의 진면목을 하나씩 살펴보자.

고저산을 걷다

고저산은 육우의 《다경(茶經)》에도 언급했던 자순차의 발원지로 당나라 대력 5년인 770년에 대당공차원(大唐貢茶院)이 설립된 이래 청나라 순치(順治) 1646년까진 진상했던 차로 876년 동안 공차로 명성을 떨쳐 왔다. 수성사의 소수 민족 스님과 자순차밭 순례에 나섰다. 밀짚모자를 눌러 쓴 스님과 차밭을 걸었다. 주변에선 흥겨운 노랫소리와 함께 찻잎을 재취하는 차농들의 모습을 종종 볼 수 있었다. 차밭길을 따라 걷다 보니 차농들은 쉴 새 없이 일창이기로 올라온 찻잎을 재빠르게 따서 차 바구니에 담기 바빴다.

수성사 스님은 원난 고차산이 고향으로 한족과 모습이 달랐다. 그는 소수민족이었다. 스님을 따라 정상에 이르렀을 때 자순차의 성장 시기별로 채취 과정을 연구하고자 고저산에서 한 달간 머무르고 있다는 우찌엔량(吳建兩)교수를 만날 수 있었다. 2009년 무이산학술연토회에서 만난 이후, 뜻밖의 해후였다. 반갑게 인사를 나누고 어떤 일로 고저산에 왔느냐고 물었다. 이에 '자순차가 채다 시기별로 차 맛이 어떻게 다른지를 품다하고자 이렇게 고저산을 찾게 되었다.'라고 했다. 그러자 우찌엔량 교수는 뜻밖에도 자신 또한 20일 가까이 채다 시기별로 차 맛을 시험하는 중이라고 했다. '어찌 나의 생각과 같으냐.'라고 묻자 그는 미소로 답했다. 그리고 기쁜 듯 자신의 채다 시험기를 한국의 독자에게 알리고 싶다고 말했다. 그렇게 하여 채다 시기별로 맛을 분석한 우 교수의 글이 나오게 되었다.

당대 공차로 올려졌던 자순차밭 가는 길은 가는 곳마다 찻잎을 채다하는 사람들로 물결을 이루고 있다. 수성사 스님을 따라 고저산 차밭 가는 길의 중턱 쪽으로 가면서 말했다.

"이곳이 육우가 《다경》을 저술했던 곳으로 알려져 있습니다."

고저산 정상에 이르렀을 때 찻잎을 재취하고 있는 광경을 보고 스님께 여쭈었다.

"저 높은 곳에서 찻잎을 채취합니까?"

"그렇지요. 이른 새벽에 올라가 해 질 무렵에야 내려옵니다. 예로부터 자순차는 고저산 높은 곳에서 자줏빛을 띠고 납니다. 그래서 저녁에 높은 데까지 올라가 찻잎을 채취합니다."

해가 서산(西山)으로 넘어갈 즈음 온종일 딴 찻잎을 짊어지고 차산을 내려가는 차농은 온종일 딴 찻잎을 두 어깨가 꺼질 듯이 걸머쥐고 내려가고 있었다.

그의 모습을 뒤로하고 차산을 내려가려는데 햇살이 대나무 사이로 비치면서 연둣빛을 띠었다. 그 연둣빛을 헤치며 대숲을 빠져나가려는 순간 차농이 했던 말이 떠올랐다. 대숲을 빠져나가면 하루종일 찻잎을 따던 자기 모습은 보이지 않고 메아리만 들린다고 했다. 그렇게 메아리 소리를 들으면서 고저산을 나왔다.

고저산 자순차 수공법을 공개하다

고저산을 찾아갔을 때마다 제다의 맥을 이어 오는 차 명인이 있는지 궁금했다. 그러다가 2013년 4월 4일 장흥 수성사에서 찌에롱(界陸) 스님과 햇차 품다를 하다가 고저산의 맥을 이어 오는 차 명인이 있느냐고 여쭈었다. 스님은 빙그레 웃으며 단 한 집뿐인, 5대째 이어 온 다성거(茶聖居)의 쩡푸니엔(鄭福年, 53세) 씨가 고저산 자순차의 수공 제다 명맥을 이어가고 있다고 말했다. 찌에롱 스님의 이야기를 듣고 눈이 번쩍 뜨여 쩡푸니엔 명인을 만나보겠다고 제안을 드리자 스님은 좋은 뜻이라고 말했다. 그렇게 쩡푸니엔과 만남이 이루어졌다. 청명(4월5일)이 지난 다음날

1. 쩡푸니엔 씨가 무쇠솥 옆에 좌우명처럼 걸어놓은 '자순차향이 만리 밖까지 퍼진다'의미의 글귀. 2. 쩡푸니엔 씨는 마치 음악가가 연주하듯 차를 덖는다. 3. 가마솥에 차를 덖을 때 쓰는 대나무 잔가지를 엮어 만든 빗자루. 4. 차 덖는 모습. 5. 차(茶)자 옆에 지(知), 합(合), 정(廷)이 같이 새겨져 있다. 6. 차 덖는 모습. 7. 숯불을 피워 그 위에 차를 덖어 말린다. 8. 숯불 위로 덖어낸 차를 말린다. 9. 채반 위에 말린 차.

수성사 스님을 따라 고저산 고다산(古茶山)을 찾아갔다.

770년 동안 대당 공차원의 맥을 이어온 고저산 자순차는 세월이 흘러가면서 마을까지 기계화로 변해 버려 고저산에서 수공제다 공법으로 자순차를 법제하는 명인이 하나씩 사라져갔다.

그런데 뜻밖에 5대째 자순차 제다공법을 이어 온 명인을 만나게 되었다. 저장성 창싱현 고저촌에서 다성거를 운영하고 있는 쩡푸니엔 씨가 그 주인공이었다. 그를 만나 자순차 수제비법을 처음 공개하게 되었다. 항저우 차엽 전람회의 제다경연대회에서 금상을 수상한 차가 바로 자순차였다. 그는 산 정상에서 딴 찻잎이 늦게 내려오는 바람에 저녁 8시 정도가 되어서야 법제를 할 수 있었다.

다성거의 이층에 마련된 제다실로 들어섰다. 숯불로 솥을 달구고 있었다. 5대째 이어온 제다의 달인이 솥의 온도가 240℃가 되자 익숙한 손놀림으로 찻잎을 가마솥에 넣고 덖기 시작했다. 차를 덖는 그의 손놀림은 예사롭지 않았다. 연구자가 연구하듯 찻잎을 자유롭게 덖는 손놀림은 신의 경지에 오른 듯했다. 즉, 찻잎을 자유자재로 움직이는 것 같았다.

찻잎을 고르고 덖는 모습이 애인 다루듯 찻잎에 조금도 상처를 입히지 않는 점에서 제다의 달인임을 실감할 수 있었다. 옆에서 그러한 광경을 지켜보던 수성사 스님은 자신이 한번 해 보겠다고 시도했다. 그러나 손놀림이 5대째 맥을 이어 오고 있는 제다의 달인처럼 자유롭지는 않았다. 그 모습을 옆에서 보고 있던 쩡푸니엔 씨의 아들이 6대의 맥을 이어 가겠다며 미소를 머금고 있었다. 그는 자신이 맥을 잊게 됨을 자랑스러워했다.

두 번째 가마솥은 100℃를 유지해야 했다. 가마솥을 살펴보니 가마솥에서 찻잎을 위로 올렸다가 내렸다. 높이 올리고 내리는 순간순간 차가 익어 간다고 쩡 씨가 말했다. 가마솥에서 찻잎이 세 번에 걸쳐 나왔다. 찻잎을 덖은 뒤, 그러한 과정은 목탁 숯불을 올려 그 위로 나무 선반 위에 덖어 낸 찻잎을 고르게 올려놓고 찻잎을 익힌다고 했다. 그리고 그가 말했다.

"수제 제다법은 손짐작으로 가공하기 때문에 쉽게 접근하지 못합니다. 그러나 저는 5대째 이 방법을 고수하고 있습니다. 지금 내 아들이 6대째를 이어 가고 있습니다. 저 하나만이 고저산 자순차의 자존심이라고 생각합니다."

제다실을 살피니 대나무 잔가지를 묶어 만든 빗자루와 불의 온도를 가능하게 해 주는 부채 등이 놓여있고 제다실 벽면에 눈에 띄는 글이 보였다. '차(茶)'란 글 옆에 '지(知) 합(合) 정(廷)' 그 옆에 '서초자순향표만리(瑞草紫笋香飄万里)'란 글이 새겨져 있었다. 그는 자순차향이 만리 밖에까지 퍼져 나간다는 그 말을 가슴에 담고 육우가 극찬했던 자순차(紫笋茶) 맛을 내는 것이 자신의 소망이라고 말했다. 차를 법제한 뒤 세 번 우려 마실 차를 담아 주었다. 시간 관계로 품다를 못하였으니 차맛을 품다해 오라는 차농의 소박한 바람이 이루어지는 순간이었다.

그날 밤 갓 담아낸 차를 앞에 높고 품다가 이루어졌다. 맑고 맑은 향기가 입안에서 풍겨 나왔다. 육우의 《다경》에는 자순차를 평하길 자줏빛이 상등품이고, 푸른빛이 이등품이라고 했다. 그가 개완에 찻잎을 우려냈을 때, 자줏빛이 감돌았다. 고저산의 하나뿐인 수공수제의 방식으로 명인이 만드는 차를 품다한 것이 맛볼 수 있었던 것은 나로서는 큰 행운이었다. 그날 밤에 마셨던 차향이 밤새도록 입안에 여운으로 오랫동안 남아 있었다.

[4. 불회사 천년 전다의 발견]

천년 전 돈차 베일 벗는 순간

1930년 11월 18일 〈경성일보〉에 '천년 전 전다(千年前錢茶)를 발견(發見)'이라는 제목이 큼지막하게 장식했다. 직경 한 치 닷 푼, 두께는 세 푼 정도 되는 당시 엽전 1전 동화와 비슷한 크기로 노끈으로 꿰어 매게 되어 있었다.

이 같은 개가는 38년 11월 초 전남(전라남도) 산림과(道山林課)에서 일했던 일본인 이에이리가즈오(家入一雄) 씨가 그 돈차를 찾아 광산면(光山面)으로 들어가고 15일이 지난 뒤도 문화재과의 호소다(細田淸) 씨와 동국대 모 교수가 이에이리가즈오의 안내로 연구에 착수해 밝혀진 것이라고 했다. 이에이리가즈오와 《조선의 차와 선》을 공동저술한 모로오카다모스(諸岡存, 1879~1946) 박사는 평소 돈차에 흥미를 갖고 있었다. 그는 1938년 11월 1일 강연을 위해 광주에 들렀다가 광주의 오자키(尾崎) 노인의 도움으로 나주에 살고 있는 요시다(吉田則副) 군에게 부탁해 돈차 실물을 입수했다.

이어 모로오카 박사는 돈차의 생산지인 다도면의 불회사에 찾아갔다. 먼저 대웅전에 참배한 뒤 주지 스님을 찾아 돈차의 내력을 들었다. 주지는 단호하게 돈차가 아니라 단차(團茶)라고 밝혔다. 당시 불회사 주지는 이학치(李學致) 스님으로 당시 50세 안팎이었는데 단차 제조 방법을 비구니로부터 전수받았다고 전했다. 이학치 스님의 증언에 따르면 단차 만드는 시기는 대략 5월경인데 맑은 날 찻잎을 따서 절구통에 찻잎이 흐물흐물할 때까지 찐다. 찐 차를 가마에 넣고 불로 굽는데 이때 조금 큰 젓가락을 하나씩 두 손에 들고 서로 번갈아 젓는다. 그리고 절구에 넣고 손공이로 찧어서 떡처럼 만들어 햇볕을 쬐어서 말린다. 직사광선이 충분치 못하면 온돌방에 말린다.

하루를 꼬박 온돌에서 말린 뒤 노끈으로 꿰어서 매달아 놓는다. 이 차의 크기는 지름 한 치 너댓 푼(1寸 4~5分: 4.2~4.5cm)이며 두께는 서 푼(3分: 0.9cm) 쯤이고 복판에 구멍 크기는 지름 두 푼(2分: 0.6cm)이다. 한 개의 무게는 1돈쭝 닷 푼(1?5分: 5.6~7.5g)이다. 모로오카 박사를 통해 밝혀진 천년 전다의 비밀은 1938년 11월 17일자 〈광주일보〉와 〈경성일보〉에 크게 보도되면서 세상에 알려

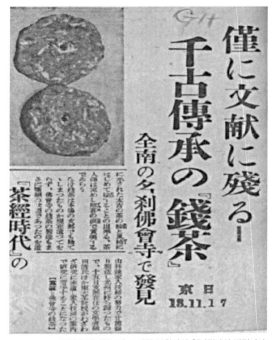

1938년 경성일보에 소개된 불회사의 천년전다의 발견기사.

졌다. 그다음 날 〈동아일보〉를 통해 이 사실이 전면 보도되면서 천년 전다의 비밀은 세상을 떠들썩하게 했다. 이 같은 개가는 그해 일본의 〈다도〉(1938년 12월호)에 소개된 바 있다.

천년 전다의 비밀 밝혀지던 날

돈차가 발견되기 1년 전 문일평의 《다고사(茶古事)》에도 조선인은 거의 차를 마실 줄 모르며 신라 때 승려 계통을 중심으로 성행했다고 적혀 있다. 모로오카의 조사에서도 밝혀진 바와 같이 산사에서는 승려를 중심으로 제다법이 은밀히 전해져 왔다. 〈천년 전다의 발견〉에서도 조선의 차에 대한 견해를 다음과 같이 기술하고 있다.

조선의 다도는 그 유래가 분명치 않다. 그러나 천여 년의 역사를 가진 것만은 다경의 유래에서 곧 분명히 밝혀졌듯이 근세에 이르러 거의 인몰 상태로 놓인 것은 다도가 조선에 거의 사라졌기 때문인 것 같다.

사찰을 중심으로 은밀히 제다 방법이 전승되어 온 것은 천관우의 〈호남 기행〉이란 글에서도 밝혀진 바 있다. 이보다 92년 전인 1846년 흥선대원군이 아버지 남연군묘를 이장하기 위해 가야사를 허물면서 가야사 5층 석탑에서 700년 전 용단승설차 네 덩이가 나왔는데 그중 하나를 이상적이 간직하고 그 차가 추사에게 알려지면서 세상에 드러났다. 한 개인의 필첩에서 추사의 간찰이 발견되면서 용단승설차의 내력이 세상에 알려진 바 있다. 가로세로 2.35cm 두께 1.2cm의 단차 형태로 표면에 용의 형상을 새기고 앞면에 승설(勝雪)이란 해서체가 새겨져 이채롭다. 당시에 가야사 탑까지 단차를 비장시킨 것을 보아 용단차가 유행했던 것 같다.

천년 단차 맥 이어 가고 있는 불회사

1938년경 보도된 불회사의 천년 전 돈차에 관한 기사를 살펴보면서 당시 나주에 차문화가 발전해 있었음을 미루어 짐작할 수 있다. 1959~1960년 사이에 쓰인 〈다도가(茶道歌)〉라는 노래 가사는 그 제목부터 차를 마시는 도(道)라는 뜻과 행정 명칭의 중의적인 뜻을 지녔다고 전남도립대 최한선 교수가 말하고 있다. 이 다도가 노래 가사는 2007년 나주시청의 윤여정 씨에 의해 드러나면서 세상에 알려졌다. 이 같은 역사적 배경은 나주의 불회사, 운주사 등이 상당한 영향을 끼친 것으로 보인다.

77년 전 불회사 돈차의 맥이 살아 있을까 궁금해졌다. 몇 해 전 불회사가 돈차 방식을 빌려 떡차 형태로 만들고 있다는 소식을 듣고 불회사를 찾아갔다. 절구통에 찻잎을 넣고 찌는 대신 기계로 유념하고 있었다. 유념이 끝난 뒤 돈차 형태로 만드는 과정은 비슷했다. 찻잎을 틀에 넣고 일일이 사람 손길로 돈차가 만들어졌다. 햇볕을 쬐인 뒤 뜨거운 구들목에 밤새워 말린 뒤 다음날 엽전 형태의 목판에 작은 구멍을 뚫어 새끼를 꿰어 그늘에 말린다. 지름이 아홉 푼(약 2.3cm) 두께가 두 푼(약 0.5cm)인 것은 옛 방식과 같아 보였다. 다만 불회사 돈차는 일곱 가지 약재를 가미한 약차 형태로 만들어지고 있다. 이 같은 비법은 차의 대가인 수산 스님에게 전수받은 불회사 회주 정연 스님이 고안한 것이라고 했다.

천년 돈차의 맥을 이은 불회사의 돈차는 약차 형태로 그 맥이 고스란히 이어져 가고 있었다. 77년 전 신문기사를 통해 조명된 불회사 돈차를 오늘날 다시 주목함으로써 기회가 있을 때마다 조선에는 차가 사라졌다고 말하는 일본인들에게 천년 전다가 살아있는 불회사의 돈차를 아느냐고 묻고 싶어졌다. 차의 계절이 다가오는 지금 천년 돈차의 맥이 살아있는 불회사 돈차의 향기가 더욱 맑고 감미롭게 느껴진다. 1930년대 말 전라남도 나주와 강진, 장흥을 중심으로 청태전과 돈차류가 집중적으로 만들어지면서 가정마다 상비약으로 차를 마시기 시작했다. 해방이 되고 난 후부터는 그 맥이 끊어져 버리면서 돈차의 향기가 이 땅에서 자취를 감추어버렸다. 다행스럽게도 우리 차의 중요성을 인식한 몇몇 사람들의 힘으로 장흥군은 청태전을 옛 방식대로 복원하기 시작했다. 그뿐만 아니었다. 사라진 줄 알았던 우리 전통차 만드는 방법이 불가로 면면히 이어져 온 사실에 더욱 놀랐다. 백양사 방장 수산 큰스님이 그 주인공이다.

수산 스님은 백운 옥판차를 만든 이한영으로부터 떡차 제다방법을 터득해 온 불갑사에서 엽전 모양의 떡차를 만들기 시작했고, 그로 인해 떡차에 대한 관심은 높아지기 시작했다. 이는 강풍처럼 몰아쳐 온 푸얼차(보이차) 바람에 힘입은바, 황차에 이어 떡차 바람을 일으킨 결과라고 생각한다. 여기에 더 나아가 불가 선종차맥을 이어가는 백양사 방장 수산 스님이 고안해 낸 5가지 약재를 가미해서 만든 약차는 건강까지 지켜주어 뜨거운 관심을 받고 있다.

떡차의 제다방법을 수산 스님으로부터 전수받아 온 불회사 회주 정연 스님은 5가지 약재에 2가지 약재를 더 가미해 떡차의 형식의 약차로 만들면서 1930년대 말경 불회사에 유행한 돈차와 벽돌차의 맥을 오늘날까지 떡차로 잇고 있다. 게다가 이재난고에 기록한 이운해의 《부풍향차보(扶風鄕茶譜)》에서 사람의 체질에 따라 향차 처방과 제조 음다법을 조목조목 공개하면서 약차에 대한 관심도가 부쩍 높아지기 시작했다.

세간에서는 수산 스님으로부터 전수받은 불회사의 떡차 만드는 방법이 입소문으로 알려지면서 불회사 약차에 대한 관심이 높아지고 있다. 2000년대 중반 불회사에서 약차를 만든다는 연락이 한 차꾼으로부터 왔다. 약 3일간에 걸쳐 300봉지를 만든다고 했다. 그 소식을 듣고 단숨에 불회사로 달려갔다. 떡차를 만드는 마지막 날인 5월 16일이었다. 불회사 회주 정연 스님이 산문 밖에까지 나와 우리를 맞아 주었다. 그와 약차를 나누며 불회사 차 역사를 풀어갔다.

1600년 간 차향이 끊이지 않는 '비로차(榧露茶)'의 매력

정연 스님과 오솔길을 따라 산문 안으로 걷다가 스님이 돌장승 앞에서 발걸음을 멈추더니 차 이야기를 풀어갔다. "불회사는 차와 인연이 참으로 깊습니다. 고려 때는 나주에서 차를 전문적으로 만드는 다소(茶所)가 있었을 정도로 차와 밀접합니다. '다도면(茶道面)'이란 지명만 봐도 단박에 차와 연결되지 않습니까. 게다가 여기 차 이름도 '비로차'라고 붙였습니다. '비자나무를 먹고 자란 차'라고 하여 그렇게 붙인 것입니다. 또한 덕룡산 넘어 운흥사가 있는데 초의 선사가 출가한 득법지입니다. 자연스럽게 이 지역은 차와 깊은 연관성이 있다고 볼 수 있습니다. 비로차 또한 고집스럽게 구증구포 방식으로 차를 만들고 있습니다."라고 말했다. 이 이야기를 듣다가 산문 대웅전 앞에 다다랐다. 법당 앞에 '관음대참회도량'이란 주련이 와 닿았다. 불회사 회주인 정연 스님이 일으킨 관음대참회 도량이란 뜻이다.

절집 예절을 쫓아 법당에 가 삼배를 한 뒤 서둘러 비로전 아래 제다원으로 달려갔다. 그곳에서는 이른 새벽에 채취한 찻잎을 절구에 넣고 곱게 찧고 있었다. 곱게 찧은 차에 7가지 분말로 된 약재(곽향, 정향, 개피, 목향, 박달 등)를 넣고 골고루 섞어 차를 만든다. 산 내에 마련된 제다실에 도착하니 20여 명의 보살들이 일기일회의 정신으로 하나씩 엽전 모양 같은 돈차를 만들고 있었다. 우리 차 만드는 옛 전통을 불가에서 잇고 있다는 것이 벅찬 감격이었다.

[5. 사라진 **돈차**를 깨우다]

보림사 사하촌에서 돈차의 만남

2004년 가을 전남 장흥군 유치면 보림사 사하촌을 찾아갔을 때 이정애(당시 78세) 할머니가 쓰러질 듯한 집 한 칸에서 살고 있었다. 그가 찻잎을 다기에 넣고 차를 우려냈다.

"왜 차를 식히지 않고 뜨거운 물을 부어 마십니까?" "여태 이렇게 마셨어요. 뜨겁게 마셔야 제 맛이 납니다. 시어머니로부터 그렇게 배웠어요." 이정애 할머니를 통해 조선 후기 단절되어 버린 돈차의 맥락이 실타래처럼 풀렸다. 1946년 광복을 맞은 이후 유치면으로 갓 시집온 그녀는 당시 20세였다. 시집의 시어머니인 최은혜 씨로부터 전수받은 엽전 모양처럼 생긴 돈차를 만들게 되었다고 들려주었다. 지금은 흔적 없이 사라졌던 돈차가 58년 전(1946~2004)에는 보림사 사하촌에서 이루어졌음이 그를 통해 드러났다.

남도 지역의 돈차는 보림사뿐 아니라 전남 나주 불회사에서도 법제되었다. 1938년 11월 불회사를 찾아간 이에이리가즈오(家入一雄)씨가 천년 전다를 발견했다는 동아일보(1938년 11월 18일)에 보도가 이를 증명하고 있다.

1940년대 위경규 씨가 소장했던 청태전과 약탕기

이 같은 개가는 38년 11월 초 전남 도 산림과(道山林課)에서 일했던 일본인 이에이리가즈오(家入一雄) 씨가 그 돈차를 찾아 광산(光山)면으로 들어가고 15일이 지난 뒤도 문화재과의 호소다(細田淸) 씨와 동국대 모 교수가 이에이리가즈오의 안내로 연구에 착수해 밝혀진 것이라고 했다. 에이리가즈오와 《조선의 차와 선》을 공동 저술한 모로오카다모스(諸岡存, 1879~1946) 박사는 평소 돈차에 흥미를 갖고 있었다. 그는 1938년 11월 1일 강연을 위해 광주에 들렀다가 광주의 오자키(尾崎) 노인의 도움으로 나주에 살고 있는 요시다(吉田則副)군에게 부탁해 돈차 실물을 입수했다. 이어 모로오카 박사는 돈차의 생산지인 다도면의 불회사에 찾아갔다. 먼저 대웅전에 참배한 뒤 주지 스님을 찾아 돈차의 내력을 들었다. 주지는 단호하게 돈차가 아니라 단차(團茶)라고 밝혔다.

이정애 할머니가 1946년 시집왔을 당시에 보림사 사하촌에서 돈차를 만들었던 과정을 설명하고 있다.

60년 전후까지만 해도 돈차가 남도 지방에 유행했음이 드러났다. 조선왕조가 산차를 권장했음에도 오랜 관습은 쉽게 버릴 수가 없었다. 전남 장흥 지방에서 법제되고 있는 청태전은 2000년 중반부터 만들어지기 시작했다. 그런데 돈차로 불렸고 전남 지방에서는 단차라는 이름에 더 익숙했다. 그런데 고유의 명사가 있는데도 청태전이라고 이름을 붙인 것은 잘못된 시각이다. 언젠가 고당선생으로부터 장흥에서 만들어지고 있는 떡차를 청태전으로 이름 붙인 것을 후회한 적이 있다는 이야기를 들었다. 이렇게 사라져 버린 돈차는 산차의 바람에 힘입어 자연스럽게 사라져 간 것 같았다.

언제부터 돈차가 조선에서 사라졌나

초의 선사도 산차가 아닌 돈차로 법제했을 가능성은 범해각안의 '초의차'라는 시에도 언급되어 있다. 조선 땅에 돈차가 사라지게 된 데는 역성혁명을 이룩한 조선 왕조의 건립과도 무관하지 않다. 신기수의 《조선통신사왕래》에 분명히 밝히고 있다.

조선에서 470년간 이어져 온 고려 왕조에서 조선 왕조로 교체되면서 건국이념이 불교에서 유교로 바뀌었다. 그 당시

불회사 정연 스님이 수산 스님의 자문을 받아 돈차를 재현해내기도 했다.

숭상되어 왔던 불교는 유교에 의해 변방으로 쫓겨났으며, 특히 제3대 태종(재위 1400~1418)의 철저한 숭유 배불 정책으로 많은 사원들이 철폐되었다. 승려들은 환속(출가한 사람이 다시 속인으로 되돌아가는 것)하게 되었으며 특권적 지위에서 최하층의 지위로 전락하였다. 그러나 사원과 함께 보급되어 번성했던 음다(飮茶) 풍습은 불가피하게 당연히 쇠퇴하기는 하였으나 소멸된 것은 아니었다. 또한 불교도의 건재함은 히데요시(秀吉) 침략 때 유감없이 드러났다.

조선에서 말차 중심의 음다 풍습이 전차로 변한 것은 이성계에 의한 조선 왕조 창건 무렵이라고 한다. 조선에서 없어진 말차가 일본 다도의 주류가 되고, 조선에서 일상적으로 사용되는 찻종을 소중하게 다루고 있음을 본 조선 통신사의 학자, 문인들은 조선과 일본의 문화 교류의 실상에 새삼 놀라지 않을 수 없었을 것이다. 쇼군 1대에 한 번의 성의(盛儀)로서 유일하게 국교가 있었던 조선에서 온 통신사를 접대하는 데 연도의 각 번(藩)은 경쟁하듯이 노력하였다. 솜씨를 발휘한 성대한 요리가 차려진 상이 준비되고 은기, 칠기, 소메츠케 찻종 등으로 차도 곁들여졌다.

조선에서 단차가 사라진 까닭은 주원장이 명나라를 건국하고 송의 단차에서 산차로 바꾼 것과 무관하지 않다.

그런데 1950년대까지 호남지방에 단차가 사라지지 않고 남아 있던 까닭은 백성들의 음다 풍습을 단숨에 바꿀 수 없었기 때문이라고 보여진다. 문인들의 시에도 맷돌로 곱게 가루 내어 탕관에 불을 피워 분말로 차를 마셨다는 구절

반계 위정명 후손 위정탁 씨가 엽전 모양의 돈차를 설명하고 있다.

이 보였다.

안종수(安宗洙, 1859~1896)의 차 제조법에 보면 말차(가루차) 제조법이 나와 있다.

증제법(쪄서 제조하는 법)과 자차법(덖어서 제조하는 법) 등 두 가지가 있는데 증제법은 새로 난 잎 가운데 지극히 늦게 난 찻잎을 제조하는 방법이라고 분명히 밝히고 있다. 증차의 제조법은 큰 가마에 6푼쯤 물을 붓고 짚으로 가마 입구를 두른 뒤 그 위에 시루를 얹고 시루에 찻잎을 넣고 강한 불로 가열한 뒤 뜨거운 증기가 위에 가득하면 찻잎이 모두 시들어지며 찻잎을 대나무 채반에 넣고 뜨거운 종이 두 장을 대바구니에 풀로 붙인다. 화로의 깊이는 1척 8촌 바닥은 3~4겹 깐다. 두 갈래로 벌어진 대나무 집게로 살짝살짝 뒤집어 주어 뒤틀리거나 겹치지 않게 한다. 대나무 습기가 없어진 것을 기준으로 한다. 그리고 새끼로 묶고 끝을 넓게 말린다.

안종수의 《농정신편(農政新編)》에 말차 제조법과 전다 제조법을 면면히 기록했다. 그렇게 보며 100여 년 전에도 돈차가 민간으로 널리 전해져 왔음이 드러나고 있다.

왕쉬펑(王旭烽)의 《서초지국(瑞草之國)》에는 송나라 시기 편차(片茶)와 산차(散茶) 두 갈래였다. 편차는 단병차(團餅茶)를 가리킨다. 병차는 점점 작아져서 본래 여덟 개가 한 근이던 것이 나중에는 스물 한 개가 한 근이 되었다. 차병(茶餅)을 만드는 방법은 이렇다. 먼저 찻잎을 쪄서 찬물로 헹군 다음 물기를 빼고 곱게 빻고 눌러서 말린다. 마실 때는 다시 물을 부어 마신다. 이름난 병차의 경우는 가공을 하면서 향료를 첨가하고, 용이나 봉황 같은 멋진 무늬를 찍어 넣고, 아울러 '용단봉병(龍團鳳餅)'처럼 상서로움을 나타내는 이름을 붙이고, 비단으로 포장하여 황제에게 바쳐졌다.

한국과 마찬가지로 중국의 경우에도 송대에 주원장이 명나라를 건국하면서 단차가 사라지고 백성들의 고통을 덜어 주기 위해 산차로 바뀌었다.

사라진 돈차 바람

최근 초의 선사를 중심으로 한 제다의 전승 맥락이 불거지면서 초의 선사가 산차를 법제했다고 주장했다는 의견이

모이면서 구증구포설을 부정하고 초의도 산차를 만들었을 것이라고 몰고 가는 차 연구가들도 있었다. 그러면 화중스님이나 화엄사 등에서 유행한 구증구포설을 어떻게 말해야 할까? 조선 왕조가 산차를 권장한 이후에도 거의 500년간 단차가 민간으로 전승되어왔다는 것이 충격이 아닐 수 없다. 1392년 조선 왕조가 건립된 이후 1946년까지 돈차가 전남 지방에서 만들어졌다는 사실은 차사에 대단히 중요한 사건이 아닐 수 없다.

《조선의 차와 선》에도 단차에 대해 분명히 밝히고 있다.

보림사 사하촌의 방촌리에 살았던 위경규씨는 4~50년 전까지는 음료로 마셨는데 그 뒤부터 약탕기를 이용하여 약용으로 마셨다고 했다. 약탕기로 마실 때에는 청태전이 누렇게 구워진 것을 넣으면 물 끓는 소리가 났다. 그러면 잠시 뚜껑을 닫고서 빛깔이 우러났을 무렵에 차 주발에 담아서 마셨다. 조선의 차와 선에 공개한 위경규씨의 약탕기가 흥미를 끌었다. 그는 양친으로부터 50년쯤 전에 만들었다는 이야기를 들은 점으로 보아 실제 만들어진 때는 백년 전으로 추정된다. 긴 지름 한 치 닷푼, 짧은 지름 한 치 두푼의 타원형이며 안팎, 두께는 닷푼 내지 한 푼으로 한 개의 평균 무게는 1.875kg에서 2.25g이다.

약탕기는 전북 진안군에서 만들어진 것으로 차를 마시기 위해 물을 끓이는 데 사용하며 돌을 파서 만든 것이다. 세로 지름 세 치 네 푼, 가로 지름 다섯 치 엿 푼, 입지름 네 치 두 푼, 바닥 지름 네 치 닷푼, 두께 네 푼 닷치이며 무게는 2.925kg 뚜껑 무게는 632.5g이다. 최근까지 사용했으나 물이 새 지금은 사용하지 않는다. 손잡이가 망가져 철사를 매어 달고, 안에는 새는 것을 막기 위해 시멘트를 얇게 바르고 뚜껑에도 금이 가 때워져 있다. 바깥은 불에 훈김을 쐰 자리가 검게 보인다.

2000년대 중반 보림사를 찾아갔을 때 방촌리는 흔적 없이 사라졌다. 그런데 보림사 윗마을에 후손들이 살고 있었는데 그 후손을 통해 보림사 돈차(청태전)의 전승되어 온 과정을 듣게 되었다. 코엑스에서 열린 명원세계차박람회에서 장흥에서 올라온 청태전 코너에서 돈차를 탕관에 넣고 차를 우려내는 장면을 보았다. 100여 년 전의 풍습을 그대로 보는 것 같아 흥미를 가졌다. 그처럼 조선 땅에서 사라져 버린 돈차를 다시 보는 것 같아 흥미로웠다. 한국 제다 방법이 산차로 바뀌면서 100년 안팎의 전통이 마치 한국 전통 제다처럼 비치는 것은 슬픈 일이다. 게다가 역사적으로 내려오는 구증구포설과 초의 제다법까지 산차로 몰고 가는 풍토는 바로잡아야 될 것 같다.

내가 볼 때에는 돈차가 만들어지기 어려운 여건 때문에 구증구포 방식으로 산차로 법제하여 차를 탕관에 넣고 끓여 마시는 풍토로 바뀌어 갔을 것 같다. 2015년 6월 송광사에서 열린 송광사 다맥 재조명 학술대회에서 점다법(찻잎을 탕관에 넣고 우려내는 방식)을 선보였는데 차를 탕관에 넣고 우려냈는데도 제 맛을 잃지 않았다. 당시 탕법을 재현해 낸 (사)전통예절진흥회의 임정숙 씨는 점다 방식의 탕법으로 차를 우려내는데도 제 맛을 잃지 않음에 신비스러웠다고 말했다.

제다법이 중요 무형문화재 130호로 지정된 지금 문화재청이 할 일은 사라진 돈차의 맥락을 되살려 부흥시키는 일이다. 그것이야말로 정부가 제다 전통문화재를 지정한 의미이기도 하다. 사라져 버린 돈차의 부흥을 기대해 보면서 조선 후기 남도 지방에 전래한 제다의 부침을 하나씩 밝혀 보겠다.

[6. 이한영의 백운 옥판차 제다비법을 밝힌다]

이한영(李漢永, 1868~1956) 옹이 만든 차가 떡차인가 녹차인가를 놓고 제다법에 대한 오해가 일기 시작했다. 이한영 옹이 만든 백운 옥판차는 녹차라고 말할 수 있겠다. 이한영의 제자법이 뜨거워지자, 이효삼씨가 제보를 해왔다. 증조부를 도우면서 당시 차를 만들었던 어머니께서 생존해 계신 데 육성을 담아두었으면 하는 제보였다. 강동구 석촌동 근처 한 아파트에서 조래순(86) 할머니를 만나, 이한영의 파란만장한 제다사가 공개되는 순간이었다.

이한영의 손부가 밝힌 백운 옥판차 제다법

1939년 초가을이었다. 백운 옥판차를 만드는 이한영(당시 71세)을 전라남도 강진군 성전면 월남리로 찾아간 사람은 이에이리 씨였다. 당시 이에이리 씨는 1940년경 《조선의 차와 선》에 백운 옥판차의 제조법을 자세히 밝혔다. 그로부터 30여 년 후 우리 차인의 한 사람인 금당 최규용(1903~2002) 선생이 다시 그 길을 밟았다.

최규용 선생은 《금당다화(錦堂茶話)》에 한국 최초의 상표 백운 옥판차를 자세히 밝혀냈다. 그러나 금당 선생이 월남리를 찾았을 때 만난 사람은 이한영 씨가 아니라 이

이한영 옹이
백운 옥판차를 만든 곳이다.
지금은 흔적없이 사라졌다.

관묵 씨였다. 이한영 옹은 이미 돌아가신 뒤였고 이관묵 씨가 당시 차를 만들었던 그 집에서 대를 이으며 지키고 있었다. 당시 금당 선생을 안내한 사람은 이관묵 씨의 아들 이효삼(1952~) 씨였다. 그는 당시 초등학생이었다. 효삼 씨는 금당 선생에게 증조부의 고가로 가는 길을 가르쳐 주고 광주행 버스를 타야겠다고 서둘러 떠났다. 금당 선생은 관묵 씨를 만나 백운 옥판차의 제조 비법을 차근차근 들었다. 이를《금당다화》에 기록했다.

5월이 되면 청명한 날, 백운동 일대에서 따낸 찻잎을 팔러 오는 사람에게서 그걸 사들여 시루에 찐다. 그다음 차 잎사귀가 부드러워지면 절구에 찧는다. 차 잎사귀가 찐득찐득해지면 다식판(茶食板)에 넣어 일정한 형태로 만든다. 그 크기는 곶감의 반쪽만 하다.

이렇게 다식판에 찍어낸 것들을 대소쿠리에 담아서 활짝 갠 날에는 햇볕에 말리고 흐린 날이면 온돌방에서 말린다. 이것들이 충분히 마르면 조그만 대나무함 곁에 '백운 옥판차(白雲玉版茶)'라는 글자와 차꽃을 인쇄한 상표(商標)를 붙여 팔았다고 한다.

그런데 1938년계 일본이 태평양전쟁을 시작했을 때부터는 일꾼을 구하기가 힘들었고 판로(販路)조차 잃게 돼 이한영 씨는 백운 옥판차의 제조를 중단했다고 한다. 왜냐면 일본이 차를 직접 재배해서 팔게 됐고, 그래서 일본차가 우리나라에 들어오기 시작한 것이다. 여기에 설상가상(雪上加霜)으로 커피가 유행하기 시작할 무렵이라고 했다.

금당 선생이 관묵 씨를 만난 30년 후 이한영 옹을 도와 백운 옥판차를 만들었던 조래순(86) 할머니로부터 당시의 백운 옥판차 비법을 자세히 들을 수 있었다. 그는 이효삼씨의 어머니로 이한영의 손부 되는 사람이었다. 30년 전 금당 선생을 안내했던 그 사람이 장성해 다시 백운 옥판차에 얽힌 이야기를 들려줄 줄이야 꿈에도 몰랐다고 털어놓았다. 이효삼씨는 추석 무렵 고향에 갔다가 형님으로부터《차의 세계》(2006년 10월) 특별 호 한 권을 받고 어머니에 대한 기록이 누락된 것을 알고는 매우 서운했었다고 말했다. 그 후 서울로 돌아온 뒤 연락해 당시 어머니께서 증조부를 도와 백운 옥판차를 만들었다는 이야기를 들려주었다. 지금까지 이한영 옹의 3남인 방림(昉林)의 증손인 이달묵(1998년 작고) 씨가 태평양 강진다원 관리소장을 맡아 전면에 나서면서 장손인 관묵가는 묻혀버렸다. 게다가 이한

이환영 옹의 손부되는 조래순 할머니가
당시의 백운 옥판차에 대해 회상하고 있다.

영 옹의 제다법을 이었다는 최병이 할머니까지 증손으로 나와 속앓이를 했다는 것을 관묵가 장손인 효명 씨가 몇 해 전 들려준 바 있다.

2004년 2월 이한영 옹이 백운 옥판차를 만들었던 강진군 성전면 월남리 86번지를 찾았을 때 이효명 씨가 집을 지키고 있었다. 이한영 씨에 대해 알고자 왔다고 밝히자 난색을 표하며 '증손으로서 부끄러울 뿐이며 더는 할 말이 없다.'라고 털어놓았다. 증손의 도리를 다 못했다는 점도 있지만 3남 방림 씨 증손이 백운 옥판차의 맥을 이었다고 듣고 나와 자연 말문을 닫았다고 털어놓았다.

오래전 백운 옥판차에 대한 관심은 두고 백운 옥판차를 추적하기 시작했다. 우리나라 다승의 한 분인 수산 큰스님(백양사 방장)을 통해 들은 '이한영의 제다법을 배워 차를 만들었다.'라는 회고였다. 그 뒤 백운 옥판차에 대한 관심을 이어가던 차에 이효천 씨를 통해 효명 씨에게 기증한 금릉월산차 상표가 전해지면서 그를 만나 증조부의 생가 터가 문화유적으로 묶여 내년 봄 허물어진다는 청천벽력 같은 소식을 듣게 되었다. 이는 곧 백운 옥판차가 전면에 부각된 계기가 되었다.

백운 옥판차 제다법을 이어온 조래순 할머니를 만나보니 매우 정정하셨다. 이 모두가 차를 마신 덕이라고 말씀하신다. 할머니는 당시 차를 만들었던 곳은 안채이고 《조선의 차와 선》에 나온 포장하는 장면은 사랑채라고 밝혔다. 조래순 할머니를 통해 이한영 옹의 제다인생을 복원해 보자.

이한영은 1868년 전라남도 강진군 성전면 월남리에서 태어났다. 그는 1890년경 우리나라 처음으로 상표를 부착한 백운 옥판차를 만들었다. 최근 본지가 첫 공개한 금릉월산차는 백운 옥판차 이전의 상표로 영암군 미암면 봉황리에 살던 이낙림(李洛林) 씨가 가져가 부득이하게 백운 옥판차를 만들었다. 그때가 1890년 전후로 우리나라에서 처음으로 상표를 붙여 판매한 차이다.

이한영 옹이 어떤 계기로 백운 옥판차를 만들게 되었는지에 대해 묻자 조래순 할머니는 그 점은 잘 모르겠다고 대답하였다. 다만 이한영 옹은 차뿐 아니라 한약 조제에도 뛰어났다고 했다. 그는 천식을 오래 앓았는데 스스로 약초를 구해 생식을 하면서 차를 만들었다고 했다. 그를 통해 백운 옥판차의 제다법을 살펴보자.

"곡우가 지나면 아침 일찍 망태기를 짊어지고 백운동 일대의 야생 차나무 잎을 따 모았다. 해 질 무렵 돌아와 가마솥에 불을 땐 뒤 갓 따온 찻잎을 솥에 넣고 살짝 데친 뒤 꺼내 비빈다. 가마솥에 세 번씩 찻잎을 덖었다. 불의 온도를 조절해 가면서 찻잎을 덖은 뒤 시루에 쪄서 비비기도 했다. 차가 푸른빛을 잃을 때 불을 멈추고 손으로 조금씩 비벼서 온돌에 깐 종이 위에 말린다."

이는 《조선의 차와 선》에 나온 제조법과 거의 일치한다. 차를 만든 뒤 차 맛에 대해 묻자 첫맛은 쓸쓸하지만 뒷맛이 향기가 났다고 한다. 이한영 옹은 차를 많이 마시면 정신이 맑아지니 자주 음용하면 건강해진다고 말했다.

만든 차를 걸망에 쥐고 나가 팔고 난 뒤 집으로 돌아올 때면 옷은 항상 남루했었다. "이 돈으로 맛있는 반찬을 사 오너라."며 돈을 한 움큼 주었다. 조래순 할머니를 통해 듣는 이한영 옹의 제다법은 근대 우리 차 제다의 단면을 보는 듯했다. 그는 또 목판 차 상표를 만들 때 '앞면과 뒷면의 차 꽃가지 상표는 치자 물에 담갔다가 꺼내어 말렸다.'라고 차 통을 만들 당시의 이야기를 들려주었다.

이한영 옹이 손수 기록한 가승 족보(族譜)가 있는데 지금은 그 자취를 찾을 수 없어 이효삼 씨는 아쉬워했다. 70년 전 차 상표를 붙였던 백운 옥판차는 두고두고 근대 우리 제다의 첫 번째 차 상품으로 기억될 것이며 녹차와 떡차를 병행했던 우리 제다의 아버지인 그에 대한 연구가 더 많이 이루어지길 기대해 본다.

내년 곡우 전후 햇차가 나오는 계절, 이한영 옹으로부터 제다 비법을 터득한 조래순 할머니가 직접 덖은 차를 우려내 이한영 옹의 무덤에 햇차 한 잔을 올려 그를 추모해 보자.

이한영옹의 증손녀인 이현정씨가
일엽일아(一葉一芽)로 법제한 옥판차

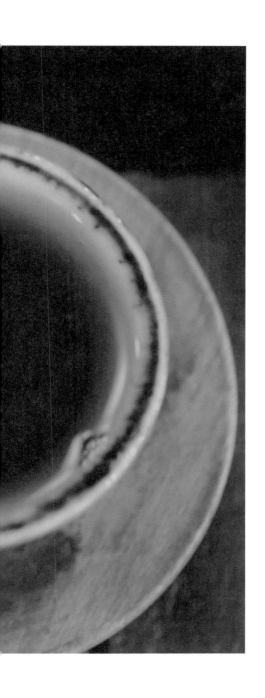

4장

황금보다 귀한 차

[1. 백년 푸얼차를
맛보다]

2008년 봄 청 말기에 법제한 어품(御品) 푸얼차(普耳茶)를 만난 것은 행운이었다. 푸젠성(福建省) 푸저우(福州)의 한 찻집(茶舍)에서 50번을 우려냈는데도 변함없는 차 맛에 경이로움을 느꼈다. 그 같은 차 맛을 볼 수 있었던 것은 푸저우(福州)에서 인터넷(www.315cx.com)의 운영자인 리앤찐(李彦錦) 씨에 의해 발견되어 세상에 빛을 보게 된 것이다. 골동 푸얼차를 발견하게 된 데는 눈 밝은 차인의 안목에서 찾아냈다. 골동에 관심이 많은 리앤찐 씨는 2007년 간쑤성(甘肅省)의 황하(黃何) 상류에 있는 서북(西北) 지방을 여행하다가 한 골동상점을 들렸다가 주인을 잃고 방황하던 차 한 덩이가 눈에 띄었다. 몇 겹의 표장을 벗기니 어품이라는 글이 희미하게 쓰여 있고 단차 형태의 푸얼차임을 한눈에 알아보고 구입했다. 그 차를 푸저우의 차인들과 품다 했는데 그때 그 순간을 놓칠 수 없어 〈해협다도〉 2008년 1월호에 '신비의 푸얼 50도

백년노차의 차통

(道)의 변함없는 격청(激靑)'이란 내용이 소개되면서 중국 열도를 들끓게 했다. 이 차를 놓고 '100년 전 차라는 것을 무엇으로 증명하는가.'부터 다양한 의견이 쏟아졌다. 홍콩의 한 차 전문가는 이 차를 본 뒤 30년이 훨씬 넘는 생차일 가능성이 크다고 말했다. 차의 앞면에 '어품'이라고 새겨져 있어 약 120년으로 추정된다고 한다.

후난성(湖南省) 흑차를 공동 취재하던 첸용광 기자가 나에게 후난성을 떠나기 직전 100년 푸얼차 소장자인 리앤찐 선생과 연락을 해두어 푸저우에 가게 되면 100년 푸얼차를 감평할 수 있을 것이라는 말을 해왔다. 설레는 마음에 그 날 밤 '100년 푸얼차는 과연 어떤 맛일까.'를 생각하며 명상에 잠겼다. 2008년 3월 후난성 창사(長沙)에서 오후 6시 푸저우행 비행기에 올라 8시가 가까워서야 푸젠성에 내렸다. 호텔에 도착한 뒤 곧바로 진귀한 골동이 진열되어 있는 고풍스러운 차사로 갔다. 방안에서 리앤찐 씨가 미리 와 기다리고 있었다. 나를 보더니 반갑게 인사를 나누었다 그 와는 첫 해후였다. 방안에는 몇몇 차인들이 빙 둘러앉아 이 선생이 우려내는 차 맛을 보면서 감평(監評)을 시작했다.

100년 이상으로 추정하는 매우 진귀한 푸얼차는 50번을 우려내도 여전히 진한 향기를 냈고, 우리를 감동시켰다. 그날 밤 12시 30분이 되어서야 감평이 끝났다. 무려 3시간 30분을 연속 음다 하였는데도 여전히 입안에 감도는 진 향이 온몸으로 느껴져 왔다. 다음날 탕으로 끓여 다시 음다 하여도 차는 여전히 어제의 그 맛을 잃지 않았다. 연거푸 100잔을 마신 셈이다. 이 차를 맛본 뒤 감평기를 쓰는 까닭은 차를 사랑하는 모든 이와 그 날의 감평을 함께 하기 위해서다. 이를 통해 말로만 듣던 100년 푸얼차를 감싼 신비의 베일을 벗겨 본다.

우리는 100년 푸얼을 감평하기 위해 이 자리에 모였다. 한·중의 차 애호가 몇 명이 지금 이 순간부터는 연도에 대해 상관할 필요가 없다. 오직 평상심(平常心)으로 이 차를 대해야 이런 차의 묘미를 느낄 수 있다. 처음 이 차를 대할 때 한 선승의 말이 떠올랐다. 그야말로 '나는 처음 차를 대할 때 조사를 만나는 것 같다.'라는 말을 실감하게 되었다. 중후하면서도 맑고 담백한 차향이 오래도록 오감으로 느껴져 왔다. 깊은 밤 시계를 보니 밤 9시를 가리켰다. 그 때부터 감평이 시작되었다. 엄격한 차 맛의 구분을 위해 농부산천(農夫山泉)의 물을 준비했다. 잔잔하게 찻물이 끓는 소리를 들으며 차통을 보니 '100년 노차'라고 쓰여 있다. 먼저 리앤찐 씨가 다구를 세척한 뒤 잔에다 맹탕을 한 잔 씩 돌렸다. 이어 노차로 쓰여진 자사 항아리를 열어 찻잎을 이내 다관에 넣고 뜨거운 물을 붓기 시작했다.

처음에는 차를 씻었다. 그리고 뚜껑을 열더니 차향을 맡았다. 그 순간 그의 표정은 오감으로 느끼는 희열감을 맛 보는 것 같았다. 이윽고 차향을 감상했다. 차향을 맡는 순간 "아!"하고 소리가 터져 나올 정도로 오감으로 느껴진다. 120cc의 펄펄 끓는 물을 다관에 넣고 유리잔에 붓자 포도주처럼 붉은색을 띠었다. 뚜껑을 열고 다관을 들여다보니 안개처럼 자욱한 김이 모락모락 피어올라 왔다. 차를 한 잔씩 돌렸다. 맛을 음미하니 차 맛이 오감을 자극한다. 차를

1. 2번째 우린 탕색.
2. 15번째 우린 탕색.
3. 20번째 우린 탕색.
4. 41번째 우린 탕색.
5. 최후의 차.

한 잔씩 비울 즈음 이 선생은 차에게 기운이 느껴 온다는 말을 한다. 이 사람이 보통 사람이 아님을 단박에 간파해 냈다. 기운을 말하는 차인은 일찍 보지 못했던 터였다. 차를 마시는 순간 기가 온몸으로 돌고 있음이 느껴져 온다. 우리의 생명체는 여러 가지 기가 돌고 있듯이 온몸으로 그 기운을 느낀다. 기운을 말하는 이 사람은 "차는 여인과 같다."라고 이야기한다. 이 차의 특징은 본래 왔던 곳으로 돌아간다는 사실을 마지막 50잔째 깨달았다. 즉, 첫 잔은 투명한 거울과 같고 두 번째는 색이 점점 진해졌고, 세 번째 잔은 차가 입안에 들어가는 순간 등뼈부터 뜨거워짐을 느꼈고 땀이 이마로부터 등 뒤까지 일어나는 걸 느꼈다. 네 번째 잔은 차의 기운이 온몸으로 혈관에 피가 되어 도는 것과 같았다. 다섯 번째 잔은 점점 붉은색을 띠어 갔다. 30번을 우려내도 붉은색은 변함이 없더니 마흔 번째로 접어가면서 황금색으로 바뀌었다. 50잔째에 이르자 원래 왔던 고향인 첫 번째의 맑고 맑은 색을 띠었다. 50번을 우려내는 동안 차 맛은 변함이 없었다. 세상에 이런 차 맛을 느껴본 것은 처음이었다. 비약하자면 이 선생은 "죽은 사람도 살릴 수 있는 것이 이 푸얼차가 아닌가 하는 생각이 든다."라고 결론을 지었다. 3시간 동안 한 가지 차를 놓고 맛본 느낌은 차를 통해 극락과 지옥을 오고 가는 느낌이었다.

12시가 넘어 다음날을 약속하고 헤어졌다. 다음날 이 선생으로부터 전화가 다시 왔다. 탕으로 끓여 차 맛을 한 번 더 보자는 제안이었다. 다음날 8시가 넘어서 같은 곳에서 만났다. 어제 먹은 차를 탕관에 넣고 물을 붓고 차를 우려냈다. 차 맛은 어제 맛과 조금도 변함이 없었다. 다관 뚜껑을 열자 회오리바람을 일으키듯 안개가 자욱하고 김이 모락모락 나왔다.

이틀 동안 차 맛을 감평한 뒤 이 선생이 넌지시 나를 바라보면서 차 맛이 어떠냐고 물어왔다. 그 순간 "이 차맛은 표현할 수 없는 경계"라고 대답했다. 푸저우 공항에서 시내로 들어오는 동안 차 안에서 한 남녀의 애절한 사랑을 담은 드라마를 보았다. 각자 감옥에서 풀려난 뒤 극적으로 연인이 재회하는데, 그만 사랑하는 여인이 재혼한 것으로 착각하고 사내는 발길을 돌리려 한다. 그 순간 눈이 마주치는데, 둘은 강을 사이에 두고 어둠 사이를 걸어 나오다가 그만 강의 얼음이 깨어지면서 물속으로 빠져들고 만다. 두 남녀는 웃으면서 장렬한 최후를 맞는다. 그 드라마를 이야기하면서 오늘 100년 푸얼차를 맛보는 순간 서로 떨어질 수 없어 장렬한 최후를 맞은 두 사람이 100년 푸얼차로 환생한 것 같다고 말하자 박장대소했다. 아무튼 이국땅에서 맛본 색다른 경험이었다. 50번을 우려도 조금도 변함없는 이 차야말로 노동의 칠완다가(七碗茶歌)에서 한 말처럼 '마치 신선의 경지에 이른다.'는 것과 일맥상통했다.

이 차야말로 차의 진정한 암운(巖韻)을 느끼게 했다. 차에서 우러나오는 기운을 온몸으로 체감한 색다른 경험이었다. 이국땅에서 어품 푸얼차를 마셔본 기쁨은 말로 형언할 수 없는 값진 체험이었다. 겨울밤을 새워 마신 푸얼차의

❶ 100년 푸얼차의 찻잎. ❷ 찻잎을 들어본다. ❸ 50번을 우려 낸 찻잎. ❹ 우려내도 찻잎은 변함이 없다. ❺ 수십 번 우려낸 뒤에도 암운이 감도는 차향을 온몸으로 느낄 수 있다. ❻ 차향을 감평하는 필자. ❼ 탕관에 찻잎을 붓고 끓인 뒤 뚜껑을 열자 마치 안개처럼 자욱한 김이 모락모락 피어올랐다. ❽ 찻잔에 차를 우려냈다. 그 진향이 온 방안으로 퍼져나갔다.

향이 다음날 내내 입가에 맴돌았다. 50잔을 비운 뒤 이 선생의 말이 내 귓가에 들려왔다.

'최 선생, 차를 마시면 대천세계가 열리는 것과 같이 온몸으로 기운을 느껴야 합니다. 그래야만 차의 진면목을 알 수 있는 것이지요.'

100년 푸얼차의 색다른 만남으로 차의 길을 걸어온 이래 가장 소중한 만남이었다. 맑고 맑은 암운의 기운이 흐르는 차를 만난 것은 기쁨이었다.

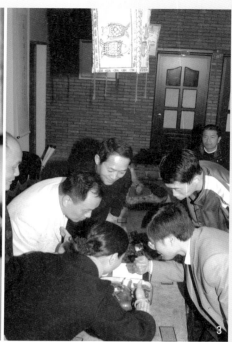

1. 다탕으로 차를 끓이자 차향이 사방으로 퍼져나간다.
2. 포도주 같은 푸얼차 탕색.
3. 희열에 빠진 차 애호가들.

논쟁 분분한 100년 푸얼차를 들여다 보았더니

청대 어품 푸얼차가 세상에 들어나게 된 것은 차 마니아인 리얜찐 선생의 눈에 띄어 빛을 보게 되었다 2007년 깐쑤성 서북(西北) 지방의 고완시장(古玩市場)에서 찾은 것이라고 한다. 서북지역은 기후가 건조하기 때문에 차의 보존에 매우 적합하다. 차의 표면에는 '어품(御品)'이라는 두 글자가 새겨져 있으며 칼로 새겨져 있다. 칼의 흔적은 차와 같은 나이로 보인다. 홍콩의 숙련된 차인은 찻물을 분석하여 이 차는 30년 훨씬 이상의 생차(生茶)라고 추정했다. 그러나 30여 년 전의 문화혁명기에는 누구도 감히 '어품'을 만들 생각을 못 했으며 더 위로 추정하면 해방 초에 누구도 가짜를 만들 수 없었다. 국민당 전쟁으로 어수선한 때 누군가가 이것을 만들 수는 없다. 그래서 이것은 청말(淸末)의 차일 수 있으며, 120여 년이 된 것으로 추정할 수 있다. 찻잎의 큰 모양으로 보건대 1000년 야생 노수차(老樹茶)의 찻잎이며 섬유질이 광택을 가지고 있으며 내질(內質)은 매우 특별하고 우수하다. 원래 찻잎의 육질 부분은 확실히 기름 상태의 아교 성질을 형성했다. 보관이 매우 잘 되었다는 것을 말해주며, 어떤 원인들로 풍화된 노차의 환경과 같지 않다.

[2. 노차老茶의 진중한 맛]

　예로부터 백차(白茶)의 고향으로 알려진 푸젠은 좋은 차가 많기로 유명하다. 10여 년 전 60년대 노차(老茶)의 암운에 빠져들면서 지금도 입안 가득히 감도는 그 암운이 쉽게 잊혀지지 않는다. 푸저우 성천사(聖泉寺)에서 선차교류를 마치고 푸저우에 이르렀을 때 첸용광(陳勇光) 기자가 넌지시 노차 맛을 보자고 제안했다. 노차로 유명한 황때앤깐(黃典感)라는 사장이 푸저우에 있는데 그와 차 맛을 보지 않겠느냐고 물어왔다. 그렇게 불현듯 그를 따라 푸저우 명고(明庫)다청의 황때앤깐 사장과 만났다.
　그런데 낯익은 얼굴이 보였다. 찻자리에 앉아 차를 우려내고 있던 소수민족 복장을

중국 푸저우의 명고다청에서 여러 종류의 노차를 품다하고 있다.

한 다예사였다. 그는 성천사의 학술교류가 열리던 한 곳에서 푸얼차를 시음했던 그 여인이 나를 보고 인사를 한 뒤 찻자리를 황 사장에게 물려주고 일어났다.

황 사장은 탕관에 물이 끓자 말리화(茉莉花)를 가미한 홍차를 내놓았다. 처음부터 좋은 차를 맛보면 정작 노차의 맛은 제대로 볼 수 없다는 견해에서였다고 고백했다. 그리고 두 가지 차가 더 나온 뒤에야 노차를 꺼냈다. 입안에는 쓴맛과 단맛이 배어 있었다. 차실을 살피니 벽장 위에 60, 70, 80, 90년대의 노차가 차호에 담겨 있었다.

60년 밍쿠 대엽 산차, 70년대 고목향[杏香] 산차, 80년대 경매(景邁) 산차, 90년대 궁정(宮廷) 산차 등 다양한 산차를 소장하고 있었다. 여러 가지 차를 맛보다가 "최근 한국 차계를 들끓게 했던 노반장 파동 이후 중국은 어떤 고수차로 세상을 놀라게 할 것인가?"하고 물었다. 그 이야기를 듣고 있던 천 기자가 빙도(氷島)와 명고(明庫) 지역으로 옮겨갈 것이라고 말했다.

그 말을 듣고 있던 황 사장이 90년대 빙도 고수차가 있는데 한번 시음해 보지 않겠냐고 제안했다. 그는 차 맛을 제대로 우릴 땐 자사호를 써야 한다며 개완에서 자사호를 꺼냈다. 그리고 저울 위로 차의 양을 살폈다. 그리고 우리들에게 차향을 보게 한 뒤 이내 차호에 차를 넣고 우려냈다. 차 맛을 살피니 노반장처럼 강한 기운은 있으나 쓴맛 뒤에 감미로운 맛이 감돌았다. 몇 번을 우려내며 제 맛을 음미했다. 그제서야 왜 품다인들이 빙도로 옮겨 가고 있는지를 실감할 수 있었다.

60, 70, 80년대의 노차들

그 뒤였다. 이 다관에서 최고로 손꼽는 1960년대 멍하이대엽고수차가 나왔다. 좀처럼 황 사장이 품다하지 않는다는 귀한 차였다. 한국에서 귀한 손님이 왔기에 진귀한 차를 내놓은 것이었다. 이 다관에 1년 이상 머물렀다는 소수민족 복장을 한 그 여인도 단 한 번도 60년대 멍하이 고수 노차를 시험해보지 못했다고 말했다. 황 사장은 일정량을 저울에 담고 찻잎의 향기를 맡게 한 뒤 차호에 차를 넣고 우려냈다. 그리고 찻잔을 우려 컵에 넣고 탕색을 보게 했다. 때마침 밤의 빛이 우리 잔으로 반사되면서 붉은 기운을 띠었다.

찻잔을 받아든 다우들은 입안 가득히 퍼져 나가는 기운을 느끼며 "아!" 하고 감탄했다. 좋은 차를 앞에 놓고 맛본 뒤 그 감미로운 기운을 다 같이 느끼는 것 같았다. 노차는 4, 5번 우려도 순정(純正)하고 진하다. 뒷맛도 빨리 오며 뒤에 단맛은 천천히 느껴진다. 그래서 노차는 사람들의 마음을 끝까지 감동시킨다. 이렇듯 20여 년을 우려 온 맛이 일정했다. 노차는 처음 붉은색에서 시작하여 오렌지색으로 바뀌게 된다.

60년 이상 된 노차의 경우 균향(菌香)과 약향(藥香)이 가득 배어 있다. 후난성에서 생산된 복전차의 경우 차향에서 한약 냄새가 나듯 오래된 노차가 사람의 마음을 감미롭게 이어 준다. 그 진한 맛에 그 노차의 세계에서 쉽게 빠져나올 수 없다고들 한다. 60년대 노차를 푸저우에서 맛볼 수 있을 줄은 예견하지 못했던 터였다. 사람들이 노차를 즐기는 까닭은 차가 오랜 기간 숙성되면서 세월의 향기를 느낄 수 있기 때문인 듯해 보였다.

더 나아가 호급차, 인급차는 수천만원을 호가한다. 노차 애호가의 지적처럼 노차는 차가 아니라 골동이라는 말을 예전에 들은 적이 있다. 점점 사라져 가는 노차를 만나기는 더더욱 어려운 실정이다. 문득 노반장 같은 고수차가 세상에 나와 푸얼차 신드롬을 일으킨 것 같아 보였다.

노차 마니아들은 차를 처음 우려냈을 때 그 붉은 색에 넋을 잃을 때가 많다. 그리고 노차일수록 차가 진하지만 난잡한 냄새는 나지 않는다. 그리고 무엇보다도 노차를 좋아하는 까닭은 세월의 향기를 느낄 수 있기 때문이다.

고수 푸얼차가 입안에 들어가면 쓰고 떫은 맛과 차가운 성질이 심하다. 그러나 노차는 푸얼차의 차가운 성질과 쓰고 떫은맛을 없애 주기 때문에 선호한다고들 한다. 하지만 난무하는 푸얼 세계에서 노차는 구하기도 어렵거니와 더러는 이해하기도 쉽지 않다. 그뿐만 아니라 그 진가를 가려낼 수 있는 사람도 흔치 않다. 그러나 노차가 입안 가득히 감도는 암운, 그리고 특유의 균향(菌香)과 약향(藥香)에서 고수들은 그 진가를 찾아낼 수 있다. 오랜 세월을 묵힌 노차일수록 그 진한 맛에 빠져든다.

노차는 20여 번을 우려내는데도 일정한 맛을 유지하는 것이 특징이라 노차를 마신 뒤, 그 차를 다시 탕관에 넣고 끓어 먹기도 한다. 지금도 푸저우에서 100년 전 푸얼차를 마셨던 기억이 잊혀지지 않았다. 그래서 노차를 마실 수 있었던 인연에 늘 감사한다.

차의 붉은 기운도 잠시 찻잔을 잡자 이내 입안으로 사라져 갔다. 그러나 차를 마시고 난 뒤에 오랫동안 잊히지 않은 것은 입안 가득 풍겨 나오는 암운으로, 오랫동안 내 기억 속에 남아 있었다. 초가을날 노차를 앞에 놓고 벌레울음 소리를 들으며 마시는 차야말로 환상적일 것이다. 그러나 봄의 노차는 봄날 향기로운 풀 향기처럼 생동감을 느껴 온다. 오늘 같은 봄날 햇차를 앞에 놓고 색, 향, 맛에 빠져 보는 것도 좋을 듯하다.

[2. 녹인緣印 차를 앞에 놓고]

　차의 어머니로 알려진 중국 윈난 봉경(鳳慶)에 있는 3,200년 된 차나무 아래에서 차나무에 얽힌 이야기를 나눈 뒤 마을 촌장(村長)의 집에서 우연히 차를 마시게 되었다. 그는 탕관에 끓인 물을 찻잔에 붓고 차를 한 잔씩 내놓았다. 탕관을 열고 안을 들여다보니 찻잎이 가득 담겨 있었다.

　"아! 이와 같은 방법은 30여 년 전 한국에서도 즐겨 마셨던 음다법인데 윈난에서 우리의 다법을 만나게 될 줄은 꿈에도 몰랐습니다."

　"이곳 윈난 사람들은 찻잎을 탕관에 넣고 물을 끓여 차를 우려 마십니다."

　"왜 그렇게 합니까?"

　"탕관에 끓여서 마시면 고수차의 쓴 맛을 없애 주기 때문이죠."

　"그런데 왜 햇차는 개완에 넣고 우려 마십니까?"

　"아, 그것은 누군가가 차의 강한 기운을 느끼려는 것에서 그렇게 바뀐 것 같습니다."

　그런데 놀랍게도 윈난 차산지를 순례하면서 느낀 점을 모두 탕관식으로 차를 마시는 것이었다. 첸가채(千家寨)로 올라가다가 아랫마을에서 차를 마실 기회가 있었다. 그때 왜 탕관에 차를 넣고 마시느냐고 물었다. 그러자 "윈난의 오랜 전통입니다. 차

를 끓여 마시면 위에 부담을 덜어 줍니다. 찻잎을 개완에 넣고 마시면 쓴 기운 때문에 몸에 부담이 옵니다. 그래서 윈난 사람들은 차를 탕처럼 끓여 마시고 있습니다."라는 대답을 들을 수 있었다. 윈난에서 사라져 버린 우리 조상의 지혜를 엿볼 수가 있었다.

정원 대보름(2월 14일)이 지난 다음날 대구 팔공산(八公山) 자락의 비채담이란 곳을 찾았는데 노백차(老百茶)가 나왔다. "왜 백차입니까?"라고 빛 명상의 대가인 정광호 회장에게 물었다. 그러자 "노백차가 겨울에는 몸속을 따뜻하게 해 주어 즐겨 마십니다."라고 말했다. 화로 옆 작은 유리잔 위에 촛불이 차가 식지 않게 적당한 온도를 유지시켜 주고 있었다. 오후 3시가 되자 2층에서 한 달에 한 번씩 열리는 명상차회가 열렸다. 빛 명상에 관심이 있는 사람들의 모임이었다. 정광호 회장의 빛 에너지가 인체에 미치는 영향이 무한대라는 말을 들은 뒤 이 다관의 주인이 직접 팽주로 나와 윈난에서 공수해 온 갈풍채 노반장 등 다섯 종류의 차를 놓고 차회가 이루어졌다. 팽주는 근래 만들어진 공춘호(供春壺)에 찻잎을 넣고 차를 우려냈다. 그 차를 테이블 위로 하나씩 돌렸다. 그리고 찻잎을 차호에서 꺼내어 부어 주었다.

"여기 보세요. 차를 마신 뒤 찻잎을 나물처럼 먹어도 좋지 않습니까?"

차를 마신 뒤 찻잎의 향을 하나하나 맡게 했다. 명상 차회의 한 회원이 산차와 병차의 차이에 대해 팽주에게 물었다. 그러자 팽주는 "산차는 산화가 빨리 되면서 차향이 적은 반면 병차는 숙성이 늦게 되지만 차향이 오래 지속됩니

사자호에서 차의 진중미를 느낄 수 있다.

다."라고 말하였다. 녹차나 발효차처럼 탕관에 찻잎을 넣고 마시는 모습은 한국에서도 이어지고 있다.

윈난 사람들은 자신들의 탕관에 차를 끓여서 마시는 다법이 언젠가는 우려서 마시는 것으로 바뀌어 간 것을 보고 놀라워했다. 갈풍채를 맛본 뒤 서둘러 다음 약속이 있어 비채담을 빠져나왔다. 팔공산 언저리를 빠져나와 심자한 차실에 이른 것은 오후 5시였다. 돌계단을 지나자 '연암'이란 간판이 보였다. 아직 잔설이 가시지 않아 매화나무는 꽃이 피기 전이다. 문을 열고 차실로 들어섰다. 차실 문을 반쯤 열자 침향이 코끝에 스쳤다. 살림집을 차실로 꾸며놓은 모습이 보였다. 차실에 들어서니 심자한 차실 간판이 반기고 이 차실의 주인인 운호 다우가 반겼다. 낯익은 장로님과 주인이 담소를 나누고 있었다. 이런저런 인사를 나눈 뒤 찻자리에 앉았다. 우리 일행이 앉자 차 한 잔을 대접했다. 그때 깜짝 놀란 것은 침향의 연기가 주인을 향하고 있었기 때문이다. 위치를 바꾸어 보았는데도 향 연기가 주인을 향했다. 그 옆에 있던 한 다우는 이 차실의 주인인 운호 다우는 침향과 숙명적 인연이 있는 것 같다고 말했다. 그러자 운호 다우는 건너편에 있던 심자한에 대한 이야기를 했다. 매일 침향을 맡은 나무를 그냥 버리기가 아까워 차실 벽면에 침향이 깃든 나무를 설치했다고 한다. 그리고 예전 심자한 차실을 허물고 오피스텔을 지을 때 땅을 사기 위해 자식처럼 아끼던 골동 푸얼차를 팔았던 사연을 들려주며 먼저 40년 된 진년노차로 찻자리의 분위기를 이끌었다. 운호 다우의 손때가 묻은 다호에서 여러 가지 차가 나왔다. 시간을 살피니 8시가 가까워 오고 있었다. 저녁을 먹은 뒤 차 한 잔씩 나누자고 운호 다우가 말했다. 우리 일행은 식당으로 자리를 옮겨 저녁을 먹고 다시 심자한으로 돌아와 찻자리에 앉았다. 운호 다우는 항아리에서 간직한 차를 꺼냈다.

"이 차가 어떤 차인 줄 아십니까?"

"골동 푸얼차같군요."

"여기 녹인이라는 글이 보이죠? 제게 하나뿐인 차입니다."

"아, 이런 귀한 차를 마셔도 됩니까?"

그러자 우리의 표정을 살피던 한 다우가 오늘 찻자리는 천복을 누리는 것 같다고 말하였다. 다담이 무르익자 타이완의 뤼리찐(呂禮臻) 사장이 1,800만 원이나 호가하는 골동 홍인을 내놓았던 이야기를 풀어갔다. 그러자 운호 다우는 차는 서로 마음이 통하는 사람들과 마셔야 제 맛이라고 회답했다. 앙증맞은 차호에 뜨거운 물을 붓자 차향이 퍼져 나갔다.

"아! 이 호에 마신 차향이 아직 남아 있네요!"

차호를 올려 차향을 맡았다. 그리고 뜨거운 물을 붓고 차를 우려냈다. 청나라 시기 찻잔이 차 맛을 돋구었다는 말이 떠올랐다. 찻잔을 잡고 차를 음미했다. 오감으로 차향이 느껴져 왔다.

"아! 이 감미로운 녹인의 맛은 맛보지 않고서는 느낄 수 없지요."

차를 열 잔이나 마셨음에도 처음 잔과 마지막 잔의 맛이 같았다. 침향의 향기를 맡으며 녹인을 맛본 그날의 감동으로 몇 해 전 항저우 영은사 방장 광첸 스님과 방장실에서 녹인을 맛본 기억이 되살아나는 것 같았다.

녹인은 홍인과 견줄만한 고가의 차인데 지금은 자취를 감추어 버렸다. 그러나 몇몇 수집가들에게는 은밀히 거래되고 있다. 그날 마지막 찻자리에서 맛본 녹인의 맛을 잊을 수가 없다. 홍인과 함께 녹인은 골동 푸얼차의 제왕으로 일찍 자리매김 되었다. 저는 푸저우에서 100년 푸얼차를 맛본 적이 있는데 50번을 우려도 차의 맛이 변함이 없던 그때의 감동을 지금도 잊지 않고 있다. 오늘 심자한에서 맛본 녹인 또한 여러 번 우려내어도 처음과 끝의 차 맛이 한결같았다. 골동 푸얼만의 기운을 온전히 느낄 수 있는 것은 진연차를 맛본 사람만이 느낄 수 있다.

[4. 오래된 푸얼노차普耳老茶의
붉은 빛깔에 빠져든 사람들]

세계적 명차(茗茶)의 반열에 오른 푸얼차(普耳茶)는 윈난(雲南)의 소수민족이 즐겨 마셨던 차로 알려져 있다. 푸얼차는 차마고도(茶馬古道)를 통해 티베트와 중앙아시아로 전파(傳播)되면서 그 명성(明星)이 알려지기 시작했다.

윈난의 푸얼차는 프랑스의 포도주처럼 오랜 숙성 과정을 거쳐 탄생한다. 푸얼차가 차 애호가들을 사로잡으면서 가격이 날로 치솟고 있는데 1950년대에 생산된 인급(印汲) 푸얼차인 홍인철병(紅印鐵餅)은 1억 원에 거래될 정도로 높은 가격으로 거래되고 있다.

이처럼 푸얼차는 골동차로 명성을 얻으면서 푸얼차 신드롬을 일으키고 있다. 푸얼차는 와인처럼 그 붉음을 쫓는 사람들이 많다는 사실을 접하고 자세히 들여다보았다.

왜 푸얼차에 빠져드는가

차의 제왕으로 불리는 홍인(紅印)은 88년 서울 올림픽이 개최될 당시까지만 해도 주목받지 못했다. 1988년 무렵만 해도 홍인이 50만 원의 가격에 거래되었는데 지금은 상상을 초월하는 가격에 거래된다. 비싼 가격을 치르고 진년 푸얼차를 수집하는 사람들은 이를 성공한 주식 투자로 여기고 차에 거금을 투자한다고 말하고 있다. 1960년대 이전에 만들어진 홍인, 복원창호(福元昌號), 동경호(同慶號), 송빙호(宋聘號) 등의 진가가 드러나면서 천만 원에서 1억 가까운 가격으로 거래하게 되었고 인급(印級) 푸얼차의 가치는 상상을 초월하게 되었다.

이처럼 푸얼차에 사람들의 이목이 집중된 까닭은 무엇일까? 오랜 시간 숙성 과정을 거치는 고급 와인처럼 푸얼차 또한 오래 보존할수록 차 맛이 진화한다는 이야기가 전해졌기 때문이다. 이 같은 이야기가 전해지며 진년 푸얼차는 날개가 돋친 듯 팔려나갔다.

80년대 이후 푸얼차의 바람을 일으킨 사람들은 산사의 스님들이었지만 그 스님들

유리잔에 담긴 백년노차의 탕색

1930년대 홍인과 동경호 진년푸얼차 품다

의 관심이 현재는 커피로 옮겨가면서 푸얼차의 바람은 산사의 스님에서 상류층으로 옮겨 갔다. 진년 푸얼차를 만나기 어려워지면서 푸얼차 애호가들의 관심은 고수차로 옮겨가기도 하였다. 윈난을 찾아갔다가 푸얼차 고수인 해만차창의 저우빙량(鄒炳良) 선생을 만난 적이 있다. 선생은 '숙병의 경우 10년 이상을 보존할 필요가 없다.'라고 폭탄선언을 했다. 폭탄선언의 여파가 거세지면서 푸얼차 소장가들의 관심은 청병차(靑饼茶)로 옮겨가게 되었다. 청병차는 오래 묵을수록 암운이 뛰어나다는 연구 결과가 나와 청병에 빠져드는 사람들이 늘어났기 때문이다. 중국 차 애호가들의 관심이 시시각각 변해가는 반면 한국의 차 시장은 어떠한가? 진년 푸얼차를 구하기가 어려운 데다가 검증 기능이 없어 진가를 맛볼 기회조차 없는 것이 현실이다. 따라서 한국의 차 애호가들이 푸얼차에 접근하기란 쉬운 일이 아니다.

몇 년 전 중국 푸얼차계를 움직이고 있는 바이쉐이칭(白水淸) 씨를 만난 적이 있다. 그는 검증될 수 있는 푸얼차를 얼마든지 구입하겠다는 의지를 보였다. 백 회장은 홍콩 푸얼노차의 60%를 보유하고 있는 수장가(收藏家)이며 88청병(靑饼), 송빙호, 복원창호, 홍인 등의 호급차(号级茶)를 보유하고 있기도 했다. 그는 2016년 후베이성(湖北省) 황메이현(黄梅县)에서 개최된 제11차 세계선차문화 교류대회에서 기념 병차를 출품한 바도 있었는데 대회가 개최하기 3개월 전 차를 시판하여 잡음이 끊이지 않았다. 중국은 기념차가 시판될 때 영향이 매우 크다는 사실을 알 수 있었다.

왜 푸얼차에 빠져드는 사람들

푸얼차 신드롬이 세상 밖으로 알려지면서 2019년에 추석 특집으로 한국콘텐츠진흥원의 지원을 받아 제작한 다큐멘터리인 '차도 삼국지'가 방영되었는데 그 다큐에서는 청나라 황실에서 발견한 온전한 푸얼차를 소개하며 푸얼차가 부의 상징으로 부각되고 있음을 드러냈다. 한때 티백 형태의 푸얼차가 언론에 소개되면서 티백 바람이 분 적이 있

청나라 시기 법제한 진년푸얼차(왼쪽 첫번째)의 탕색과 두번째 탕색이 변화되지 않는다.

다. 이효리라는 인기 연예인을 앞세워 티백 푸얼차 바람을 몰고 온 것이다. 방송 매체들이 연예인을 앞세워 차의 맛과 관계없이 유행을 주도하는 실정이었지만 여하튼 한때 '이효리 특수'를 일으킬 정도로 푸얼차 바람은 거세게 불었다.

왜 한국인들은 한국의 토종 차인 녹차를 외면하면서까지 푸얼차에 빠져들어 갔을까? 이유는 간단했다. 가격이 높은 골동 푸얼차가 부의 상징으로 여겨지기 때문인 듯해 보였다. 지금도 산사에는 10톤 이상의 푸얼차 소장가들이 많은 것 같다. 한국의 소장가들이 숙성방법에 있어 주의해야 할 점은 중국과 한국의 기후 변화가 다르다는 점이다. 생차를 숙성시키려면 윈난이나 차의 원산지에서 숙성시키는 것이 유리하다. 그래서 한국의 차상들은 윈난에 저장 창고를 두고 숙성시키는 경우도 많은 것 같았다.

한국에서 푸얼차 열풍이 불면서 푸얼차에 빠져드는 사람들이 많았다. 푸얼차는 오래 묵힐수록 좋다는 이야기가 전해지면서 큰 손들이 푸얼차에 투자 가치가 있다고 여겼고 이는 '푸얼차 사재기 운동'으로 이어지기도 했다.

쿤밍(昆明)일보에 따르면 말레이시아 하이오(海鷗)그룹은 푸얼차에 투자해 수익을 올리는 1억 위안(약 130억 원) 규모의 'KSC 대체투자펀드'를 출범시켰다. 3년 기한의 이 펀드는 세계 최초로 푸얼차를 금융투자 상품화한 사례이다. 하이오그룹 천카이시(陳凱希) 회장은 25일 말레이시아 쿠알라룸푸르에서 폐막한 제3차 동남아 푸얼차 교역회에서 이와 같은 계획을 밝혔다. 내년 중 말레이시아 내에 전문적으로 중국 윈난(雲南)의 우량 푸얼차를 숙성하는 28에 이커 규모의 '차 창고(茶倉)'를 건립하겠다는 것이다. 펀드가 투자하는 푸얼차는 이 차 창고에서 숙성되고 보존된 다음 현대식 마케팅으로 해외에 고가로 판매한다는 전략을 세웠다고 밝혔다.

품다인생은 푸얼차의 가격이나 노차의 개념보다는 '붉은 빛깔을 쫓는 사람들'에 초점을 맞추어 그들이 왜 푸얼차에 매료되었는지 그 까닭을 찬찬히 들여다보았다.

왜 붉음에 빠져드는가

88년 이후 산사를 중심으로 푸얼차 바람을 일으킨 건 선승들로 알려져 있다. 당시 홍인이나 녹인 송빙호 등은 스님들을 중심으로 그 진가가 알려지기 시작했는데 당시만 해도 가격이 비싸지 않아 손쉽게 마실 수 있었다. 같은 시기 인사동 벽송방이나 조계사 인근의 끽다거를 중심으로 푸얼차가 대중의 곁으로 다가갔다.

황실에서 비전되었던 푸얼차

당시 찻잔에 붉게 물든 탕색을 보고 녹차에서 볼 수 있는 찻잔에 연둣빛이 맴돌지 않음을 의아해했다. 그런데 당시 벽송방 주인의 말이 명답이었다. "푸얼차는 붉음을 추구합니다. 오래 숙성된 노차일수록 붉은 빛깔이 말해줍니다. 와인을 오래 숙성시킬수록 좋듯이 푸얼차도 오래될수록 좋습니다."

푸얼차는 입소문으로 전국을 강타했다. 차 마니아들은 끽다거나 벽송방에 들러 그 붉은 빛깔에 빠져들어 갔다. 일찍이 골동차를 수집해 온 한국의 차상들은 홍인 등의 고급 푸얼차를 팔아 부를 축적했다. 당시 중국 본토에서는 차마고도를 통해 티베트나 중앙아시아로 수출된 푸얼차의 진가를 그다지 중요하게 여기지 않았다. 1990년대 말에 중국의 각 성을 찾아갔을 때 중국인들은 푸얼차는 변방의 차라며 인정하지 않았다. 중국은 각 성마다 자존심이 강하여 항저우에서는 용정차(龙井茶), 푸젠에서는 백차(白茶), 무이산에서는 무이암차(武夷岩茶)를 즐겨 마셨다.

한족의 입장에서 변방의 차로 인식된 푸얼차의 진가가 밝혀지게 된 것은 대만의 덩시하이(邓時海)가 푸얼차를 수집하면서부터였다. 그를 통해 푸얼차가 세상에 알려지기 시작했다. 그 후 골동 푸얼차 수장가인 바이쉐이칭이 진년노차를 높은 가격에 구입하면서 골동차(骨董茶)는 종적을 감추어 버렸다. 중국이 푸얼차에 눈을 뜨게 되면서 인급차나 노차가 사라져갔고 그 대신 고수차로 관심이 옮겨 가기 시작했다. 한때 노반장은 부르는 게 값이었다. 여기에 부동산 재벌인 진성차창이 개입하여 윈난 노반장촌을 임대 계약하면서 노반장의 가격은 치솟았다. 게다가 신노반장 촌에서 생산된 것도 노반장 차로 둔갑하였다. 노반장의 심각성이 드러나면서 윈난성에는 빙도(氷島) 바람이 불게 되었다. 차 마니아들은 푸얼차를 두고 진년차와 고수차 등을 번갈아 마시며 그 붉은 빛깔에 흠뻑 빠져들어 가고 있다.

2019년 10월 25일 서울 무계원에서 품다회(品茶會)가 열렸는데 그곳에서 11년 전에 법제(法製)한 빙도가 등장했다. 품다회에 참가한 사람들은 그 빙도를 두고 고수차의 진가를 보는 것 같다는 이야기들을 나누었다. 빙도를 맛본 한 다우는 이렇게 말했다. "저것 보세요. 붉은 빛깔 사이로 물안개가 피어올라요." 또 다른 다우는 "진한 차향이 느껴집니다."라고 했다.

예전에 윈난을 찾아갔다가 다음과 같은 사실을 발견한 적이 있다. 푸얼차는 뜨거운 물을 부어 우려내지 않고 탕처럼 끓여 마신다는 사실이었다. 윈난 사람들은 고수차의 강한 기운이 탕처럼 끓여 마시면 부드러워진다고 말한다. 일련의 경험을 통해 고수차의 명성은 끝이 없음을 느꼈다.

2019년 10월 25일 무계원에서 열린 품다회.
이때 빙도가 품다되었다.

2020년 새해 돈차의 흔적을 쫓아 장흥을 찾았다. 장흥 청다원의 백인숙 대표로부터 중요한 이야기를 들었다. "청태전(돈차)은 15분 이상을 끓이면 쓴 기운이 나서 그 이상은 끓이지 않아요."

백 대표의 이야기를 듣다가 중요한 사실도 발견했다. 돈차 한 덩이를 가루 내지 않고 유리잔에 넣고 끓이면 쓴 기운이 난다는 사실이었다. 중국의 자순차(紫筍茶)는 차를 맷돌에 곱게 갈아 탕관에 넣고 포자(布子)로 우려냈는데 그래서 쓴 기운이 없고 차 맛이 부드러웠다. 그처럼 품다인의 노력으로 차 맛이 진화하고 있다는 사실을 느꼈다. 100년을 이어져 온 푸얼차는 진화하고 있었다. 붉은 빛깔을 쫓는 다우들을 볼 때마다 '오래 숙성할수록 좋은 차 맛을 느낄 수 있어요'라고 전한다. 푸얼차는 차의 세상을 한없이 넓히며 차의 세상을 변화시키고 있다. 대만의 푸얼차 고수인 뤼리젠(呂禮進)의 말이 떠오른다. "푸얼차는 영토를 넓히는 것처럼 무한한 발전을 가져올 것입니다." 그의 말처럼 푸얼차의 세계는 부의 상징에서 시작됐지만 이제는 붉은 빛깔을 추구하는 사람들이 늘어나면서 푸얼 노차 시장은 무한하게 넓어지고 있음을 실감한다.

[5. 잊혀진 후난 흑차]

중국 후난성(湖南省) 사람들은 자신의 고향에서 만들어진 흑차를 잊고 있었다. 오랫동안 네이멍구, 간쑤성, 칭하이성, 산시성 등 변방 지역에서 흑차가 거래되면서 후난 사람들은 이 진귀한 차를 잊은 것이다. 오히려 흑차(黑茶)보다 청차(靑茶) 계열을 더 선호한다. 흑차를 변차(邊茶)로 여겨왔기 때문에 그들이 흑차를 이야기할 때는 아득한 옛 이야기처럼 들려온다. 그런데 2006년 말 흑차가 신문지상에 처음 보도되자 후난 사람들이 "우리는 왜 진작 흑차를 몰랐느냐"고 목소리를 높이면서 흑차에 대한 신드롬이 일어나기 시작했다. 게다가 2008년 1월 15일 후난성 인민정부가 앞장서 흑차교역회(黑茶交易會)를 익양에서 개막하면서 흑차 바람이 불어오기 시작했다. 후난 지역에 휘몰아쳐 온 폭설로 인해 사람들이 덜 붐비기는 했지만, 거대한 흑차 열풍

차를 말에 싣고 티베트로 건너갔다.

이 불어오는 단초가 이루어졌다.

흑차 계열인 푸얼차에 비해 흑차에 대한 관심은 아직 한 점(點)에 불과하다. 그러나 차상들이 오래된 흑차를 사들이면서 후난 땅에 진년흑차(陳年黑茶) 바람이 불어오기 시작했다. 본지는 흑차 전문가인 커쭤카이(柯作楷)가 '사라진 호남의 흑차'를 본지에 기고한 뒤 뜨거운 흑차 바람을 실감할 수 있었다. 그래서 정작 후난 사람들이 몰랐던 흑차에 대해 오늘 그들은 어떤 생각을 갖고 있는지가 궁금했다. 사실 흑차는 일본이나 한국 차상에 의해 그 진가가 알려지면서 후난성이 깨어났고 흑차를 국가적 음료로 발전시키려는 움직임에 지대한 영향을 끼쳤다.

뒤늦게 후난성에서 일어나는 흑차 바람에 놀라움을 감추지 못한다. 한때 푸얼차에 밀려 흑차는 국내시장에서 종적을 감춰버렸다. 흑차의 고향인 후난성도 마찬가지였다. 흑차가 오랫동안 중국인들에게 변차(변방의 차)로 알려지면서 후난성에서 사라져버린 것이다. 국가적으로 엄격히 소수 민족에게 계약에 의한 생산 시중 유통을 자제시켜왔다. 유목민들에게 흑차는 생필품이나 다름없었다. 어느 날 장사의 한 상인이 네이멍구를 찾게 되었는데, 그가 장사에서 왔다고 말하자, 장사라는 곳은 처음 들어보나 후난성 익양은 알고 있다고 말했다. 유목민들은 한자를 전혀 모르지만 '익양(益陽)', '복전(茯磚)', '백사계 차창(白沙溪茶廠)'이라는 한자가 흑차에 쓰여 있어 그들은 익히 익양을 잘 알고 있었다.

서울을 출발, 장사공항에 내리기 직전까지 후난 사람들의 흑차에 대한 생각이 어느 정도인지 궁금했다. 2008년 이전까지만 해도 후난성에는 흑차가 대중 가까이 다가서지 않았다. 그러다가 3월 1일부터 5일까지 흑차의 주 산지인 익양의 안화현 일대와 후난성의 성도인 장사를 취재하면서 후난 차계와 문화예술계 차상들을 두루 만나 후난성에 일어나고 있는 흑차 바람을 실감할 수 있었다.

찬란했던 후난 흑차의 빛과 그림자

폭풍우처럼 몰아쳐 온 폭설이 지나간 뒤 2008년 3월 1일 장사행 비행기에 몸을 싣고 후난성을 찾은 것은 2003년에 이어 두 번째였다. 장사에 도착하자 흑차 전문가인 커쭤카이 씨를 백사원(白沙源)에서 만났다. 백사원에 도착하자 먼저 규모와 진귀한 흑차들이 진열되어 있어 놀랐다. 이곳에서 비로소 후난 땅에 부는 흑차의 바람을 실감했다. 다예가는 능숙한 솜씨로 차를 우려냈다. 자세히 들여다보니 금방 만들어진 신차 흑차였다. 비로소 후난땅에 진년흑차가 사라진 것을 보고 놀랐다. 흑차를 커쭤카이 씨와 한 잔씩 음미하다가 말문을 열었다. "사실 후난에 흑차 바람이 분 것은 불과 3년 전입니다. 그 이전에는 후난 사람들조차 흑차를 몰랐습니다. 오히려 티베트 인접의 중국 북부에 있는 칭하이성(青海省)에 가야 진년흑차를 만날 수 있을 것입니다"라고 말했다. 그의 말을 실감할 수 있었다. 백사원 다관의 진열장에 갖가지 진년흑차가 진열된 것을 볼 수 있었다. 1970년 경 만들어진 복전차도, 익양차창에서 만들어진 '민족 대단결'도 만날 수 있었다.

그날 밤 후난성 다엽협회의 조오원청(曹文成) 회장과 우충웨이(伍崇岳) 비서장, 그리고 백사원의 커쭤카이 씨와 그의 부인이 나왔다. 저녁 자리가 마련되었는데, 잠시 뒤 조오원청 회장과 반갑게 인사를 나누었다. 그 뒤《다조 신농》과 후난 지역의 차 역사를 담은 매력상차(魅力相茶)를 조 회장이 넌지시 건넸다. 그때 조 회장에게 내가 저술한《차의 미》와 〈차의 세계〉를 건넸다. 그러자 그는 매우 기뻐했다. 그는 후난에 차가 활발히 일어난다는 말도 전해왔다. 《다조 신농》이 출간되기까지 그 경위를 설명하였다. 후난에는 다조 신농 릉이 있으면서도 그에 대한 헌창 바람이 없자 후난차계가 앞장서서 스촨성이 오리진을 다조로 받드는 것처럼 신농을 다조로 받들자라는 여론이 일어 《다조 신농》을 출간하기에 이르렀다고 말했다. 이런저런 이야기 끝에 자연스럽게 화제는 흑차로 넘어갔다. 그때 커쭤카이 씨가 흑차에 얽힌 이야기를 먼저 꺼낸다.

"수석을 구하러 네이멍구 자치구의 동오주 목심기(東烏珠 穆沁旗)의 한 유목민 가정을 찾았을 때 안주인이 차를 내왔는데 진귀한 흑차여서 매우 놀랐습니다. 내가 1979년 대학을 막 졸업했을 때 익양에서 온 학우가 차전(茶磚)을 한 덩이 꺼내 당시 학우들에게 맛보여 주었는데, 그 흑차를 네이멍구 유목민 가정에서 맛볼 줄은 꿈에도 몰랐습니다. 나는 그때의 감회를 문장으로 써서 〈소상신보(瀟相晨報)〉에 사라진 후난 흑차를 소개했습니다. 그 기사가 나간 뒤 암흑 속에 매몰되어버린 흑차의 세계가 후난 사람들에게 새롭게 열리는 순간이었습니다. 불과 3년 전의 일이었습니다."

조 회장과 대화가 오고 갔다.

"어떤 연유에서 흑차에 대해 관심을 갖게 되었느냐."

"후난에 사라진 흑차'를 차의 세계에 소개한 뒤 뜨거운 반응이 일어나자 실제 후난 안화 사람들의 흑차에 대한 생각이 궁금했다."고 답했다. 그가 매우 놀라워했다. 1939년 설립된 안화현 백사계차창을 찾아보겠노라고 말하자 조 회장은 자신이 전에 백사계차창의 총경리를 맡은 바 있다고 말했다. 그 말이 끝나자마자 유씬안(劉新安) 사장에게 즉

흑차, 이렇게 만들어 진다

1			
2		3	4
5			6
7			

1. 차를 덖은 뒤 찻잎을 일일이 고른다. 2. 찻잎을 고르는 손. 3. 건조실에서 찻잎을 말린다. 4. 천량차에서 100냥씩 분쇄하는 장면. 5. 복전차 중 금화가 핀 차. 6. 대나무를 엮어 천량차를 정성들여 만든다. 7. 60여 년의 역사를 지닌 백사계의 흑차 보관 창고.

각 연락을 취했다. 그렇게 후난 흑차의 베일이 벗겨지고 있다.

다음날 8시가 되자 백사계 차창의 최대 주주인 후난 다엽집단에서 우리를 데리러 왔다. 장사를 출발, 익양과 안화 백사계차창을 탐방하면서 익양까지도 진년 푸얼차가 사라진 사실을 알게 되었다. 다음날인 3일 백사원의 다관에서 후난을 대표하는 차학 교수, 다엽계 화가, 문화예술계 인사가 만나 밤을 새워 가며 다담을 나누었다. 원탁에 둘러앉아 흑차 한 잔씩을 각자 자기 잔에 따라 옮겨간 뒤 호남사범대학의 차이쩐판(蔡鎭梵) 교수와 마주 앉았다.

그는 "후난 흑차에 호남다엽의 무한한 미래가 달렸다"는 말로 이야기를 시작했다. 이처럼 후난은 때늦은 감은 있지만 뒤늦게 흑차 바람이 불어오고 있음을 간파할 수 있었다. 채 교수와 이런저런 이야기를 나눈 뒤 뒤늦게 흑차 연구에 일가를 이룬 후난농업대학의 류우쭝화(柳仲華) 교수와 마주 앉았다. 그는 저를 보더니 "왜 흑차에 대해 궁금해 합니까"라며 다분히 도전적으로 질문을 해왔다. 이런 경우 일도양단의 자세로 상대의 기선을 제압해야 함을 경험해 온 터라 저는 단도직입적으로 그의 말을 되받았다. "푸얼차의 광풍에 밀려 한국 땅에서 빛을 잃은 흑차의 진면목을 보

러 왔습니다." 그제서야 그는 자세를 바꿔 앉더니 본론에 들어갔다.

"사실 복전은 '흑차의 왕'이라 불렸습니다. 이유는 복전에서만 금화(金花)가 피는데 발화되는 황금색 곰팡이가 피어 그 차를 마시면 기억력 증진과 비만 방지 등의 효과가 있다고 과학적으로 증명되었고, 이런 이유 등으로 흑차에 대한 뜨거운 반응이 일어나고 있습니다." 다담이 끝난 뒤 사실 유 교수는 자신의 스승이 복전연구의 대가였다고 고백했다. 이번 후난성 취재에서 느낀 점은 차계, 학계, 예술계가 한자리에 모여 자유로운 토론을 할 수 있다는 점에서 한국 차계가 중국 차계를 배워야 한다는 것이다. 또한 한자리에 모여 자리를 옮겨가며 자유롭게 토론하는 광경을 보고 우리의 토론 문화도 중국을 배워야 한다는 생각이 들었다.

한국차가 왜 후난으로 가는가

2000년 5월 현대백화점에서 50년 발효시킨 천량차가 3,000만 원에 나와 세인들의 관심을 모았다. 이처럼 한국인들은 푸얼차 못지 않게 금화가 피어 흑차왕으로 불리는 복전차보다 천량을 더 선호한다. 이유인 즉, 천량을 부의 상징으로 여겨온 까닭이기도 하다. 그런 이유로 중국인들은 유달리 한국인들이 천량을 좋아한 것을 알고 1,000냥, 500냥, 300냥, 100냥까지 다양하게 천량차를 생산하고 있는 실정이다.

후난 흑차의 상징으로 떠오르는 안화 백사계 차창을 찾은 것은 2008년 3월 2일이었다. 우리가 백사계차창을 찾은 날 일주일 전 백사계차창은 국영기업에서 민간으로 넘어가 새로운 변신을 시도하고 있었다. 백사계집단과 지역민이 공동 투자를 통해 새로운 변신을 모색하고 있었다. 67년의 역사를 지닌 이 차창은 흑차의 상징과도 같았다. 1939년 일본구주대학에서 유학하고 돌아온 펭선택우 맹기 선생이 최초로 설립한 백사계는 흑차의 시발점을 이루었다. 후난 흑차의 원산지가 된 안화의 백사계가 있는 소안진은 강을 끼고 있어 당시 수로를 통해 차마고도를 이용하여 차를 말에 싣고 신장 자치주와 네이멍구, 간시성, 칭하이성으로 건너갔다.

후난 사람들이 흑차를 마시지 않는 이유를 들으니 흥미진진했다. 흑차가 변차로 알려지면서 네이멍구와 신장, 티베트 등에서 엄격히 주문 제작이 이루어지면서 시중 유통이 통제되었다. 그렇게 되면서 후난 사람들에게는 덜 알려졌다. 백사계차창의 유씬안 사장은 "백사계차창이 민영화되면서 새로운 변신을 모색하고 있었습니다. 지금까지 국가 관리에서 민간으로 넘어오면서 일본이나 한국에 진출할 수 있는 폭이 넓어졌습니다."라고 말한다. 내심 흑차의 한국 상륙을 염두에 두고 있는 것 같기도 했다. 몇 년 전 한국의 차상을 통해 한국에 백사계차창을 알리려는 목적으로써 50년대 천량차를 판매하였는데, 그 차상은 그 후 천량의 중요성을 알리지 않았다. 이유를 묻자 "차상은 차상일 뿐 언론을 통해 널리 홍보하는 것이 바람직하다."라고 말을 남겼다.

한국차상들이 흑차의 중요성을 인식해서인지 익양다엽대시장에 한국 영락건강흑차박물관을 열어 중국인을 놀라게 했다. 취재를 마치고 후난성 성도 창사(長沙)로 돌아와 한국의 차상 예호준(芮豪晙) 관장을 만났는데 흑차에 대한 진지한 대화를 나누자고 제안했다. 그렇게 한국의 차인이 후난성을 찾아가 흑차를 깨우면서 잊혀진 흑차가 되살아나게 되었다.

후난에 진년 흑차가 없다

후난성 창사로 들어가 익양과 안화의 차계 사람들과 이야기를 나누다가 진년(陳年) 흑차가 사라진 점을 발견했다. 광저우 차상에 의해 진년차가 종족을 거의 감춰버린 뒤였다. 신장(新疆) 자치구에도 진년차가 얼마 있지 않다고 했다. 그러면 진년흑차는 어디로 사라졌는가. 대부분 차상의 수중으로 들어갔으며 일부는 티베트 유목민 가정에 남아 있다. 진년흑차는 소가죽에 싸여 보관되어 있었다. 묵은 차의 가치는 폭발적이다. 차 애호가들은 이를 '흑금전(黑金磚)'이라고 불렀다. 오래 묵은 차는 부처와 같은 존재로 여긴다. 그렇기 때문에 오래 숙성된 차는 세상에서 사라져 버렸다. 그러나 그 차를 세상 밖으로 끌어내는 것 또한 차인의 몫이다. 최근 20년 숙성된 복전차 맛을 자주 보는데 오래 숙성된 된장 맛처럼 차향에 온통 감운이 감도는 기운을 느끼게 했다. 백사계차창과 익양차창을 차례로 살펴보면서 다시 부활하는 후난 흑차가 세상 밖으로 퍼지게 된 까닭은 흑차의 금화가 인체에 이로움이 밝혀지면서 흑차 신드롬이 일어나고 있다고 말할 수 있겠다.

[6. 중국 황실에 450년간
비전되어 온 황실차 품다회]

중국 황실 진년노차가 개봉되던 날

빙허각 이씨가 능주 작설차의 우수성을 찬미했던 옛 능주 땅 화순 만연산 선정암에서 한·중고문화연구회의 자문을 받고 〈차의 세계〉가 주관하여 2013년 8월 중국 황실차 품다회가 개최되었다. 차계 전문가, 스님, 차 애호가, 지역 기관장 등 17명이 참가한 품다회는 밀봉된 황실차 개봉부터 품다까지 4시간 동안 무아지경에 빠져들어가는 시간이었다. 광저우 차 박람회에서 청나라 광서(光緖) 23년(1897) 110년 된 푸얼차가 세상에 공개되어 이목이 집중되었으나 두 왕조(명나라, 청나라) 시대의 황실에 소장된 차가 한꺼번에 공개되기는 이번이 처음이다.

그동안 전남 광주에서 황실차를 연구해온 민종기 원장이 황실 진년노차를 갖고 있다는 소문이 파다하게 퍼졌다. 그러나 그 실체를 알고 있는 사람은 극소수에 불과했다. 그러다가 민종기 원장을 2013년 8월 해후하면서 세상에 드러났다.

명 가정(嘉靖, 1507~1567) 시대의 황실에서 보관하던 차가 자신에게 있다는 사실을 알려 왔다. 처음에는 반신반의하다가 2013년 8월 광주에 약속이 있어 그를 만났다. 민 원장은 나를 보더니 반갑게 맞이하면서 "명·청 시기 진년노차를 선생에게

화순 선정사에서 열린 황실품다회의 이모저모

보여주게 되어 기쁘게 생각합니다."라고 말을 꺼냈다.

그는 광주 인근 보관 창고까지 손수 안내했고 창고 가득 빼곡히 쌓인 푸얼차, 무이암차, 철관음차로 쓰인 궁정푸얼차를 보는 순간 나의 마음이 요동쳐 왔다. 창고에는 갖가지 차 외에도 100년의 세월을 버텨 온 사향주, 녹용주, 당귀주, 어주 등이 즐비했다. 다시 차를 살피자 황실 차 항아리 두 쌍이 있는데 차호 위에 봉인된 글에는 '광서사차고수존(廣曙司茶庫收存)'이라고 쓰여 있었다. 전남도청 주무관인 고민정 씨가 푸얼차를 두 손으로 붙잡는 순간 세월이 녹아나는 듯했다. 민 원장은 나의 표정을 살피더니 명 가정 때 만들어진 오채항아리에서 차 일부를 꺼내 선물하며 "차 맛을 보고 품평해 주세요."라고 말했다. 그리고 그와 헤어진 일주일 뒤 고민정 씨로부터 연락이 왔다.

"지난번 차 맛이 어떻습니까?"

"아직 차 맛을 보지 못했습니다."

항아리에 담긴 청대의 차를 처음으로 개봉했다.

청나라 시기 비전된 푸얼차을 접한 것은 2008년이었다. 민 원장이 건네준 황실에 비전된 푸얼차 맛을 보기가 두려운 것은 100년 푸얼차와 어느 정도 맛이 근접할지 모르기 때문이었다.

그 후 민 원장이 선물한 차 맛을 감별했다. 코끝으로 차향을 맡았다. 예사롭지 않았다. 잔을 잡고 두 손으로 차 맛을 음미했다. 그때 2008년 기억이 스쳐 갔다. 옛 기억이 되살아났다. 푸저우에서 맛본 100년 푸얼차와 거의 비슷했다. 그리고 단박에 민 원장에게 전화를 걸었다.

"내가 생각하던 차 맛과 일치했습니다."라고 말하자 민 원장은 기뻐했다. 그에게 단도직입적으로 말했다. "이번에 차 개봉부터 조용히 품다해 봅시다."라고 제안했다. 그러자 민 원장은 반가운 듯 같이 품다회를 열어 보자는 답을 해 왔다. 한 달을 기다린 끝에 2013년 9월 첫날 품다회가 이루어졌다.

함안 무기연당과 순천, 구례 등 여러 곳을 물색하던 중 화순 선정암이 고즈넉하게 품다하기 적합하다고 회답이 왔다. 민 원장은 화순 선정암을 선택하게 된 배경은 화순이 고향인데다가 2011년 3월 화순 부군수를 지낸 고향에서 품다를 하는 것이 좋겠다는 생각에서였다.

2013년 9월 1일 11시를 임박해서 선정암의 학담선원으로 품다회에 참가한 사람들이 하나둘 도착했다. 최수일 미래산업기술 연구원장이 밀봉된 차 개봉 작업에 시작되었다

행사가 시작되기 전 민 원장은 황실 도자기의 입수 배경을 설명했다. 흑피옥조각상의 대가인 김희용 씨를 통해 수많은 중국 황실 도자기를 입수하게 되었는데 주진라오스 선생을 통해 하나하나 검증하여 중국 황실 도자기가 한국으로 옮겨오게 되어 자부심을 느끼게 된다고 말했다.

개봉에서 품다까지 숨 막히는 순간들

품다회가 시작되자 중국 강희황제 때 소삼채 사방관 도자기의 뚜껑을 열기 위해 곡물을 짓이겨 밀봉되어있는 뚜껑에 물을 붓고 쇠꼬챙이를 이용하여 뚜껑을 여는 순간 450년간 잠자고 있던 푸얼차가 드러나면서 차향이 퍼졌다. 참가 대중 몇 명이 사방관 도자기를 잡고 안에 담긴 푸얼차를 하얀 한지 위에 부었다. 찻잎을 살피니 타차류가 아닌 7자병차 형태로 만든 것을 쪼개어 넣은 것으로 밝혀졌다.

두 번째는 명나라 가정황제 때 제작된 오채항아리에 든 푸얼차였다. 이 차는 450년 전 가정황제를 위하여 법제 된 푸얼차로 알려졌다. 똑같은 방법으로 항아리를 열고 차를 한지 위로 부었다. 그 또한 7자병차였다. 연대를 추정하기는 어렵지만 450년 전 만들어진 항아리 안에 푸얼차가 담겨 있는 것 자체가 희귀했다. 처음에는 소타차인 줄 알았는데 병차인 것으로 보아 차가 항아리에 들어가지 않자 차를 잘라 넣었던 것 같았다. 그러나 곰곰이 살펴보니 차의 연대는 도자기 제작연대와 같을 수 없음을 알게 되었다. 항아리에 담긴 차는 과학적으로 검증해야 할 일이지만 한국 땅에서 처음으로 명나라 가정황제, 청나라 강희황제 시대의 황실궁정차를 개봉한 것 자체가 사건이었다. 450년 전 법제한 청나라 강희황제 때 궁정차를 지켜보면서 가야사터에서 나온 700년 된 용단승설차가 기억났다. 이상적의 〈기용단승설〉에서 '근대 석파 이공(李公: 흥선대원군 이하응)께서 효서의 덕산현에 묏자리를 살피다가 고려 시대 옛 탑에서 용단승설 4덩어리를 얻었다. 한 덩어리는 내가 간단하고 또 한 덩어리는 추사에게 건네졌는데 추사가 초의에게 보낸 편지 중에 용단승설의 내력을 다음과 같이 언급했다. "송나라 때 만든 용단승설 한 덩이를 얻었다오. 보물 중의 보물인데 이처럼 볼만한 것이 한둘이 아닌데 와서 보고 싶지 않습니까."라고 1851년 8월 13일 초의에게 보낸 편지에서 생생히 기록하고 있다.

가야사터에서 나온 용단승설 이후 160여 년 만에 처음으로 갖는 황실품다는 차계의 사건이 아닐 수가 없다. 추사 김정희가 용단승설차를 논했다면 이날 품다는 중국 강희황제 시대 만들어진 소담채 사방관 도자기에 만든 푸얼차와 450년 전 명나라 가정황제 때 오채항아리에 담긴 푸얼차를 앞에 놓고 품다회가 이루어졌다. 원래 소수의 사람들로 극비리 품다를 진행하려고 했는데 품다 소식이 퍼지면서 민 원장의 지인들이 몰려오는 바람에 17명이 한꺼번에 앉아 품다를 진행했다.

팽주는 푸젠성 푸젠농림대의 차학박사인 중국다예연구중심의 김영숙 원장이 맡았다. 팽주 왼쪽에는 한국국제선차문화연구회 최석환 회장과 오른쪽에는 이 절의 주지인 보림 스님과 민종기 원장, 그 밖에 차 애호가들이 빙 둘러앉아 품다가 진행되었다. 김 원장은 한꺼번에 많은 대중이 몰려오는 바람에 난처해했다. 그러나 능숙한 솜씨로 차를 우려내기 시작했다.

맨 처음 개봉한 중국 강희황제 때 소삼채 사방관 푸얼차로 시작했다. 찻잔은 청나라 때 청화백자로 했고 차호는 문

나주 최석기 가옥에서 열린 제2회 중국 황실차 품다회

양이 새겨진 법랑채 도자기를 사용했다. 차호에 갓 개봉한 찻잎을 듬뿍 넣고 차를 우려냈다. 첫 잔은 진하게 나왔다. 두 번째 잔도 마찬가지였다. 다섯 번을 반복해서 차를 우려냈지만 여전히 진한 탕색이었다. 가만히 생각해보니 밀봉된 찻잎을 바로 우려내니 향이 진함을 느낄 수 있는 것 같았다.

차호를 바꾸어 두 번째 개봉한 명나라 가정황제 때 제작한 오채항아리에 든 푸얼차로 품다를 시작했다. 두 번째 잔은 첫 번째 소삼채 사방관 도자기에 든 푸얼차와 비슷하게 느껴졌다. 450여 년간 잠자고 있던 차가 세상의 빛을 보면서 차가 막 잠에서 깨어났기에 진한 기운을 피할 수 없음을 감지했다.

김 원장은 찻잎 적당량을 넣고 다시 차를 우려냈다. 첫 잔을 잡고 오감으로 차 맛을 감별했다. "아!" 하고 소리쳤다. 바로 "이 차가 아닌가." 했다. 나의 표정을 살핀 민 원장은 옅은 미소로 답했다. 찻물은 유달리 맑았고 선명하며 붉고 빛이 났다. 두 번째 잔은 진 붉은 색으로 맑고 투명했다. 찻잔의 뚜껑에서 느끼는 향목의 우아함이 났다. 어떻게 이 오랜 세월을 버텨 왔는지 궁금했다.

여기저기서 차 맛에 빠져들 즘 팽주는 능숙한 솜씨로 네 번째 잔을 우려냈다. 네 번째 잔을 높이 들자 붉고도 빛이 났다. 그 순간 개완잔을 열고 차의 표면에서 김이 무럭무럭 올라왔다.

다섯 번째 잔이 나왔다. 입안에 들어가자 단맛이 났다. 여섯 번째 잔도 여전히 차 맛이 강력했다. 열 번째를 우려내는 동안 여전히 짙은 붉은 색을 띠었다. 스무 번을 우려내는데도 차 맛은 변함없었다. 8명이 둘러앉아 차 맛을 음미하는 동안 진공묘유에 이르는 것처럼 느껴졌다.

차회가 4시간 동안 계속되었음에도 다우들은 차 맛에 빠져 자리를 뜰 생각을 하지 않았다. 첫 번째와 두 번째 잔은 중후하면서 흙내가 났다. 이는 오랜 시간 동안 진공 상태에서 보존되었기 때문인 듯했다. 스무 잔을 우려내도 변함없는 향을 지닐 수 있었던 것은 궁정푸얼차의 특징인 듯했다. 황제의 상징인 다섯 발이 달린 용처럼 황제의 권위를 황실차에서 느낄 수 있었던 것은 황실로 역대의 차를 공급했던 기록에서 보듯이 궁정차의 특징이기도 했다.

황병순 전 도의원은 "이번처럼 정적인 식품을 마시면서 동적인 식품을 마신 것처럼 취해 보기는 처음"이라고 말했다. 한의사인 고명석 원장은 "여러 가지 차를 마셔 본 사람으로 너무 좋아서 어떤 점이 좋다고 말할 수는 없으나 오늘 마신 차는 차가 아니라 신령스러운 존재이다. 이 차로 인해 다신의 경지에 오른 것처럼 기쁘다."라고 말했고, 정봉순 화순건강보험공간 지사장은 "차는 마음을 비울 수 있는 여유를 주고 자연과 오늘 이 자리에 너무 잘 어울렸다."라고 말했다. 민 원장은 "4시간 동안 계속된 이번 품다는 시간이 갈수록 마음을 행복하게 해주었다. 이는 차가 보이지 않는 힘이 아닌가 하고 생각했다. 더욱이 골동품을 마시게 되어 기쁜 마음을 금할 수 없다."하고 말했다. 품다회에 참가한 대중들은 하나같이 마음을 황홀하게 해주었다고 입을 모았다.

2차 황실품다회가 열리던 날

최석기 고택에서 열린 황실차 품다회

황실차품다회가 열린 지 1년 뒤 나주의 최석기 가옥에서 열렸다. 그곳을 선택하게 된 까닭은 이번 품다의 주빈으로 초대된 최인기 전 장관이 어린 시절을 보낸 곳이기 때문이기도 하다. 이번 품다회의 참가자는 차계의 중심을 배제하고 문화계, 정계 인물과 변호사 등 다양한 사람들이 참가했다. 2013년 1차 황실차 품다회의 팽주를 맡았던 김영숙 원장이 또 다시 팽주를 맡아 격조 있는 품다 자리가 마련되었다. 구한 말 참봉 최승환이 1905년 건립하여 4대째 이어져 온 최석기 가옥은 나주의 남파고택과 더불어 나주 지역을 대표하는 민가 건축의 하나이자 호남의 대표적 고택으로 알려져 있다. 품다는 안채의 마루에서 이루어졌다. 정면 일곱 칸, 측면 한 칸의 일자형(一字型) 팔각지붕으로 마루의 폭이 약 150cm이다.

중앙에 최석기 전 장관과 우측에 민종기 원장, 좌측에 최 회장, 그 옆에는 송광사 일귀 스님, 법조계와 지방 정부의 공직자 순으로 자리가 배치되었다. 전 광주 지점 차장을 지낸 정민수 21C 변호사, 이영규 세무자, 정봉순 광주건보부장, 양경수 위원장, 전남도의회 농수산위원장, 최명선 화순언론협의회장, 윤평손 전 화순농협지부장, 민용기 전 화순도의회의원, 박광재 화순도의회의원, 지역에 영향을 주고 있는 최명숙, 김연옥, 김종원, 호명순 등이 참가했다. 팽주는 서울에서 내려온 김영숙 원장과 예명원 강진 지부의 최필순 원장이 맡았는데, 마루가 일자로 길게 뻗은 관계로 양쪽에서 번갈아 가며 차를 우리기로 했다. 차실이 직선으로 이어져 차맛을 온전히 보기에는 몇 가지 애로 사항이 있었으나 차 한 잔에 우주를 담아낸다는 취지로 이날 품다회는 원만히 펼쳐졌다.

먼저 최인기 전 장관이 "오늘 이렇게 집까지 왕림해 주셔서 감사합니다. 이번 품다회 자리를 빌려 오래된 황실차를 만나 차의 세계에 흠뻑 빠져 보겠습니다."라고 말했다. 이어 민종기 원장은 "화순 선정암에서 황실차 품다회는 매우 의미가 깊었습니다. 이번에 전남 화순 선정암에서 거행된 제1차 중국 황실차품다회에 이어 이번 제2차 품다회를 최석기 고택에서 열게 된 감회가 새로웠습니다."라고 이야기를 꺼냈다.

약 2시간 30분 동안 진행된 이번 품다회에서 참석자 모두가 진중한 차 맛에 빠져드는 순간이었다.

5장

잊혀진 한국의
명차를
깨우다

[1. 사라진 뇌원차腦原茶의
흔적을 찾다]

　고려 시대 유행했던 유차(孺茶)와 뇌원차(腦原茶)는 어떻게 사라졌을까. 의문을 갖
고 고려차에 접근을 시작하게 된 것은 1999년 초, 의천대각(義天大覺) 국사의 구법
행로를 찾아 중국 땅을 밟으면서부터였다. 송(宋)나라 때 유행한 용봉단차(龍鳳團茶)
가 의천의 외교적 노력으로 수입되었고, 우리의 뇌원차가 송나라로 수출된 사실을 알
게 되었기 때문이다.

　귀국한 뒤 자료를 찾다가 〈개성 흥왕사 대각국사 묘지명(開城 興王寺 大覺國師 墓
誌銘)〉에서 '요나라 천우황제(天佑皇帝, 道宗, 1055~1100)가 재차 경책(經籍)과 차
향(茶香), 금백(金帛) 등을 보내와 국사와 스승과 제자의 인연을 맺는다'라는 기록을
발견했다. 눈이 번쩍 뜨이는 것 같았다. 그리고 단숨에 쓴 글이 바로 '대각국사 의천
과 다선일미와 뇌원차'(〈불교춘추〉 2001년 4월·5월호)였다.

　그러나 그때는 뇌원차가 고려차사에 얼마나 중요한 위치를 차지하고 있는지 절감
하지 못했다. 뇌원차의 진가를 발견하게 된 것은 2009년 3월 후난성(湖南省) 익양
(益陽)을 찾아갔을때 후 발효차인 복전차에만 핀다는 미생물 발효균인 금화균(金花
菌: 찻잎에 금색 점처럼 생긴 균)을 알게 되면서부터였다. 이를 차 애호가들은 흑금
전(黑金磚)이라 부른다. 이 복전차가 고려 시대 유행했던 뇌원차의 원형이 아닌가 생

뇌원차의 주력 생산지로 알려진 선암사 칠전선원 뒤 차밭. 500년 전 조성한 차밭이다.

각하면서 '복전'과 '뇌원'이라는 차에 푹 빠지지 않을 수 없었다. 뇌원차를 만들 때 섞었다는 용뇌(龍腦)로 인해 찻잎 속에 금화균이 피어났을 것이라는 추측과 함께 뇌원차에 대한 분석을 시작했다.

그러던 중 2008년 말, 한 스님이 창덕궁 앞에 있는 선차실로 찾아와 대뜸 황칠(黃漆)나무 진액을 섞어 뇌원차를 만들었다고 주장했다. 어느 황칠 연구가와 함께 온 그 스님은 황칠 원료로 뇌원차를 만들었다고 말했다. 그때 유모 사의 노상빈 스님이 황칠나무를 재배했던 기억을 되살려 보충 취재에 나섰다. 사라진 뇌원차의 자취를 찾아 남도 곳 곳을 취재하는 과정에서 황칠과 뇌원차는 별개라는 사실을 알고 뇌원차 추적을 다시 시작했다. 이 글은 뇌원차의 진 실을 밝히려는 첫 번째 시도이다.

황칠은 뇌원차가 아니다

2000년대 초반 황칠연구가인 정순태 씨를 우연히 다산초당에서 만났는데 당시 정 씨는 황칠나무 밑에서만 뇌원차가 자란다고 말했다. 일찍이 유모사 노상빈 스님으로부터 황칠나무에서 채취한 수액은 처음에는 우유빛이지만 2시간 정도 불을 쬐면 황금빛으로 변한다는 사실을 들었다. 그 황금빛이 황칠 뇌원차로 와전된 것 같다고 생각했다.

황칠나무가 뇌원차로 비약된 데에는 지허 스님이 저서 《아무도 말하지 않은 한국 전통차의 참모습》에서 '선암사의 100여 동을 건립할 때 요나라에 황칠을 수출하여 재정적 바탕이 되어'라고 언급한 뒤부터이다. 그 구절이 일파만파 로 번져 한 스님이 나를 찾아와 지허 스님의 저술을 언급하면서 황칠이 곧 뇌원차가 아니냐고 단정해버렸다. 그러나 검증에 신중한 나로서는 옛 취재 노트를 뒤져가며 뇌원차를 다시 취재하는 과정에서 황칠과 뇌원차는 별개라는 사실 을 알게 되었다.

왜 뇌원차가 황칠나무로 뒤바뀌게 되었을까. 그것은 일본 도엽군산(稻葉君山)의 저서 《조선의 사원차(寺院茶)》에 나오는 《거란국지》에는 이 차를 뇌환차(腦丸茶)라고도 하고, 《고려사》에는 뇌원차라고도 하는데, 아마도 용뇌(龍腦)를 섞어서 만들었을 것'이라는 부분이 발단이 된 것 같다. '용뇌', 즉 장뇌(樟腦)는 중풍이나 열병 따위로 정신이 혼미한 데 쓰는 약이다. 이런 약으로 뇌원차를 만들었다는 이야기는 상식적으로 납득이 가질 않는다.

생각해 보면 후난 지역에서 생산되는 후발효차인 흑차류에 속하는 차로 오래된 자연 복전차의 한약 냄새가 뇌원차 흑금전의 원형일 수도 있다. 중국에서도 묵은 차인 흑금전에서 나는 한약 냄새를 재현하기 위해 끊임없이 연구하고 있다. 그러나 묵은 차의 자연 발효균사에서만 나는 한약 냄새를 재현해내지는 못했다. 결국 후난성이 오랜 연구 끝에 미생물 발효균을 이용, 20일 만에 복전차를 배양해내기에 이르렀다. 그러나 묵은 차에는 접근하지 못했다.

흑차 연구가인 후난성의 커쭤카이 씨는 '묵은 차는 부처와 같다.'고 언급한 바 있다. 또한 백양사 방장 수산 스님은 다섯 가지 약재(곽향, 정향, 계피, 감초, 박달)를 넣어 법제한 돈차를 만들기도 했다. 그처럼 오랫동안 차와 약재는 불가분의 관계에 있다고 할 수 있다.

뇌원차는 어디서 만들어졌을까

'뇌원'이란 이름은 뇌원차가 생산되었던 곳을 가리킨다고 한다. 그 지역은 전라남도의 뇌원 지방이 유력하다. 그러나 그 지역이 어느 곳인지는 밝혀지지 않았다. 그런데 역사학자인 허흥식 교수는 "뇌원차의 생산지로 고흥군 두원면을 유력한 곳으로 비정했다." 허교수는 지금도 두원면 주변에 야생차 군락지가 있어 이를 방증하고 있다고 말했다. 《세종실록지리지》에도 뇌원차가 호남 지역에서만 생산되었다고 기록하고 있다.

조선총독부에서 발행한 풍속관계 자료에도 '뇌원이란 차의 일종인데 고려 시대 전남 지방의 지명으로 그곳에서 생산되는 차를 말한다. 후에 뇌선차로 바뀌었다. 그것이 충선왕(忠宣王)의 휘가 원(願)과 같다고 하여 변경했다.'라고 적고 있다.

그리고 아직 그 지명은 하나의 점에 불과하다. 어떤 형태로 만들어졌는지도 규명되지 않았기 때문이다. 다만, 차의 형태가 각(角)으로 매겨진 것을 볼 때 돈차 형태가 아니라 벽돌차 형태가 아닌가 생각된다. 불회사에서 만들어진 돈차가 있는데 지름 2.3cm, 두께 0.5cm 크기의 돈차와 비교할 때 그와 비슷하지 않았나 싶다.

뇌원차가 국내보다 송나라에서 유행하게 된 것은 의천대각국사의 구법과 맞물려 있다. 의천은 1085년 왕실 몰래 입송을 결행했고, 1년 7개월간 중국에 머무는 동안 극진한 예우를 받았다. 송 황실은 의천의 환심을 사기 위해 황실 어용차인 용봉사단(龍鳳賜團)을 선물하는 등 극진한 예우를 아끼지 않았다. 이는 의천이 귀국하면서 용봉차를 가지고 들어와 고려에서 용봉차가 유행하게 된 사실로도 알 수 있다.

송나라 차가 고려에서 유행한 것은 문종 11년인 1078년이다. 의천이 문종(文宗)의 넷째 아들이니 의천에 의해 송과 차 문화 교류가 이루어졌음을 알 수 있다. 문종 이래로 인종(仁宗) 원년까지 45년간 송과 차 문화 교류가 이어졌는데 이 시기에 용봉차를 비롯한 송의 차가 고려에서 유행했다.

인종 때 고려에 온 서긍(徐兢)의 《고려도경》〈차조(茶俎)〉에는 우리 차를 비판한 글이 보인다. '토산차는 맛이 쓰고 떫어 입에 넣을 수 없다.'라고 고려차를 폄(貶)하였다. 우연인지 몰라도 인종 이후 송과 차 문화 교류가 단절된 것은 송나라 차의 무분별한 유입 때문이 아니었을까. 마치 오늘의 한국 땅에서 유행하고 있는 푸얼차 광풍을 보는 듯도 하다. 당시 고려의 사대부들은 중국의 납차(臘茶)와 용봉사단을 귀하게 여겨 사대부가에 송나라 차가

청대의 황지녹용배(黃地綠龍杯)를 복원한 단차.
뇌원차도 이런 단차 형태로 만들어졌을 것으로 추정한다.

유행했던 것 같다.

이규보의 시에 '양자강의 물은 없어도 다행히 용봉차가 있으니 활활 불을 피워 손수 차를 달이니 이로써 낙을 삼았다.'라는 구절이 있다. 고려에 용봉차가 유행하자 송나라 왕들도 사신 편에 용봉차를 보내온다. 송나라 신중이 사신 편에 고려 문종에게 예물로 용봉차 10근을 보내오기도 했다. 고려왕들도 공신이 높은 신하들에게 뇌원차를 하사품으로 내렸다. '최승로 뇌원차 200각, 최량 뇌원차 1,000각, 서희 뇌원차 200각' 등의 기록은 당시 뇌원차가 고려차의 중심을 이루고 있음을 보여준다.

조선 후기 이유원이 말한 '보림사 죽로차가 중국의 푸얼차 못지않다.'라는 구절이 이를 잘 말해준다. 반대로 고려의 뇌원차가 송에 유행하자 고려 정종(定宗) 연간(926)에 발해를 멸망시키고 요(遼)나라를 세운 거란(契丹)에 정종(923~949)이 예물로 뇌원차를 보낸다. 요의 천우(天佑)황제는 의천을 차의 스승으로 받들기까지 했으니 두 나라가 차로 이어진 예사롭지 않은 인연을 지닌 셈이다.

요나라와 송에 수출되었던 뇌원차가 후난흑차 중의 복전차와 혈연관계가 있음을 밝히는 과제 또한 뇌원차의 비밀을 푸는 열쇠이기도 하다. 송은 뇌원차를, 고려는 용봉차를 선호했다는 것은 흥미로운 사실이 아닐 수 없다. 서긍이 고려차를 비판하기 이전까지 고려인은 용봉차를 꽤 귀하게 여겼다.

그밖에도 이상적(李尙迪)의 《은송당속집(恩誦堂續集)》에 충남 덕산의 가야사탑에서 용단승설차가 나온 사실이 기록되어 있다. '용단차 한 덩이의 표면에 비늘과 수염이 은은하게 보이는 용이 있으니 승설(勝雪)이란 두 글자가 음각되었다.' 그처럼 고려를 거쳐 조선 사대부들도 승설차를 중히 여겼던 것이다.

금석학의 대가인 추사(秋史)는 24살 때 연경에서 당대의 석학인 완원(阮元)과 승설차를 마시고, 그 맛에 매료되어 승설학인(勝雪學人)이라 호를 쓰기도 했다. 가야사터를 허물고 대원군의 부친 남연군묘를 쓸 때 탑 속에서 용단승설차가 나옴으로써 조선 사대부들도 얼마나 용단차를 중히 여겼는지를 짐작할 수 있다. 흥미로운 것은 대원군과 대립각을 세웠던 이유원이 푸얼차를 비판하고 보림사 죽로차를 극찬한 것이다. 이는 우리 차에 대해 다시 한 번 생각하게 하는 부분이다.

고려 시대에 유행한 뇌원차

벽돌차 형태로 만들어진 뇌원차의 발상지 중 하나로 지목된 전남 선암사는 의천대각국사가 머물렀던 곳이기도 하다. 대각국사는 고려 문종의 네 번째 아들로 뇌원차를 송나라로 수출하는 데 일조했던 인물이다. 대각국사 발자취를 찾아 선암사 응진전 뒤, 삼탕수 앞에서 흘러내리는 물길을 바라보며 대각국사를 떠올렸다. 그가 송나라에 있을 때 남긴 〈승에게 차를 준 것에 대한 화답시[和人以茶贈僧]〉에는 다음과 같은 구절이 있다.

北苑移新焙	북쪽 동산에 새로 말린 차를
東林贈進僧	동림에 계신 스님에게 선물했네.
預知閑煮日	한가로운 차 달일 날을 미리 알고
泉脈冷敲氷	찬 얼음 깨고 샘 줄기 찾네.

지금까지 선암사와 뇌원차를 이야기할 때는 늘 황칠나무와의 연관성을 말해왔다. 그러나 선암사를 조사해 보면서 황칠나무와 선암사는 무관함을 알게 되었다. 당시 선암사 주지 경담 스님으로부터 대각 국사가 송나라에서 유학하고 귀국했을 때 하늘과 소통하는 가람배치를 한 것에 대해 중국 송나라의 영향 때문이라는 사실을 들었다. 당시 뇌원차는 남도 지방에서 만들어졌고, 그 제다 방법이 어떤 형태인지 밝혀지지 않았다. 다만 벽돌 형태일 가능성이 크다. 고려 충선왕 때 뇌원차가 뇌선차라고 바뀐 것은 충선왕의 휘가 같다는 이유에서였다. 자료를 뒤지다가 뇌원차와 황선차 등이 특허 낸 사실을 발견했다. 고려의 명차인 뇌원차도 결국 차를 독점하려는 세력에 의해 사유화되었음을 알 수 있었다.

선암사를 나와 광주에 이르렀을 때 반가운 사람이 기다리고 있었다. 황칠연구가 정병석 선생과의 해후였다. 단도직입적으로 어떤 인연에서 황선차를 만들었는지 묻자 그는 우연히 전남대 임형택 교수로부터 황칠나무가 우리 식물이라는 말을 듣고 연구하기 시작했고, 황칠로 차를 만들고 싶었다고 고백했다. 그리고 황칠잎으로 차를 만들었다. 그는 오동나무 통에서 찻잎을 한 움큼 쥐더니 다관에 넣고 차를 우려냈다. 뇌선차였다. 말로만 듣던 뇌선차가 아니던가. 차 맛을 음미해 보니 뇌원차의 본래 성질인 차향이나 한약 냄새가 느껴지지 않았다.

정 선생에게 차를 어떻게 법제했는지 묻자, "황칠나무 원료로만 만들었다."라고 말했다. 그러자 정선생에게 다음과 같이 말했다. "원래 뇌원차는 찻잎을 섞어 벽돌 형태의 차로 만들었을 가능성이 크다."라고 말하자 정 선생은 깜짝 놀랐다.

다산 정약용의 《아언각비(雅言覺非)》에도 차와 약용을 구분하고 있다. 뇌선차 향이 입안 가득히 퍼져 나갈 즈음 귀하디귀한 복전차를 한 움큼 꺼내 찻잔에 넣고 차를 우려냈다. 차향이 오감으로 느껴졌다. "이 차가 흑금전이라고 합니다. 뇌원차의 원형이지요." 그러자 정 선생이 말문을 열었다. "어찌 차에서 한약 냄새가 납니까?" 또 다른 다우는 "차 맛이 매우 감미롭습니다."라고 말했다. 모두들 차향에 도취되어 갔다.

고려의 명차 뇌원차의 원형 복원이 한국차의 커다란 과제이다. 고려 왕실에서 극찬한 뇌원차는 거란과 송나라에 수출될 정도로 빼어난 차였다. 그 차가 어떤 이유에서 사라져버렸는지 알 수 없으나 고려의 멸망과 함께 역사의 뒤안길로 묻혀버렸다. 이성계가 조선을 건국했을 때 말차 중심의 차문화를 잎차로 바꾸어 버렸던 것이다. 그와 더불어 뇌원차도 역사 속으로 사라졌다.

조선에서 사라진 말차가 일본 다도의 주류가 되면서 일본 우라센케(裏千家)의 종장(宗長) 센소시츠(千宗室)가 '조선에는 차가 사라져 버렸다.'라고 한 말을 우리는 수없이 들어왔다. 그러나 후학들의 노력으로 우리 차도 변화를 예고하고 있다. 중국과 한국을 오가며 중국에서 사라진 용봉단차와 고려의 뇌원 다례를 복원하려는 움직임이 나타나고 있기 때문이다. 그것은 송과 고려의 차문화 교류를 잇는 새로운 시도다. 고려 다례뿐 아니라 의천이 전한 뇌원차까지 복원된다면 고려 명차의 부활로 우리 차계도 더욱 발전하게 될 것이다.

[2. 고려의 뇌원차(腦原茶)와 송의 용단승설차(龍團勝雪茶)를 부흥시킨 의천 대각국사]

개성(開城) 흥왕사(興王寺)에 세워졌던 대각국사묘지명(大覺國師墓誌銘)에 "요(遼)나라 천우황제(天佑皇帝.德宗.1094~1143))가 재차(再次) 경책(經册)과 다향(茶香) 금백(金帛) 등을 고려(高麗)로 보내주면서 국사(國師)와 사자(師資)의 인연을 맺었다."라고 기록했다. 이 대목으로 보아 중국의 천우황제가 의천을 차의 스승으로 받들었다는 사실을 알 수 있다. 당시 송(宋) 황실(皇室)에서는 의천의 환심(歡心)을 사기 위해 왕실(王室) 어용차(御用茶)인 용봉단차(龍鳳團茶)를 선물하는 등 의천이 중국 송나라에 1년 7개월간 머무는 동안 송 황실로부터 극진한 예우를 받았던 것으로 보아 의천을 통해 송과 고려의 활발한 문화적 교류가 이루어졌다. 의천(義天)이 송에 머무는 동안 송의 명차를 대접받고 고려의 차문화 부흥을 생각했다. 그 시작이 고려의 명차인 뇌원차(腦原茶)를 송(宋)나라로 수출하고 송의 명차인 용단승설차을 고려로 수입하는 물고가 의천을 통해 터졌다. 그런데 최근 보성군이 목포대 차문화연구소의 산학협력단에 의뢰하여 보성 뇌원차를 세계중요문화유산등재을 추진하면서 뇌원차을

개성 흥왕사에 세워진 〈대각국사묘지명〉에 등장하는 요나라 천우황제가 대각국사 의천을 차의 스승으로 받들었던 비문.
국립중앙박물관에 보존되어 있다.

전면에 부각하기 시작했다. 보성군 회천면에 있는 갈평다소(乫坪茶所)을 내세워 뇌원차 복원에 나섰다. '가을(加乙)', '갈(乫)'은 '갈대(蘆)'를 내세워 뇌원차의 주 생산지로 적합하다는 의견을 내 놓았다. 그런데 뇌원차를 잊게 한 의천이 빠져 버리면서 뇌원차의 실체가 불분명하면서 대각국사 의천을 다시 생각하게 되었다.

의천의 출가와 고려 차문화 발전에 영향 끼쳐

대각국사 의천(義天, 1055-1101)은 고려 문종(文宗)의 4번째 왕자(王子)였다. 하루는 문종(文宗)이 여러 왕자(王子)를 불러놓고 물어보았다.

"너희들 중 누가 출가하여 도를 닦겠는가."

침묵이 흐른다.

"어째서 말이 없는가."

이때 4번째 王子인 후(煦)가 자리에서 조용히 일어났다.

"소자가 출가(出家)하여 스님이 되겠습니다. 오직 아바마마의 명령에 따르겠습니다."

문종은 놀랍고 기쁜 얼굴로 후를 바라보았다. 그때 의천의 나이 11살이었다.

왕자 후는 총명하고 지혜가 있으며 학문을 즐겼다. 처음에 화엄을 배우니 5교에 통달하였으며, 동시에 유가의 교리도 연구하였는바 그는 정통하지 않는 것이 없었다. 부왕 문종(文宗)은 의천에게 '넓은 지혜로서 근본을 삼고 큰 진리로써 세상을 도우라.'라는 뜻으로 우세(祐世)란 호를 내렸다.

화려한 역사가 사라진 무역항 판교진을 가리키는 교주 어촌 사람.
지금은 폐선 몇 척만 보일 뿐이다.
오른쪽이 판교진의 현재 모습

　의천이 출가한 흥왕사(興王寺)는 의천이 태어난 해(1055) 10월에 건립된 절이다. 본시 국왕의 기원사찰로 그 절의 경덕 국사는 문종의 외삼촌이 된다. 의천은 삭발한 지 5개월 만에 불일사(佛日寺)에서 구족계(具足戒)를 받았고 계율・법상・열반・법성・원융・선종 등 六宗을 통달했다. 이에 만족하지 않고 의천은 입송(入送)을 결심했다. 그런데 문종(文宗)과 모후인 인예태후(仁睿太后)는 강하게 반대한다. 입송 길이 벽에 부딪힌 의천은 그의 형인 선종(宣宗)에게 「청입송구법표(請入宋求法表)」를 올린다.

　"일찍이 신라 때 원광 법사와 의상 조사도 당나라에 건너가서 불법을 닦고 오셨습니다. 저도 송나라에 들어가서 고명하신 스님들을 만나 뵙고 불법을 보다 깊이 배우고자 하옵니다. 아울러 오래전부터 마음에 새겨 둔 책들도 차제에 모두 모아 가지고 오고 싶은 마음 간절하옵니다. 요즈음 날마다 옷깃을 가다듬고 더욱 이런 생각에 잠겨 잠도 제대로 이룬 날이 별로 없었사옵니다. 더욱이 지난해 8월에는 저 멀리 송나라 항저우의 정원 법사로부터 간곡한 권유도 있었사온 즉 하루 빨리 가고 싶은 마음 이제는 막을 길이 없사와 목숨을 걸고서라도 이 몸을 저 넓은 바다에 맡기고 송나라로 건너가 불법을 배우고 오겠습니다. 그리하여 고려에 부처님의 광명이 더욱 비치게 된다면 어리석은 이 마음이 보다 충효에 어긋날 일도 없을 줄 믿사옵니다. 가엾은 이 소원을 이번에는 부디 풀어주옵소서".

그러나 선종 또한 거란이 고려의 왕자가 송으로 갔다는 사실을 알게 되면 삼국 간에 관계가 미묘할 때 혹시 국제적인 문제가 발생하지 않을까 염려되어 왕자의 입송을 만류했다. 의천은 선종에게 입송구법표를 올린 1년 뒤인 1085년 왕실 몰래 입송을 결행했다. 의천은 고려를 출발하여 산동의 판교진(板橋鎭)과 진강(鎭江)의 金山寺를 거쳐 天台山 지자탑원(智者塔院)에서 서원을 세웠다.

"해동(海東)에 불법(佛法)을 행한지 7백여 년인 바 비록 여러 종(宗)이 다투어 벌어지고 여러 교(敎)가 아울러 베풀어졌으나 천태(天台)의 한 가지는 대대로 밝아지지 못하였습니다. 옛적에 원효(元曉) 보살은 앞에서 아름다운 이름을 누렸으며 체관법사(諦觀法師)는 뒤에서 전해 떨쳤으나, 기연(機緣)이 아직 익지 못하여 빛을 밝힐 도리가 없음을 어찌하리오. 내 이제 천태종(天台宗)을 창종(創宗)하여 천태사상을 온 우주에 펼칠 것을 서원(誓願)합니다."

의천은 이후 고려에 들어와 천태종을 개창하고 법안종을 흡수하여 5대 선원을 세우고 선교쌍수(禪敎雙修)의 정신을 이어 나간다. 특히 의천은 송대의 활발한 차문화의 영향을 받고 천태사상에 차선일미 정신을 불어넣는다. 그러나 지금까지 대체로 해동 천태종의 시조(始祖)로만 알려져 있는 의천을 통해 송과의 활발한 차문화 교류가 이루어졌다.

의천이 중창한 항저우 고려사

항저우(抗州) 西湖 부근의 고려사는 의천대각(義天大覺, 1055~1101) 국사가 송나라에서 구법(求法) 했을 때 14개월간 머물렀던 곳인데 당시 혜인원(慧因院)으로 불리다가 인혜태후(仁惠太后)가 藏經閣을 세울 금 2천 냥을 보내면서 사찰의 이름이 고려사로 바뀌었다. 그러던 것이 1958년 중국의 大躍進運動으로 폐허가 된 지 50년 만에 항저우시 園林局이 문화사찰의 일원으로 고려사에서 비껴간 법상사(法相寺) 자리에 혜인고려사(慧因高麗寺)로 다시 중창(重創)하면서 드러났다. 고려사는 800년 전 남송(南宋)시대의 수도였던 항저우 서호 부근에 세워졌다. 의천이 중창한 고려사는 오랜 기간 중국과 단절되면서 한국이란 말은 잊혀 갔다. 그러나 남조선(南朝鮮)이란 말은 1950년대 발발한 한국전쟁(韓國戰爭)으로 동아시아권에서 낯익은 말이 되었다. 한류(韓流)라는 말이 유행하면서 한국의 옛 이름 '고려(高麗)'를 되찾게 되었다. 그것은 두말할 것 없이 의천의 공헌(貢獻)이라고 말할 수 있겠다. 1950년대 폐허가 된 뒤 고려사라는 이름도 잊혀 갔다. 그러나 한류 덕택에 다시 고려라는 명칭이 부활하면서 의천을 떠올리게 되었다. 중국 차 연구가인 왕쉬펑(王旭峰)의 〈한류의 물결과 고려사〉라는 글에서도 "한류(韓流)라는 말이 대명사처럼 되어 버리면서 한국의 옛 이름인 '고려'도 함께 알려지게 되었다. 종래에는 그 차가운 조선을 떠올리기만 하면 이내 반미, 삼팔선, 판문점 따위의 정치적 성향이 짙은 단어가 떠오르고는 하였다. 아마도 대단히 교양 없는 일이겠지만, 어릴 적 어른들이 불렀던 노래가 생각나기도 하였다.

하늘엔 금빛 노을 물들고
땅에는 붉은 꽃이 피었다.
중·조 인민 그 굳센 힘이

미국의 병사들을 무찌른다.

여하튼 정치적이었다. 역사적으로 중국과 한국 사이에 전쟁이 벌어지지 않을 수는 없었지만 그래도 평화적 교류가 주가 되었다. 평화의 표지 가운데 하나가 바로 문화적 교류였다. 항저우(杭州)에 자리 잡은 고려사(高麗寺)가 그 증거 가운데 하나이다. 사실 '고려사'라는 이름은 관습적으로 부르는 이름이다. 그것의 본래 이름은 '혜인사(慧因寺)'이다".

왕쉬핑의 글에서도 언급되었지만 중국과 수교되기 전까지만 해도 한국을 남조선 정도로만 인식해 오다가 한류에 힘입어 고려라는 명칭이 부활하여 한국이라는 나라를 서방에 알리면서 대한민국의 국민이라는 자긍심을 갖게 되었다.

의천의 차문화 부흥

의천이 927년 창건(創建)했던 고려사는 1958년 폐허가 된 이후 복원(復元)되지 못하고 있다가 2004년 11월 10일 영명연수(永明延壽, 904~975) 탄신 1100주년 기념국제학술대회에서 '법안종풍(法眼宗風) 계승한 고려 지종(智宗)과 그 시대의 선사상'을 발표하여 주목을 끌었다. 그 자리에서 항저우 불학원의 광첸(光泉) 스님으로부터 고려사 복원이 이루어진다는 소식을 전해 받았다. 고려사 복원을 위해 의천과 연고가 깊은 한국을 2004년 겨울 찾아 왔다. 칠곡의 선봉사 의천의 가사와 영정이 있는 태고총림 조계산 선암사 천태종 관문사 등 의천과 연고가 있던 유적들을 차례로 방문한 뒤 마지막으로 중국 항저우 종교국 왕국장과 항저우 불학원 원장인 광첸스님이 한국을 나를 찾아와 고려사 복원의 견해를 여쭈어 왔다. 그 자리에서 광첸스님에게 의천의 송에 대한 공적으로는 세 가지를 들 수 있는데 첫 번째가 고려에 천태종(天台宗)의 개창(開創)이고, 두 번째가 고려에 차문화를 부흥시킨 것이고, 세 번째가 항저우(杭州) 서호(西湖) 부근에 고려사(高麗寺)를 중건한 일이었다. 의천은 많은 구법승(求法僧) 가운데 특히, 송과 고려의

요나라 팽다도

무역교류에 있어서 산파역을 했던 스님이었다.고 설명한 뒤 의천대각국사 국제학술회의를 개최하자고 제안했다. 항저우 종교국의 왕국장은 광첸스님에게 "종은 뜻입니다."라고 의견을 보냈다.

그렇게 하여 2005년 6월 제3차 오월불교문화학술연토회(吳越佛敎文化學術硏討會)에서 의천 대각국사 탄신 950주년을 맞아 의천대각국사국제학술대회를 갖자고 제안하면서 항저우시 불교협회가 적극 수용하겠다는 의지를 보여 이번 의천학술연토회가 한국의 차의세계와 항저우불교협회와 공동으로 개최되었다. 지금 생각해도 그때의 기쁨을 이루 말할 수 없을 정도로 기뻤다. 항저우 국제호텔로 수 많은 사람들이 운집한 가운데 발표자로 나와 의천의 다선일미론을 다음과 같이 말했다.

의천이 활약한 오월국(吳越國) 시대는 저장(浙江)을 중심으로 불교의 번성기를 가져왔고 당시 수도인 항저우를 동남불국(東南佛國)이라고 불렀다. 그 시기 고려의 광종(光宗)은 고려 지종 등 36인을 오월국에 보내 가르침을 받으며 귀국한 뒤 법안종을 개창하는 등 송나라와 활발한 불교 문화교류를 해왔다. 그 뒤 의천은 1085년 4월 초 입송(入送)하여 이듬해 5月 중순 귀국하기 직전까지 송나라에서 14개월간 50여 명의 선지식을 만나 불교의 가르침을 받았다. 고려에 들어온 의천은 곧바로 천태종을 창종하였고 그 정신을 차선불이(茶禪不二) 정신으로 이끌어 냈다. 송나라의 휘종(徽宗)의 《대관다론(大觀茶論)》에서도 용봉단차를 천하에 으뜸이라고 하였고 왕우칭(王禹偁, 954~1001)의 '용봉차시(龍鳳茶詩)'에도 용봉차의 귀중함을 다음과 같이 말하고 있다.

樣標龍鳳號題新   용봉무늬 새겨 새롭게 이름 지어
賜得還因作近臣   가까운 신하에게만 하사하셨네.

의천의 환심을 사기 위해 용봉단차를 주었으니 의천은 자연 차선일미의 정신에 젖었으리라 짐작된다. 의천이

푸젠성 젠안의 봉황산에 올린 말차. 이곳이 조선중기 추사가 극찬한 용단승설차의 고향이다.

남긴 3수의 차시 중 '승(僧)에게 차를 준 것에 대한 화답의 시(和人以茶贈僧)'에 다음과 같이 전한다.

北苑移新焙	북쪽 동산에 새로 말린 차를
東林贈進僧	동림에 계신 스님에게 선물했네.
預知閑煮日	한가로운 차 달일 날을 미리 알고
泉脈冷敲永	찬 얼음 깨고 샘 줄기 찾네.

의천이 입송(入送) 중 누군가에게 차를 선물 받고 고마움의 시를 쓴 것 같다. 북쪽 동산은 푸젠성(福建省) 건안현(建安縣)을 말하며 그곳에서 생산되던 용봉단차를 선물 받은 것으로 해석되고 동림(東林)은 정토종(淨土宗)의 발상지인 혜원법사(慧遠法師)가 주석했던 동림사(東林寺)를 말한다. 의천이 주석했던 항저우 고려사는 중국 차의 대명사로 떠오르는 용정차(龙井茶)의 고향으로 자연히 의천은 차와 천태의 사상을 둘로 보지 않았다고 여겨진다. 송에서 유학을 마치고 온 의천은 귀국한 뒤 天台山 智者塔院에서 발원한 대로 천태종을 개창하고 선과 교의 진리 속에 차선일미의 정신세계를 이어갔다.

근현대로 이어진 의천이 부흥한 뇌원차 부활을 기다리며

의천이 활약한 시기는 송대 차문화가 전성기를 맞이했던 시기로 원오극근(圜悟克勤) 선사의 〈다선일미〉와 백운수단(白雲守端) 선사의 화경청적(和敬淸寂)이 유행했다. 또한 오월국(吳越國)의 항저우 임안의 천목산(天目山)을 중심으로 천목다완(天目茶碗)이 절정기를 맞았던 시기였다.

대각국사가 송나라에 갔을 때 황제가 황실어용차(皇室御用茶)를 선물해 대각국사와 인연을 맺게 되었다는 고사(古事)도 전해온다. 그것보다 중요한 것은 대각국사를 통해 송나라와 무역이 이루어졌다는 것이다. 송나라의 용봉단차가 고려로 수입되고 고려의 뇌원차가 송나라로 수출되는 등 고려와 송나라 간의 차 무역이 성행하기에 이르렀다. 그처럼 의천은 송과 고려의 문화교류에 적지 않은 영향을 끼쳤던 인물이었다. 그뿐만 아니다. 의천은 자연스럽게 차문화의 향기에 젖었고 송나라 황실의 극진한 예우를 받으며 어용차인 용봉단차를 선물받는 등 송 황실은 국사의 환심을 사려고 했다. 그러한 연고로 훗날 대각국사로 인하여 용봉단차가 고려에 수입되었고 고려의 뇌원차가 송나라로 수출되는 등 의천을 통해 고려와 송나라 간의 차무역(茶貿易)이 성행하기에 이르렀다. 한국차문화를 800년 앞당겨 의천대각 국사 뇌원차을 복원하여 고려차문화를 부흥시키는 길이 한국차문화을 되살리는 길이라고 여겨진다.

[3. 노규老珪선사의
조아차早芽茶
원형을 찾다]

　고려시대 지리산 운봉에 살다간 차의 달인 노규선사(老珪禪師)가 백운거사(白雲居士) 이규보(李奎報, 1168-1241)에게 조아차(早芽茶)를 선물했다. 이규보는 노규선사가 보내온 햇차를 받고 감격하여 〈유차(孺茶)〉라는 시로 회답했다. 이규보는 "최고의 명차를 맛보았는데 남원 운봉에 사는 규(노규선사를 말함) 선사뿐이라네"라는 유차시를 남겼다.

　10여 년 전(2010년) 지리산 운봉을 찾아간 이후 조아차의 실체에 관심을 갖고 접근하던 중 1년 뒤(2011년) 윈난성(雲南省) 애뢰산(哀牢山) 천가채(千家寨)의 차왕수를 조사하던 중 천가채의 아랫마을인 구갑마을에 5일장이 열리던 날 할머니가 시장에 나와 자리를 펴고 앉아 두 손에 잡힐 만한 크기의 타차(沱茶) 형태의 잎이 손상되지 않은 형태로 긴압차 형태로 법제했는데 10여 년간 묵혀 두었다가 노규선사의 조

아차가 스쳐 가 다시 윈난 구갑마을
의 촌노(村老)가 만든 타차를 다시 품
다게 되었다. 차를 적당하게 차로에
넣고 우려냈다. 뜨거운 물을 붓고 차
를 우려냈다. 개완 뚜껑을 열고 찻잎
을 바라보았을 때 찻잎이 손상되지
않고 차맛이 오감으로 느껴졌다. 바
로 이 같은 차가 노규선사가 법제한
조아차의 원형에 가까운 차일 가능성
이 크다고 말할 수 있겠다.

노규선사의 조아차에 관한 역사가
하나씩 밝혀지자 노규선사의 운봉의
인근 남원에서 매월당 고려단차를 만
들고 있는 오동섭 대표가 연락을 했다.

"올해 곡우(4월 20일) 전후하여 타
차 형태의 조아차를 재현해 보겠다."라
는 강한 의지를 드러냈다. 곡우를 지난
뒤 그는 남원의 매월당으로 찾아갔다.

차를 한 덩이 꺼냈다. "올해로 갓
법제한 타차 형태의 긴압차입니다."

차를 보는 순간 어디서 본 듯했다.
바로 10년 전 중국 윈난 구갑마을에
서 만난 타차가 아니런가. 오 대표는
차를 적당히 다기에 넣고 차를 우려
냈다. 찻잎이 파괴되지 않은 상태의
차맛이 온몸으로 느껴졌다.

이렇게 눈 밝은 안목으로 구갑마을의
촌노의 한 덩이 차로 인해 조아차의 원
형을 찾게 됨은 한국제다의 맥을 밝히는
새로운 발견이라고 말할 수 있겠다.

노규 선사는 누구인가

지리산 운봉에 살다간 노규 선사는

노규선사의 조아차로 추정되는 타차형태의 긴압차

노규선사가 조아차를 법제한 남원 운봉

개천사 행제선사와 더불어서 고려의 선차문화를 중흥시킨 인물로 평가된다. 그런데 노규 선사의 약전이 존재하지 않아 선사의 실체를 파악하기란 간단하지 않다.

대한제국 시기 백장암 탱화기에 백장암을 운봉으로 밝혀지면서 노규 선사의 실체가 가까이 접근되고 있다. 운봉을 에워싸고 있는 지리산은 차의 명산으로 구산선문(九山禪門) 중 실상산문(實相山門)을 연 홍척(洪陟)의 제자 수철화상(秀澈和尙)의 비에도 수철화상이 열반에 들자 왕궁으로부터 차의 합을 내린 야명야향(若茗若香)이라는 명문이 남겨졌듯이 지리산 운봉을 중심으로 차문화가 활발하게 중흥되었다고 보여진다.

고려의 이규보가 노규 선사의 차를 몽산차(蒙山茶)라고 해도 규선사의 차에는 못 미친다고 했다. 유차는 바로 어린 아이의 젖 냄새라는 깊은 뜻이 담겨 있다고 말한다.

조선 후기 추사 김정희도 지리산 쌍계사 금당에 살았던 만허(晚虛) 스님을 "용정차와 두강차라고 해도 만허가 만든 차보다 더 낫지 않을 것"이라고 칭찬을 아끼지 않았다.

차의 계절이 다가올 때마다 규 선사가 잊혀지지 않는 까닭은 노규 선사를 통해 고려의 차문화가 부흥되었다. 그렇게 역사는 파편을 하나로 퍼즐식으로 연결하면 새로운 사실들이 하나씩 이어질 수 있다고 볼 수 있다.

조아차의 탄생을 기다리며

노규 선사가 살다간 지리산 운봉 인근인 전북 남원시 금지면 보련산(고리봉) 보련암터에 야생차 군락지가 있다. 매

남원의 매월당 고려단차가 만든 타차형태의 긴압차

월당(梅月堂) 김시습(金時習)의 〈만복사저포기(萬福寺樗蒲記)〉에도 언급했듯이 보련암은 차의 산지로도 유명했다. 햇차를 채취하여 보련산 아래 매월당 고려단차를 법제하고 있는 오동섭 대표가 보련암 옛터에서 채취한 어린 찻잎을 정성껏 법제하여 타차 형태의 조아차가 탄생했다. 이는 10년 전 윈난 구갑마을 촌노가 만든 타차와 너무나 흡사하여 노규선사의 DNA가 작용하여 중국과 한국을 이어준 것 같았다.

노규 선사의 조아차는 긴압차 형태로 법제되어 차를 햇차로 음다하기보다 숙성시켜 이후에 음다해야 제맛을 느낄 수 있다. 노규 선사의 조아차는 어린아이의 젖 냄새처럼 부드럽다.

고려의 제다법이 덖음차 방법과는 다른 형태이다. 떡차 형태인 병차(餠茶)로 법제했다. 조아차는 어린싹을 따서 법제했다. 차나무의 잎겨드랑이에 나오는 솜털처럼 어린싹을 따서 차를 법제했기에 맛이 부드럽고 어린아이의 젖 냄새가 난다. 이규보의 유차시에 조아차를 청명(淸明, 4월 5일) 한식 전후에 채취했다는 기록이 보인다.

〈내가 노령에 땀이 많아서 한식 전에 딴 햇차를 구걸했다네〉라는 시에서 어린싹을 딴 차가 천 년 전 무상 선사의 차아(茶芽)일 가능성도 크다.

"승려가 일생 동안 차를 달여 조주 선사에게 바치다."라고 했듯 해마다 조아차를 법제하며 노규 선사에게 공양하는 것 또한 차인들의 숭고한 사명 의식이다.

청명 전후에 딴 차를 법제하여 지리산 운봉의 노규 선사 영혼에게 차를 올려 노규 선사의 조아차의 정신을 잇는 것 또한 후학들의 사명이라고 말할 수 있겠다.

[4. 고려와 조선으로 이어진
　　천지단차의 맥을 찾아내다]

　팔영산(609m, 전라남도 고흥군 영남면) 일대에 3,000여 평의 야생 차밭이 있다는 것이 처음으로 보도된 것은 2005년 4월 〈차의 세계〉를 통해 세상에 알려지게 되었다. 천지단차의 진가가 드러난 이후로 찻잎을 채취하기 위한 발걸음이 팔영산 일대에 줄을 이었다고 한다. 그러나 천지단차가 세상에 드러난 지 9년이 지난 지금까지도 고흥군은 천지차로 향하는 손길을 멈추고 있어 안타까움을 안겨 주고 있다. 이대로는 우리 단차의 하나인 천지차가 역사 속으로 사라져 갈지 모른다.

　그러던 중 2013년 8월 현봉 스님으로부터 고흥 팔영산 영남면 주변에 야생차밭이 있는데 거기가 뇌원차를 생산했던 주산지인 것 같다는 연락이 왔기에 다시 가서 확인해 보기로 했다. 계사년 겨울 동짓날 송광사에서 광주에 살고 있는 수월행, 환희성 두 보살을 만나 그분들의 안내로 고흥군 영남면 금사리 백운동을 찾아갔다. 두 분은

천지단차의 주산지인 팔영산에서 자생하는 야생차 군락

고흥이 태생지였으며, 그곳의 찻잎을 따서 차를 만들기도 했단다. 팔영산 남쪽의 백운저수지를 지나 비포장도로를 한참 가니 막다른 골목이 나왔다. 차를 세우고 탐색에 나섰다. 농막을 짓고 양봉을 하는 민가가 있는 위쪽의 수풀을 헤치고 계곡을 따라 들어서니 야생차 군락지가 계곡을 따라 이어져 있었다. 거친 숲속에 크고 작은 차나무들이 손상을 입지 않고 온전히 보전되어 있었다.

가만히 살펴보니 예전에 팔영산을 찾아갔을때 야생차 군락지를 만난 계곡이었다. 그때는 영남면 우천리의 팔영산 자연 휴양림 쪽에서 비자나무가 우뚝 서 있는 등성이를 넘어 왔는데, 성주봉의 남쪽에 고려와 조선을 버텨 온 차나무가 계곡을 따라 드문드문 있었다.

9년 만에 다시 찾은 남녘 고흥의 팔영산 백운동 차밭은 자연생태계가 고스란히 보존되고 있었으며, 조금만 정성들여 가꾸면 예전의 그 명성을 되찾을 수가 있을 것 같았다.

차밭을 다 둘러본 다음, 지난 봄 여기 찻잎으로 만든 차가 수도암에 있을 테니 거기 가서 그 차맛을 한번 보자고 했다.

고흥의 능가사와 수도암은 예전에 천지차를 생산했던 곳으로 알려져 있다. 두원면 운대리의 운람산(雲嵐山) 수도암 입구에 이르니 그 일대가 분청사기(粉靑沙器)의 도요지로 차와 도자의 숙명적 만남이 이루어졌던 곳임을 설명을 통해 알 수 있었다.

고흥 운대리 분청사기 요지(窯址)는 사적 519호로 지정되었으며, 고려 전기 청자와 조선 전기 분청사기를 만들던 가마터 30여 기가 분포하고 있다.

여기에서 생산된 분청사기는 일본에도 많이 수출되었다. 일본 다도계에서는 16세기 이래 고려다완이 유행하였으며, 이도다완과 덤벙분청다완 즉 고비끼다완(粉引茶碗)이 인기가 있었는데, 그 고비끼다완이 이곳 운대리에서 생산된 다완이란다.

그래서 이곳은 일찍이 일본인들이 주목했던 곳이며, 한때 일본인들이 한국도자기 관광단을 조직하여 무차별로 도자기 파편을 유린했던 가슴 아픈 현장이기도 하다. 팔영산 일대의 천지단차를 조사하다가 운대리 분청사기 요지 가까이 수도암을 찾아갔다. 수도암 주지 연제 스님이 우리 일행을 반겼다.

"팔영산 백운동의 찻잎으로 만든 차맛을 보러 왔습니다."

"팔영산 백운동의 차는 이곳 고흥반도의 특이한 자연풍토가 빚어낸 야생차로 그 맛이 참으로 비길 데가 없었습니다. 그런데 나는 백운동 찻잎으로 떡차나 돈차 종류인 뇌원차나 천지차는 아직 만들어 보지 못했습니다. 녹차는 오래되면 맛이 떨어지는데 마시기 며칠 전에 다시 덖음을 해야 합니다. 녹차도 오는 봄에 새로 만들어 맛보는 것이 제격일 것입니다. 지금은 제철을 맞은 고흥 유자차가 더 좋을 듯합니다."

스님은 유기농 유자차와 직접 만든 대봉 곶감을 다식으로 내 왔고, 다시 이곳에서 만든 곰보배추차를 내놓았다.

다담은 무르익고 해는 서산에 기울었다. 다음을 기약하고 산문을 빠져나올 즈음 수도암 법당 앞에서 바라보니 바다 너머로 멀리 보성의 오봉산의 그림자가 떠 있다. 가까이 보이는 바닷가는 해상교류가 시작된 고흥반도 두원이니, 저기에서 운대리의 덤벙분청다완이 일본으로 실려 가고, 뇌원차와 천지차가 뱃길 따라 개성으로 한양으로 진상되던 옛날의 모습을 떠올리게 된다.

팔영산의 대엽종 찻잎.
이 차로 천지단차가 만들어졌다.

뇌원차 생산지로 지목된 두원면 일대

조선총독부가 발행한 풍속 관계 자료집에서도 분명히 밝힌 바와 같이 '뇌원'이란 고려시대 전남 지방의 지명으로 알려져 있다. 그래서 뇌원 지방은 어느 곳인지 관심이 모아졌다. 고려사에 밝은 허흥식 교수는 고흥의 두원현(荳原縣)이 뇌원차를 생산했을 가능성이 크다고 제기했다. 일본 이나바군잔(稻葉君山)의 저서 《조선의 사원차》에 나오는 〈거란구지〉에 의하면 뇌원차는 '뇌환차(腦丸茶)'라고도 하는데 용뇌(龍腦)를 섞어 만든 것이라고 했다.

고려에 뇌원차가 유행하게 된 것은 고려 왕실의 역대 임금이 부의품으로 사용하였던 영향을 받았다. 그리고 뇌원차를 논할 때 의천대각 국사를 빼놓을 수 없는데, 의천은 뇌원차를 송나라 황실에 전하고 송은 용봉단차를 의천에게 선물했다. 또 흥선대원군이 가야사를 허물 때 가야사 석탑 안에서 소용단이 나왔는데 추사 김정희가 진가를 알아보고 세상에 공개하면서 그 존재가 드러나게 되었다. 그 차가 의천대각 국사를 통해 석탑 안에 안치된 것이라고 전해진다.

도예가인 현암 최정간 선생도 뇌원차의 생산지를 허 교수와 마찬가지로 두원면으로 비정했다. 이유인즉 두원의 두는 콩을 의미하는 글자지만 차와도 상통하여 머리 두(頭)와 발음이 같으며 의미도 비슷하기 때문이라고 했다. 더 나아가 고려의 선승 혜거 국사가 광명사에서 〈원각경〉을 강설했을 때 뇌원차 100각을 하사받은 사실 등을 보아 뇌원차 부흥에 깊숙이 개입한 것 같다고 피력했다.

고려에 60년간 유행한 뇌원차가 역사 속으로 사라져 간 까닭은 고려의 멸망과도 관계가 있다. 그러나 그 진귀한 차가 조선 후기까지 이어져 온 것으로 보아 뇌원차가 오랫동안 고려의 명차로 자리 잡았음을 알 수 있다.

천지차를 통해 뇌원차 실마리 풀리는 듯

최계원의 《우리차의 재조명》에서도 팔영산 능가사 자락은 천지단차의 생산지라고 규명하고 있다. 이에이리가즈오의 《조선의 차와 선》에도 언급되지 않은 고흥 팔영산 천지차의 존재는 후학들에 의해 속속 밝혀지는 듯했다. 일찍이 일본인들은 고흥 운대리 일대의 도요지를 주목하고 파편을 찾기 위해 혈안이 되어 있었다. 운대리는 덤벙분청의 고향으로 운대리 일대에서 만들어진 분청은 일본에까지 알려졌다.

1940년경 보성이 차밭을 조성하면서 차의 중심지가 되자 고려시대 차의 주산지인 고흥의 뇌원차와 천지차가 역사 속으로 사라져 간 것 같다. 그랬던 고흥이 뇌원차의 맥을 잇는 천지차의 산지로 알려진 것은 우리 차계의 또 다른 쾌거다. 뇌원차의 제조 방법처럼 천지차의 제조법도 엇비슷하다. 먼저 끓는 물에 데치거나 쪄낸 후 절구에 넣고 찧은 것을 줄에 넣거나 손으로 빚어서 형태를 만들어 건조시키는 것이다. 형태는 병차(餠茶)와 돈차(錢茶) 등으로 구분했다.

그렇게 만들어 낸 뇌원차는 불에 익혀서 가루를 만든 다음 탕관에 끓는 물을 부어 마셨다. 허균(許筠, 1569~1618)의 시에 '그을린 구덩이가 바야흐로 달으니 용차를 시험하노라[坑方熱試龍茶]'라고 나와 있다. 뇌원차의 제다법을 그대로 전승했다는 점에서 조선 후기까지 그 맥이 이어진 것으로 볼 수 있다.

뇌원차에 대한 기록은 고려 성종 6년(987) 최지몽이 죽자 왕이 그에게 차 200각을 부의품으로 내렸다는 것이 최초였다. 그 뒤 뇌원차는 금나라에 공물로 바쳐질 정도로 뛰어난 차로 자리 잡았다. 그 차가 지금은 수풀 속에 방치되고 있다.

수도암 주지 연제 스님은 두원면에도 전래의 차가 있다고 했다. 스님은 새 봄에 팔영산 백운동 햇차 맛을 보자고 제안하였다. 일설에는 수도암이 뇌원차를 생산, 감독했던 곳으로도 알려지고 있다. 이번 탐사를 통해 뇌원차와 그 맥을 이은 천지차의 생산지 및 분청사기 요지와의 관계 등이 밝혀지면서 우리 차사에서 고흥이 중요한 위치에 있음을 알게 된 것은 커다란 수확이 되었다.

[5. 추사가 극찬한
　　　만허스님의 다풍]

'조선의 다풍(茶風)이 무너져 내렸다'를 회답하다

　조선후기 한국 제다의 맥이 화개로부터 출발했다고 해도 과언이 아니다. 까닭은 대렴(大廉)의 차씨을 지리산 자락에 파종한이래 지리산 자락 화개(花開)는 한국 차의 출발점으로 여겨 왔다. 그런데 100여년 전 까지만 해도 화개의 제다맥은 흔적조차 희미해졌는데 추사가 만허와 관화스님의 존재을 세상에 알리면서 화개의 차문화가 전면에 드러나게 되었다. 초의의순의 《동다송(東茶頌)》에 '천하의 좋은 차를 속된 솜씨로 못 쓰게 만들었다.'라고 적고 있다. 그처럼 당시 화개의 제다맥도 잊혀져 갔다. 그때가 1830년경이었다. 지금으로부터 약 187년 전의 일이다. 그 뒤 석전 박한영(1870~1948) 선사는 칠불암을 찾아가 초의선사의 《동다송》을 살핀 뒤 옥부대 아래 지방의 다도가 허물어 내렸다.'라고 회답했다. 이 같은 정황은 초의 사후 100년 뒤의 일이다. 이렇게 보면 초의와 석전의 증언을 빌리자면 1830~1930년 사이 화개 지역에 차의 법제 맥락이 존재마저 희미했다.

　그런데 1945년 해방이 되자 중국에서 귀화한 청파 조병곤이 화개에 들어와 용정차 방식으로 차를 만들면서 비로소 화개차에 제다방법이 처음으로 꿈틀거리기 시작했다.

쌍계사 진감선사비에 나온 '한명'.
당시 당나라차가 신라에 유행했다는 기록을 금석문에 남겼다.

그후 1960년 일본 큐슈(九州) 지역에서 제다기법을 익혀온 김복순(金福順) 씨가 화개로 정착하고 덖음차을 만들면서 화개에 비로소 차가 싹트게 되었다. 지금으로부터 72년 전의 일이다. 위와 같은 현실이 화개차 역사의 한 페이지이다.

쌍계사의 다풍 이은 만허 스님

하동 지역의 제다법의 원류를 밝히는 것은 대렴의 차씨가 지리산에 전파된 사실과 깊이 연관성이 있다. 그 역사의 증언대에 선 인물(人物)은 두말할 것 없이 추사 김정희(金正喜, 1786~1856)를 들 수 있다. 추사는 제주도에 유배 갔을 때 초의로부터 햇차를 받고 그에 보답하는 의미에서 茗禪을 써주면서 차와 뗄 수 없게 되었다. 그뿐만이 아니었다. 추사는 만휴(万休)와 향훈(向薰) 쌍계사의 관화와 만허 스님에게도 차를 얻어 마셨다.

권돈인(權敦仁)에게 보낸 편지에도 '쌍계사 스님들이 만든 차를 영남(嶺南) 사람을 통해 구해마셨다.'라고 쌍계사 승려들의 제다를 언급했다. 그런데 단절되어버린 하동 지역의 제다법을 밝히기에는 파편처럼 떠도는 편린을 통해 접근해 볼 수 있다. 우리 차사에서 하동의 차문화는 상당한 영향을 가지고 있다. 까닭은 대렴으로부터 비롯되었다. 대렴이 당으로부터 가져온 차씨를 지리산 자락에 심었는데 그 역사가 천 년을 뛰어넘어 버렸다.

하동 제다의 맥락을 살필 때 쌍계사를 빼놓을 수 없다. 쌍계사 경내에 세워진 〈진감국사대공덕탑비〉에

한명(漢茗)을 진공(進供)하는 사람이 있어 장작으로 돌가마솥에 불을 지피고 가루로 만들지 않고 끓이면서 말하길 나는 맛이 어떤지 분별하지 못한다. 뱃속만 적실뿐이다.

하고 언급했다. 천 년 전 고운(孤雲) 최치원(崔致遠)이 언급한 중요한 문장이다. 당시 신라에 한나라 차(漢茶)가 유행하고 있음을 보여주는 대목이다. 그 뒤 승려로 면면히 이어져 내려 온 제다의 맥이 추사 김정희를 통해 만허 스님이 드러나면서 그 실체가 알려졌다.

주목되는 것은 육조(六祖) 혜능(慧能)의 두상을 모시고 있는 육조탑 아래에서 수행했던 만허 스님으로부터 차를 얻어 마신 추사는 장난삼아 만허에게 주다[戱贈晩虛]라는 병서를 《완당집권10권》에 남겼다.

초의선사의 〈동다송〉에 옥부대 아래 칠불선원에서 좌선한 스님들이 느즈막에 차를 채취하여 마치 나물이나 채소같다고 질타한 초의선사 일화를 말하는 통광스님. 좌측의 가람이 아자방의 현장이다.

만허 스님은 쌍계사 육조탑 아래에 살았는데 차 만드는 솜씨가 뛰어났다. 그가 만든 차를 가져와 맛을 보여주었는데 용정차(龙井茶)와 두강차(頭綱茶)라고 해도 이보다 더 낫지는 않았을 것이다. 향기가 주방 가운데 가득하여 아마도 이러한 차가 없었다며 묘미는 없을 듯하여 다기 한 벌을 주어 그로 하여금 육조탑에 차공양를 올리게 했다. 아울러 석란산의 여래금신진상과 육조의 금신상이 서로 같다고 말해 주었다.

송에 이르길

열반에 이르며 마설(魔說)로 영원히 만날 수 없으리라.

스님께서 바른 선의 안목이 귀했도다.

차 마시는 일 또한 참학(參學)을 겸비하였으니

사람마다 차 마시길 권하면 탑도 빛이 나리라.

涅槃魔說送驢年

只貴於師眼正禪

茶事更兼叅學事

勸人人喫塔光圓

이 같은 장문의 글로 만허 스님에게 차 만드는 솜씨가 뛰어났다고 쓰여 있다. 차사는 중국에서 가져온 다기 한 벌까지 선물하여 육조탑에 헌다를 하게 했다.

예전에 불국사 학장 덕민 스님이 쌍계사 육조탑(六祖塔)과 월산(月山) 스님이 육조정상탑을 찾아 차와 향을 올린 기억을 회상했다.

한국 선불교(禪佛敎)는 육조 스님이 종조(宗祖)이지만 육조의 기일을 아는 고승은 드물다. 쌍계사(雙磎寺) 육조정상탑(頂相塔)을 올라가는 계단이 가팔라서 노인들 오르기에는 숨이 많이 찬다. 불국사(佛國寺) 월산 조실 스님은 팔십 노구(老軀)의 법체(法體)를 지팡이에 의지하여 청학루(靑鶴樓)와 옥천(玉泉)을 거쳐 가파른 계단을 오르면서 사십여 년을 한 번도 빠짐없이 기일에 참석하시어 설리갈화(雪裏葛花) 속에 향과(香果)를 올리시면서 본분납자(本分衲子)의 의단(疑團)을 조사(祖師)에게 점검받아 청정(淸淨)하게 독로(獨露)함을 인가(認可)받고 더불어 통일의 염원과 북쪽 고향의 향수에 눈시울을 적신다.

이렇게 육조탑은 세월을 뛰어넘어 헌다공양의 의미를 되새겼다. 만허 스님의 정신을 월산 스님이 간파하고 차를 올린 것은 특이한 사건이 아닐 수 없다. 만허와 동시대에 살았던 관화 스님을 추사는 〈관화 스님에게 주다〉라는 시를 남겼다. 차에 관한 일을 쌍계사에 부탁하고 광양에 나는 김을 동지 전에 관화와 약속하여 부치도록 하였다.

쌍계사의 불빛에 차의 푸른 싹이 트고
육조고탑 아래 으뜸가는 두강차라.
욕심 많은 늙은이 곳곳에서 욕심부려
먹을거리로 향기로운 김을 약속했네.
雙溪色茗綠長　第一頭綱古塔光
處處老饕饕不禁 辛盤又約海苔香

추사는 이 두 편의 시를 통해 쌍계사 승려들의 차 만드는 솜씨를 힘껏 치켜 올렸다. 그때가 1,800년대 초반기였다.

사라진 하동 화개 지역의 다맥

1830년 초의 선사가 《동다송(東茶頌)》을 저술하면서 칠불암 승려들이 차를 만들지 못한다고 언급했다. 만허의 차 정신은 어디가고 초의는 불가로 이어져 온 차법을 전면 부정해 버렸을까?

《동다송》에 화개동에는 옥부대가 있고 옥부대 아래에 칠불선원이 있다. 그곳에 좌선하는 스님들은 항상 늦게 쉰 잎을 따다가 널어 말렸다. 섶으로 불을 피워서 솥에 끓였는데 마치 나물을 삶은 것 같아서 다탕은 진하고 탁하여 붉은 색깔이었고 맛이 매우 쓰고 떫었다. 천하의 좋은 차가 속된 솜씨로 못쓰게 되는 것 같다고 말하였다.

초의 스님이 《동다송》을 쓴 것은 1830년경이다. 100년 뒤 석전 박한영 스님이 화개의 칠불암을 찾아가 초의 선사의 《동다송》을 인용하여 말하길 옥부대 아래 칠불선원이 있다. 여기서 좌선하는 승려들이 항상 느지막하게 철 지난 차를 채취하여 말리고 끓이기를 마치 나물이나 채소를 삶듯이 하여 색이 맑지 않아 붉게 되고 맛은 매우 쓰고 떫다고 말하고 있다.

玉浮臺. 臺下有七佛禪院. 坐禪者常晚取老葉 晒乾. 然柴煮鼎如烹菜羹濃濁色赤. 味甚苦澁. 政所云

근세의 고승인 석전(石顚) 영호(映湖) 스님(석전 박한영 스님의 법명)은 지리산에 차가 생산되는 곳은 화개동뿐 아니라 지리산서 남쪽 수백 리에 이르는 악양, 화개, 와룡면 등의 지방은 비록 보잘 것 없는 농촌이지만 조석(朝夕)의 식사 후에 차를 다려 마시고 겨울철이 되면 감기의 발한제(發汗制)로 땀을 나게 하는 약재로 사용하고 있다.

석전은 지방 다도의 기풍이 허물어져 내렸다고 개탄했다. 개략적 하동차 부침의 한 장면이다. 지금도 하동 사람들에게 잭살이란 말이 즐겨 쓴다. 감기가 들면 찻잎을 한 움큼 대추와 함께 넣고 펄펄 끓여 마시고 땀을 빼면 어지간한 곳불이나 배앓이가 씻은 듯 가라앉았다고 한다.

초의 사후 100년 뒤 영호 스님이 화개를 찾아갔을 때 잭살차도 끓여 마시는 기풍이 남아 있었는데 지금도 그 같은 풍습이 그대로 전승되어 오고 있다.

1980년 운학(雲學) 스님의 〈전통다도조사풍속 보고서〉에도 제다법은 차의 종류에 따라 다르고 그 지방의 사람에 따라 다르다고 언급했다. 그런데 선종사찰의 제다법이 남도 지방인 대흥사 화엄사 등지에서 구증구포 방식으로 전승 즉 차를 가마솥에 아홉 번 닦고 아홉 번 부비는 제조법 등이 유행했다고 언급했는데 쌍계사 제다법은 언급되지 않고 있다. 잘 알려진 바와 같이 화개에 차문명을 연 이는 청파 조병곤 옹이었다. 그의 화개 제다에 끼친 공로는 20여 년 전에 드러났다.

화개 차문명을 연 청파 조병곤

대렴이 뿌린 차는 조선 중기로 넘어오면서 만허스님이 계승해갔다. 그 뒤 흔적 없이 사라진 하동의 차문화에 싹을 틔운 것은 청파 조병곤 옹이었다. 청파는 해방이 되자 1945년 중국으로부터 귀화하여 하동에 차문명을 열어주었다. 용정차 방법을 전해주어 화개의 제다를 개화시켰다. 70년 전 청파가 화개로 들어오지 않았다면 화개는 천 년간 숨 쉬고 있는 차사가 사라질 뻔하였다.

청파는 1945년 광복을 맞아 하동으로 들어갔다. 쌍계사 설선당에 머물면서 용정차 방식으로 오룡차를 만들어 화개에 차문명을 열어주었다. 잭살영감으로 불린 청파 노인은 화개에 제다의 맥을 잇게 한 은인이나 다름없다. 하동 작설차는 청파 노인으로부터 시작되었음은 여러 정황에서 밝혀지고 있다. 금송 스님의 상좌 한 분이 하개를 찾아와 화개다원의 이광섭 노인에게 한 편의 시를 전해주면서 드러났다.

그리고 서류봉투에 볼펜으로 날려 써서 해독이 쉽지 않았지만,

화개 작설은 당나라 종자에서 꽃피었지만

망국을 다시 일으켜 세우는 재목이 되리라.

대대로 피어나는 찻잎은 오래도록 재산이 되어

그 재원이 나라의 어려움을 도우리니

花改雀舌唐種花 亡國再建復興材
孫開茶葉長來財 才媛國難一助事

라는 내용이었다. 중국에서의 행적이야 알 길이 없지만, 독립지사다운 우국충정과 화개 작설차에 거는 기대가 절절히 드러나 있다.

이렇게 드러난 하동 작설의 역사는 청파 노인으로부터 시작되었고, 1961년 김복순 씨가 화개에 들어와 일본 큐슈 지방의 덖음차 제조법을 익혀 들어오면서 비로소 화개에 차의 신천지를 열어주었다.

우리 제다를 논함에 있어 화개로부터 시작되었다고 해도 과언이 아니었다. 차 민요를 수집해온 김기원 교수는 하동에 전해지는 차민요 한 자락을 공개했다.

달아달아 밝은 달아   광양만에 밝은 달아
저기저기 백계산에   작살나무 동백나무
도선국사 심었다네   곡우절에 잭살 따서
양친부모 모셔다가   천만년에 불로차약
잭살 한 잔 술 한 잔에 영감영감 장구치고
할매할매 춤을 추라

− 하동 광양근처 수집

하나씩 드러나기 시작한 하동의 차역사는 우리 제다사에 빼놓을 수 없는 현장이기도 하다. 천년을 이어온 하동의 제다사를 살펴보면서 추사와 만허, 초의, 석전 박한영, 청파 조병곤, 김복순에 이르기까지 많은 사람들이 하동 작설차를 회생시켜나갔다. 그중에 빼놓을 수 없는 인물이 청파 노인이다. 청파는 용정차 제다법을 화개에 전해주면서 차 문명을 열어갔고 그들에 의해 왕의 녹차로 손색이 없는 하동차가 되살아났다.

100년 전 지리산 자락의 화개제다의 부침을 뒤돌아보면서

이 지방의 상비약으로까지 쓰여졌던 잭설차는 한국차를 부활시키는 중요한 요소로 작용했다. 하동 지역의 제다풍은 찻잎을 채취할 때 차민요를 불렀고, 지금도 전해져오고 있다. 추사가 만허 스님에게 올린 시에도 드러났듯이 햇차를 만든 뒤에 육조탑에 차공양을 올리고 차를 마셨던 풍습은 차 한 잔으로 부처께 다가서게 한 중요한 의미가 있다고 하겠다. 이렇게 시작된 다신제는 지금도 계승 발전되어 오고 있다.

천년차향이 살아있는 화개는 제다법의 맥을 이어온 선조 차인들이 있었기에 가능했다고 보여진다. 지리산 작설 한국차 제다의 원향을 밝히는 중요한 단서로 작용되고 있다.

100년 전후의 화개 지역의 제다법을 살피면서 옥부대(玉浮臺) 아래 지방의 다도가 무너져 내렸다는 아픈 말을 남긴 석전 박한영의 환청이 지금도 들려오고 있다. 그 같은 석전의 일침은 청파 조병곤과 김복순 정학녀 등의 눈물겨운 노력으로 하동 작설이 세계인들에게 자리매김하고 있다고 생각해 본다.

70여년전 청파노인이 손수 심은 차나무가 4미터 높이로 지리산 쌍계사 자락에 자라고 있다.
화개의 차문명을 열어주면서 청파 조병곤 노인이 화개 차산업에 견인차 역할을 했다.

6장

[천하제일의 중국의 명차]

[1. 여기가 푸딩福鼎 백차의 시조 녹설아綠雪芽의 고향]

백차(白茶)의 원산지를 놓고 중국은 푸젠성 푸딩시(福鼎市)와 정화현(政和縣)이 서로 자기 지역이 백차의 시조라고 말하면서 일대 논쟁이 벌어졌다. 그러나 아직 뚜렷하게 원산지가 밝혀지지 않았다. 육우의 《다경(茶經)》에는 푸딩 태모산의 녹설아(綠雪芽)를 백차의 원조라고 비정했고, 송 휘종의 《대관다론》에는 푸젠성 정화현을 백차의 원조라고 밝히고 있다. 백차가 전면에 등장한 것은 80년대 초로, 안길현 대계촌에서 백차나무가 발견되면서 세상에 주목받기 시작했다. 근래 화순에서도 녹차변이인 백차나무가 발견되어 비상한 관심을 끌고 있다.

그러나 세상에 알려진 것처럼 송 휘종이 찬한 백차는 백호은침을 말하는 것이며 안길의 대계촌에서 발견된 백차는 녹차의 변이로 푸젠의 백차와 차원이 다르다. 백차가 뜨겁게 떠오르고 있을 때 푸딩시는 재빠르게 백호은침차(白毫銀針茶)를 세계에 알리려고 세계선차문화교류대회를 유치하여 인근의 닝더(寧德)에서 해협차업박람회를 열어 녹차 알리기에 나섰다.

2009년 10월 8일부터 11일까지 세계선차문화교류대회 협의차 푸젠성 태모산(太姥山) 자락에 있는 녹설아의 실체를 확인하면서 백차의 비밀이 하나씩 벗겨지기 시작했다.

푸젠성 푸딩 태모산에 녹설아의 원조를 살피는 한·중 백차 특별조사단

태모산 자락에 백차의 시조 녹설아가 있다

2009년 9월 10일 푸딩 대백모차인 녹설아를 확인하고자 태모산 자락 암벽 사이로 올라온 백색을 띠고 있는 녹설아를 보고 한동안 그 자리에서 일어나지 않았다. 더욱이 그 현상을 중·한 차 전문 매체 3개의 발행인이 현장을 공동 조사함은 시사하는 바가 크다. 한국의 차의세계 최석환(崔錫煥) 발행인과 중국 〈해협다도〉의 메이샤오민(梅曉敏) 총편, 〈무이차〉의 샤오창취에(邵長泉) 집행주편이 공동으로 조사한 점은 매우 이례적이다. 경쟁 매체가 공동으로 취재한 점은 차계의 변화를 예고하고 있다. 한국차계의 실정으로 상상하기 어려운 현실이 아닐 수 없다. 더욱이 우리가 녹설아를 취재하던 중 수많은 카메라맨이 녹설아의 그 신비경에 빠져 카메라를 눌러대는 일대장관을 이루었다.

이토록 차 애호가들이 백차에 빠져드는 까닭은 무엇일까. 백차는 다른 차에 비해 효능이 뛰어나 유명하게 되었다. 속담에 '세계의 백차는 중국에 있고 중국의 백차는 푸딩에 있다'라는 말이 전해올 정도로 유명세를 얻었다. 따라서 푸딩백차는 백호은침차의 시조로 요나라 때부터 유명하게 되었다. 푸딩백차에 얽힌 이야기는 다음과 같이 전개되었다.

"태모산 아래 한 농가에 여자가 전란을 피해 산중에 이르러 홍설동(鴻雪洞)에 머물렀다. 쪽[藍]을 심는 것을 업으로 삼고 착한 일과 남에게 베푸는 것을 좋아해 사람들은 그를 남고(藍姑)라 불렀다. 어느 날 산에 홍역이 유행하여 무수한 환자들이 약을 구하지 못하고 요절하였다. 어느 날 밤에 남고는 꿈속에서 남극선옹(南極仙翁)을 만났다. 남극선옹은 그녀에게 "홍설동 정상에 차라고 불리는 작은 나무가 있는데 그것은 내가 몇 년 전에 왕모낭(王母娘)으로 차씨를 나르던 중 떨어뜨린 씨앗이 자란 것이다. 그 차나무 잎이 홍역을 치료할 수 있는 좋은 약이다."라고 말했다. 남고는 기뻐하며 일어나 달빛에 의지해 동굴정상에 이르러 초목들 사이에서 다른 종류의 차나무를 발견하였다. 그녀는 지체하지 않고 잎을 따다 햇볕에 말려 각 산촌에 보냈다. 신기하게 백차를 마신 사람들은 홍역을 이겨냈다. 그래서 남고는 태모산 정상에서 백차나무를 길러 주위에 마을 사람들에게 차를 심게 했다. 매우 빨리 전해져 태모산은 차의 고향으로 변해갔다. 말년에 남고는 남극선옹이 가리킨 곳으로 날아가 승천하여 사람들은 그녀의 은덕에 감사하여 그녀를 태모낭낭이라고 불렀다"

태모산 정상에 태모낭낭이 직접 심고 기른 차수 푸딩백차 모주(母株)가 태모낭낭이 심은 차라고 전한다.

육우 《다경》과 송 휘종의 엇갈린 주장

당나라 때 육우는 《다경》과 청나라 때 주량공(周亮工)의 《팔민소기(八閩小記)》에 기록된 백차의 고향을 푸딩 태모산으로 비정했다. 그러나 송나라 휘종은 백차의 고향을 정화현으로 비정했다. 어떻게 두 사람은 엇갈린 주장을 했을까.

역사기록을 살펴보면 푸젠성의 정화백호(政和白毫), 백모단(白牡丹), 백호은침 등이 있다. 찻잎 표면에 길고 밀집한 호모(豪毛)가 있어 백차라고 부른다. 사람들은 안길백차를 잘못 오인하여 백차로 부르는 경향이 있다. 그러나 중국차인들은 "안길백차는 녹차의 변이이지 백차는 아니다"라고 말한다. 안길백차는 녹차류이므로 백차의 특징인 호

푸딩 태모산에 자생하고 있는 녹설아 고차수

모도 없고 색은 미백색이며 녹차의 변이이므로 녹차류에 속한다. 그래서 전통적인 백차와 구별된다. 더욱이 녹차의 변이는 유전자가 불완전하여 올해 찻잎이 백색일지라도 그다음 해 차나무에서 백색 찻잎이 존재하지 않는 경우도 있다.

송 휘종의 《대관다론(大觀茶論)》에도 분명히 밝히고 있다.

백차는 저절로 한 종류가 되는 것이므로 보통 차와는 같지가 않다. 가지는 널리 흩어져서 퍼지고 잎은 밝고 얇다. 이것은 벼랑과 숲 사이에 우연히 생겨나는 것이지 사람의 힘으로 만들게 할 수는 없는 노릇이다.

휘종의 《대관다론》을 보다가 깜짝 놀란 부분은 태모산의 녹설아를 두고 하는 말인 듯했다. 찬찬히 살펴보니 푸딩 대 백호모차는 벼랑 끝 바위틈을 뚫고 올라왔다. 그 바위 위에 녹설아로 암각화를 새겨 금방 찾을 수 있도록 했다. 더욱이 간간이 찻잎이 노란 빛깔을 띠고 있어 백차 중의 백차로 국가가 이 차나무를 보호하고 있다. 차나무 아래에 간판이 있는데 다음과 같이 적혀있다.

녹설아(Luxveya)는 차 중 극품으로 대홍포보다 빠르며 당나라 때 육우의 《다경》과 청나라 때 주량공의 《팔민소기》에 기록되어 있다고 말하고 있다. 이 차는 차 중의 최고품으로 칭할 만하며 성질이 차고 열을 제거하고 독을 빼며 내장을 깨끗이 하고 정신을 깨우며 신체를 건강하게 하는 효능이 있다고 했다. 또 병을 없애고 사람을 구하며 석가모니의 은혜를 사방에 떨친다는 감동적인 전설은 일반인에게 존경심을 불러일으키며 영국 여왕이 매우 좋아하여 해외에서도 인기가 높다.

옛 명성을 되찾는 푸딩백차

태모낭낭이 태모산 자락에 심었다는 푸딩 대백호모차를 취재하면서 두 가지 사실을 접했다. 첫 번째는 태모산 자락의 오백나한당에 싱가포르 신도가 조성했다는 백옥(白玉) 오백나한상이 있다. 백옥 오백나한 중 455번째 조사에 오른 신라출신 무상(無相)이 있다는 사실을 확인했다. 두 번째는 바위 암벽 사이 단정(丹井)이란 샘물 사이에서 명나라 때 주량공이 쓴 시 중에 명선(茗禪)이란 또 다른 글을 발견한 점이다.

太姥聲高綠雪芽
洞天新泛海天槎
茗禪過嶺金平等
義酒應敎伴義茶
　　- 明 周亮工詩句

80년대 안길에서 백차가 발견되기 전에는 백호은침차는 그다지 주목받지 못했다. 그러나 백차의 효능이 세상에 알려지면서 뜨겁게 떠올랐다. 이에 푸젠성이 가만히 있을 리 없다. 백호은침의 고향인 푸딩은 발 빠르게 움직이기 시작했다. 2003년 녹설아는 중국 대모배 품질대상 차왕을 차지하면서 주목받기 시작했고 2004년 닝더차문화절에서 100g의 푸딩대백호모차의 녹설아가 2만 위안(元)의 가격에 팔렸을 정도로 인기가 있다. 이는 대홍포 6그루에서 나온 대홍포모차가 높은 가격에 팔리는 것과 일맥상통한다.

푸딩 백호은침차의 특징은 맛이 상쾌하고 달아 오랫동안 입안에 향기가 남으며 신선함이 입안 가득 감돌며 목 뒤의 여운이 강하다. 백호은침차를 맛본 이들의 한결같은 평이다.

태모산의 푸딩 백호모차를 취재한 뒤 그날 밤 푸젠성 푸딩시다엽협회 린리츠(林立慈) 회장과 푸딩백차를 앞에 놓고 다담을 나눴다. 그의 첫 일성이 흥미롭다.

"푸딩백차를 세계에 알리기 위해 세계선차문화교류대회를 유치했습니다. 이번 대회를 발의해 중국 내에서 일정한 영향을 갖게 된 선생을 높이 존경합니다." 밤늦도록 차에 대한 담론이 이어졌다. 이에 "세계선차문화교류대회를 유치한 푸딩시 정부의 지지에 감사를 드립니다. 따라서 선차를 통해 푸딩백차에서 세계적 백차로 거듭나게 될 것"이라고 전하자 감사를 표했다.

푸딩 사람들은 황화석이라고 극찬하는 푸딩백차의 맛이 상쾌하며 오래도록 입안에 향기가 남아 옛 명성을 되찾을 것"이라고 확신하면서 백호은침(白毫銀針)의 시조로 알려진 녹설아의 현장을 빠져나왔다.

유리잔에 선명히 드러난 푸딩 백차의 탕색

[2. 북송휘종이 극찬한
안길백차]

80년대초 중국 저장성(浙江省) 북부(北部)의 안길(安吉)현의 대계촌에서 백차나무가 발견되면서 세상을 깜짝 놀라게 했다. 청나라 건륭(1736-1795)년간에 두 그루의 백차나무가 발견되었으나 누구도 주시하지 않았다. 그러다가 1981년 백차나무를 이식해 재배에 성공(成功)하여 세상에 백차가 탄생했다. 2004년 11월 중국 저명차인 커우단 선생과 차 연구가인 주민 여사와 함께 안길현 백차나무를 찾아 나서면서 백차의 신비로움이 세상에 알려지게 되었다.

그때가 2004년 11월 13일 안길 백차산지를 찾아갔을 때 커우단 선생은 다음과 같은 말을 남겼다.

《차의 세계》 최석환 대표가 안길현에 왔는데 주민 씨가 최 선생을 대동하여 계용향의 대산오(大山塢), 양가산과 대계촌의 천지차장에 고찰을 다녀왔고 비를 무릅쓰고 800m나 되는 고산에 가서 백엽차의 생태환경을 관찰했는데 그의 이런 실천과 사업에 대한 열정은 우리들이 배워야 할 바이다.

라고 말했다.

2004년 안길백차 산지 조사에 나선 저자와 커우단 선생, 주민 여사

녹차의 혁명 일으킨 안길백차

백차를 말할 때 북송(北宋)시기 푸젠성(福建省) 복정현(福鼎縣)과 정화현(政和縣)에서 생산되었던 차 싹이 솜털이 선연하게 드러난 백호(白狐)는 침차(銀鍼茶)를 말했다. 그런데 안길백차는 녹차계통으로 돌연변이로 4월경에 찻잎에 백화가 형성되어 아미노산 함량이 높아지고 점차 녹색으로 변하며 우린 물은 상쾌하고 부드러운 것이 특징이다. 안길현에서 처음 생산된 뒤 저장성 전역으로 옮겨갔다. 전날 빗방울이 안길현을 물들였다. 백차 산지에 도착했을 때 백차차나무는 온통 물방울이 맺혔다. 나는 안길 백차밭의 자연의 풍광을 놓치지 않는 장면들을 사진으로 담아내는 장면들을 예의 주시한 중국 저명차인 커우단 선생이 다음과 같은 말을 남겼다.

"그는 나와 이야기를 나누면서도 수시로 카메라를 들어 영성으로 가득한 꽃.새.다람쥐를 찍었다. 그럴 때면 그의 내면 깊숙이 감추어져 있는 심령과 선의(禪意)가 충만해 금새라도 매만져질 것 같다고 말했다"

백차가 유명케 된 데에는 휘종이 〈대관다론〉에 백차를 언급한 뒤부터였다. 그런데 불행히도 백차가 세상에 모습을 감추어버리다가 안길현에서 81년도에 돌연변이가 태어나면서 세상에 모습을 들러냈다.

명차로 자리 잡아가는 백차

40여 년 전 돌연변이로 인해 백차의 탄생은 중국 녹차혁명을 가져왔다. 커우단 선생과 주민 여사와 함께 안길백차 산지를 탐방하면서 백차의 중요성을 실감했다. 커우단 선생은 안길백차의 탄생을 다음과 같이 말한 바 있다.

백차의 발원지인 안길현 대계촌에 자생하고 있는 백차의 시조로 알려진 백차나무

"중국이 경제발전의 역사 신세기에 들어선 후 1981년에 정부에서는 전문 인원을 조직하여 한 그루밖에 없는 백차나무에 대한 재배를 시작했다. 이 차나무는 높이가 1.7m, 엽관(葉冠) 직경이 3m 좌우이다. 그들은 500여 개 줄기를 이사해 해발 61m 되는 계용향(溪龍鄕) 황두촌(黃杜村)에 재배했는데 그중 255그루의 재배에 성공했으며 20년의 연구와 확대를 거쳐 현재 75%의 농민이 백차나무를 심고 있으며, 연간 생산량이 50여 톤이나 됩니다.

중국의 전통적 백차는 푸젠성(福建省)의 정화백호(政和白毫), 백모단(白牡丹), 백호은침(白毫銀針) 등이 있다. 찻잎 표면에 길고 밀집해서 호모(豪毛)가 있어 백차라 부른다고 한다. 안길의 백차는 호모도 없고 색은 미백색(米白色)이며 녹차의 변이(變異)이므로 녹차류에 속하는데 백엽차는 전통적인 백차와는 구별이 된다고 해야 적합하다고 말했다."

녹차의 변이(變異)는 백차의 유전자가 불안정하여 올해 찻잎이 백색이나 다음 해에는 같은 차나무에서 백색 찻잎이 존재하지 않는 현상도 나타난다. 그리고 햇볕이 강해서 보통 21도 이상이면 주맥(主)은 빨리 녹색으로 변한다. 그리하여 그것의 채차 계절은 20일 전후밖에 안 된다. 백색의 찻잎은 볶는 과정에 열을 받아 녹색으로 변하는데 그 녹차를 물에 담가야 미백색의 원래 모습을 나타낸다. 용정차에 버금가는 백차의 등장은 중국 차 산업의 변화를 가져왔다. 백차의 고향 안길현에서 유리컵에 찻잎을 넣고 차을 우려냈을 때 백색으로 바뀌는 찻잎을 바라보며 신비로웠다. 안길 백엽차는 품질이 일반 녹차보다 우월하고 안기산이 일반 녹차의 1~3배이며 차다분이 1~2배에 달한다. 그 맛은 조금 달달하고 신선하며 여자들의 입맛에 적합하여 일종의 질 좋은 건강차로 녹차시장의 대세로 차 연구가들은 내다보고 있다. 백차산지를 걷다가 안길의 자연을 감싸고 있는 대계촌의 800m에서 백차나무를 바라다보았는데 백차나무 사이에서 물방울이 맺혀 향기가 오감으로 느껴질 즈음 그 향기로움이 신선하게 다가왔다.

3. '차의 왕'으로 불리는 대홍포에 얽힌 진실

세계문화유산에 등재된 푸젠성의 무이산은 주자학의 고향과 빼어난 절경으로 인해 사람들의 이목이 집중되고 있다. 그 무이산이 유명하게 된 것은 차 중의 왕으로 불리는 대홍포(大紅袍)라는 차가 명성을 얻게 되면서부터였다. '차의 왕'으로 불리는 구룡과의 여섯 그루밖에 없는 대홍포라는 차나무에서 찻잎은 연간 500g밖에 생산되지 않는 까닭으로 일찍부터 세상의 이목이 집중되었다. 지난해 경매에서도 상하이(上海)에서 부동산업을 하는 한 홍콩 여성 기업가가 20g을 2500만 원에 사들인 예만 보더라도 대홍포의 희소가치는 뛰어났다.

예부터 무이산은 천연진미(天然眞味)를 가지고 있으며 암골화향(岩骨花香)의 암운(岩韻)으로 찻잎이 바위의 골수를 머금고 자라고 있어 차를 마시면 입안에 향기가 가득하고 오랫동안 그 향기가 입안에 맴돈다 하여 차의 왕의 자리를 내어 준 적이 없었다. 그러한 까닭으로 대홍포는 100여 종에 이르는 가짜 정암(正岩)차가 쏟아지는 등 무이암차의 명성에 찬물을 끼얹고 있는 실정이다.

2005년 7월 장원의 정상권 사장으로부터 충격적인 이야기를 들었다. 여섯 그루의 대홍포 외에 두 곳이 더 있었다는 사실이었다. 그로부터 1년이 지난 후 2006년 7월 말 푸젠성 무이산을 찾아 직접 대홍포의 실체를 조사하면서 그 베일이 하나씩 벗겨지는 순간을 보았다.

푸젠성 샤먼에 도착한 뒤 장저우시(漳州市), 취안저우시(泉州市), 안씨현(安溪縣), 푸저우시(福州市)를 거쳐 25일에서야 무이산에 이르렀다. 미리 기다리고 있던

여섯 그루 무이산 대홍포 차왕을 법제하기 위해 나무사다리로 올라가고 있다.

차왕 대홍포를 말하는 쩡탠푸, 쪼오따앤, 요웨이밍 (왼쪽부터)

정 사장이 우리 일행을 반갑게 맞았고 2006년 7월 23일 승안현(무이산시의 전신) 현장을 지낸 쪼오따앤(趙大炎) 씨와 그의 지도를 받고 있는 무이산시 암골화향명차중심의 우쯔썽(吳志僧) 씨가 우리를 정성껏 맞이했다. 그를 통해 듣는 충격적인 사실은 지금까지 알려졌던 사실과는 전혀 다른 이야기였다. 그는 먼저 무이암차의 발원지를 세 곳으로 압축해냈다. 첫 번째가 천유암, 두 번째가 수렴동, 세 번째 구룡과에 차나무가 자라고 있었다는 사실이 하나요, 다른 하나는 무이암차의 역사에 관한 문제였다.

세상에 알려진 대로 대홍포는 1500여 년 전(남북조 시기)부터 이름을 떨쳤고 건륭황제가 우연히 무이산의 수려한 산세에 반해 대홍포차로 잔병을 치유한 뒤 '황제의 차'로 불렸다. 그런 대홍포를 오룡차의 대가인 쩡탠푸의《푸젠 오룡차》에는 분명히 밝히고 있는 사실이 있다. 그것은 17세기 말인 1706년, 지금으로부터 350여 년 전에 대홍포가 처음 세상에 알려지게 되었다는 사실이다.

세 번째는 대홍포 여섯 그루의 차나무 품종이 세 가지라는 사실이다. 지금부터는 무이암차의 진실을 밝힘에 있어서 오룡차의 대부격인 쩡탠푸(張天福), 무이산 차엽연구가인 요웨이밍(姚月明), 무이암차 연구의 대가인 승안현장을 지낸 쪼오따앤을 통해 무이암차의 진실을 밝히려 한다.

베일 벗은 무이암차의 신비

매년 찻잎이 솟아나는 4월 초 엄격한 심사를 거친 6명의 대홍포 제작기예 전승인이 여섯 그루밖에 없는 대홍포 차수에 사다리를 타고 올라가 정성껏 찻잎을 채취한다. 고작해야 500g밖에 안 되는 찻잎을 따서 그 전승인의 손끝으로 정성껏 법제한 뒤 무이산시로 이관하여 경매한다. 해마다 20g이 우리 돈으로 2500만원에 팔려나간 바 있다. 그처럼 명품차로 명성을 얻고 있는 대홍포는 2007년부터 차나무의 보호를 위해 찻잎을 채취하지 않는다는 빅뉴스를

대홍포 묘수로 육성 변신한 1세대 차나무

대홍포의 암골화향(巖骨花香)의 암운으로 인해 세계적 명차로 자리잡아 갔다.

접했다.

　최근 대홍포 차수 주변을 정비했는데 대홍포 다관 운영자를 엄격한 심사를 거친 뒤 경매를 거쳐 선정했다는 이야기를 들었다. 다관 운영자 심사는 첫째, 높은 경매가가 아니라 얼마나 대홍포를 홍보할 수 있느냐 하는 자격을 첫 번째로 꼽았다. 그래서 30대 후반의 다예를 겸비한 미모의 여인이 낙찰되었다고 한다. 인민폐 5만 원을 써낸 그 여인이 20만 원을 물리치고 운영권을 따냈다. 차계의 태두인 쨩탠푸 선생은 "대홍포의 희귀가치는 가격을 떠나 상징적 의미로 경매를 통해 이루어진다."라고 말한다. 그 차의 가격보다 상징적 의미에 더 비중을 두고 있다는 이야기였다.

　신비에 싸인 여섯 그루의 대홍포 차나무를 지금까지는 그저 눈으로만 즐겼다. 그런데 지난 5월 쪼오따앤 고문의 도움으로 한국 차인으로서는 최초로 사다리를 타고 차나무 정상으로 올라가 차나무의 실체를 본지가 처음 국내에 보고한 바 있다. 그 차나무의 실체가 알려지자 국내의 중국차 연구가 중의 한 사람이 설왕설래의 논쟁을 벌였다. 그런데 그 차나무의 실체를 국내 첫 공개하게 되었다. 차나무가 힘차게 뻗어 올라왔고 찻잎에는 새순이 솟아올라 그 향기가 만 리를 가는 듯 했다. 그 차나무를 세상에 전하기로는 무이산에서 여섯 그루밖에 없는 차나무라고 전해온다. 그리고 그 차나무의 품종이 3종류라는 충격적 사실을 접했다. 좌측부터 1, 5번 3, 4번 2, 6번 같은 품종이라는 새로운 사실도 밝혀졌다. 그처럼 중국 사람들은 차를 놓고 세상 사람들을 놀라게 하고 있었다.

　무이산시를 찾게 되면 온통 암차의 세상에 온 느낌이다. 그처럼 대홍포의 명성이 천하 사람들의 마음을 사로잡은 결과였다. 이유인즉 "차를 마시고 나면 입안에 향이 가득하고 그윽한 향기가 멀리까지 간다[齒頰留香 香高而悠遠]."라는 말이 실감나게 한다. 그 차향에 답이라도 하듯 중국불교협회 회장 고 자오푸추(趙樸初)거사는 대홍포의 발원지인 천심암을 찾은 뒤 다음과 같은 글을 남겼는데 "만 마디, 천 마디 말이 차 한 잔 마시는 것보다 못하다[萬語 與 千言 不外 喫茶去]."라는 명언을 남겼다. 그 글을 본 뒤 쪼오따앤은 그에 화답을 다음과 같이 보냈다.

古謂茶苦今稱茶	고인이 차를 쓰다고 말하자 지금도 차를 그렇다 하니
義同形殊理不差	뜻은 같고 모양은 다르나 진리는 다르지 않도다.
趙州法語吃茶去	조주 스님이 '차를 마셔라'고 법어 하시니
三字千金百世誇	세 글자 천금 같아 백세토록 자랑스럽도다.

　그처럼 무이암차가 명성을 얻게 된 것은 독특한 차 맛에서 비롯되었다고 쨩탠푸는《푸젠 오룡차》에서 밝히고 있다. 장 선생은 다음 3가지의 조건을 들었다. 첫째, 자연환경이고 두 번째는 우량 차나무 품종, 세 번째는 정교한 제다기술을 들었다. 이와 같은 조건을 갖춘 무이암차가 동아시아권으로 널리 퍼지게 된 동기는 우수한 품질과 맛에서 비롯되었다고 밝히고 있다. 특히 무이암차를 한국인이 많이 찾는 까닭은 약리(藥里)효과가 뛰어나다는 사실이 우리에게 널리 알려졌기 때문이라고 생각한다.

대홍포 차나무의 발원지 천심암

　무이산은 벽수단산(碧水丹山)으로 암차가 자라기 매우 적합한 곳이다. 그래서 암골화향의 신운을 얻은 곳이기도 하다. 당대 차계의 태두인 쨩탠푸 선생은 무이산의 독특한 자연환경의 훈도(薰陶)를 받아 암차로 하여 암골화향의 암운의 품격을 얻었다고 한다. 그러나 무이암차의 명성과는 달리 세상에 알려지게 된 것은 1941년경 무이산 일대의 차 유적들을 조사하던 임복천(林馥泉) 씨에 의해서였다. 그는 무이산 지역 세 곳에서 차나무가 자생하고 있다는 사실도 밝혀냈다.

천유봉 아래 천유암, 수렴동, 구룡과(九龍窠; 현재의 대홍포 여섯 그루) 등에서 무이암차가 자라고 있는 차나무의 실체를 밝혀냈다. 구룡과 석각은 당시 천심암(天心巖) 스님들이 만들었고 차나무의 이름은 기단이라 불렀다. 그러나 더욱 충격적인 사실은 당시 차나무 연구가인 요웨이밍(姚月明)은 구룡과 외에도 현재의 숭안비행장 부근에 세 그루의 차나무가 더 있었다고 주장했다. 그러나 숭안비행장을 건립하면서 그 차나무는 자취를 감추어 버렸다고 주장해왔다.

대홍포 차나무에 대한 전설은 다음과 같은 이야기로 전해온다.

"옛날 숭안현령(崇安縣令)이 중병에 걸려 여러 의사에게 치료를 받고 갖가지 약을 먹어도 아무 소용이 없었다. 이를 안 무이산 천심암 스님들은 곧 찻잎을 헌상했다. 그리하여 생각지도 않게 이 차를 마시고 중병을 치유하게 됐다. 이에 감동한 숭안현령은 차나무에 고마움을 표하면서 차나무에 무릎을 꿇고 아홉 번 절하고 불향하고 예배를 했다. 그런 뒤 벼랑에 올라가 자신의 관복을 차나무 위에 걸어 놓았다. 이는 은덕을 입은 충성스러움을 표시하기 위한 것이었다 하여 '대홍포'란 차 이름은 여기에서부터 유래되었다."

또 다른 이야기는 대홍포 차나무가 벼랑 끝에 있어 채취할 수 없자 바람에 떨어진 잎을 주어 차를 만들어 병을 치료하였다는 전설이다.

그러나 왕총런의 《중국차문화》에서는 역대 숭안현령의 관복 색이 홍포(紅袍)로 된 것이 없었다는 사실과 중국 민간의 전설이 입과 귀로 전달되면서 와전된 것이라고 지적한다. 350년밖에 안 되는 차나무의 진실이 500년으로 둔갑되는 것만 보더라도 많은 전설이 와전되었다고 보여진다.

2006년 7월 말 우리는 쪼오따앤 선생을 모시고 대홍포의 발원지인 천심암을 찾아갔다. 천심암은 영락선사 뒤에 있는 암벽 뒤에 있었다. 쪼오따앤 선생과 함께 천심암 터를 찾았다. 그러나 그 주변의 차나무를 찾는 데는 실패했다. 조사하던 중 수백 마리의 모기떼들이 달려왔다. 중국 답사 중 그렇게 많은 모기떼를 만난 것은 이번이 처음이었다.

그다음 수렴동에도 차나무는 없었다. 구룡과 현애절벽(懸崖絶壁) 사이에 여섯 그루의 차나무만이 있을 뿐이었다. 대홍포가 진귀하다는 사실이 알려지면서 시중에서 살 수 없게 되자 무이산시 암차공사가 무성재배 기술을 연구, 대홍포의 모수에서 가지를 취하여 무성번식에 성공하기에 이른다.

그 차나무 모수(母樹) 여섯 그루의 연 생산량은 500g에 불과하다. 시 인민정부는 그 차를 현지의 우수한 차 제조자를 초빙하여 제다한 후 경매를 하여 시판한다. 일부는 인민정부가 보관했다가 외국의 귀빈이나 국가 영수들에게 기증한다.

그러나 쪼오따앤 선생의 지적처럼 "바위마다 차가 자라고 바위가 없는 곳에는 차가 자라지 않는다[岩岩有茶 非岩木茶]."라는 사실을 잊어서는 안 된다. 농예사인 요웨이밍 또한 대홍포를 명말 청초에 발원했다고 단정 지으면서 맛은 매우 순하고 옅으나 입안에서 맛이 오래 남아 오래도록 깊은 맛을 느낀다고 말했다. 대홍포는 특히 암운(岩韻)을 중시여기는 암차라고 말하였다. 청대 양장거(梁章鉅)는 무이암차에 대해 일찍이 활(活)·감(甘)·청(淸)·향(香)이라는 네 글자를 내놓은 뒤 무이암차는 깊은 맛으로 향기를 느낀다고 이야기했다.

그처럼 오룡차 중 최상의 차로 알려지면서 무이암차는 민남과 광동을 거쳐 싱가폴, 필리핀, 태국, 베트남, 홍콩, 마카오, L.A 등지로 팔리면서 세계적인 명차가 되었다. 매년 무이암차가 채다되는 시기에 구룡과는 그 채다 광경을 지켜보려는 사람들로 인산인해를 이루어 발 디딜 틈 없이 사람들의 향기가 풍긴다. 그 광경을 취재하고자 몰린 열기 또한 뜨겁다.

대홍포나 철관음차가 350년의 역사를 지녀온 까닭에 두 차는 오랫동안 숙명적 라이벌 관계를 유지해 오면서 발전해왔다. 밝혀진 바와 같이 전설은 또 다른 전설을 낳듯이 숭안현령의 관복을 차나무 위에 덮었다하여 붙여진 대홍포라는 말 또한 와전되었다. 진실이 오히려 사람들에게 홀대받는 경우는 이를 두고 한 말인 듯하다.

그러나 후에 사람들은 그와 같은 진실을 믿고 해마다 구룡과의 차나무가 있는 현애절벽으로 가서 홍포를 차나무 위에 덮어 준 뒤 "차발아(茶發芽)"라고 외치면 홍포를 벗길 때 차나무에서 새싹이 돋아났다. 매년 대홍포의 제작기예 전승인들이 사다리를 타고 올라가 선승이 도를 닦듯 차를 덮어 대홍포가 탄생한다.

많은 사람들은 차나무에 대한 감사를 드린 뒤 활(活)·감(甘)·청(淸)·향(香)을 맛본다. 그 맛은 그윽하고 기이하여 암골화향을 스스로 느끼게 한다. 그것이 350년간 이어져 온 대홍포의 특징이 아닐 수 없다. 이를 두고 2006년 5월 루잔궁(盧展工) 중국공산당 푸젠성위원회 서기는 예전엔 여섯 그루의 모수가 500년의 향기를 퍼트리니 이제는 수억의 홍포가 온 세상에 향기를 퍼트리고 있다고 말하였다.

| 億當年六株母樹五百年流芳 | 예전엔 여섯 그루 모수가 5백년 향기를 퍼뜨렸거늘 |
| 看今朝數億紅袍千万里飄香 | 이제는 수억 홍포가 온 세상에 가득 향기를 퍼뜨린다. |

4. 철관음 발원지에서 맛 본 향긋한 차맛

푸젠성 서평진 남암(南岩)에 한 그루의 나무가 있다. 그 나무가 철관음차의 발원지로 알려진 차나무다. 10여년 전 남암을 찾던 날 산사태로 길이 끊어져 철관음의 발원지에 갈 수가 없었다. 그러다가 오토바이 한 대를 수배해 가까스로 남암에 닿을 수 있었다. 그곳에 도착하니 남암을 지키는 왕 노인이 우리를 맞이하며 능숙한 솜씨로 철관음차를 우려내기 시작했다. 그 차 한 잔을 앞에 놓고 남암의 남헌에 앉아 음차하면서 멀리 펼쳐진 산천을 바라보니 겹겹이 차나무로 둘러싸인 풍경이 시원하게 눈에 들어왔다. 품차인들 사이에 철관음차는 대홍포와 함께 쌍벽을 이루면서 푸젠차와 치열한 '차(茶) 왕'의 자리를 놓고 숙명적 라이벌 관계에 있다. 그런데 남암에서 맛본 철관음차는 치열한 차 왕 자리의 쟁탈전을 잊은 듯했다. 철관음차의 향긋한 향기가 코끝을 스쳐간다.

왜 철관음차인가

잘 알려진 바와 같이 남암(南岩)에 대한 갖가지 전설은 크게 두 가지로 압축해 볼 수 있다. 첫째는 철관음(鐵觀音)의 내력이다. 철관음이 말해주듯 관세음보살과 밀접한 관련이 있다. 안씨(安溪) 서평진(西坪眞) 근처에 위(魏)씨 성을 가진 농부가 남암을 지나다

가 마음을 일으켜 허물어진 절터를 보고 그 남암터 위에 절을 수리하고 지극정성으로 기도를 드렸다. 그러던 어느 날 꿈에 관세음보살이 나와서 "절 뒤 석굴에 보물이 있는데 네가 가진 뒤에 영원히 써도 남을 것이니 너 혼자만 쓰지 말고 이웃과 함께 나누어 살라"는 말을 했다. 꿈을 이상히 여긴 위 씨가 절 뒤로 가니 작은 차나무 한 그루만 있었다. 보물은 없고 차나무만 있자 위씨는 그 차나무를 옮겨 왔다. 그 차나무가 자란 뒤 법제하여 차 맛을 보니 향이 독특했다. 그제야 관세음보살이 현몽한 차임을 알고 '관음차'라 이름 붙였다.

그 말을 들은 어느 상인이 관세음보살이 쇠로 만든 부처인 만큼 '철관음차'라고 하면 좋겠다고 하여 '철관음차'라고 이름 붙였다. 철관음차는 그렇게 유래되었다.

또 다른 전설은 청건륭 원년(1736) 봄 왕사양이 그의 친구들과 함께 남헌(南軒)에서 자주 만나 매일 석양이 드리울 즘 남헌 앞에서 시를 짓곤 했다. 어느 날 황폐한 돌밭에 기이한 차나무 한 그루를 보고 곧 그것을 캐다가 남헌의 남새밭에 이식하여 아침저녁으로 관리하며 정성껏 길렀다. 그 차를 건륭 황제가 맛본 뒤 몹시 기뻐했다. 그 뒤 왕사양을 불러 그 차의 역사에 관해 물었다. 황제가 차를 보면서 이르길 맛과 향의 아름다움이 관음과 같으니 '철관음'이라고 차의 이름을 하사했다는 이야기다.

그렇게 철관음의 명성을 부여한 철관음차의 발원지를 놓고 푸젠성은 서평진의 남암촌과 서평진 송암촌이 각각 자기 지역이 철관음차의 발원지라고 뜨거운 논쟁을 벌이고 있다. 송암촌 사람들은 위음(魏蔭)이라는 사람이 철관음의 시조라고 말한다. 이를 두고 위설과 왕설로 양분되어 있다. 아무튼 현재는 강희 황제가 '철관음'이라는 이름을 부여한 뒤 서평진 남암촌이 발원지에 더 근접해 있다.

향긋한 차향이 일품인 철관음차

매년 10월 초부터 중순까지 안씨의 서평진 사람들은 가을 차를 만들기 위해 분주히 움직인다. 가을에 수확한 명품 철관음차를 안씨 전 지역에서 출품해 엄격한 심사 기준을 거쳐 차계 태두인 쩡탠푸 선생이 '올해의 차 왕'을 발표한다. 그 광경을 차농들은 숨죽이고 지켜보며 자신이 만든 차가 차 왕으로 뽑히기를 발원한다.

푸젠성 안씨에서 공수해 온 철관음 가을 신차를 앞에 놓고 품미할 기회가 있었다. 몇 사람이 창덕궁 앞의 선차실로 찾아왔다. 나는 그들에게 개완잔에 차 한 잔씩 우려내 주었다. 그 차 맛을 본 한 다우는 첫잔에 차의 이름을 간파해냈다. "아, 철관음차로구나." "그렇습니다. 이 차는 바로 철관음 발원지의 가을 차입니다"라고 말하자 다우들은 "귀하디귀한 철관음차를 마실 수 있는 영광을 주어 매우 기쁘다"라고 하나같이 입을 모아 말했다. 철관음차는 특유의 약간 씁쓸한 첫맛에 이어 꿀처럼 달콤한 뒷맛이 느껴졌다. 몇 잔 우려낸 뒤 찻잎을 보니 마치 초록 잎에 붉은 테를 아로새겨 놓은 듯했다. 명차 철관음을 산지에 가지 않고도 맛본 즐거움에 다우들은 행복해했다.

또 다른 철관음차를 맛본 기억은 2019년 10월 14일 창경궁 국제 무아차회 한국대회에서였다. 타이완에서 온 장무홍(張貿鴻) 교해기업(喬海企業) 총경리가 내놓은 30년 된 철관음차는 첫맛에 꿀처럼 달콤한 향기가 오감으로 느껴져 왔다. 명차(茗茶) 철관음을 맛보는 감회를 무엇에 비교할 수 있을까. 품미 가득한 차 맛을 아는 이를 만나면 더없이 행복하지 않을 수 없다.

여기가 왕석의 현장, 철관음차 발원지

오토바이로 남암에 이르니 겹겹이 펼쳐진 차밭이 우리 일행을 사로잡았다. 온통 차 세상에 온 느낌이었다. 여기가 왕사양(王士讓)이라는 벼슬아치가 철관음차를 발견한 곳이라고 한다. 마침 남암을 지키는 왕 노인으로부터 남헌에 들어갈 수 있다는 말을 들었다. 남헌의 문을 열자 청의 건륭황제상(乾隆皇帝像)과 갖가지 철관음차에 대한 내력이 소개되어 있었다. 남암에 다구를 펴고 앉자 향긋한 차향이 코끝을 스쳐갔다.

아, 철관음의 발원지에서 맛본 그 향기는 남암촌에 은은히 퍼져나갔다. 가을 철관음차가 시작되는 계절, 남암촌의 차 덖는 내음이 온 산천을 철관음의 향기로 뒤덮고 있었다. 몇 번을 우려내도 처음 맛과 뒷맛이 같다. 발원지 안씨 서평진 남헌의 남암촌에는 지금도 한 그루의 차나무가 서 있는데 전설에 나오는 차나무라고 전한다.

5. 천하제일의 명차 용정차

저우언라이가 키신저에게 전한 용정차

중국의 명차(茗茶)중 항저우 서호(西湖) 일대 에서 탄생한 용정차가 유명하게 된 까닭은 미 국무장관 키신저(1973-1975)가 중국을 방문했을 때 중국 총리 저우언라이(周恩來)는 태평양을 건너온 그에게 용정차를 선물하면서 진가(眞價)가 드러났다. 키신저는 미국으로 돌아가는 비행기 안에서 이 귀한차를 절반을 나누어 수행원에게 주고 남은 절반은 닉슨 대통령에게 전달했다. 얼마 후 다시 중국을 방문한 키신저는 용정차를 선물로 받게 되었는데 이번에는 마치 비밀문건처럼 취급하여 전용기편에 미국으로 보내졌다.

중 · 미 양국의 우호(友好)에 공헌(貢獻)한 키신저박사에게 보답하고자 용정촌 주민들은 해마다 항저우 서호에서 생산되는 용정차를 그에게 보냈다.

이처럼 키신저에게 선물한 용정차는 단박에 세계적 명차의 대열에 드러나게 되었다. 그처럼 차를 사랑한 중국 총리 저우언라이의 혜안으로 세계적 명차로 자리 잡게 된 용정차는 오늘날 항저우 사람들의 자부심을 일으키게 했다.

나는 그간 한 · 중 차문화 교류를 진행해 오면서 인상에 남는 명장면은 중국차인들을 만날 때마다 명차를 선물 받았다. 그 차를 한국에 건너가 차 맛을 품평했을 때 이처럼 향기로운 차 맛이 예전에 볼 수 없었다는 극찬을 아끼지 않았다. 그렇게 세월을 뛰어넘어 명인명사들의 노력으로 중의 명차가 자리 잡을 수 있었다고 보여진다.

용정차의 발원지인 사봉(獅峰)

지신에게 의식을 올리고 차를 채취한다

곡우(4월20일)를 전후하여 항저우의 인근 경산사를 찾아갔다가 때마침 스님들이 차를 채취하는 날이었다. 맨 앞의 스님이 향로를 들고 걸어갔다. 향연이 경산사 차밭에 자욱했다. 뒤에 스님들이 따랐다. 그리고 나무아미타불을 외우고 지신(地神)에게 고 하는 의식이 진행되었다. 이른바 차를 잊게 한 땅의 신에게 고하는 의식이었다.

한 스님에게 다가가 "왜 찻잎을 따기 전 지신에게 고하는 의식을 하십니까?"

"찻잎을 채취하기 전 대대로 내려온 의식입니다. 이 같은 의식을 행해야 만이 만사가 원만합니다."

땅의 신에게 의식을 치른 뒤 찻잎을 채취했다. 그 같은 모습을 지켜보면서 보조지눌 선사가 땅에서 쓰러지면 땅을 밟고 일어서라는 말이 중국의 제다풍경과 일치되는 장면이다.

항저우의 경산차밭을 제다풍경을 살핀 뒤 영은사 방장 꽝첸스님을 만났는데 때마침 봄날이라 법정선사에서 법제한 용정차를 선물했다. 지신의식을 올린 뒤 법제한차로 차 맛이 좋습니다. 귀국한 뒤 태허 스님이 차실을 찾아와 품다를 했는데 같은 차 맛은 예전에 보지 못했다고 극찬을 아끼지 않았다. 그처럼 중국의 명차들은 지신의식을 올리고 차를 법제하여 차 맛이 일품이라고 말한다.

명차 중의 명차 서호 용정차

해마다 차 덖는 계절에 항저우 서호 부근을 찾아가 보면 차향이 코끝으로 스쳐간다. 차농(茶農)들은 가마솥에 차를

용정차를 세계적 명차로 만든 계기는 저우언라이(周恩來) 당시 중국 총리가 키신저 미국무장관에게 용정차를 선물로 전해주면서 세계적 명차가 되었다. 용정차를 즐기는 저우언라이 당시 중국 총리.

덖는 풍경이 장관을 이룬다. 그처럼 용정차가 명차로 탄생케 된 것은 용정차의 유래에 "옛날 한 스님이 용정샘 앞에 절을 짓고 차나무를 심었는데 차의 품질이 우수하여 단박에 세상에 알려졌다. 그 소식이 청나라 건륭황제(乾隆皇帝)에게 알려졌다.

청나라 강희제(康熙帝: 1662~1723) 때 건륭(乾隆: 1763~1796) 때 황제가 용정차 맛을 보고 옥같이 새하얀 찻잔 속에 있는 한 조각 한 조각의 어린 찻잎이 마치 작설(雀舌)같다 하여 그 차를 탄미한 뒤 저장에서 호공묘 앞 18그루의 차나무를 어차(御茶)로 봉한 뒤 용정차를 높이 평가하여 오늘까지 그 명차는 최고의 명차로 이름을 떨치고 있다.

청나라 초기 진찬(陈撰)의 《옥궤산방청우록(玉几山房聽雨錄)》에는 이렇게 언급하였다.

"서호의 남산과 북산에서는 대단히 많은 차가 생산된다. 보운산(寶雲山)에서는 보운차(寶雲茶)가 나고, 천축향림동(天竺香林洞)에서는 향림차(香林茶)가 난다. 상천축(上天竺) 백운봉(白雲峰)에서 나는 것은 백운차(白云茶)로 불리고, 갈령(葛嶺)에서 나는 것은 운무차(雲霧茶)로 불리며, 용정에서 나는 것은 용정차(龙井茶)로 불린다. 남산이 품질이 뛰어나고 북산은 좀 떨어진다. 용정차는 빛깔이 푸르고 향이 짙어 가장 품질이 뛰어나다."

이처럼 항저우 전역에서 생산되는 차 가운데 최고가 되었으며, 용정을 찾아 차를 맛보는 것은 항저우를 찾는 사람들에게 기쁨을 안겨 주었다.

강희(康熙) 연간에 육차운(陆次雲)은 또 이렇게 언급하였다.

"용정에서 생산되는 차는 두화향(豆花香)을 발산하는데, 이는 향림(香林)·보운(寶雲)·석인오(石人坞)·수운정(垂雲亭) 같은 차와는 전혀 다른 것이다. 곡우 이전에 딴 것이 특히 뛰어나다. …… 마셔보면 담담하여 마치 아무런 맛도 없는 것 같지만, 마신 뒤에는 마치 태화(太和)의 기운 같은 것이 치아와 잇몸 사이를 가득 메우는 것 같은 느낌을 준다. 이런 무미(無味)의 맛이야말로 바로 지극한 맛인 것이다. 사람에게 유익함이 적지 않아서 질병을 치료하는 효능이 있다. 보배처럼 귀해서 많이 구할 수는 없다."

청대에 이르면 용정차의 성가는 더욱 높아졌다. "용정에서 나는 차를 용정차로 불린다."라고 한 것은 용정 일대에

서 생산되는 차를 통칭한 것이다. 그리고 "용정차는 빛깔이 푸르고 향이 짙어 가장 품질이 뛰어나다."라고 한 것은 용정차를 최고의 경지로 추켜올린 것이다.

　용정차의 특징은 외형이 편평정직광활(編平挺直光滑)로 찻잎이 납작하고 평평하며 표면이 매끄럽다 차 만드는 철에 용정촌을 찾아가 보면 가마솥에 불의 온도를 적당하게 하여 찻잎을 납작하게 덖는 장면을 손쉽게 볼 수 있다. 한때 누룽지 맛이 나는 용정차를 법제하여 한국인들에게도 인기를 얻었다. 용정차의 진가가 널리 알려 지면서 항저우 용정촌 매가오 부근을 벗어나 저장성 전역으로 확대되어 갔다.

　이처럼 용정차가 최고의 명차가 되기까지 여전히 용정차는 빛깔이 푸르고 향기가 뛰어나 항저우를 찾는 사람들은 천하제일의 명차로 자리매김 되고 있다고 말할 수 있겠다.

[6. 사라져 간 중국 홍차
   다시 살아나다]

홍차라고 하면 영국을 맨 처음 떠올린다. 그러나 차의 발원지이기도 한 중국에서 홍차 또한 맨 처음 탄생했다. 중국에서 홍차 신드롬이 일어나게 된 것은 눈 밝은 명인이 있었기에 가능했다. 중국에서 사라져 간 홍차가 부활한 것은 불과 6년 전의 일이다. 세계 3대 홍차로 인도의 다즐링(Dazzling), 영국의 우바(Uva), 중국의 기문(keemun)을 손꼽는다. 무이산 통무관(桐木關)에서 생산되는 정산소종(正山小種)은 중국 3대 홍차에도 꼽히지 않았다. 그런 차가 어떻게 홍차의 제왕으로 떠올랐을까. 그것은 눈 밝은 명인이 있었기에 가능했다.

발단은 6년 전으로 거슬러 올라간다. 정산소종의 하나인 금준미가 덩샤오핑의 딸 덩란의 극찬을 받고 세상에 모습을 드러내게 된 것이다. 그 뒤 중국 평다의 권위자인 뤼샤오쥔(駱少君) 선생이 무이산 통무관을 방문하여 정산소종을 극찬했고 중국 차계의 대두 장티엔푸(張天福) 선생이 잇따라 정산소종을 극찬한 뒤 단박에 홍차 신드롬이 일어났다.

2012년 11월 무이산에서 열린 해협양안 차업 전람회에서 전시장마다 금준미가 있는 것에 놀랐다. 6년 전까지만 해도 무이산 내의 차 상점에서조차 존재가 희미했던 금준미가 가는 곳마다 진열되어 있어 마치 정산소종과 금준미 세상에 온 느낌을 받았다.

옛 차 공장에서 바라 본 차밭

그렇게 단박에 옛 명성을 되찾게 되면서 차 고수들은 정산소종의 발원지를 찾고자 갈망했다. 그러나 정산소종의 발원지인 통무관 무이산은 자연보호 구역으로 묶여 있어 쉽게 개방되지 않았다. 2009년부터 통무관을 찾으려 했으나 그 뜻이 쉽게 이루어지지 않았다. 산사태로 외부인 출입이 통제되는 바람에 통무관 접근이 어려웠다. 그러다가 해협양안 민간투다절(海峽兩岸 民間鬪茶節, 2011년 11월 24일~25일)을 맞아 무이산의 초청으로 24일 통무관을 찾게 되면서 베일 속에 가린 정산소종의 실체가 드러나게 되었다.

통무관 가는 길

무이산 차박람회 개막식에 참가한 뒤 오후 1시에 무이산 자연보호 구역에 있는 정산소종의 발원지를 찾아갔다.

무이산 인민 정부의 배려로 무이산장에서 기다리고 있던 차로 금준미의 발원지인 통무관으로 출발했다. 한국국제선차문화연구회 최석환 회장, 홍차 연구가인 강승희, 베이징시차엽협회 비서장인 푸광리(付光麗), 무당파 13대 전인 류운(流雲) 법사와 그의 제자인 류쯜(流之) 등이 봉고차에 탑승하고 무이산을 빠져나갔다.

통무관으로 가는 상촌 마을에 이르렀을 때 무이암차 덖는 내음이 코끝을 스치고 지나갔다. 그리고 동목촌에 인접했을 때 구름다리를 지나자 동목촌이 나왔다. 무이산에서 북쪽으로 12km를 지난 뒤였다. 무이산맥의 단층대 어귀인 통무관은 해발고도 1,100m로 푸젠성과 장시성을 잇는 옛길이 그 사이로 지나갔다. 이곳이 바로 정산소종의 발원지로 널리 알려진 곳이다.

정산소종의 발원지인 통무관은 무이산 자연보호 구역으로 허가를 받지 않으면 일반인의 출입이 엄격히 통제된다. 젠양(建陽)시와 광쩌(光澤)현의 결합으로 종합적 생태환경이 보호된 곳이다. 여기에 450종 이상의 포유류와 5,000종 이상의 곤충, 2,500종 이상의 식물이 확인되어 세계 생물 표본의 산지라는 칭송을 받아 왔다. 역사지리지에는 통무관이 다음과 같이 언급되어 있다.

통무관은 숭안현(崇安縣) 서부이며 서쪽으로 장시(江西)에 인접해 있다. 광쩌현의 벙산(崩山)과 옌산현(鉛山縣)은 마을이 인접해 있고 센샤산맥(仙霞山脈)에 속한다. 남쪽으로는 황컹(黃坑)에서 젠양까지 통하고 서남으로 사오우(邵武)에 달하고 동쪽으로는 싱촌(星村)에 가깝다. 교통 방면으로 강과 산이 중첩되어 있고 산길이 험난하여 습관이 된 산사람이 아니면 길을 가는 것에 매우 어려움을 느낀다. 대왕궁(大王宮)을 따라 숭산 준령(峻嶺)을 오르면 우뚝 솟은 높이가 끝이 없고 작은 길옆으로 계곡이 있으며 사람이 매우 적고 이끼가 잘 자라고 그사이 구불구불 이어진 산들이 있고 굽어보면 깊은 계곡이며 약 수십 장(丈)이다. 계곡은 좁고 많은 여울이 있어서 배가 다닐 수 없고 물소리가 졸졸 끊이지 않는다. 산간에 삼림이 빽빽하게 분포되어 있고 그중에서 야생 활엽수가 가장 많다. 운송이 불편해서 적게 벌목된다. 날짐승이 짐승들 중에는 가장 많이 살고 계곡에는 혈앵무가 가장 많다. 봄여름 사이 계곡을 거슬러 올라가는 것을 똑똑히 볼 수 있다. 차농(茶農)들은 산의 기후 관계로 차를 생산하는 것 외에 벼보리를 심는데 채소는 매우 적게 볼 수 있다. 일 년간 비의 양이 매우 적고 아침에는 운무로 뒤덮여 있으며 햇빛이 비치는 시간은 매우 짧다.

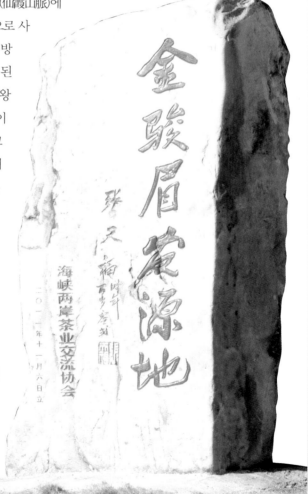

원훈차창 앞에 있는 금준미 발원지 비석.
장티엔무의 글씨로 쓰여 있다.

정산소종의 역사를 말해 주는
원훈차창의 옛 공장과 신축된 공장

금준미의 비밀이 벗겨지는 순간

통무관은 차를 생업으로 하는 사람들이 옹기종기 모여 사는 마을이다. 마을 곳곳에 차창들이 옹기종기 모여 있다. 우리는 정산소종의 원조 격인 400년째 제다맥을 이어 가는 원훈차창(元勛茶廠)을 찾아갔다. 원훈차창에 이르니 커다란 돌에 정산소종, 금준미 발원지라고 중국차계 대두 장티엔푸의 글씨로 커다랗게 쓰여 있었다.

정산소종이 모습을 드러낸 것은 1592년이었다. 명나라 말기에 시작된 전란 와중에 이곳에 주둔한 군인들이 마을에 널려 있는 찻잎을 마음대로 깔고 잠을 잤다. 마을 사람들은 이를 저지하고 싶었으나 군인들에게 저항할 수 없었다. 군대가 철수하고 그들은 뭉개진 찻잎의 활용을 여러 방법으로 고민하다가 통무관에 널려 있는 찻잎을 그을려 시장에 내다 팔기로 정하였다. 마을 상인들은 녹차에 길들여진 사람들에게 이 차가 팔릴 것이라고는 기대하지 못했다. 그런데 그 차를

(왼쪽 위부터 시계방향으로) 홍배 방법이 다른 차를 만드는 과정. 옛 차 공장 내부. 소나무 향을
피워 차를 만든다. 옛 차 공장을 둘러보는 한·중 차 연구가들.

유심히 본 서양 상인들이 소나무 향이 나는 찻잎을 높은 가격에 구매하겠다고 제의를 해 왔다. 그리하여 동목촌의 집집마다 홍차 붐이 일어났다.

한때 푸젠성 푸저우항이 홍차 판매 창구가 되기도 했다. 정산소종의 전성기는 청나라 중기였다. 당시 중국에서 수출한 홍차 가운데 정산소종의 홍차가 85%에 달했다. 통무관에는 홍차를 생산하는 사람이 370호이며 연간 생산능력이 십만 조에 불과하다. 우리가 원훈차창을 찾았던 날 푸젠성장이 방문한다고 떠들썩했다. 그처럼 원훈차창은 정산소종의 발원지로 지금도 여전히 명성을 얻고 있었다.

통무관을 찾던 날 중요한 사실을 접했다. 원훈차창의 옛 공장이 사라지게 된 것은 소나무 향에서 올라오는 그을음이 인체에 해롭다는 연구보고서가 영국에서 발표되면서였다. 대신 거기에서 5km 떨어진 곳에 새로운 공장을 세웠다. 지금의 정산소종의 제다공법은 소나무 향기를 밖에서 안으로 내리 씌우는 방법으로 선택했다고 한다. 그럼 정산소종의 제다 방법을 살펴보자.

정산소종 홍차는 일종의 연기를 쐬는 조형차(條形茶)로 제조과정에 연기를 쏘여서 말리고 연료로는 소나무가 사용된다. 그래서 대량의 소나무 연기가 찻잎에 흡수되어 모양, 색, 향, 맛에서 다른 모습을 나타낸다. 알차고 둥글고 곧고 색이 윤기가 나고 찻물이 진하며 쓰고 떫은맛이 없으며 잎 끝이 붉고 밝게 열린다. 소나무 연기와 아름다운 둥근 차의 향과 맛이 있다. 그 특수한 채집과 가공 공예를 상세히 볼 수 있는 총서(總書)《세계 홍차의 시조 – 무이정산소종 홍차》(鄒新球 主編, 中國農業出版社, 2006년 출판)가 있다.

소종차가 건강에 좋지 않음이 밝혀지면서 훈연향이 없는 소종차를 생산하는 공장이 늘고 있다. 새로 옮긴 원훈차창의 경우도 옛날 방식이 아닌 새로운 제다공법으로 차를 만들고 있었다.

금준미 신드롬을 일으키기까지

2005년 동목촌에서 생산을 시작한 금준미는 그다음 해 진가를 발휘했다. 정산소종의 소나무 향기에 비해 금준미는 소나무 향보다 과일 향이 더 많다. 이 차는 중국의 내로라하는 차 고수들이 극찬하면서 세상에 드러나기 시작했다. 금준미가 떠오르자 은준미까지 나왔다. 정산소종이 알려지기 전까지만 해도 무이산은 대홍포로 진가를 발휘했다. 그러나 금준미 홍차 신드롬이 일어나면서 가짜 금준미가 세상을 뒤덮게 되었다. 정산소종은 오로지 통무관에서 생산된 차만이 제맛을 지니고 있다. 중국 차 연구가들은 오로지 통무관에서 생산되는 차만을 정산소종으로 인정하고 있다. 그 밖의 지역에서 생산되는 차는 외산소종(外山小種), 인공소종(人工少種)이라고 한다. 정산소종의 신드롬이 일어나자 한중의 홍차 전문가들을 이끌고 통무관을 찾은 다음날 보성군 관계자들이 대거 통무관을 찾았다. 그들은 2012년 다향제에서 정산소종의 제다 방법을 한국에 소개해 우리 차와 비교하겠다는 취지로 찾게 되었다고 피력한 바 있다.

통무관을 찾아 갖가지 금준미와 정산소종의 차맛을 감별하면서 느낀 것은 명품과 가품의 관계는 늘 공존하고 있다는 것이었다. 금준미는 무이산 자연보호 구역 내 1,100m 고산에서 기운을 머금고 훈향으로 만들어져 독특한 차 맛을 갖고 있다는 점에서 차 애호가들로부터 관심을 모으고 있다. 그러나 통무관 정산소종과 금준미를 맛보지 않고서는 그 감미로운 훈향을 느낄 수가 없다. 그만큼 진품과 가품을 구분하기란 그리 간단한 일이 아니다. 품다인 스스로가 차의 안목이 열릴 때 진품과 가품을 구분할 수 있으리라고 생각해본다.

통무관의 자연 차밭

7장

[
차를 선향에
담다
]

[1. 한국의 선차(禪茶)
중국으로 건너가다]

중국의 선맥 이어간 동류지설

천여 년 전 선차문화가 태동(胎動)된 이래 중원(中原)을 거처 신라(新羅)로 전해지게 된 연원(淵源)을 살펴보면 입당구법승(入唐求法僧)에 의해 선과 차를 신라로 전파했다. 당시 중국의 선종(禪宗)계는 선법(禪法)이 동쪽으로 흘러간다는 참설(讖說)이 크게 유행했었다.

신라 출신의 제자를 길러낸 서당지장(西堂智藏, 709-788), 남전보원(南泉普源, 748-834), 마곡보철(麻谷寶徹, 생몰미상), 운거도응(雲居道膺, 835-902) 등이 신라인(新羅人)을 제자로 인가(認可)하면서 자신의 법(法)이 동쪽(東國) 나라에 꽃피워지길 염원했다. 동류지설(東流之說)을 실현한 입당구법승 중 주목할 만한 인물로는 성주산문(聖柱山門)을 개창(開倉)한 무염(無染) 국사가 헌덕왕 13년(821)에 당나라로 건너가 낙양(洛陽)을 거쳐 불광사(佛光寺)에 이르렀다. 그때 중국의 이름난 선승(禪僧) 여만(如滿) 선사가 무염을 맞이했다. 그에게 도(道)를 물으니 부끄러운 어조(語調)로 "내가 많은 사람을 보았으나 그대와 같은 동국인(東國人)을 본 적이 없네.

명원 팔정선다

第四百五十五無相空尊者

2001년 10월 중국의 오백나한 중 455번째로 오른
무상선사의 발견으로 한국선차가 깨어났다.

만약 중국에 선법이 사라지면 그대와 같은 동이(東夷)에게 물어야 할 것이요."라고 말한 뒤 마곡산(麻谷山)으로 마곡보철 선사를 찾아가라고 일렀다.

무염은 여만 선사의 말을 쫓아 마곡산에 이르렀다. 마곡이 무염을 보자마자 다음과 같이 말하였다. "나의 스승 마조도일(馬祖道一, 709-788) 선사께서는 나에게 유촉(遺囑)하시길 '만일 법력이 높은 동쪽 사람을 만나거든 그를 이끌어라. 그러면 지혜의 강물이 서해(西海)의 바다에 넘치게 되리라. 그 공덕이 적지 않으리라.' 하셨다. 스승의 말씀이 맞도다. 나는 그대가 온 것을 환영하여 다시 동토(東土)에서 으뜸가는 선문(禪門)을 세우게 하리라."고 부촉하며 인가했다. 무염은 마곡보철 선사로부터 선맥(禪脈)을 이어받아 선과 차를 바다를 건너 신라(新羅) 땅에서 꽃피웠다.

김립지(金立之)가 쓴 《성주사사적기(聖柱寺寺蹟記)》에도 성주사 낙성법회가 있던 날 '차를 두 손으로 받들었다.'라는 차향수(茶香手)라는 말이 선명하게 드러났다.

일찍이 동류지설을 주목한 중국불교협회회장을 지낸 이청(一誠) 스님은 "한·중 두 나라의 사람들의 우호관계는 마치 흐르는 물과 같이 끊임이 없었다. 불교는 이러한 유대관계에 있어서 문화적 면에 줄곧 작용을 해왔다."라고 2000년 8월 난창(南昌)에서 열린 〈강서(江西)선종과 신라(新羅)선문에 관한 학술대회〉에서 입증시킨 바 있다.

선차문화의 연원

천여 년 전 선문조사(禪門祖師)로부터 심인(心印)을 이은 신라의 구법승에 의해 구산선문을 개창하면서 선법(禪法)은 크게 발전되었다. 선문조사들에 의해 다선일미(茶禪一味)를 실천해 가면서 "차를 만나면 차를 마시고 밥을 만나면 밥을 먹는다."라는 평상자연(平常自然)을 참선(參禪)의 첫걸음으로 여기면서 선승들은 다선일여(茶禪一如)를 실천해 갔다.

지금까지 선차를 말할 때 일본이 한 수 위였다. 까닭은 원오극근(圜悟克勤, 1063-1135)의 묵적(墨蹟)이 일본으로 전해지면서 다선의 정통을 일본이 이어갔다고 여겨졌다. 그런데 2001년 중국 오백나한(五百羅漢) 중 455번째 조사에 오른 신라왕자 출신인 무상선사(無相禪師, 684-762)의 존재(存在)가 밝혀지면서 선종사(禪宗史)를 다시 쓰게 되었다. 《신선소각사지(新選昭覺寺志)》에 '청두(成都) 대자사(大慈寺)를 개창(開創)한 신라왕자 무상선사가 참선 품다(品茶)를 하는 기나긴 과정에서 선차지법(禪茶之法)을 개창하여 선차문화에 큰 공헌을 하였다.'라고 기록하고 있다. 무상은 마조도일의 스승으로 중국 선종사에 큰 획을 그었던 인물로 무상 이후 조주(趙州, 조주종심[趙州從諗],

1979년 9월 6일 한국 최초 '한국 전통 다도 학술발표 및 생활다도 정립발표회'를 열었고 1980년 12월 3일 한국 세종문화회관 대회의실에서 명원문화재단이 '한국 전통다례의식 발표회'를 열었다. 궁중다례, 사당다례, 접빈다례, 생활다례, 사원다례 발표 중 연조정사의(宴朝正使義)와 사원다례를 완벽하게 복원한 사진이다.

778-897) 선사가 '끽다거(喫茶去)'를 들고 나오면서 선가(禪家)에 차와 선이 한배를 타게 되었다. 송대(宋代) 원오극근 선사가 다선일미를 제창(提唱)하면서 발전되어 갔다.

일본승 무라다 슈코(村田株光, 1442-1502)가 송나라로 유학 중 원오극근을 참배하니 선사는 '다선일미'라는 묵보(墨寶)를 증송(增送)하면서 일본 대덕사(大德寺)에 소장되면서 다선일미의 전통이 일본으로 굳어졌다. 그런데 무라다 슈코 권위자인 구라사와 유키히로(創澤行洋) 교수가 원오극근의 묵적은 일본에 전해진 바 없으며 전설에 불과하다는 견해를 밝히면서 일본류(日本流) 다선일미는 일단락되었다.

선차문화의 중흥 의지 보인 명원 김미희

차와 불교는 떨어질 수 없는 불가분의 관계다. '예로부터 이름난 사찰에 이름난 차가 나온다.'라는 말이 있듯이 남도(南都)의 산사(山寺)를 중심으로 선차문화는 성행(盛行)하였다. 또한 '일상다반사(日常茶飯事)'란 말이 유행하게 된 것은 '식후에 차 석 잔(食後三碗茶)'에서 연유한 듯 보인다. "차는 풀의 성현(聖賢)이며, 곧 선(禪)이다. 현미(玄微)의 도(道)와 청화(淸和)의 덕이 있기 때문이다."라고 말한 바 있다. 이처럼 오랜 기간 차와 선이 한배를 타면서 발전되어 갔으나 조선 후기 차문화가 쇠퇴되어 가면서 잊혀갔다. 선차가 잊힌 까닭은 조선 후기 한국의 차 문화가 쇠퇴되면서 자연스럽게 선차문화도 잊혀갔다. 그러다가 명원 김미희(1920-1981) 선생이 잊혀진 한국 차 문화를 부활시키면서 다시 깨어났다.

1980년 12월 3일 세종문화회관 대회의실에서 〈한국 다례의식 발표회〉를 열면서 궁중다례(宮中茶禮), 사당다례(祠堂茶禮), 접빈다례(接賓茶禮), 생활다례(生活茶禮), 사원다례(寺院茶禮) 발표회를 열면서 선차가 처음으로 대중 곁으로 다가섰다. 다례의식 발표회에서 명원은 다음과 같이 다례의식의 중요성을 강조했다.

"오늘 여러분들에게 다례의 중요성을 강조하고 싶습니다. 조물주께서 인간에게 주신 음식물 가운데 가장 신령한

2001년 10월 백림선사에서 열린 한중우의조주고불 제막식에 명원문화재단이 팔정선사를 선보이면서 한국의 선차행다가 중국으로 건너갔다.

맛을 지니면서 인간 생활의 고락(苦樂)인 오미(五味)를 갖춘 것이 바로 차라고 생각합니다. 그래서 차는 인간의 복잡한 환경과 잡념을 없애주는 순도(純道)입니다. 차를 다루는 그의 심경은 조용하고 순수한 경지에 몰입할 수 있으며 이때에 대접받는 혹은 대접하는 한 잔의 선차가 우리의 목을 적셔주는 그 생명의 물질 또한, 대대로 선조 차인들께서 물려주신 차정신이 아니겠습니까."

당시에는 선차문화의 개념도 정립되지 않았던 시기 명원 선생의 혜안은 한국차사를 새롭게 쓰게 한 사건이라고 말할 수 있겠다. 그 후 1980년대 한국의 차 문화가 중흥기를 맞았지만 한국의 차 문화에 있어 선차는 큰 비중을 차지하지 않았다. 그러다가 1990년대로 접어들어 선차가 나타나면서 선향(禪香)이 사람들의 마음속에 자리 잡아갔다.

한국의 선차 중국으로 건너가다

천여 년 전 입당구법승에 의해 당대(當代)의 선차문화가 신라로 건너왔다면 이제 한국의 선차가 중국으로 건너가 한국의 차 문화를 세계인에게 알리게 되었다.

까닭은 조주종심 선사가 읊은 끽다거 덕분이다. 조주 선사는 그에게 법을 구하려 찾아오는 수행자에게 한결같이 "차나 한잔 마시게."로 대중을 이끌었다. 그런데 조주 선사가 한잔의 차로 대중 곁에 다가선 끽다거는 천 년이 지난 이후 잊혀져 갔는데 1999년 8월 조주탑(趙州塔) 앞에 차 한 잔의 공덕으로 다시 깨어났다. 한국에서 가져간 녹차로 조주 선사 탑전에 헌다(獻茶)를 올린 뒤 백림선사(栢林禪寺) 방장 밍하이(明海) 스님에게 차 한 잔을 권했다. 스님은

2004년 대자사에서 거행한 중한선차문화교류회에서 명원문화재단 유양석 고문이 무상헌다례를 시연해 보이고 있다.

한국의 차 맛을 음미한 후, 이루 형언할 수 없는 차 맛에 반해 버린 뒤 말했다.

"녹차 맛이 매우 감미롭습니다."

그러자 밍하이 스님이 빙그레 웃으시면서 나를 바라보더니 "우리가 잊고 있던 조주의 끽다거를 다시 찾아줘 뭐라 말할 수 없이 기쁩니다."라며 감사를 표했다. 그로부터 3년 후 〈한중우의조주고불선차기념비(韓中友誼趙州古佛禪茶記念碑)〉가 제막되기 직전 일본 우라센케(裏千家) 종장인 센케시츠(千玄室)의 증언(證言)에서도 실감할 수 있다. 일본 다도의 최대 유파인 우라센케가 중·한 방한 100회를 기념해 베이징(北京) 중난하이(中南海)에서 청년들에게 일본 다도의 연원을 밝히기에 앞서 2001년 7월 26일 우라센케 뿌리를 찾아 허베이성(河北省) 조주 백림선사를 방문했다. 조정에 예를 올린 우라센케는 일본 다도의 종풍(宗風)이 조주탑 아래에서 나왔다고 충격적인 발언을 했다.

4개월 후인 2001년 10월 19일 한국과 중국이 손잡고 우라센케 센켄시츠 대종장이 찾아간 백림선사의 조주탑 앞에서 한국 다도계와 불교계가 선조사(禪祖師)인 조주고불의 은혜에 보답하고자 한중우의 조주고불선차기념비를 세웠다. 〈조주고불선차기념비〉가 백림선사에 세워지자 중국의 언론(言論)들은 선차가 다시 컴백하게 되었다고 보도했다.

'2001년 10월 19일 한국의 불교춘추사는 40여 명의 대표단을 이끌고 한국 차도의 비조(鼻祖)인 조주 선사께 차를 올렸다. 이번 기념비 제막에 한국 다도계를 대표하여 명원문화재단이 팔정선다법(八正禪茶法)을 보여줘 관심을 끌었다. 중국의 언론들은 한국 다도가 〈조주고불선차기념비〉를 세운 까닭을 다음과 같이 말했다.

〈조주고불선차기념비〉를 한국인이 백림선사에 세우게 된 까닭은 조주고불의 정신문화 자원을 인류문명에 이롭게 개발 및 발굴하는 것이다. "끽다거"라는 화두는 전 인류에게 주는 메시지라고 말할 수 있다. 백림선사에 선차기념비

가 세워진 까닭은 남전보원(南泉普願)을 스승으로 조주종심(趙州從諗) 선사, 철감도윤(徹鑑道允, 798-868) 선사의 법형제의 인연 덕분이었다. 일본은 뒤늦게 백림선사가 조주선사 기념비를 보고 회한의 눈물을 흘렸다고 기록했다.

조주고불기념비가 건립(建立)되던 날 백림선사의 보광명전(寶光明殿) 앞에서 명원문화재단의 팔정선차(八正禪茶)가 선보였다. 팔정선차는 불교의 상징인 팔정도(八正道)에 근거를 두고 고안한 행다법(行茶法)으로 과거 명원 선생과 함께 차선법(茶禪法)을 연구하신 불가(佛家)의 스님들이 고증을 거쳐 명원문화재단의 김의정 이사장에 의해 완성되었다.

"선차의 연원은 신라의 무상선사를 시원으로 당대 조주의 끽다거를 거쳐 송대 원오극근선사가 나와 다선일미을 제창하면서 크게 발전해왔고 조주와 법 형제인 철감도윤의 인연으로 백림선사에 〈조주조불선차기념비〉가 세워지면서 한중은 한 뿌리로 천여년 간 이어진 선차문화가 꽃을 피우게 되었다."라고 김의정 이사장은 피력한 바 있다.

천여년 전 중국의 선차(禪茶)가 한국으로 건너왔다면 이제 한국의 선차가 중국으로 건너가 동류(東流)의 물결이 한류(韓流)의 바람을 타고 한국의 선차문화가 중국에서 꽃을 피울 수 있었던 것은 동아시아 선차의 정신을 중흥하게 된 계기라고 말할 수 있겠다.

[2. 매월당 김시습의 초암차
일본에 까지 전해지다]

조선초기 매월당 김시습의 초암차의 전승

매월당(梅月堂) 김시습(金時習, 1435~1493)이 초암차(草庵茶)를 일으킨 울산 불일암(佛日庵) 옛터가 세상에 밝혀진 것은 2007년 3월이었다. 그 후 불일암이 자리한 연포왜관이 일본인 승려들이 머물렀던 곳으로 밝혀졌다. 매월당은 경주 금오산(金鰲山) 용장사(茸長寺)에 머물면서 〈조선통신사절단〉 일원으로 참가한 준장로가 매월당 김시습을 용장사로 찾아와 밤을 새워가며 차에 대한 이야기를 나눴다. 준장로는 일본으로 건너가 설잠선사(매월당의 출가이후 법명)로부터 익힌 초암다법(草庵茶法)을 일본에까지 전승시켰다. 그처럼 조선(朝鮮)초기(初期)의 설잠선사가 한국차사에 영향을 끼쳤는데도 잊힌 까닭은 조선 후기 차의 르네상스 시대를 열어간 다산(茶山) – 추사(秋史) – 초의(草衣)에 의해 묻혔고 이들 3인방에 의해 한국차문화가 중흥(中興)되었다고 사람들은 말하고 있다. 그러나 한국차문화의 중심을 초의 – 다산 – 추사보다 앞선 시기 차를 중흥시킨 매월당 김시습으로 자리매김해야 한다는 여론들이 팽배하고 있다.

매월당 김시습은 누구인가

매월당 김시습이 손수 그린 자화상

매월당 김시습(金時習, 1435년~1493년)은 조선 초기의 문인, 학자이자 불교 승려이다. 생육신의 한 사람으로 그의 본관은 강릉, 자(字)는 열경(悅卿), 호는 매월당(梅月堂)·동봉(東峰)·벽산청은(碧山淸隱), 법명은 설잠(雪岑)이다. 1435년(을묘, 세종17) 서울 성균관 북쪽 반궁리에서 강릉김씨 김주원(金周元) 공의 22대손으로 아버지 김일성(金日省)과 어머니 장 씨 사이에 태어났다. 생후 8개월 만에 글을 깨우쳐 외할아버지가 천자문을 가르쳤다. 3세 때부터 한서(漢書)와 고전을 읽었고 19세 되는 1453년(계유. 단종1)에 과거시험에 응시하였으나 낙방하였다. 1455년 매월당 김시습은 삼각산 중흥사에 들어가 글공부를 하고 있었다. 그의 나이 21세였다. 그때 수양대군이 단종을 내몰고 왕위에 올랐다는 소식을 듣고 분개하여 똥오줌을 뒤집어쓰고 세월을 잊은 채 방랑길에 올랐다.

《매월당집》에는 당시가 자세히 묘사되어 있다.

나이 스물한 살 때인 경태(景泰) 을해년(乙亥年, 1455년)에 삼각산(三角山) 중흥사(中興寺)에서 글을 읽었는데, 서울에서 돌아온 자가 있었다. 선생은 즉시 문[戶]을 닫고 나오지 않은 것이 사흘이어서, 하루 저녁에는 느닷없이 통곡하며 그 서적을 다 불사르고 거짓 미친 체하여 더러운 뒷간에 빠졌다가 도망하였다. 이에 머리를 깎고서 중이 되어 이름을 설잠(雪岑)이라 하였다. 혹은 양주(楊州)의 수락사(水落寺)에서 있기도 하고 혹은 경주의 금오산(金鰲山)에 있기도 하여, 동으로 갔다가 서로 갔다가 일정한 곳이 없었다. 여러 번 그 호(號)도 바꾸어 청한자(淸寒子)·동봉(東峯)·벽산청은(碧山淸隱)·쉐세옹(贅世翁)·매월당(梅月堂)이라 하였다.

일본승 준초장로 매월당으로부터 초암차 일본으로 전해지다

준초(俊超)장로(1464-1481)는 울산 연포에 있는 불일암에 머물다가 1481년 일본으로 돌아갔다. 후에 서천사(西天寺) 주직(主織)과 말년에 원각사(圓覺寺)에서 83세로 입적했다. 그가 일본에 초암차를 전승한 실질적 인물이라고 말할 수 있다.

이처럼 불일암이 조선 초기 초암차의 발원지였음에도 그간 잊혀 있다가 2006년 6월 불일암의 실체를 공개하면서 세상에 알려지게 되었다.

〈조선통신사사절단〉의 일원으로 조선을 찾아온 준초는 연포왜관의 불일암에 머물면서 매월당 설잠선사를 금오산 용장사로 찾아가 해후한다. 그리고 금오산 용장사에서 차나무를 기리며 차생활을 즐겼던 매월당 설잠선사에게 감화되어 두 스님은 우정을 나눈다. 준초가 머물렀던 연포의 불일암과 매월당 설잠선사가 수행한 금오산 용장사로 두 스님은 자주 왕래하며 차를 앞에 놓고 선기를 드높였다. 또한 설잠은 용장사에서 내려와 연포의 불일암을 찾아가 준장로와 성안마을을 바라보며 다담을 나눴다. 설잠은 1460~1470년경 금오산 용정사에 은거하고 있을 때 《금오신화》를 쓰고 있을 무렵 일본의 준장로가 용장사로 찾아와 둘은 다담을 나눈다. 《매월당집》의 12권 《유금오록》에 〈일본승 준장로와 이야기하며〉라는 시가 이를 말해주고 있다.

遠離鄕曲意蕭條	고향을 멀리 떠나니 뜻이 쓸쓸도 하여
古佛山花遺寂寥	옛 부처 산꽃 속에서 고적함을 보내누나
銕鑵煮茶供客飮	쇠 다관에 차를 달여 손님이 마시도록 제공하고
瓦爐添火辨香燒	질 화로에 불을 더해 향을 태우네
春深海月侵蓬戶	봄 깊으니 해월(海月)이 쑥대 문에 비추이고
雨歇山麐踐藥苗	비 멎으니 산 사슴이 약초 싹을 밟아대네
禪境旅情俱雅淡	선의 지경 나그네 정이 모두 아담하니
不妨軟語徹淸宵	오순도순 밤새도록 말하여도 무방하리라.

《매월당집》 12권에 나온 〈준초장로와 이야기하며〉에는 다음과 같은 구절이 보인다. '고향을 멀리 떠나니 뜻이 쓸쓸도 하여 예부터 산꽃 속에서 고적함을 보내누나. 쇠다관에 차를 달여 손님 앞에 내놓고 질화로에 불을 더해 향을 피우네.' 시에서 매월당의 차 정신이 배어난다.

일본승 준초의 일본식 초암차도는 교토 다이도쿠지(京都大德寺)의 유명한 선승인 잇큐소우준(一休宗純)에게 조선에서 영향을 받은 매월당의 초암차 정신세계를 전하게 되면서 와비차로 대성시킨다.

신기수가 쓴 《조선통신사왕래(朝鮮通信使往來)》에 고려왕조에서 조선왕조로 바뀌면서 불교에서 유교로 음다풍 또한 바뀌었다고 말하였다. 그 시기 생육신의 한 사람인 매월당 김시습(1435~1493)은 세조의 왕위 찬탈에 분개하여 책을 불살라 버리고 한평생을 방랑으로 지낸다. 매월당 김시습을 통해 일본에 초암차가 전파된 사실은 한국차문화가 일본에 영향을 끼치게 되었다고 볼 수 있겠다.

1990년대 중반 준초장로의 흔적을 좇아 일본으로 건너가 남선사 관장을 만났을 때 "준초가 남긴 일기를 찾아 한국에서 왔노라."라고 말씀드리자 "그 같은 일기는 들어본 적이 없다."하고 말하면서 준초의 조선행적은 미궁 속으로 묻혀 버렸다.

당시 설잠 선사가 세상일에 분개하여 머리를 깎고 출가하여 전국을 방랑하면서 얻은 진리는 초암이었다. 한 칸 남짓한 방에서 돌솥에 물이 끓자 뜨거운 물을 국자로 떠서 다기에 붓고 차를 한 잔 마시는 순간 초암차를 터득했다. 작은 초암 사이로 열린 문을 통해 하늘의 별들이 총총히 떠 있는 광경을 보고 무릎을 치며 초암다도를 외쳤다.

그러나 조선의 백성들은 매월당이 외친 초암차의 진실을 알아보지 못했다. 오히려 준장로가 일본으로 전승시킨 초암차를 무라다슈코(村田珠光, 1422~1502)가 알아보고 매월당이 이룩한 한 자 반의 차실을 4조 반(四疊半)으로 늘리고 이를 와비차(일본식 차노유(茶の湯)를 뜻함)로 대성시켰다.

염포(鹽浦) 영성(營城)의 왜관(倭館)의 불일암. 왜관이 철수하고 성안 마을을 지킨 마지막 당사(사당)였다.

와비차는 오늘날 일본 다도의 근간이 되었다. 이른바 차노유는 매월당의 초암차에서 힌트를 얻어 일본 다도의 정신이 되어 버렸다.

울산 연포왜관은 매월당 초암차의 발원지

1990년대 중반 재야 차 연구가가 나를 찾아와 매월당과 준장로가 만난 사실을 기록한 두루마리 형태로 된 극비 문서가 일본 난젠지(南禪寺)에 있다는 소식을 전해 왔다. 그는 자료 몇 가지를 가져와 차인들이 한국차사에서 중요한 위치에 있는 매월당 김시습을 잊고 있다고 역설했다. 그것이 계기가 되어 초암차에 관심을 두었고 매월당의 초암차와 인연이 깊은 일본 오산(五山) 중 난젠지를 찾았으나 그 절의 관장으로부터 그런 자료는 없다는 말과 함께《난젠지시(南禪寺史)》한 권을 선물 받고 아쉬움을 달랬다. 그때 이미 일본 고승들을 만나 말차를 마시며 차와 다도에 깊숙이 빠져들어 갔다. 그 뒤였다.

매월당 김시습의 자료를 추적하다가 2006년 여름 준초장로가 매월당을 만난 당시 염포에 있던 불일암 옛터를 찾게 되었다. 그 자리는 울산 현대자동차 내에 있었다. 불일암 터를 찾게 되면서 사명감을 갖고 다시 추적하게 되었다. 울산 태화산(太和山) 정상에서 연포를 내려다보며 수많은 자동차가 빼곡히 들어서 있는데 그 중심에 노송(老松) 두 그루가 우뚝 서 있다. 그곳이 바로 500여년 전 연포왜관으로 일본의 사신을 맞이했던 곳이다. 바로 여기가 매월당 설잠선사를 일본승 준장로가 만나 초암차의 정신을 이야기했다. 두 스님이 만난 연포의 성안마을의 불일암은 왜관

일본승 준장로가 머물렀던 불일암 옛터. 지금은 소나무 한그루가 초암차의 흔적을 말해주는 것 같다.

이 철수하고 마지막 사당(祠堂)이 있었다. 그 왜관의 성안마을은 현재는 현대자동차가 들어서 있는데 경내에 불일암 유지를 남겨 두었다. 현재는 현대자동차 하치장(荷置場)이 들어서 옛 모습은 찾아볼 수 없다. 조선조(朝鮮朝) 초기에는 사방 십 리가 쑥대밭이었다. 1959년 향토사학자 최사근 씨가 찍었던 연포의 흑백사진을 살펴보면 연포의 성안마을은 바다를 끼고 태화강의 물결이 도도히 흘러가고 있었다. 그런데 울산 염포가 산업화되면서 산업도시로 탈바꿈했다. 울산 연포의 불일암이 주목되는 까닭은 1464년 이른 봄 울산 염포의 불일암(佛日庵)으로 일본 국왕사절인 월종준초(越宗俊超)장로가 매월당을 찾아와 다담을 나누면서 초암차가 일본으로 전승되는 계기를 마련한 곳이다.

일본승 준초장로는 설잠선사를 만나기 위해 경주 금오산 용장사와 불일암을 오가며 설잠선사가 선원의 다법인 좁은 공간에 돌솥에 솔방울을 피워 차를 정성껏 초암차도를 보고 감화되어 일본으로 귀국하며 초암다도를 널리 전하겠다고 마음으로 다짐했다.

《매월당집》에도 시를 통해 매월당과 준장로의 인연을 담고 있다. 또한 《세조실록》에도 준장로가 언급되어 있다. '세조 10년 2월 17일 경자조에 왜국사자(使者) 중[僧] 준초(俊超) 등이 전년에 하직하고 돌아갔는데 영등포에 이르러 바람에 막혀 머물렀다. 임금이 이를 듣고 예빈소원 정침을 보내어 이르길 "듣건대 너희들이 여러 달 머물러 있었다고 하는데 간고가 반드시 있었을 것이다. 지금 사람을 보내어 위로하니 나의 뜻을 알도록 하라"고 하였다.' 그 준초가 매월당을 만난 준초와 일치하는 대목이다.

근래 매월당과 일본 다도 연구가 활발해지면서 속속 연구가 뒤따랐다. 이 분야를 오래 연구해 온 도예가 최정간 선

매월당 김시습이 초암차를 전파한 용장사 옛터. 매월당 초암차 정신을 회상하며 차를 올리고 있다.

생은 〈매월당이 만난 준초범고(梵高)〉라는 논문에서 매월당이 만난 준초는 장로가 아니며 장로 밑의 서당(西堂)이란 직급임을 밝혀냈다고 하였다. 그리고 더 나아가 준초의 이름은 도시모 지우카(俊茂中決) 선사임이 밝혀졌다.

일본 《연보전(延寶傳)》 권24에는 다음과 같은 글이 있다. '이름이 도시모 지우카는 호를 가리킨다. 가나가와현 (神奈川縣)에서 태어난 도시모 지우카는 임제종파로 잇큐(一休) 선사 문하에서 수학했다. 그는 서천사의 주지로 있다 가 말년에 원각사에서 83세로 입적했다.'

《부조록(扶條錄)》 〈오산기(五山記)〉에는 준장로에 대해 다음과 같이 언급했다. '이분은 전국을 순례하다가 조선으로 건너가 염포왜관의 불일암에 주석하고 있던 매월당을 만나 금오산 용장사 매월당을 찾아가 차생활에 흠뻑 빠져들었다.'

또 다른 이야기는 준초가 일본으로 돌아가 매월당에게 배운 다도를 무라다슈코에게 전해 와비차로 대성시켰다는 것이 다. 후에 매월당은 출가하여 설잠 선사로 불문에 귀의했다. 그가 초암차를 일으킨 금오산 용장사 터에는 근래 후학들이 차나무를 식수하여 그의 차 정신을 기리는 운동이 전개되었다. 2007년 봄날 처음으로 불일암의 베일이 벗겨진 후 태화 산 정상에 올라가 옛 불일암 터를 바라보니 일본승 준초 스님이 설잠 선사를 만났던 옛 풍경이 스치고 지나가는 듯했다.

《매월당집》 12권에 나온 〈준초장로와 이야기하며〉에는 다음과 같은 구절이 보인다. '고향을 멀리 떠나니 뜻이 쓸 쓸도 하여 예부터 산꽃 속에서 고적함을 보내누나. 쇠 다관에 차를 달여 손님 앞에 내놓고 질화로에 불을 더해 향을 피우네.' 시에서 매월당의 차 정신을 엿볼 수 있다.

매월당 초암차의 근원을 찾아 울산 태화산에 올라가 불일암을 바라보니 소나무 아래 자동차가 빼곡히 들어차 있 다. 세월의 무상함을 실감하는 듯했다.

설경속의 산사. 매월당은 솔방울을 피워 차생활을 즐겼다.

일본에 전해진 매월당의 초암차

매월당 김시습이 조선에서 일으킨 초암차는 준초 스님을 통해 일본에 전해졌다. 그때가 1463년 이후이다. 준초는 일본 무로마치 시대 오산(五山), 난젠지(南禪寺), 텐류지(天龍寺), 소후코지(相固寺), 겐닌지(建仁寺), 도호쿠지(東福寺))의 승려로서 그를 통해 일본에 전해진 매월당의 초암차는 지금까지 블랙박스에 숨겨져 있다. 매월당이 일으킨 초암차를 맨 먼저 알아본 사람은 무라다슈코였다. 그는 매월당이 행한 한 평 반의 초암을 4조 반으로 확대, 이를 통해 와비차로 대성시켰다. 일본 사람들은 무라다슈코를 차노유의 개산이라고 말한다.《산상종이기(山上宗二記)》에서 이를 말하고 있다. '낙도 중의 최고는 차노유입니다. 나라의 칭명사(稱明寺)에 있는 무라다슈코란 분이 30년을 차노유에 몸 바친 사람입니다. 그 사람은 차노유에 대해 20가지의 소상한 기법을 가지고 있을 뿐만 아니라 공자와 성인들의 가르침에 관해서도 배운 분입니다.' 그렇게 일본 다도계는 차의 최고를 차노유라고 말한다. 그러나 그 차노유가 매월당의 초암차에서 영향을 받았다고 말하려 하는 사람은 그리 많지 않은 것 같다. 그것은 일본차의 자존심이 타격을 받기 때문이다.

무라다슈코는 오늘날 한·중·일 삼국의 차사에 중요한 인물이다. 일본인들은 원오극근의 다선일미라는 업적이 그를 통해 일본에 전해졌다고 믿고 있다. 그런데 차노유까지 매월당의 영향을 받았다면 일본 차계는 크게 상처를 받게 되기 때문이다. 그래서 쉽게 매월당과 무라다슈코를 연결하려 하지 않는다.

매월당의 초암차의 비밀을 풀기 위해 1997년경 당시 원효종 종정인 법홍 스님과 함께 교토의 난젠지를 찾아갔다. 난젠지를 찾게 된 까닭은 1463년 준초장로가 조선에 왔을 때 남산의 용장사와 울산의 염포의 불일암을 오가며 매월당 김시습을 만나 차를 논했던 흔적을 좇아 준초가 주석한 일본 오산 중 본산인 난젠지를 찾은 것이다. 또한 1990년대 중반 재야 차 연구가가 매월당과 준장로가 만난 사실을 기록한 두루마리 형태로 된 극비 문서가 일본 난젠지에 있다는 말을 떠올려 두루마리를 확인하기 위해 일본을 찾아갔다. 당시 원효종 종정 법홍스님과 난젠지 관장실로 안내되어 그와 이야기를 나누었다.

"여기에 온 것은 1463년경 조선을 찾은 오산파 스님 중 준초장로가 남긴 두루마리 친필을 확인하기 위해서입니다."

"그러한 것은 듣지 못했습니다. 대신 난젠지 역사를 드리지요."

관장과 만나 기대가 실망으로 바뀌어 버렸다.

귀국한 뒤《난젠지시》를 살피다가 오산 제도에 대한 의미를 찾았다. 오산제의 기원은 인도의 오정사(五精寺)에서 출발, 지나(支那) 불교 시대를 거쳐 남송 시기 중국 선종의 오대사의 영향을 받아 정착되었다. 일본 다도의 발원이랄 수 있는 선문오산은 '난젠지, 텐류지, 소후코지, 겐닌지, 도호쿠지'를 가리킨다. 준초장로는 난젠지파로 조선과 깊은 연관이 있었으며 오늘날 초암차가 일본의 차노유로 바뀌면서 일본 다도의 근간을 이룬 사람이다. 그를 통해 무라다슈코, 난포조묘에게 차노유가 전해져 일본 다도가 완성되었다. 매월당이 만난 울산 왜관의 불일암 터가 준장로가 머물렀던 곳으로 새롭게 밝혀지면서 매월당의 초암차가 전면에 부각되었고, 또한 매월당이 일으킨 초암차가 무라다슈코가 와비차로 대성시킨 사실이 밝혀지면서 초암차가 바다를 건너 일본에까지 전승되면서 한국차문화을 새롭게 쓰게 된 쾌거라고 말할 수 있겠다.

3. 순천 와온해변에서
다시 만난 노을빛 고운
햇님얼굴 달님얼굴

순천 와온해변에서 햇님얼굴을 다완에 담아 차를 올리다

전남 순천의 와온 해변가를 걷다 보면 노을빛 곱게 물든 햇님(一面)얼굴이 달님(月面)얼굴을 다완에 담아본다. 아침 노을빛 붉게 물든 햇님얼굴과 아낌없이 하루를 모두 불사르는 저녁노을 빛은 보는 이로 하여금 잠시 멈춤과 숙연함으로 자신의 내면을 바라보게 하는 그 오묘함이라고 말할 수 있겠다. 이 같은 절경을 발견한 세계홍차연구소(소장 김영애)의 안목에 놀랍게 다가왔다. 어느 날 해 질 무렵에 세계홍차연구소 이강자 전문위원과 김여옥 연구원 등 두 제자를 이끌고 와온강변의 찻자리를 펴고 해가 해변으로 기울어져 가길 기다렸다. 햇님이 점점 와온마을의 앞바다로 기울어져 갈 무렵 햇님이 다완 속으로 빠져들어 갔다. 바다 한가운데로 나아가 파도가 몰려오는 바위 위에서 찻잔을 높이 붙잡고 허공 위로 차공의식을 펼쳐냈다. 이 순간을 다완 위로 담아낸 이강자 다우는 평생 해님이 찻잔에 담긴 장면을 바라보기는 처음이라고 기뻐했다. 햇님 얼굴이 순천 와온해변으로 기울어질 즈음 이강자 다우가 그 순간 붉게 물든 햇님이 찻잔 속으로 빠져들어 갔다. 청중들은 환희심을 느껴왔다. 이렇게 일몰의 순간을 찻잔에 담아낸 것은 우리 차사를 새로 쓰는 쾌거가 아닐 수 없었다. 순천만

순천 와온강변에서 해질 무렵 해님을 찻잔에 담아 우주를 향해 헌다공양을 올렸다.

에 인접한 와온해변을 발견한 세계홍차연구소 김영애 소장의 오랜 안목에서 와온해변을 발견하여 햇님을 다완에 담아낼 수 있었다고 보여진다. 와온해변은 전라남도 여수시 율촌면 가장리, 남서쪽으로는 고흥반도와 순천만에 인접한 해변으로, 순천만의 동쪽 끄트머리인 순천시 해룡면 상내리 와온마을 앞바다에 있다. 해변의 길이는 약 3km에 이른다. 해변 앞바다에는 솔섬이라 불리는 작은 무인도가 있다. 이 섬은 학이 납작하게 엎드린 모양이라 하여 학섬이라고 불린다, 밥상을 엎어놓은 것 같다 하여 상(床)섬이라고도 하는데, 예전에는 섬 안에 주막이 있어 뻘배(꼬막을 잡을 때 쓰는 널)를 타고 조업을 나갔던 어부들이 목을 축이고 돌아왔다고 한다. 김영애 소장은 우연히 와온해변에 산책을 나왔다가 멈추어버린 돛단배를 발견하고 돛단배 사이로 햇님이 해변 바다로 사그라지는 장면을 보고 햇님얼굴을 찻잔에 담아낼 수 있었다고 말했다.

해 질 무렵에 사라져가는 햇님얼굴 달님얼굴

햇님얼굴 달님얼굴을 떠올릴 때 마조선사로부터 출발했다. 마조선사는 천화를 앞두고 햇님 얼굴의 부처[日面] 달님 얼굴의 부처[月面]를 제시했다. 즉 사람의 수명을 비유했는데, 월면(月面)은 사람의 수명이 일일일야(一日一夜)이며 일면(日面)이라는 부처의 수명이 1800세라는 뜻이다. 천 년 전 마조 선사가 일출과 일몰의 순간을 적나라하게 꿰뚫어 보았던 대목이다. 와온마을은 전형적인 작은 어촌마을로 와온해변 앞바다에는 짱뚱어, 새꼬막, 숭어, 맛, 찔렁게, 낙지 등의 수산자원이 풍부하며 특히 꼬막생산지로 유명하다. 꼬막 철인 10월~5월 초가 되면 꼬막양식장에서 긁어온 산더미 같은 꼬막을 분류하고 손질하는 어부의 모습을 종종 볼 수 있다.

순천이 작설차의 산지로 유명하게 된 것은 조선 선

해님이 찻잔속으로 빠져들어간다.

조 때 문신인 허균(1567~1618)은 "작설차는 순천산이 제일이고 그다음은 변산"이라고 말한 바 있다. 1618년에 편찬된 《승평지》에 의하면 음력 2월에 작설차 한 근 반을 진상품으로 왕실에 올렸다는 기록이 전해온다. 이처럼 순천 작설차는 조선조 때 제일가는 차로 명성을 얻었다. 고려 때에는 대각국사 의천이 선암사에 주석하면서 뇌원차를 법제하여 송나라에까지 수출했을 정도로 순천은 차의 산지로 자리 잡아갔다. 물결치는 파도 소리를 들으면서 영조 시대의 실학자 신경준의 '차 달이기[煎茶]'가 스쳐 갔다.

'맑게 갠 밤 샘물 길어 차를 달이니
산 위에 달 밝은에 떨어진 꽃이 찬 이슬에 젖네
마른 연꽃이 저절로 향기나고
호중천의 긴 꿈 깨고 돌아왔다네'

- 煎 茶 -
淸宵瀹澗茗
花落山月冷露濕
芰荷衣自香
六六壺天歸夢長

신경준의 '전다'라는 시를 음미해보니, 순천만이 바라보이는 와온해변을 그대로 옮겨 놓은 것 같았다. 아직 석양 햇살은 서해 바다를 온통 붉고 파랗게 물들이고 있었고, 밀려오는 파도 물결에 차향은 모래사장에 부딪히다 물러나는 파도 소리인 양 코끝에서 찰싹찰싹 머무를 듯 스쳐 지나가고 있었다. 그즈음 문득 마조 선사의 열반송이 달님이 석양 사이로 사라져가는 순간 떠올랐다.

햇님 이 와온해변의 수평선으로 가라앉으면서 햇님 얼굴이 사라져가면서 달님 얼굴이 떠올랐다. 이렇게 자연 현상을 찻잔에 담아낸 눈 밝은 차인의 노력으로 낙조가 예사롭지 않았다. 햇님얼굴[日面] 달님얼굴[月面]이 겹쳐지면서 찻잔에 우주를 담아냈다. 이처럼 순천의 와온해변에서 일몰을 찻잔에 담아낸 눈 밝은 차인들의 안목에서 차의 세계를 한 단계 높여 주고 일몰 직전에 맛본 향기로운 차향이 오랫동안 내 기억 속에 남아 있게 되었다.

사라져가는 해님을 찻잔에 담아냈다.

[4. 섬진강 만수탄
거북바위 앞에서 열린
수류화개 찻자리]

순창의 만수탄 천변의 거북바위에서 차를 이야기하다

섬진강 상류(上流)의 물결따라 만수탄 천변에 이르며 거북형상의 바위가 반긴다. 이 바위가 유명하게 된 까닭은 1498년(燕山君.4년)때 무오사화(戊午士禍)와 갑자사화(甲子士禍.연산군10년)로 무고한 사람들이 억울한 죽임을 당하자 양배(楊培)가 고향 순창으로 낙향(落鄕)하여 아우 양돈(梁墩)과 함께 적성강 상류 만수탄에서 고기를 낚으며 세상사를 잊고 자연을 벗하며 살아갔다. 양배 · 양돈 형제는 거북바위 앞으로 흘러내리는 물결 위로 찻잔을 띄워 유상곡수(流觴曲水)를 즐겼다. 양배의 자는 이후(而厚), 호는 구암(龜岩)으로 거북과 불가분의 관계가 있다고 하겠다. 그가 죽은 후 사림(士林)에서 지계서원(芝溪書院)을 세워 배향하였고 1868년 (고종5년)서원 철폐령에 의해 서원이 헐리게 되자, 후손들이 다시 구암정을 세워 지금까지 보존해오고 있다. 거북바위는 구암정 바로 아래 섬진강 상류(上流)의 만수탄 천변에 자리 잡고 있다.

순창 만수탄 천변의 거북바위 앞에서 펼쳐진 수류화개 찻자리

꽃이 피고 물이 흐르는 수류화개 찻자리

순창군 동계면 구미리의 '구미(龜尾)'는 거북 형상의 바위 때문에 붙여진 이름이다. 거북바위 앞에 수류화개(水流花開) 찻자리를 펼쳐지게 된 데는 각별한 사연이 있다. 2021년 6월 25일 구암정에서 명가(名家)차회가 열리던 날 자연스럽게 구암정에서 수류화개 찻자리가 열렸다. 거북바위 주변은 그야말로 물이 흐르고 꽃이 피고 새가 우는 수류화개를 그대로 옮겨 놓은 것 같은 풍광(風光)이었다.

일찍이 선인들은 삼월 삼짇날 흐르는 물결 위로 술잔을 띄우고 자기 앞으로 떠내려올 때까지 차시를 읊었던 유상곡수(流觴曲水)를 즐겼는데 이제는 곡수다연(曲水茶煙)으로 다시 깨어났다.

유상곡수에 관한 가장 오래된 기록으로 알려진 것은 4세기경에 쓰인 왕희지(王羲之)의 난정서로, 문인(文人)들을 모아 굽이진 물줄기에 줄 서 앉아 시를 지었으면서 유래되었다. 한국은 신라 때 포석정(鮑石亭)에서 술잔을 띄워 시를 짓고 풍류를 즐겼다. 유상곡수를 찻자리로 이끌어 낸 타이완(臺灣)의 차인들이다. 예전에 천인·천복 명차집단의 이서하(李瑞河) 총재(總裁)로부터 초대를 받아 푸젠성(福建省) 장저우(漳州)의 천복(天福)박물관에서 열린 곡수다연에 참가한 적이 있는데 각국의 차인들이 흘러내리는 물결 위로 찻잔과 다식을 맛보면서 곡수다연을 즐겼다는데 인상을 받았다. 그러다가 순창에 老茶樹가 있다는 소식을 듣고 우연히 구암정 아래 거북바위를 보고 곡수다연이 스쳐 갔다. 거북바위 주변을 자세히 관찰해 본즉 추사 김정희의 차시 중 물이 흐르고 꽃이 핀다는 수류화개가 스쳐갔다. 곡수다연을 발전시켜

수류화개 찻자리를 발전시켜 과거 유상곡수를 떠올릴 때 술잔을 띄워 시를 지었던 풍경이 이제는 찻잔을 띄워 차문화를 논하는 자리로 발전시켜 차문화의 향기가 널리 퍼져 나갈 것 같았다. 그렇게 뜻을 모아 수류화개 찻자리가 이루어졌다.

水流華開를 노래한 거북바위

섬진강 상류에 자리한 거북바위는 그야말로 추사(秋史) 김정희(金正喜)의 차시(茶詩) "고요히 앉아 차를 마시고 향을 사르며 오묘한 시간의 흐름 속에 물이 흐르고 꽃이 피네.(靜坐處茶飯香初 妙用時水流花開)'를 그대로 옮겨 놓은 것 같았다. 양배와 양돈형제는 늘 거북바위 앞에서 차를 마시며 세상사를 잊고 살아갔을 것 같다. 〈구암정기(龜嚴亭記)〉를 보면, 맑은 만수탄의 물 흐름에 주변의 특출한 세 봉우리가 감지된다. 이러한 경치를 정면으로 굽어볼 수 있는 곳에 구암정의 터를 잡았기 때문에 경치가 매우 뛰어나다. 예전에는 정자 둘레에 수십 그루의 오동나무가 있었다고 전하나, 현재는 배롱나무가 심겨 있을 뿐이다.

이번 수류화개 찻자리는 영 · 호남을 차로 이어주는 의미있는 찻자리로 평가된다. 멀리 대구의 한국홍익차문화연구원(원장최정수)의 사범(師範)들이 참여하여 찻자리의 의미를 더해주었다.

수류화개 찻자리가 열리기 전 거북바위 앞에 향차(香茶)를 올린 뒤에 찻자리가 이루어졌다. 거북바위 앞의 자연 반석 위에 연꽃 모양의 다포를 깔았다. 먼저 만수탄에 흐르는 강물을 표자(瓢子)로 물을 정갈하게 길어 물항아리에 담아 물을

만수탄 천변에서 바라본 구암정

수류화개 찻자리 팽주로 나선 홍익차문화연구원 이재윤 사범

끓였다. 다화(茶花)는 거북바위 주변의 배롱나무 꽃을 화병에 꽂았다. 팽주는 홍익다도사범회의 이재윤 사범이 정갈하게 차를 우려냈다. 거북바위 앞에서 찻자리는 그야말로 꽃을 바라다보며 물이 흐르는 수류화개를 그대로 옮게 놓은 것 같았다. 섬진강에 유유히 흘러가는 물결을 바라보며 찻자리에는 다양한 담론들이 쏟아져 나왔다. 그때 찻자리에 참가한 차인들에게 말문을 열었다. "찻자리가 시작되기 전 표자로 물을 길어 물항아리에 담아 찻자리를 시작했는데 그간 표자의 원류가 만푸쿠지(萬福寺)의 차 파는 노인 바이사오(賣茶翁) 같은 명승(名僧)이 분명하게 일본에 전해진 조롱박은 신라로부터 영향을 받았다고 밝혀지면서 수류화개 찻자리에 참가한 대중들은 놀라워했다.

거북바위를 바라다보면서 물이 유유히 흘러가는 장면을 바라다본 한 다우는 "차를 반나절을 마셨는데도 차 맛이 처음과 같았다."라고 했다. 또 다른 다우는 "물이 흐르듯 차맛이 오감으로 느껴져 옵니다." 이렇듯 수류화개 차회는 찻자리의 품격을 높여주었다.

물이 흐르듯 선경(仙境)에 빠져들다

거북바위 앞에서 찻자리는 추사(秋史) 김정희(金正喜)의 수류화개란 시어(詩語)를 읽고 감격한 많은 차인들이 간간히 찻자리에 차시를 짓고 풍류를 즐겼다. 허균(許筠)은 〈누실명〉에 "차를 반쯤 따라 놓고 향 하나를 사르다."라는 시에도

표자로 만수탄 강변의 물을 길러 물항아리에 담은 뒤
수류화개 찻자리가 거북바위 앞에서 열렸다.

수류화개 찻자리가 시작되기 전 거북바위 앞에 차를 올리는 박은주 사범

고창 만수탄 천변에서 열린 수류화개 찻자리

추사의 다반향초를 은유적으로 표현한 것 같았다.

　만수탄 거북바위 앞에 향(香) 하나를 피웠는데 거북바위에서 찻자리로 흘러온 향연(香煙)과 어우러져 차를 반쯤 마셨는데도 향기는 처음과 같음을 실감했다.

　이번 찻자리는 명가차회에 참가한 한국국제선차문화연구회 최석환 회장, 원로차인 최정수 원장, 홍익차문화원사범회 박옥순 회장, 홍익차문화원 황혜숙, 박은주, 이재윤 사범의 정성스럽게 준비한 찻자리로 격을 높였다. 오후 3시 30분 시작된 찻자리는 해가 서산(西山)에 기울어질 즈음 끝났다. 최정수 원장은 수류화개(水流花開)의 찻자리를 보고 감동(感動)의 차시(茶詩)를 남겼다.

　　섬진강 다유(茶遊)
　　　　　丘山 崔正秀(茶文化 詩人)

　　섬진강 상류의 오랜 역사는
　　강줄기 한복판을 돌고 돌아
　　경이로운 거북바위 되었네.

　　마침내
　　찬란한 유다곡수연(流茶曲水宴)과
　　거룩한 수류화개(水流花開)를 펼친 듯
　　목마른 다심(茶心)을 흠뻑 적시고 있네.

　　맑은 녹빛차 즐기는 물 위의 향연
　　만수탄(萬壽灘) 천변에 찻잔 띄우는
　　끽다유(喫茶遊)의 속삭임.

　　어느새 내면에 닿는 소리는
　　물 흐르는 소린지, 찻물 흐르는 소린지
　　도무지 알 수가 없네.

[5. 천진무구한 어린 동자승의
정중동동중정靜中動動中靜의
세계]

　　2015년 10월 중국 안후이성(安徽省) 츠저우(池州)시의 구화산(九華山) 풍경구에
서 6살의 동자승(童子僧)이 무대 위로 올라와 스승의 손놀림에 따라 일상의 행차(行
茶)를 펼쳐 보였다. 그 모습을 국내외 청중들은 숨죽이고 지켜보고 있었다. 스승이
다반 위에서 개완(蓋碗)을 잡고 능숙한 솜씨로 차를 우려냈다.

　　동자승 석다우(釋茶友)는 옆에 앉아 숨죽이고 스승의 동작 하나하나를 지켜본 뒤에
차를 적당히 개완에 넣고 차를 우려낸 뒤 청중에게 다가가 차를 내놓았다. 그때 동자
승이 우려낸 차를 받고 차맛을 음미했다. 차맛은 유난히 향기롭고 감미로웠다. 그 모
습을 지켜보면서 마조 선사의 평상심이 대하처럼 흘러가 남전보원(南泉普源.748-
834) 선사에 의해 일상(日常)의 차(茶)로 되살아나는 것 같았다. 남전의 제자인 조주
(趙州) 선사가 물었다.

　　"어떤 것이 도입니까?"

　　남전 스님이 말했다.

　　"평상심(平常心)이 도이다."

　　"향해 나아갈 수 있습니까?"

　　"망설이면 어긋나느니라."

스승을 따라 움직이는 동자승의 천진난만한 모습이 이채롭다.

2016년 황매산에서 열린 11차 세계선차대회에서
정중동 동중정(靜中動動中靜)을 보여주는 석다우

"망설이지 않을 때에는 어떻게 그것이 도인 줄 알
겠습니까?"

"도는 알고 모름에 속하지 않는 것이니, 안다면 허
망한 깨달음이요, 모른다면 무기(無記)인 것이다. 만
일 망설이지 않고 진실로 도를 터득한다면 마치 허공
이 널리 툭 트인 듯 될 것이다. 어찌 옳고 그름을 따
지겠느냐?"고 답했다.

남전과 조주가 나눈 문답에서 일상의 도(道)가 평
상심(平常心)이라는 사실을 제시했다면 천여 년이 지
난 지금 남전사의 어린 동자승인 석다우는 일체 말이
없는 가운데 차 한 잔으로 평상심을 실천해 갔다. 이
를 두고 사람들은 정중동 동중정의 세계를 동자승이
차로 실현했다고 말한다.

"고요한 가운데 움직이고 고요한 가운데서도 움직
이지 않는 좌선삼매에 빠져드는 것과 같이 동자승이
실천해 보였다. 동자승의 동작 하나하나가 정중동
동중정이라는 고사가 동자승과 일치된다. 구화산 풍
경구의 공연장에서 혜성처럼 나타난 석다우는 2016
년 10월 황매산에서 열린 제11차 세계선차문화교
류대회에 다시 나타났다. 이번에는 동자승이 스승을
대동하지 않고 홀로 무대 위로 올라와 정중동동중정
의 자세로 차를 우려냈다.

차를 우려낸 뒤 태극권의 자세로 스스로 무술의 경
지를 보여주었다. 그처럼 동자승의 모습에서 조용히
앉아 차를 반쯤 마셨는데도 향기는 처음과 같다는 추
사 김정희의 수류화개(水流花開)"를 동자승의 모습
에서 온몸으로 느끼게 했다. 그렇게 차계를 달구었
던 동자승은 그뒤 초등학교에 진학하면서 그야말로
마조도일, 남전보원, 조주종심, 철감도윤 선사가 정
신을 잇는 평상심을 실천해 보인 뒤 다시 일상으로
돌아갔다.

[6. 강물의 물결 따라 흐르는
배 위의 선객을 보다]

어느 눈 내리는 겨울날, 저녁노을이 진 호숫가에 노 젓는 뱃사공의 모습이 반사된 사진 한 컷이 눈앞에 펼쳐졌다. 그 아름다운 자태가 강 위의 선객을 보는 것 같아 한동안 사진에서 눈을 뗄 수 없었다. 수소문한 끝에 그 아름다운 호수가 담양호라는 사실을 알게 되었고, 뱃사공에게 연락하여 정중히 배에서 차를 들고 있는 모습을 사진에 담고 싶다고 말하자 흔쾌히 응해 주었다.

그러나 담양호에 얼음이 얼어 좀처럼 배를 띄울 수 없었다. 눈 녹기를 기다리다가 이 일을 잠시 잊고 있었는데 어느 날 사진을 살피다가 천주봉의 바위 하나가 선객이 좌선하는 모습이 눈에 들어왔다. 그때에서야 담양호의 고기잡이 뱃사공이 떠올랐다. 그에게 연락을 취하자 담양호의 물이 말라 배를 움직일 수 없다는 이야기를 해 왔다. 원래 담양호는 농업용 저수지로 만든 것이기에 농사철에는 농업용수로 쓰여 수면이 바닥에 깔리게 된다. 그러던중 10여년전에 배위의 선객을 찻잔에 담아낼 수 있었다.

영산강의 발원지인 용추계곡의 물을 끌어 이룬 그 아름다운 담양호에 이른 것은 오후 3시 무렵이었다. 끝없이 펼쳐진 호수 위로 물결이 흐르고 저 멀리 물살을 가르고

배 위의 선객

있던 배 한 척이 가까이 다가왔다. 바로 배의 주인인 이강열 씨였다. 참으로 오랜만의 해후였다. 그와의 수인사를 나눈 뒤 해 질 무렵을 기다렸다.

해가 서산으로 기울어져 갈 무렵 뱃사공은 노를 젓고 다우 서희주 씨는 배 위에 올라가 능숙한 솜씨로 차선을 잡고 차를 우려냈다. 고려 시대 유행한 정병으로 찻물을 붓고 진사 다완 위에 차선으로 격불하자 거품이 일어났다. 그 푸른 차향이 노을빛과 어우러지면서 격불하는 순간 강 위의 선객을 보는 것 같았다. 다우 서희주 씨에게 오늘 차회의 소감을 묻자 "평생 잊지 못할 환상적 차회"라고 기뻐했다.

담양호는 새벽의 물안개와 저녁노을이 일품이다. 그것도 선상 위에서 찻자리로 이끌어 내기는 이번이 처음이다. 뱃사공 이강열 씨는 오랫동안 배를 저어 왔지만 이번처럼 감회가 깊은 것은 처음이란다. 담양호 주차장 인근에 찻집을 내고 싶은데 이번에 찍은 사진을 기념으로 걸겠다고 말하며 기뻐했다.

차는 고요함이고 선은 사색함이라고 말하지 않았던가. 더 나아가 강 위의 노 젓는 선객은 바로 차가 있어 제격이라고 말할 수 있겠다. 배 위의 선객을 볼 때마다 마조 선사가 생각난다.

어느 날 마조를 찾아온 방온 거사가 "불법의 진리가 무엇이냐."고 묻자, "네가 서강의 물을 다 마시면 그때 말해 주겠다."라고 답한 고사에서도 물[水]이 매우 신성시되었음을 알 수 있다. 육우의 〈육선가(六羨歌)〉에는 '천만 번 서강수를 탐했다.'라는 구절이 나온다. 그처럼 흘러가는 강물이 다가(茶家)로 옮겨 오면서 물과 차는 떼려야 뗄 수 없는 관계로 발전해 갔다. 마조나 육우가 말한 서강수(西江水)는 오늘 이 순간을 보고 읊은 것 같다.

뱃길 주변의 잠자리가 차향에 취해 좀처럼 떠나려 하지 않았다. 6시가 가까워 오자 해가 서산으로 기울어져 갔다. 추월산이 물결에 비쳤다. 물속에 비친 추월산은 한 폭의 그림처럼 아름다웠다. 선상에서 만난 선객과의 차 한 잔은 내 마음을 적시어 준 감로차처럼 오랫동안 그 향기 속으로 흠뻑 빠져들어 가게 했다.

배 위에서 다완에 차를 담아 차향을 만리강천으로 띄워 보냈다.

[7. 찻잔에
나뭇잎이 드러나다]

천목다완(天目茶碗)은 원래 항저우 여항의 천목산 자락에서 수행한 승려의 밥그릇이었다. 그 찻그릇을 발견해낸 사람은 다름 아닌 일본의 유학승이었다. 송나라 때 천목다완이 유행하였고, 원오극근(圜悟克勤) 선사에 의해 다선일미(茶禪一味)가 제창되었다. 따라서 그 시기 차문화(茶文化)는 도자(陶瓷) 문화와 만남으로써 눈부시게 발전해 나갔다. 천목다완의 등장은 차 문화 발전에 적지 않은 영향을 끼쳤다. 그 여세를 몰아 저장(浙江), 푸젠(福建), 장시성(江西省)에 걸쳐서 천목다완이 광범위하게 만들어졌다. 푸젠성(福建省,) 건요(建窯)가 하늘의 별빛을 수놓은 찻잔을 만들었다면, 길주요(吉州窯)는 찻잎을 찻잔에 띄운 명기들을 만들었다. 그래서 차 연구가들은 푸젠성 건요와 장시성 길주요를 형제지간이라고 말하기도 했다. 그 역사의 현장을 2007년 3월 10일 탐방하여 길주요를 역사 속에서 드러냈다.

끝없이 흐르는 강물을 헤치고 한 사람이 다리를 건너고 있다. 마치 선경(仙境)을 보는 듯했다. 그 뗏목 나무 위로 탑이 눈에 들어온다. 본각사(本覺寺) 전탑이다. 바로 여기가 송나라 때 유행한 천목다완의 고향 길주요의 현장이다. 푸젠성 건요와 함께 중국 도자 역사의 획을 그었던 곳이다. 그 역사의 현장을 방문하여 뜻밖에도 그 건

천목다완의 발원지인 장시의 길주요 강가에서 한 다우가 나무 사닥다리를 걷는 장면이 선정에 빠져드는 것 같다.

나뭇잎이 찻잔에 드러난 목엽천목

요가 본각사에서 만들어졌던 사실을 알게 되었다. 일찍이 천목다완은 천목산 스님들의 밥그릇에서 출발, 찻그릇의 제왕이 되었던 명기이다. 찻잔에 나뭇잎이 떠오르는 듯한 이 흑유(黑釉) 찻그릇은 번뇌 속에 광명을 만나는 듯했다. 그밖에도 난새(鸞)와 봉황무늬, 사슴 나무와 토끼털무늬, 달과 매화무늬, 유약을 뿌린 갈대와 물억새무늬 등 길주의 찻그릇을 살펴보고 있으면 송대 도자예술의 극치를 보는 것 같다. 나뭇잎을 흑유다완에 박아낸 천목다완의 현장인 길주요는 중국 선종의 발상지인 청원산과 가깝다. 장시성 길안시 영화진에 자리 잡고 있다.

영화진은 온통 도자기 세상을 보는 듯했다. 이는 길주요와 무관하지 않다고 하겠다. 감강을 따라 남쪽으로 5km에 이르면 영화진이 나온다. 그곳이 바로 송대로부터 원 말 가마터가 폐허가 되기까지 전성을 이루었던 곳이다. 흥미로운 사실은 길주요와 청원산 청원행사 선사와의 관련설 규명이다.

〈청원사지〉의 영화조에 동창요(東昌窯)는 송나라 때 개원되어 계강(鷄岡)을 취해 그릇을 만들었다는 이야기가 나온다.

길요는 잘 알려진 바와 같이 육조혜능(六祖慧能)의 제자였던 청원행사의 근거지였던 청원산과 인접해 있다. 그 현장이 장시성 길안현 영화진에 있다. 오늘날에는 길주요로 알려져 있다. 길주요지 또한 불교와 밀접한 관련이 있음이 드러났다. 〈여릉현지〉에 본각사는 당(唐) 개원에 개창되었다고 적고 있다.

특히 당(唐) 개원 2년(714) 육조혜능의 직계 제자인 청원행사는 청원산에 도량을 개설하고 그곳에 머물렀다. 영화진의 길주요 또한 그 시기에 번창하였고 본각사의 승려들에 의해 찻그릇을 만들지 않았나 생각된다.

푸젠성의 건요가 하늘의 별빛을 수놓았다면 길주요의 핵심은 나뭇잎을 찻잔에 띄운 찻그릇의 등장이었다. 특히 길주요는 민간에서 주로 많이 사용되었고, 따라서 조형미 또한 소박하고 유약이 눈부셨다.

조선도공의 혼이 깃든 길주 본각사 고요유지(古窯遺址) 앞에서 차 한 잔을 들어 도공의 넋을 기렸다. 마침 청도에서 올라온 천목다완 애호가 김덕기 사장이 길주요지에서 출토된 천목다완을 가져와 우리 일행을 열광시켰다.

길주요는 민간공예 발전에 지대한 영향을 미쳤다고 전문가들은 평가했다. 중국 천목다완의 양대 산맥을 형성한 장시의 길주요와 푸젠의 건요는 중국 유명의 흑유(黑釉)의 산지로 찻그릇의 제왕 자리를 지켜왔다.

길주요는 고령토가 출토된 청원산 천목을 구웠던 가마터의 불이 꺼진 지 오래였다. 현재는 신진도공들에 의해 선조도공이 만들어낸 흑유다완(黑釉茶碗)의 재현을 위해 몸부림치고 있다. 계강령의 자연 자원과 인접한 흑유의 발상지가 바로 영화진이었다. 그 역사의 현장에는 적막감이 감돌았다. 몇 세기를 거쳐온 길주요의 과거와 현재의 모습을 다각도로 조명해본다.

8장

[차 한 잔에
마음을 깨우다]

[1. 햇차를 앞에 놓고
차를 말하다]

   햇차의 계절이 다가왔다. 늘 이맘때가 되면 어린 순만을 한 잎 한 잎 정성껏 따서 법제한 뒤 우전차(雨前茶) 한 잔을 앞에 놓고 아름다운 다우들과 함께 햇차를 마시며 다담을 나누었다. 차가 이 땅에 들어온 시기는 신라 흥덕왕 때 대렴이 차씨를 당나라로부터 가져와 지리산에 파종하면서 한국의 차문화가 토착화되었다. 가만히 생각해 보니 천년을 늘 그랬던 것처럼 먼저 햇차 한 잔을 다신(茶神)에게 올리고 그 고마움을 절절히 노래했던 선고다인이 생각난다. 사실 차가 민중 속으로 다가선 것은 그리 오래 되지 않았다. 차의 날이 지정된 것도 불과 25년 밖에 되지 않았다. 그 전에는 차를 앞에 놓고 우리 민족은 무엇을 했을까. 대대로 자연의 순리처럼 차를 음다의 한 방법으로 생각해 오다가 본격적으로 차가 기층으로 파고든 것은 1980년대로 접어들면서부터였다. 몇몇 뜻 있는 다우들이 힘을 모아 진주 촉석루에서 '차의 날'을 제정하여 선포식을 한 것이 그 출발점이다. 당시 〈차의 날 선언문〉은 이렇게 시작되었다.

   '우리 민족은 예로부터 나뭇잎을 따서 달여 마신 백산차가 있었고, 나무 열매를 달여 마시기도 했다. 그로부터 천년 동안 차는 우리 민족에게 예절 바른 생활의 멋을 낳게 하였고, 풍류의 멋을 가꾸어 오면서 나라와 겨레의 후생을 두텁게 하여 왔

다. 찬란했던 민족의 차문화가 이 땅에서 다시 꽃필 것을 확신하면서 5월 25일을 차의 날로 선언하는 바이다.'

　선언문에서도 밝혔듯이 사라져버린 차문화를 잇게 했던 것이 당시 차농민들의 노력을 잊을 수 없다. 차는 문화의 중심이 되었고, 한·중·일 삼국은 각기 다른 다법을 놓고 우열을 가리는 무대를 펼쳤다. '좋은 것을 취하여 내 것으로 만든다.'라는 것이 각자 나름대로의 생각이었다.

　2010년 4월 25일 저장성(浙江省) 닝보시(寧波市)가 녹차의 주산지로 가꾸려는 의도에서 닝보시가 앞장서서 '제4차 중국 닝보 국제차문화절'을 맞아 '해상 차로국제논전'이 열리던 날 학술연토회에 한국대표로 참가하여 〈중국 차문화를 한국에 전한 인물들〉이라는 논문을 발표하였다. 중국에서 지대한 관심을 보여 그 논문을 〈건축과 문화〉 5월호에 소개되었다. 그때 나는 중국차를 한국에 전해준 사람 쪽보다 《구화산지》를 토대로 신라왕자 김지장을 통해 우리 차를 중국에 전파한 사실을 중심으로 밝혀내는 작업을 했다. 그러나 중국 쪽에서는 김지장이 가져간 차가 이지세의 시 중에서 '그 차가 서역에서 전해 온 선의 맛이던가[不信西來禪味別].'라는 구절을 들어 당시 신라에서 가져온 차인가 하는 의문점이 생긴다는 토론이 벌어졌다. 그러나 오늘의 구화불차는 김지장이 전한 차임이 분명하니 우리 스스로가 더 연구해 볼 대목이다.

　학술연토회가 끝난 뒤 닝보의 청원다행의 주인 우미화(吳美花) 여사와 마주 앉았다. 그는 우리 일행을 살피더니 닝

보의 백차를 우려냈다. 물의 온도는 80℃였다.

"어찌 끓는 물에 차를 바로 우려내지 않습니까."

"이 차는 80℃의 물로 우려내야 제맛이 납니다."

"중국의 차풍은 모두 열탕이 아닙니까."

"옛날에는 식혀서 마셨습니다."

우미화 다우가 개완잔을 들여다보았다. 차향이 일품이었다. 이처럼 차의 세상은 변화의 물결을 타고 요동치고 있음을 실감했다. 세계가 지금 '차의 주산지'라는 명성을 브랜드처럼 들고 나올 때 우리 차계는 햇차를 앞에 놓고 어떤 생각을 하고 있는지 궁금했다. 녹차 주산지로 거듭나려는 닝보의 변화를 보면서 우리 차산지는 어떤 변신을 모색하고 있을까 생각해보았다. 차를 국가적 음료로 발전시키려는 공동의 노력으로 차의 달에 햇차 한 잔을 앞에 놓고 잡설(雜說)이 너무 길어진 것 같았다. 늘 그랬던 것처럼 햇차 한 모금은 기나긴 세월을 버텨 온 우리 차의 맑고 맑은 기운처럼 세상을 밝히는 불광이 되길 바랐다.

찻잔 위로 찻잎의 창이 선연히 드러난다.

[2. 자연과 우주의 변화에
따라 달라지는 차맛—味]

차를 어떻게 품다(品茶)해야 제 맛을 낼 수 있을까? 대부분의 차인들은 첫 번째가 좋은 차의 선별이라고 두 번째가 찻물을 손꼽는다. 그러나 자연과 우주의 변화에 따라 차 맛이 달라진다는 사실을 알게 된 뒤부터는 새로운 차 맛을 발견하게 되었다. 창덕궁과 북악산을 마주 바라보는 아담한 선차실에서 마시는 차 맛이 아주 일품이다. 매일 오후 3시에서 4시 차실 창문 사이로 햇볕이 어김없이 들어온다. 그때가 되면 새로운 차 삼매경에 빠지는 듯한 기분을 느끼게 된다. 용유석 위로 송대 건요에서 만들어진 천목다완을 올려놓았다. 창문으로 들어온 빛이 텅 빈 찻잔에 내려앉아 찻그릇이 눈부시게 변화하고 있다. 우주가 시시각각으로 변화하는 광경을 보면서 찻그릇 하나로 각각 다른 맛을 느낄 수 있다는 사실은 자연과 우주의 조화가 빚어낸 신비로움이 아닐 수 없다. 불과 한 시간 사이에 벌어진 그 광경은 자연과 우주가 하나 됨을 느끼게 한다. 그런 모습을 몇 차례 지켜본 다우들은 그 시간에 맞춰 차를 청해오는 경우가 더러 있다. 그러한 분위기에서 맛본 차 맛이야말로 일품이 아닐 수 없다. 혀끝을 스치고 지나가는 그 맛이 오감으로 전해져 온다.

그래서 차를 놓고 중국의 문호인 임어당(林語堂, 1895~1976)은 차만 있으면 중국인들은 어디서든지 즐겁다고 했다. 그처럼 우리에게도 차는 생활의 일부이며 사람

고즈넉한 진도 울림산방의 찻자리

과 사람의 마음을 소통하는 가교 역할을 하고 있다. 차는 본래 약용(藥用)이었다가 음용(飮用)으로 바뀐 이후 줄곧 사람들의 일상생활과 밀접한 관계를 맺어왔다.

　일요일 사람들로 붐비는 서울의 중심 인사동에서는 차 음료를 들고 음용하면서 거리를 다니는 사람들의 모습을 심심찮게 보게 된다. 중국의 차 연구가인 완하오경(阮浩耕)의 《품다록》에는 다음과 같은 말이 전한다.

　차는 이제 일상생활에 없어서는 안 되는 음료가 되어버렸다. 처음에 차는 갈증을 풀어주던 것에서 점차 마시고 품평하는 것으로 승화되는 한편, 미술·공예·음악·시문 등 문학과 예술과도 점점 폭넓고 어우러지고 있다.

　그러나 차가 대중화되면서 우리의 찻자리에는 고상한 말[雅]보다 저속한 말[俗]이 더 많이 난무하고 있다. 그래서 차 애호가들은 차인들 속에 끼려 하지 않는다. 몇 달 전 한 차 애호가의 집에서 신차를 앞에 놓고 품다회를 가졌다. 몇 사람이 둘러앉아 아름다운 이야기를 나누는 동안 시간이 빠르게 지나갔다. 그처럼 궁합이 맞는 사람끼리 나누는 아름다운 차 이야기는 시간을 동여매고 싶을 정도로 아름다운 순간이 아닐 수 없다.

　차는 이제 단순히 음다의 차원을 떠나 거문고, 바둑, 국악, 서예, 그림과 만나면서 문화의 한 축을 이루었고 현란한 다예로까지 승화되었다. 차를 놓고 말하지 않으면 문화인의 대열에 끼지 못할 정도로 우리 생활에 보편화 되었다.

　최근 한 소설가로부터 한 통의 전화를 받았다. 선종차를 소재로 창작을 하고 싶다는 견해였다. 그 말끝에 넓은 중원의 땅에서 차를 만나기는 간단한 일이 아니라고 말하였다. 그는 결국 성지 순례단을 따라 달마부터 혜능의 자취를 탐방했다는 후문이다. 좋은 차를 만나기 어렵듯 좋은 스승을 만나기는 더욱 어려운 일이다. 주마간산식으로 선종을 보고 차를 말하는 것은 마치 "범상한 차 한 잔도 예술가의 필터를 거치면 창작의 원천이 된다"는 예술가의 말처럼 이제 차가 예술가들에게까지 창작의 원천이 되면서 "반풍수가 사람 잡는다."라는 말을 실감하게 되었다. 자연에 따라 달라지는 차맛을 음미하면서 차는 자연과 뗄레야 뗄 수 없는 사실을 깨닫게 되었다.

3. 홀로 마시는 차
독좌 獨坐

정금당(正今堂) 앞에 두 무릎을 꿇고 앉은 다우(茶友)가 두 손으로 다완(茶碗)을 잡고서 차를 마시고 있다. 이 장면은 숙우회의 차행법(茶行法)인 독좌의 한 장면이다. 코로나 시대에 독차는 금과옥조처럼 다가온다고 말할 수 있다. 차의 출발은 독차로부터 시작되었다고 해도 과언이 아니다.

조선 초기 초암차(草庵茶)를 일본에까지 전승시킨 매월당(梅月堂) 김시습(金時習)은 매월당의 초암차로 독차의 시대의 독차 찻자리는 차의 올곧은 정신을 이어가는 것 같다. 다다미 한 장 반 크기의 다실에서 출발한 일본 다도(茶道)는 매월당 초암차의 영향을 받아 다다미 넉 장 반 크기의 다실이 표준으로 되기까지 많은 변화가 있었다. 이를 두고 콜럼버스가 바다를 건너 신대륙을 발견했다고 말하는 이도 있다. 난보 소케이(南坊宗啓)가 쓴 다다미 넉 장 반 크기의 다실은 무라다 슈코(村田珠光, 1422-1502)에 의해 설계가 이루어진 것으로 알려져 있다.

10명이 모여 차회를 열 수 없는 현실에서 독차는 나 자신 안의 차를 관조할 수 있는 방편일 수 있다. 선승(禪僧)들은 가부좌를 틀고 한 잔의 차를 마시고 선정(禪定)에 든다. 그 같은 현상은 오늘날의 거리두기와 일맥상통한다고 볼 수 있다. 원효의 무애차(無碍茶)나 매월당 초암차가 위기를 극복할 수 있는 방안이라고 볼 수 있다. 당나라 시인 노동(盧仝)은 〈칠완다가(七碗茶歌)〉에 일곱 잔의 의미를 시로 남겼는데 칠완다가에 다음과 같이 시작되었다.

숙우회 이기정의 정금당 차실에 두 무릎을 꿇고 앉아 독좌로 차를 마신다.

一碗喉吻潤	한 사발로 목구멍이 축축해지고
兩碗破孤悶	두 사발 마시면 외롭고 울적함을 잊어버린다
三碗搜枯腸	세 사발에 모자란 머리를 짜내니
唯有文字五千卷	오직 글 5천 권이 있구나
四碗發輕汗	네 사발에 가벼운 땀이 나고
五碗肌骨淸	다섯 사발에 살과 뼈가 맑아지고
平生不平事	평생 불평한 일이
盡向毛孔散	모공으로 모두 흩어지는구나
六碗通仙靈	여섯 사발에 신선과 통하고
七碗吃不得也	일곱 사발은 다 마실 수 없구나
唯覺兩腋習習淸風生	오직 양 겨드랑이 사이로 맑은 바람이 솔솔 이는 것을 느끼네.

노동의 다가에는 '첫 잔은 입술과 목을 적셔주고 마지막 일곱 잔은 차를 마시지 않아도 양 겨드랑이에 맑은 바람이 불어온다.'라고 말한 바 있다. 코로나시대 노동의 홀로 마시는 다가를 통해 코로나를 극복하고 선인의 경지에 이르는 차의 극치라고 말할 수 있다.

4. 가인佳人을 닮은 차맛

　소동파의 시에 "예로부터 좋은 차는 가인(佳人)과 같다."라고 했다. 가인은 아름다운 미인(美人)을 비유한 말이다. 또 어떤 사람은 차를 마시는 것은 인생을 맛보는 것보다 좋다고 말했다. 그러나 근래에 들어 내 인생과 견줄만한 차를 맛보기란 간단한 일이 아니었다. 예전에 푸젠성(福建省) 푸저우(福州)에서 차 마니아인 리엔진(李彦錦)과 백년 푸얼차를 맛보고 푸얼노차의 진가를 발견했다. 50잔을 우려도 조금도 변함없는 그 차로 인해 신비경에 빠진 적이 있다. 지금도 그때 그 순간을 잊을 수가 없다. 그러던 중 2019년 5월 하순이었다. 항저우(杭州)에서 한 가지 차를 앞에 놓고 두 가지 차 맛을 느끼고 한없이 행복한 순간을 맛보았다. 그 차는 최근 유행하고 있는 푸얼차로 청병과 숙병이었다.

　먼저 항저우에서 꽤 유명한 푸얼차 주인으로부터 귀한 손님이 오셨으니 청병을 맛보자고 제안했다. 그 사람은 창고로 가서 귀하디귀한 청병을 가져왔다. 1989년산 푸얼청병이었다. 다관에 찻잎을 한 움큼 넣고 물을 붓더니 차를 우려냈다. 차 맛이 입 안에 감도는 그 기운을 무엇으로 말할 수 있으리. 청병의 맛에 빠져보지 않은 사람은 짐작하기 어려울 것이다.

숙병과 청병의 차이는 확연히 구분된다. 청병은 물이 흘러가는 것이고 숙병은 물이 고여 있는 것이라고들 말한다. 한동안 통칭호

가인을 닮은 '동파품다도'

(同慶號)를 청병으로 오인하고 마셨던 적이 있었다. 그러다가 76세의 원로인 장순까오(張順高)씨를 만나 통칭호는 숙병으로 병배되었음을 들었다. 장순까오는 30여 년간(1960~1990) 멍하이(勐海)차엽연구소 소장으로 근무했던 푸얼차의 달인이다.

차 애호가들은 왜 청병을 선호하는가? 이유인즉 청병은 살아있는 생명을 마신다고 말한다. 숙병은 오랫동안 고여 있는 물에 비유한다. 항저우의 춘금무역공사의 한진원(韓錦文) 사장으로부터 푸얼차를 만난 귀한 인연담을 들었다. 5년 전 경찰 공무원에서 차맛에 빠져 푸얼차 사업을 하게 되었다고 피력했다. 그처럼 차는 사람의 인생관을 단숨에 바뀌어 주는 것 같았다.

한 사장과 헤어진 뒤 화기방(和其坊)에서 수완엔(舒晚燕)과 마주 앉았다. 그녀는 단박에 나를 알아보고 귀하디귀한 20년 된 푸얼청병을 내놓았다. 그녀 또한 창고에 들어가더니 차를 가져왔다. 그녀에게 청병과 숙병의 차 맛을 묻자 청병은 계곡에서 흘러내리는 청량한 물과 같고 숙병을 고여 있는 물을 마시는 것과 같다고 말했다. 나는 그때 수완엔의 생각에 동조했다.

이번에 새삼스럽게 느낀 점은 진년 푸얼차가 중국 땅에 자취를 감추어버렸다는 것이다. 그것도 진년차는 창고에 보관하고 귀한 손님이 올 때만 품다 한다는 사실을 알게 되었다. 그런데 한국 땅에는 20~30년 이상 된 푸얼차가 어찌 그리도 많은지 궁금해진다. 홍인 한 덩어리에 1,500만 원을 호가하는 차를 어찌 마실 수 있으리. 그날 한 사장으로부터 충격적인 말을 들었다. 이 많은 차들은 거의 신차(新茶)이지 진년차는 없다고 말했다.

대부분 중국 차인들은 친한 친구가 찾아오면 귀한 차를 내놓는 것이 예절인데 내가 만난 두 사람 또한 평소에 마시지 않고 가지고 있던 차를 내놓는 것을 보고 진한 감동을 느꼈다.

여기서 우리는 숙병을 청병으로 오인하고 마신다는 사실을 간과해서는 안 된다. 숙병, 청병을 비교해 보았지만 그 오묘한 맛은 이루 형언할 수 없을 정도로 극락과 지옥의 세계를 넘나드는 것처럼 차맛의 격조가 다르다고 말할 수 있다.

그처럼 진귀한 차를 마시는 것은 마치 참된 인생을 맛보는 것과 같은 기쁨이 아닐 수 없었다.

5. 오감으로 느끼는
한 잔의 차맛

시각 · 청각 · 후각 · 미각 · 촉각 이 5가지 감각을 오감(五感)이라고 한다. 여기서 미각[味]은 혀로 맛을 느끼는 감각을 말한다. 일찍부터 한국인들은 미각이 발달했다. 그래서 차 맛을 감별할 때 꽤 까다롭다. 중국은 향기로, 일본은 색으로, 한국은 맛으로 차를 구분 짓는다. 우리가 차 맛을 감별함에 있어서 물과 차와 사람, 이 세 가지 요소가 잘 어우러질 때 비로소 풍부한 차 맛을 느낄 수 있다.

차가 대중화되고 차 마시는 사람이 늘어나면서 좋은 맛이 나는 차를 어떻게 품다해야 하느냐에 관심이 모아지고 있다. 최근 맛나는 차를 품명함에 있어 세 가지 예를 들었다. 첫째가 궁합이 맞는 사람끼리 모여 마시는 것이고, 두 번째는 마음으로써 차 맛을 감별하는 방법이 있고, 세 번째는 그릇에 따라 차 맛이 달라진다는 것이다. 이를 통해 한국인의 차와 맛의 세계를 살펴본다.

숨 쉬는 다기의 미학

찻그릇이 과연 숨을 쉴 수 있을까. 텅 빈 다완이 차탁 위에 놓여있다. 그 위로 능숙한 팽주가 뜨거운 찻물을 붓자 금방 물이 찻그릇에 스며들어 그릇의 색깔이 변했다.

'오직 차 마시는 일에 힘쓴다' 라는 전각이 연암다원 차실 벽면에 놓여 있어 '문자향 서권기'가 느껴진다.

법정 스님은 차인들이 다구를 중요시 여기는 이유는 멋을 부리고자 함이 아니라 찻그릇에 따라 달라지는 차맛을 감별하기 위함이라고 말한 바 있다.

또 한 예로 숨 쉬는 다기가 있다. 차호에 물을 붓자 반쯤 열린 틈 사이로 햇살과 함께 차호에서 물안개가 뭉게뭉게 피어올랐다. 물 또한 반쯤은 증발하는 것 같았다.

다우들은 그러한 모습에 반해 차를 즐겼으리라고 생각된다. 차 고수 중의 한 분인 태허 스님은 다기에 따라 차의 맛과 색깔이 변하는 것은 틀림없다고 말한 적이 있다. 똑같은 차라고 해도 담는 그릇에 따라 차 맛이 달라지는 것은 당연한 이치다. 따라서 도자기가 아닌 놋쇠그릇이나 플라스틱류로 만든 찻그릇으로 차를 마셨을 때 차 맛이 다른 것을 쉽게 느낄 수 있다. 또한 자사호나 가마에서 구운 찻잔으로 차를 마시면 그때의 차 맛은 확연히 구분된다. 그러나 좋은 차 맛의 조건은 같이 차를 마시는 사람과 어떻게 차 맛을 음미하는가가 더 큰 작용을 한다. 차에도 쓴 맛, 떫은 맛, 단 맛이 있듯 좋은 차 생활을 영위하려면 다양한 사람들 중에서도 궁합이 맞는 사람끼리 차를 마셔야 한다.

《화엄경(華嚴經)》에서도 "물은 갖가지 맛인데 그릇으로 인해 차별이 생긴다."라고 했다. 한 수행자는 어느 날 나에게 이런 질문을 던졌다.

"차를 맛으로 쫓는가, 향기로 쫓는가, 마음으로 쫓는가?"

대답은 명쾌했다.

"차는 오직 차일 뿐이렷다."

본래 잃어버린 나를 차 한 잔으로 찾아간다고 말했다.

예를 쫓다 보면 본래 것을 잃어버린다고 말했다. 동화사 강주 지운 스님은 차 맛은 찻물과 혀의 조화라고 말한 뒤 "모든 강물이 흘러 바다에 이르면 모두 한 맛이 됨을 관조해 나가다 보면 존재의 본질을 꿰뚫어 선으로 들어간다. 차 맛이란 시간적 무상함과 독립된 실체가 없는 공의 자리에서 무다."라고 했다.

아름다운 다우 몇 명이서 귀한 차를 가지고 모처럼 품다회를 가졌다. 팽주는 능숙한 손놀림으로 차호에 물을 붓는다. 이윽고 오래된 빛바랜 차통을 꺼내어 차통을 열자 그 향기가 방안 가득 풍겨왔다. 그 뒤 찻물을 차호에 붓고 차를 우려내기 시작했다. 찻잔이 다우들 앞에 놓였고 차를 혀끝에 대는 순간 오감으로 느끼는 감촉이 와 닿는 것 같았다. 차 맛을 보는 순간 향긋한 내음이 온몸으로 느껴졌다.

그때 한 다우가 말했다.

"맑고 경쾌한 이 맛은 시원한 파도 소리를 듣는 것 같습니다."

또 다른 다우가 말했다.

"일찍이 맛보지 못한 차의 진미가 드러나는 것 같습니다."

그때 팽주가 말문을 열었다.

"아무리 좋은 차라고 해도 궁합이 맞는 사람끼리 마셔야 제격입니다."

라고 찻자리의 의미를 설명했다.

일찍이 임어당은 "차의 성질 중에는 우리들을 한가하고 고요한 명상으로 이끄는 것이 있다."라고 했다. 그도 그럴 것이 차호에 물이 넘치자 그 물 떨어지는 소리가 마치 개울가에 물이 흘러내리는 것처럼 정감 어리게 들려온다. 찻자리를 놓고 어울림이라고 정의했다. 좋은 차와 다구, 벗들이 모여 차 한 잔을 음미하다 보니 어느새 시간이 순식간에 지나가 버렸다. 그처럼 좋은 차 맛은 우리의 인생을 열 배정도 즐겁게 해준다.

차와 어울림 속에 나를 찾는다

차인들은 입버릇처럼 백운수단의 선어 화·경·청·적을 들고 나온다. 찻자리는 평화롭고 고요하며 맑은 분위기여야 한다. 그러나 최근 찻자리에도 변화가 생겼다. 다기에 따라 달라지는 차맛이라든지, 궁합이 맞는 사람끼리 차를 마시는 풍경이 바로 그것이다. 그러나 이 모두를 차와 어울림으로 정의했다.

어울림에 대하여 중국의 차 연구가인 왕쉬펑(王旭峰)은 다음과 같이 말한 바 있다.

"중국의 차인들은 화해의 정신과 어울림이 마치 입술과 이가 서로 의지하듯 어느 하나라도 없어서는 안 된다. 화해는 정신이면서 형식이고, 어울림은 형식이면서 정신이다."라고 말했다.

이런 점에서 차가 지닌 쓰고 떫은맛을 중용(中庸)으로 이끌어 낼 때 차의 일미(一味)를 느낄 수 있다고 말했다.

한 방울의 찻물이 떨어지는 순간 차의 오묘한 맛을 오감으로 느껴본다.

어떻게 차를 마셔야 하는가

차를 마심에 있어 차 고수들은 법희선열(法喜禪悅)에 든다고 했다. 그래서 노동의 '칠완다가(七碗茶歌)'에서 첫 잔은 향기를 내고 마지막 잔은 날개를 달고 날아가 버린다고 했다. 초의 선사의 《동다송》에도 차를 홀로 마시면 신묘스럽다고 했다. 차를 마시는 법도 또한 사람마다 다르지만 차의 고수들은 나름대로의 다론을 갖고 있다. 이른 새벽에 작설차 한 잔이야말로 감로차를 마시는 것 이상으로 감동적이라고 생각한다. 그래서 참새 혓바닥처럼 생긴 작설이 생겨난 것 같다. 수십 종류의 명차을 품미하면서 딱 세 번 차 맛에 흠뻑 빠진 적이 있다. 첫 번째는 차호의 물과 차 맛이었고, 두 번째는 부석사 무량수전의 물을 길어 차 맛을 본 것이었고, 세 번째는 오대산 우통수 물을 길어 적멸보궁에 올린 뒤에 맛본 차 맛이었다. 무엇보다 영하를 오르내리는 칼바람을 맞으며 적멸보궁을 참배한 뒤 마신 차 한 잔은 마치 얼음을 깨고 맛보는 물 한 모금처럼 감미로웠다. 그래서 옛 선사들은 이를 '감로다'라고 불렀던 것 같다.

최근 들어 차을 품다 할 때 사람과 사람들과의 어울림으로 바뀌면서 새로운 차 세상이 활짝 열렸다. 이는 '차(茶)'라는 글자의 어원을 풀(艸), 사람(人), 나무(木)가 말해주듯 사람과 사람이 어울리면 차의 세상이 열린다는 것을 말한다.

이렇듯 절묘하게 '차(茶)'라는 글자의 어원을 쫓아가면 사람과 사람의 만남으로 시작된 것은 우연이 아닐 것이다. 차라는 글자를 새기며 곡우 전후에 딴 햇차 한 잔을 오감으로 느끼며 충만에 젖는다. 그것이 진정한 차와 어울림이라고 생각해 보았다.

6. 일본의 명차 옥로차

　한 잔의 차를 앞에 놓고 차 애호가들은 갖가지 담론을 쏟아낸다. 그중 한·중·일 동양 삼국의 차문화를 놓고 볼 때 한국은 맛으로, 중국은 향으로, 일본은 색으로 구분 짓는다. 그리고 차문화가 발전해 가면서 갖가지 행다를 표현하기 시작했다. 그 원류는 서한(西漢)시기 왕포로부터 시작되었다. 차를 우아하게 마시는 모습을 부르는 한·중·일의 용어도 달랐다. 중국은 다예표연으로, 한국은 퍼포먼스, 일본은 데몬스트레션이라고 불렀다.

　이처럼 한·중·일 삼국의 다도는 각각 특색을 지니고 발전해 갔다. 삼국은 색·향·맛으로 겨루면서 치열한 경쟁을 벌여왔다. 그중 녹차의 개념으로 푸른 빛깔의 색을 강조한 일본은, 푸른 빛깔이 녹차의 본연이며 삼국다도의 중심이라고 말한다. 일본의 옥로차의 자취을 쫓아 에이사이가 차를 전파한 겐닌지(建仁寺)를 거쳐 일본차의 고향으로 알려진 교토 곳곳을 살펴봤다. 　일본 교토의 후쿠주엔(福壽園)을 찾아갔을 때 일본이 왜 그토록 색을 강조하는지 그 의미를 실감하게 되었다. 일본은 가는 곳마다 오차(お茶)를 내 놓는다. 일반적으로 일본의 녹차는 옥로차를 최고로 친다. 그리고 죽로차다. 하지만 차의 격조를 높인 차는 역시 말차이다. 일본인들의 몸에 배어있는 일본 차문화를 보면서 일본 차문화의 진가를 알 것 같았다.

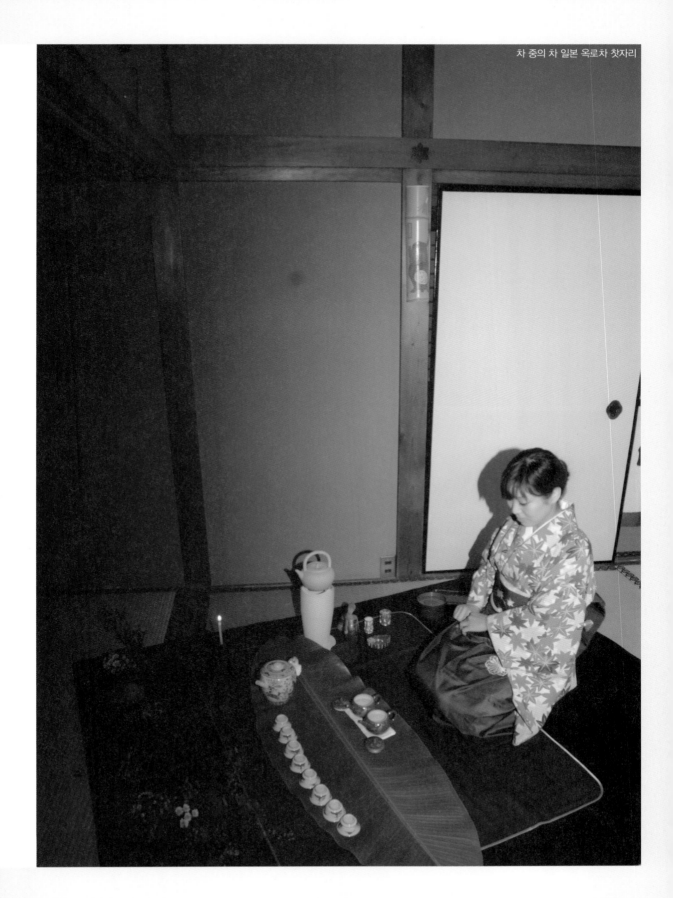

일본다도가 최고로 자부하는 옥로차는 한 방울의 물처럼 향기로움이 오감으로 느껴진다.

　교토의 중심에 있는 후쿠쥬엔에서 차 중의 차 옥로차의 감미로운 향기에 빠져들 즈음 푸른 빛깔을 최고로 여기는
일본차의 진면목을 발견했다.

　후쿠쥬엔은 건물 전체가 찻집으로 꾸며져 단박에 유명한 브랜드를 가지고 있음을 알 것 같았다. 후쿠쥬엔은 교토
시내 한복판에 있는 4층 건물로 갖가지 차가 구비되었다. 가루를 말차로 만드는 말차기계와 품평대 등이 갖추어진
첨단 차 도구점이다. 우리는 4층에 마련된 로지가 갖추어진 차실을 참관한 뒤 지하에 마련된 차 마실 곳을 찾았다.
도구점 안에는 갖가지 일본차가 즐비했다. 우리는 주인 한 가운데에 빙 둘러앉았다. 이윽고 주인은 저울대에 올려놓
고 측정한 3g의 일본 최고의 옥로차를 다기에 넣었다. 주전자로 식힌 그릇에 뜨거운 물을 붓고 다기에 60℃ 식힌 뜨

거운 물을 붓고 2분간 우린 뒤 차를 따랐다. 차를 보니 우리 녹차는 담갈색인데 반해 일본의 녹차는 연두색을 띠었다. 여기서 놀라운 것은 다기 안의 우린 찻잎 상태를 보니 푸른 빛깔을 띤다는 것이다.

일본녹차는 증기로 찌는 증제차가 대부분이다. 일본은 소위 일본식 다도를 정착하기 위해 푸른빛을 내는 비료까지 개발되었다. 그래서 육우가 《다경》에서 주장하는 것처럼 차의 본래 빛깔이 아니라 푸른 빛깔을 내는 것을 일본 최고의 차로 여긴다. 그것이 옥로차이다.

차 맛을 보니 아기 젖 냄새 같기도 한 비린내가 났다. 우리 차가 고소한 맛을 내는 것과 정반대이다. 여기서 우리는 푸른 빛깔을 추구하는 녹차의 미를 깨달을 것 같았다. 어떻게 푸른 색상을 띤 차가 일본 최고의 차인지 알게 되었다. 옥로차는 금방 찻잎을 볶은 것 같은 풋풋한 향기와 개운한 뒷맛 때문에 최고로 여긴다.

더욱 놀란 것은 이 큰 다구점에는 한국차나 중국차를 찾아 볼 수 없었다. 그것은 민족성 때문이라고 한다. 일본인들은 '중국차는 곰팡이 냄새가 난다.'라는 인식을 가지고 있다. 때문에 중국차가 일본으로 들어갈 때는 철저하게 일본의 상표를 붙인다. 후난성에 나오는 것도 복차라는 상표로 일본에 들어갔다. 찻잎만 중국산이지 철저히 일본 상표로 만들어진 것이다. 대만 설산의 대우령차가 그 경우다.

일본인들은 석탄을 땐 뒤 그 석탄의 연기가 찻잎에 섞여 차를 우릴 때 그슬린 향이 나는 것을 싫어한다. 일본인들은 비릿비릿한 아기 젖 냄새가 나는 것을 최고 차의 광석이라고 느낀다. 그 차가 옥로차다. 일본에 페트병이 사라진 것도 바로 석탄의 그을린 향기가 페트병에 담긴 녹차에 우러나왔기 때문이다.

일본인들이나 중국인들은 중국 경산사에서 들어온 다도가 일본차의 원류가 되었다고 알고 있다. 그리고 중국에서 들어간 차문화가 일본에 건너가 완성되었다고 한다.

푸른색을 기본으로 하는 일본의 차는 육우의 《다경》과 다른 녹차의 의미를 말한다.

육우 《다경》에는 '차의 맛을 보고 향기로 냄새를 맡아 감별한다. 그리고 노린내가 나는 것은 솥의 작용이고 비린내가 나는 것은 찻그릇이 적당하지 않다.'라고 했다.

또한 육우의 《다경》에서 남조 시대 왕숙이라는 사람이 차를 우유와 비교하여 물은 질문이 있는데 그때 왕숙이 차를 우유의 종(宗)으로 삼는 것은 있을 수 없다고 말했다. 하지만 일본의 녹차는 비린내 나는 차를 최고로 여기고 색을 중시했다. 육우가 《다경》에서 말하는 것과는 반대임을 알 수 있다. 또한 말차가 일본다도의 정점이 된 것도 푸른 빛깔을 추구하기 때문이다.

일본의 다도 루트는 중국에서 건너가 일본에서 완성되었다고 한다. 녹차란 차나무의 어린 잎을 따서 제조·가공한 차를 말한다. 교토가 일본다도의 정점을 이룬 것은 오백년 간 이어온 센리큐파의 산센케가 모두 교토를 중심으로 이루어졌기 때문이다. 다이도쿠지(大德寺) 22개의 작은 절들이 모두 차실을 갖추고 일본다도를 지켜가고 있다. 로지를 따라 차실에 이르면 능숙한 솜씨로 주인이 손님에게 정성껏 차선을 저어 말차 한 잔을 올린다. 그것을 최상의 다도로 여긴다.

1997년경 원효의 자취를 따라 일본 전역을 취재하던 중 가는 곳마다 말차를 대접받은 적이 있다. 이처럼 일본인들은 찾아오는 손님에게 말차 한 잔을 대접하는 것을 최고로 여겼다.

일본이 그토록 푸른 빛깔을 추구하는 까닭은 중국에서 일본에 건너가면서 일본화된 다도를 주장했기 때문이다. 그것이 푸른 빛깔로 가는 말차이다. 그들은 오백년 간 푸른 빛깔을 좇아 오늘에 이르렀다. 홍엽이 물들어가는 교토의 가을날 후쿠쥬엔 다도점에서 갓 딴 찻잎을 가지고 만든 풋풋한 옥로차 한 잔에서 일본이 추구하는 다도의 의미를 깨달은 것 같았다.

[7. 구강에서 맛 본
　　　　행복한 차 한 잔]

　중국 장시성(江西省) 구강(九江)을 떠올릴 때면 오조 홍인(五祖 弘忍, 601~674) 선사에게 육조 혜능(六祖 慧能, 638~713) 선사가 의발(衣鉢)을 전수(傳授)받고 홍인 선사가 구강역까지 배웅 나온 일화가 생각난다. 혜능 선사에게 인가를 한 사실을 뒤늦게 알아차리고 혜능 선사를 뒤쫓아 온 도명(道明) 스님이 생각난다. 도명 스님은 광둥성 대유령까지 혜능 선사를 쫓아와 의발을 뺏으려 했다. 그러나 크나큰 불법 앞에 도명 스님은 스스로 무릎을 꿇고 마침내 혜능 선사의 제자가 되기에 이른다. 참된 불법을 만나는데도 이와 같은 험난한 고행이 뒤따른다. 구강을 지날 때마다 문득 혜능 선상의 이 일화 한 토막이 생각난다. 그로부터 천년이 지난 뒤 2007년 11월 1일에서부터 3일까지 여산 동림사(東林寺)에서 '제3차 세계 선차문화교류대회'가 열렸다.

세계선차문화교류대회의 막바지인 3일 밤 구강 시내의 한 다관에서 30대 중반의 여성과 마주 앉았다. 언젠가 귀종 폭포 답사차 구강에 들렀을 때 인상 깊었던 집이었다. 문을 열자 주인이 반갑게 맞아주었다. 임씨 다관의 안주인은 중국인의 대범한 기질을 느꼈기 때문이다.

2007년 가을 처음 임씨다관을 방문했을 때 그가 우려낸 푸얼차가 인상 깊게 남아 있던 터였다. 그 차를 다시 품다해 달라고 요청하자 그녀는 미소를 지으면서도 난색을 표했다. "그 차는 선생과 만난 3일 뒤 구강의 관리가 다 가져가 버렸습니다." 그녀는 어찌할 바를 몰라 했다. 그때 나는 그녀에게 "이 집에서 명품이라고 말할 수 있는 푸얼차 한 잔을 음하고 싶다."라고 말했다. 그녀는 망설임 없이 15년 전에 멍하이차창에서 나온 포장된 병차를 열더니 이내 한 움큼 뜯어 다관에 집어넣고 차를 우려내기 시작했다. 차맛은 일품이었다. 마치 포도주처럼 흘러내린 듯한 차맛이 온몸으로 느껴졌다. 뒤에 그녀는 인민피 5,000원에 이르는 차라고 말해주었다. 비싼 차를 한숨에 뜯어 우려내는 용기를 묻자, 마음으로 통하면 가능하다고 대답했다. 그녀는 철관음차가 더욱 향기로운데 요즘 사람들은 왜 푸얼차를 좋아하는지 모르겠다고 말했다.

최근 연대가 오래된 푸얼차를 관리들이 선물로 많이 찾는다고도 했다. 일종의 진급을 위한 뇌물용으로 쓰인다는 것이었다. 사실 여기 구강 사람들은 철관음류를 마시지 푸얼차는 그리 많이 찾지 않는다고 한다. 간혹 관리들의 요청으로 윈난성(雲南省)에서 귀한 푸얼차를 구해 온다고 말한다.

한국에 돌아온 뒤 한 차상에게 명품차를 선뜻 우려낸 임씨다관의 안주인 이야기를 하자, 푸얼차는 한번 개봉하면 팔 수 없기 때문에 "명품차를 우려내는 것은 우리도 망설여진다."라면서 "중국인들은 사람을 사귈 때 통 큰 행동을 하는 경우가 더러 있다."라고 했다.

몇 해 전 부산의 한 다우에게 똑같은 경험을 한 바 있다. 청나라 말기 중국이 러시아에 수출했던 전차(磚茶)였다. 그 다우는 고귀한 그 차를 망설임 없이 열더니 한 움큼 뜯어 차를 우려냈다. 이 귀한 차를 어찌 개봉하느냐고 묻자, 인생을 즐길 수 있는 사람과 함께 차를 마실 때가 가장 행복한 순간이기 때문이라고 말했다. 이처럼 차맛을 음미할 수 있는 사람끼리 맛보는 한 잔의 차야말로 인생을 두 배로 즐길 수 있는 보물이 아닐 수 없겠다.

최근 들어 명차를 선호하는 차인들이 늘어나면서 품다인의 입맛을 감칠맛 나게 하고 있다. 차인들은 좋은 차를 만나는 것은 인생을 맛보는 것과 같다고 한다. 명창들의 소리가 단전에서 우러나오는 것처럼 차맛을 제대로 음미하는 고수들은 좋은 차일수록 입안의 향기보다는 온몸으로 차향을 느낀다고 말한다. 이와 같이 차를 즐기는 것은 인생을 두 배나 맛보는 것과 같다고 한다.

다 같은 차라고 할지라도 차맛을 모르고 말을 앞세우는 문사(文士)들은 차맛을 제대로 평가하기 어렵다. 똑같은 한 잔의 차일지라도 그 차를 마시는 사람의 개인적 자질과 사회적 환경에 따라 서로 느낌이 다른 점을 발견한다. 그러나 궁극적으로 차를 통해 무한한 생명력에 발견한다는 점에서 차를 마시는 사람들의 생각이 같다고 말할 수 있다.

차를 좋아하는 사람일수록 좋은 차를 만나면 행복감이 온몸으로 느껴진다고 한다. 금당 최규용 선생은 "차가 떨어지면 양식이 떨어졌다."라고 할 정도로 차를 소중히 여겼던 분이다. 그래서 조주의 '끽다거'를 '끽다래'로 즐겨 말했다.

우리가 지금 차를 마시며 문화를 이야기하고 갖가지 담론(談論)을 논하듯이 차는 우리 인생을, 삶을 뒤바꿀만한 징검다리로 여겨진다. 그런 점에서 차향이 입안에 오랫동안 남듯이 차맛을 알아가는 것은 인생의 맛을 알아가는 것처럼 아름다운 일이다. 그것이야말로 차가 가진 무한한 생명력이 아닐까.

[8. 흑차黑茶 신드롬에 빠지다]

차를 말에 싣고 실크로드를 통해 변방인 네이멍구 자치구(內蒙古自治區)를 거쳐 티베트로 건너간 사진들을 접하면서 추억의 한 장면으로 여겼다. 그런데 지금은 그렇지 않다. 차마고도(茶馬古道)로 이어진 후난성(湖南省) 이양(益阳)을 주목한 까닭은 흑차를 말에 싣고 네이멍구, 간쑤성(甘肅省), 칭하이성(青海省), 산시성(山西省) 등 변방 지역으로 거래되었기 때문이다. 2008년까지만 해도 흑차는 푸얼차(普洱茶)에 밀려 사람들의 기억에서조차 희미해졌다. 2008년 3월 흑차의 고향인 후난성 이양을 찾았을 때 흑차는 빛바랜 사전처럼 후난성 사람들조차 잊고 있었던 차가 흑차다. 후난성 사람들은 자신의 지역의 명차(名茶)가 있는데도 홍차류가 후난(湖南) 사람들의 기호차가 되었다. 까닭은 후난의 명차 흑차가 80%가 변방으로 이동된 까닭이다. 그런데 2008년 전후 흑차에서 금화균(金花菌)이 발견되면서 상황은 달라지기 시작했다.

그 후부터 후난성 사람들은 흑차의 중요성을 인식되었으나 진년흑차(陳年黑茶)가 사라진 뒤였다. 10년이 지난 뒤 흑차가 치매 예방과 코로나19를 예방에 탁월하다는 연구 결과가 속속 밝혀지면서 후난성 사람들은 탄식하였다. 자신의 고향에 명차를 왜 진작 그 진가(眞價)를 몰랐느냐는 등 탄식의 목소리가 여기저기서 들려왔다.

양가죽에 복전차를 넣고 차를 말에 싣고 네이멍구 자치구로 건너간 복전차는 세월이 흐르면서 세계적 명차에 올랐다.

차 전문가인 쭈치(朱旗) 교수는 흑차를 대중화시키는 데 앞장서고 있다.

찬란했던 후난성의 명차 흑차

후난성은 차를 발견한 신농(神農)의 고향 차릉(茶陵)이 있다. 따라서 자연스럽게 후난의 명차(茗茶)에 관심을 끌었다. 2008년 11월 후난에서 열린 〈다조신농국제학술대회(茶祖神農國際學術大會)〉가 열리면서 후난성의 차 바람의 불을 당겼다. 내가 후난흑차(湖南黑茶)에 관심을 갖게 된 것은 우연하게 이루어졌다. 후난성다엽협회의 조오원청(曹文成) 회장과 우충웨이(伍崇岳) 비서장의 인연으로 흑차에 관심을 갖게 되었다. 그해 후난성 창사(長沙)로 건너가 백사원을 운영하는 커쥐카이(柯作楷) 씨를 만나 흑차의 진면목을 발견했다. 당시 후난의 흑차 저명기업 백사계와 안화흑차(安化黑茶)와 흑차 전문가들을 만났을 때 후난성 사람들은 흑차보다 홍차를 더 선호했다. 중국 차 전문가인 시조봉 교수는 호남흑차에 "후난 차엽의 미래가 달려 있다."라고 말하였다. 그런데도 호남흑차는 항저우(杭州)의 명차 용정차(龙井茶)나 윈난(雲南)의 명차 푸얼차에 비해 발전이 더딘 까닭은 두 가지로 요약된다. 첫째, 흑차는 비록 오랜 역사를 지니고 있지만, 기름기를 제거하고 소화를 돕는 등 육식 위주의 변방 소수민족들에게 무척 적합하였다. 때문에 수백 년에 걸친 발전 과정에 있어서 대부분의 기간 동안 흑차는 변차(邊茶)가 되어 신강(新疆), 청해(靑海)를 비롯하여 이보다 더 멀리 떨어진 변방 지역에만 전적으로 공급되었다. 둘째, 오랫동안 상쾌하고 향긋한 녹차(綠茶)와 오룡차(烏龍茶)에 익숙해진 사람들은 대개 짧은 기간 동안에 중후한 느낌의 흑차를 받아들이기 어려웠다. 일찍이 호남흑차를 주목한 커쥐카이 씨는 "묵은 차는 부처와 같고 부처는 묵은 차와 같다."라고 고백한 바 있다. 후난성 창사(長沙)를 찾아갔을 때 흑차는 후난 사람들의 기억에서조차 잊혀져 갔다. 당시 금화가 핀 복전차(茯磚茶) 한 편에 5만 원이었는데 흑차의 진가가 알려진 뒤 복전차 한 편에 200만 원에 유통되고 있다.

흑차의 진가를 일찍 예견한 백사원 다관 이사인 커쥐카이 씨는 "진년흑차는 햇차보다 가치가 높기 때문에 어떤 차 애호가들은 이를 흑급전으로 부른다."라고 말한 바 있다.

티베트 소수민족들이 즐겨 마시는 복전차

그처럼 10년 후 흑차는 생명을 살리는 차로 여겨지면서 흑차 신드롬에 빠져드는 차인들이 늘어나고 있다. 진년흑차를 찾는 사람들은 "차탕 속에 오래 묵은 세월을 느끼게 한다."라고 말한다.

오래 묵은 차는 부처와 같듯이 차연으로 맺어 부처를 대하는 듯했다.

이렇게 흑차를 선호하는 사람들이 늘어나면서 흑차에 빠져드는 사람들이 늘어나고 있다. 까닭은 복전차에 빠져드는 사람들의 이야기를 들어보면 복전차에 피는 금화균은 생명의 탄생으로 차 애호가들은 열광하고 있다.

흑차 신드롬에 빠져드는 사람들

흑차가 신드롬을 일으키면서 이화당(李華堂, 1928~2016) 천량차가 주목된다. 이화당은 100여 년 전 후난성 이양시(益阳市) 안화현(安化縣)에서 전승된 흑차 점문점으로 발전했다. 또한 중국 국가 비물질문화유산(무형문화재) 천량차 제작기예 전승인 이화당으로 높은 지명도를 얻고 있는 이화당은 국내에 상륙한 흑차 전문 이화당 독점총판을 연 사오홍 코리아가 한 몫을 하고 있다. 흑차의 제왕이라고 평가받는 이화당 천량차는 고대로부터 전래된 제다(製茶) 비법을 고수하고, 1950년대 천량차 제작방식을 엄격히 준수하여, 이화당 명인과 가족들의 독창적인 제다 기술이 어우러진 독특한 풍미, 즉 화당 풍격을 띠는 세계적인 명차라고 할 수 있다.

이처럼 흑차가 주목을 받고 있는 까닭은 복전차에 금화균이 핀 뒤 차 애호가들을 열광시켰고 다시 치매 예방, 코로나 바이러스 예방에 도움이 되면서 흑차는 한동안 많은 사람들이 신드롬에 빠져들 전망이다.

[9. 일본 교토의 칸큐안官休庵에서 열린 평생 한번뿐인 일기일회一期一會 차회]

또 다른 별세계를 펼쳐보인 무샤노코지센케 칸큐안

단풍잎이 깊게 물들어가는 교토(京都)의 가을날 평생 한 번뿐인 일기일회(一期一會) 차회에 초대되어 4시간 동안 향긋한 차향에 빠져드는 순간이었다. 일본를 대표하는 다도종가인 우라센케(裏千家), 오모테센케(表千家), 무샤노코지센케(武者小路千家)등 이들 센리큐가의 3대 유파에 의해 일본의 다도종가(茶道宗家)로서 명맥을 지켜왔다. 센리큐(千利休)가의 삼대유파(三千家) 중의 하나인 무샤노코지센케(武者小路千家)의 보쿠신안(卜審庵)에서 특별난 차회가 열렸는데 지금도 그때 그 순간이 잊히지 않는 까닭은 그야말로 오묘한 차의 세계에 빠져드는 순간이었다. 이른 아침 교토시(京都市) 가미교쿠(上京區)무샤노코지센케의 보쿠신안에 들어섰다. 10년 전((2010년) 가을날 키즈가문의 8대손인 키즈쇼센(木津宗詮)종장이 정중이 보쿠신안 차실 입구까지 나와 맞이했다. 종장으로부터 보쿠신안 차실의 구조와 내력 등의 설명을 듣고 조당(祖堂) 앞에 이르자 센리큐(千利休) 조상(祖像)을 모시고 있었다. 센리큐

상 앞에 후손(後孫)들이 날마다 차 공
양을 올린다는 소식을 듣고 일본다도
종가(宗家)가 선조(先祖)에 대한 정신
을 읽을 수 있었다. 조당 옆에 푸른 소
나무가 있었다. 푸른 소나무처럼 센리
큐 가문이 뻗어 가라는 의미를 가지고
있다는 키즈소센의 말에 센리큐 가문
이 오랜 기간 동안 일본의 다도를 이
끌어 온 내력을 알 것 같았다.

일기일회 차회에 앞서 칸큐안(官休
庵)을 찾아가 무사노코지센케의 이에
모토인 센소슈(千宗守)와 특별대담이
진행되었다. 무사노코지센케의 센소
슈 이에모토에게 무사노코지센케가 추
구하는 와비차의 정신을 묻자 다음과
같이 답했다. "와비차를 한마디로 얘
기하기는 어렵지만 제가 생각하는 와
비차는 특별한 세계, 시간을 만들어
내는 것입니다. 그래서 일상생활에 많
은 희노애락이 있습니다만 우리가 차
를 하면서 속세의 희노애락을 잊고 여
러 사람이 만났을 때 정말 순수하고 청
정한 별세계를 만들어 가는 것 그것이
와비라고 생각합니다."라고 말했다

500년간 와비차 정신이 면면히 이
어져 온 배경을 센리큐 가문(家門)의
센소슈(千宗守) 이에모토로부터 듣고
일본차의 정신을 느낄 수 있었다.

인터뷰가 끝날 즈음 센소슈에게 일
본의 국보로 지정된 조선에서 건너간
기자에몬 이도다완을 한국의 사기장
이 만들었는데 다완을 감상해 보지 않
겠느냐고 여쭈었다. 그러자 센소슈는
선조인 센리큐가 사랑했던 다완이라고

센리큐 후손들은 날마다 센리큐 조상 앞에 차를 헌다하고 있다.

칸큐안에서 무사노코지센케의 센쇼슈 종장과 대담을 하고 있는 저자

반겼다. 도예가 신현철명장이 현대적 기법으로 만든 이도다완을 비서가 1층으로 내려가 한국에서 가져온 다완을 가지고 올라왔다. 센소슈 이에모토는 한국에서 가져간 다완을 잡더니 500년 전 기자에몬이도를 보는 것 같다고 기뻐했다.

난보소케이(南方宗啓)가 지은 〈남방록(南方錄)〉을 살펴보니 센리큐는 송대 유행한 천목다완을 멀리하고 한국에서 건너간 기자에몬(喜在衡門) 오이도(井戶)을 차회에 등장시킨 사실을 접했다. 까닭은 센리큐는 조선의 후예로 자연스럽게 오이도를 선호했던 것 같았다.

한잔의 차를 마시기 위해 4시간 동안 기다림의 미학

다음날 정오때쯤 키즈소센가의 특별한 차회에 참석했다. 이른바 4시간 30분간 열린 일기일회(一期一會)차회였다. 무사노코지센케의 칸큐안에 착하자 차인 키즈소센이 맞이했다. 차회에 앞서 접견실에 한글로 된 안내문도 준비했다. 무사노코지센케의 자세한 설명과 함께 한국의 전통문화와 차문화에 관심을 두고 초의선사가 주석한 일지암도 순례했다고 이야기를 끝냈다.

이번 칸큐안에서 열린 일기일회 차회는 다도명문 종가인 키즈소센(木律宗詮) 종장을 주인으로 하여 한국차인들과 함께하는 차회였다. 대기실에서 쿠라사와교수와 참석자들의 간단한 인사를 나누고 차회 준비가 시작되었다. 이번 차회는 일본 측에서는 쿠라사와 유키히로 교수, 한국 측에서는 차회를 추진해온 한국국제선차문화연구회 최석환 회

장, 부산차문화진흥회 김순향 회장, 계명대차문화
연구소 김순진 소장, 원광디지털대 김종희 교수,
춘천 준혜헌의 송양희 대표 등이 참석했다. 로지
로 들어가는 대나무 사립문을 지나 츠쿠바이가 나
왔다. 차회에 참석한 일행들은 물을 입안으로 행구
고 손를 씻고 차실 안으로 들어갔다. 차회의 주인
인 키즈소센 종장이 니지리구치 라고 불리는 차실
의 작은 문를 통해 맞이했다.

한 잔의 차를 마시기 위한 통과의례 같은 것이
있다. 먼저 쯔쿠바이(손을 씻는 나지막한 샘물)에
서 대나무 국자로 손을 씻은 뒤 니지리구치(손님
이 들어오는 입구)의 좁은 쪽문 사이로 주인이 먼
저 수인사를 한다. 차회에 초대된 손님은 환대해
준 주인에게 감사 인사를 올리고 높이 67cm, 폭
64cm의 좁은 니지리구치로 들어선다. 그러자 이
가문의 이에모토인 키즈쇼센 종장은 일행을 차실
(茶室)로 안내한다. 건물 뒤부터 차실까지 이어진
정원은 청결했고 곳곳에 디딤돌이 깔려 있었으며
감, 배, 등자, 석류나무 등으로 울창한 숲을 이루
고 있어 하늘이 보이지 않았다. 수풀 아래 작은 오
솔길이 차실을 지나도록 조성되어 있었다.

차실에 들어서니 다다미 4장반의 차실이다. 이
같은 차실은 무라다슈코가 고안한 차실로 폭이
1.8미터 되는 도코노마(床間)에는 매끄러운 고급
벽지를 바르고 천장에는 삼나무들판을 붙이고 지
붕은 얇은 널판 조각으로 이었다.

〈남방록〉에는 이렇게 묘사했다. "무라다슈코는
차회에 비장하고 있는 원오극근의 묵적을 걸고 차
를 달였다. 그 뒤에는 땅바닥을 파서 화로를 만들
고 그 위에 차 도구를 갖추었다. 이렇게 이어진 차
실은 무사노코지센케가 그대로 이어갔다. 차실 안
에는 무라다슈코가 원오의 묵적을 걸고 차회를 했
듯이 이번 차회를 위해 벽면에 걸린 족자에 '숯가
마 피어오르는 산'이라는 제목의 족자가 걸렸다.

센리큐 증손자인 무사노코지 센케 초대 이에모토의 산을
상징하는 그림과 노래를 족자로 걸고 차회를 시작했다.

무사노코지센케의 보쿠신안(卜審庵)에서 열린
일기일회 차회 이모저모

그 족자는 무사노코지센케의 초대 이에모토인 센리큐의 증손자의 글과 그림이라고 키즈소센이 설명했다. 또 다른 벽면에는 화병에 다화를 꽂았다. 그 같은 장면을 보고 놀란 것은 1964년 언론인 천승복씨가 이방자 여사를 초대하여 차회를 개최했을 당시 벽면에 화병을 걸고 꽃을 꽂았던 기억이 스쳐갔다. 그 같은 장면을 관큐 안 차실에서 볼 수 있었던 것은 뜻밖이었다.

차실에 걸린 족자를 관찰한 뒤 손님이 찻자리로 앉아 주인인 키즈소센 종장이 들어와 참석자 한 사람 한 사람 인사를 나눴다. 찻자리에 앞서 키즈소센이 차실 안에 숯불이 붉게 피어오르는 장면을 감상한 뒤 오찬 때가 되어 가이세키 식사를 위해 넓은 차실로 이동했다. 이동하는 사이 도코노마에 키즈가문에서 소장하고 있는 한국의 호랑이 민화가 걸려있었다. 그 같은 호랑이 족자를 보면서 한국에서 온 손님에 대한 배려를 주인의 안목을 읽을 수 있었다. 가이세

일기일회 차회가 시작되기 전의
가이세키 요리

키 식사는 음식과 그릇 맛이 하나로 조화를 이루면서 계절에 맞는 음식의 진가를 느낄 수 있었다. 그렇게 일품 가이세키 식사가 끝난 뒤 차실 정원의 툇마루에서 잠시 휴식을 갖고 정원을 바라보며 일본 다도의 또 다른 별세계가 자연을 관조하며 느껴져 왔다.

교토 칸큐안에서 열린 일기일회 차회

정원에서 명상에 잠겨 있을 즈음 찻자리가 준비되었다는 징소리가 울려 퍼지면서 우리 일행은 차실 안으로 들어갔다. 처음 들어선 차실 안에는 주인이 손님을 정중히 맞이했다. 차실 안에는 숯불을 피우고 그 위로 올려놓은 차솥에서 물이 끓고 있었다. 3평 남짓한 차실 안에 3시간 동안 숯불을 피워 놓아 탕관(湯罐)에 물이 펄펄 끓고 있었다. 키즈소센 종장은 두 무릎을 꿇고 앉아 일도양단의 자세로 차를 우려냈다. 숯불 앞에 앉아 다완 위로 진한 농차를 넣고

키즈소센 종장인의 말차도 시연

키즈 가문의 8대 종장인 키즈소센이 정성껏 농차법으로 포다하여 일기일회 차회가 시작되었다.

차선을 붙잡고 격불을 했다. 마치 흐르는 물처럼 그 어느 것 하나 걸림이 없이 자연스럽게 차를 우려냈다. 그리고 농차를 차회에 참가한 차인들에게 내놓았다. 그렇게 한잔의 차가 나오기까지 오랜 시간 동안 걸림이 없는 차회였다. 이를 두고 평생 단 한 번 밖에 없는 일기일회 차회라고 말한다.

무라다슈코가 고안한 다다미 네 장 반의 차실에 앉아 키즈 가문의 손때가 묻은 차도구들을 살필 수 있었다. 이번 차회는 각별했다. 에도시대의 골동품인 차솥, 무라다슈코의 청자자, 다케노죠오의 선호품인 이노메화병, 키즈소센 가문의 1대소센이 선호한 마츠시구레(시월의비), 센리큐가문의 2대손 쇼안(宗旦)의 차시 등이 총망라되었다. 무라다슈코로부터 다케노죠오 센리큐를거쳐 키즈가의 명다구들을 한 눈에 살필 수 있는 기회였다. 이 가문의 가보들이 등장했는데 초암차실의 원형 또한 매월당(梅月堂) 김시습(金時習)의 초암차(草庵茶)로부터 비롯되었음을 읽을 수 있었다. 차실 좌측에는 센리큐 가문의 2대손 쇼안(少庵)의 차시, 3대손 쇼탄(宗旦)의 차도구(茶道具) 등이 진열되어 이 가문의 역사를 알 수 있게 해 준다.

《산상종이기(山上宗二記)》에는 한 잎 한 잎 떠내는 꽃꽂이, 풀, 나무, 물이 생략되는 세키레이의 축소미학이 자연을 끌어들이는 집 자체의 내부에서도 실천되었다고 나와 있다. 1617년 조선통신사로 일본에 간 오윤겸(吳允謙)은 대마(對馬) 번주(藩主) 소요시모리(宗義成)의 차실로 초대받았는데 그 인상기를 《동사상일록(東槎上日錄)》에 남겼다.

조선통신사가 일본에 갔을 때 조선에서는 일상적으로 여기는 차통을 매우 소중히 다루는 것과 조선에 없어진 말차가 일본 다도의 주류가 된 모습을 보고 매우 놀랐다고 한다. 이 같은 말차도는 사실 고려 때 유행했는데 이성계(李成桂)가 조선(朝鮮)을 건국(建國)하면서 고려의 말차는 역사 속으로 사라져 갔다. 일본의 차인들은 한국과 활발한 차문화 교류를 가졌는데 그 때마다 말차도를 선보였다. 이를 지켜 본 한국의 차인들은 1980년대 중반 가루차 복원운동

을 시작했다.

그러나 30년이 지난 지금도 말차문화는 걸음마 단계에 머물고 있다. 일본다도의 뿌리인 말차도의 세계를 들여다 보면서 손님에게 차 한 잔을 내기 위해 숯불을 피우는 과정 속에서 수도승이 도를 닦듯 일기일회(一期一會)의 정신 (精神)을 이어가는 일본의 차인들에게 감동한 바 있다. 더욱이 일본에 흐르는 차노유(茶の湯)를 살펴보니 원효(元曉) 대사의 무애차(無碍茶)와 매월당(梅月堂)의 초암차(草庵茶) 정신이 흐르고 있다는 사실에 놀라지 않을 수 없었다.

일본 다도의 원조인 다다미 4조 반의 차실은 다케노죠오(武野紹鷗), 무라다슈코(村田珠光)를 통해 완성되었다. 지 금에 이르러서 다다미 3조, 2조, 마침내 1조 반의 차실로 줄어들었다. 일본 차인들은 그것이 소우주(小宇宙)를 상징 하는 일본의 다도라고 말하고 있다.

말차도의 원형을 지키고 있는 일본 다도의 세계를 들여다 볼 때마다 태산 같은 차의 정신을 느낄 수 있었다.

무사노코지류 이에모토인 센소슈(千宗守)와 대담 후 한국에서 만든 고려다완을 선물했다.
좌측부터 김종희, 송양희, 김순진, 김순향, 센쇼슈, 최석환.

9장

[선향이 깃든 차실]

1. 선방같은 다실에서 성숙한 인간으로 무르익는 공간 숙우회 이기정

달맞이길의 해조음 품은 다실

부산 해운대 달맞이 고갯길을 따라 언덕에 오르면 바다가 보이는 다실이 있다. 선차(禪茶)의 정신을 찻사발에 담아 실천해 가는 모임, 숙우회(熟盂會, 대표 강수길)다. 이곳에서는 대대로 이어져 온 한국 선차의 정신을 오롯이 엿볼 수 있다.

다실의 창을 열면 대한해협이 한눈에 들어온다. 마치 망망대해에서 배를 탄 기분이 든다. 해조음이 밀려들어 몸과 마음이 정화되는 느낌이다. 다실은 군더더기 없는 선방처럼 텅 비어있는 공간이다. 이 정적의 공간에 회원들이 모여 고요하면서도 활발발(活潑潑)한 다법을 펼친다. 이따금 해풍이 흘러들어와 명상에 든 차인들을 적셔준다.

양변 아우르는 성숙한 인간을 지향하는 수행처

다실의 명칭은 '이기정(二旗亭)'이다. 강수길 선생은 "우전차(雨前茶)를 뜻하는 일창이기(一槍二旗)에서 그 이름을 차용하였다"고 밝힌다. 그는 "갓 돋아난 새순의 찻잎 석 장은 한 자루의 창에 달린 두 개의 깃발에 비유된다. 그것은 순수 그 자체"라며 "두 깃발은 양변(兩邊)을 아우르는 자유자재 그리고 무이(無二)와 초월을 뜻한다"고 말했다.

숙우회의 정식 명칭은 '차행법숙우회(茶行法熟盂會)'다. 회원들은 차 수행을 통하여 선(禪)의 정신을 지향하는 이 시대 수행자들이다. 숙우는 다도에서 뜨거운 물을 식히는 식힘사발을 지칭한다. 그리고 식힘사발에 담긴 더 깊은 의미가 있다. 기다림의 미학을 아는 것

이기정(二旗亭)

오륜(五輪)

양류(楊柳)

이며 성숙한 그릇[熟盂]이 되자는 뜻이다.

중국 차계 흐름을 바꾼 숙우회 선차 다법

숙우회 성장발전의 원동력은 단연 차행법, 즉 선차 다법이다. 숙우회는 선원(禪院)의 발우공양(鉢盂供養)과 청규(淸規)에 입각해 독보적인 선차 다법을 창작했다. 그리고 연구와 창작, 수행에만 머문 것이 아니라 국내외에서 다양한 시연을 펼치며 한국의 선차를 동아시아로 전파함에 적지 않은 기여를 해왔다. 특히 세계선차문화교류대회에 참여해 한국의 선차를 중국에 알린 일등공신이 숙우회다.

오랜 세월 중국의 다법은 기교 중심의 입식 다예(茶藝)였다. 그리고 중국 차인의 차복(茶服)은 몸의 윤곽이 드러나는 청대(淸代) 중국 전통 의상인 치파오[旗袍]였다. 한국 숙우회의 다법은 그 형식부터 완전히 달랐다. 선방의 좌선 형태로 둘러앉아 큰 찻잔과 큰 차도구를 사용하는 것을 보고 중국의 차인들은 놀라는 모습을 보였다. 숙우회 차복은 허리까지 내려오는 넉넉한 품의 저고리와 주름치마가 특색이다. 차인들의 움직임은 심플하면서 반경이 넓고 화려한 기교 대신 선미(禪味)를 드러낸다.

이러한 좌선 수행 중심의 숙우회 다법은 중국 차계에 큰 반향을 일으켰다. 해마다 등장하는 숙우회의 다법 시연 후 중국 다법은 입식에서 좌식으로 점점 바뀌어 갔다. 복식까지 치파오 대신 숙우회 차복과 흡사해졌다. 무엇보다 선종(禪宗)

인드라망(因陀羅網)

을 다법으로 끌어와 중국 각 성(省)의 차 행사마다 '선차'라는 용어를 앞다투어 사용하기 시작했다. 중국에서 숙우회 선차 시연이 열릴 때면 드론까지 등장해서 촬영과 기록을 하고 이듬해가 되면 숙우회 다법과 비슷한 다법이 등장하곤 한다. 중국 차계가 선차에 눈을 뜰 수 있도록 직·간접적인 영향을 끼친 단체가 숙우회라 해도 과언이 아닐 것이다.

이 같은 중국 측 변화의 분위기 속에서 숙우회는 반대로 최근 가부좌에 익숙하지 않은 현대인들을 위해 좌식이 아닌 탁자를 사용하는 입식 다법을 선보이고 있다는 점도 주목할 만하다.

강수길 선생은 중국에서 한국식 선차의 형식이 유행하는 것에 대해 비판적으로만 보지 않았다. 모방이 나쁜 것만은 아니라고 받아들였다. 강 선생은 "선이 중국에서 한국으로 넘어와 한국의 선 문화가 형성되었지만, 다시 한국의 선 문화가 선차 다법을 통하여 중국에서 꽃피는 것을 보며 큰 기쁨을 느낀다"고 말한다. 이어 "선차를 통하여 동아시아 선 문화가 발전하기를 희망하며 우리나라에서도 선차 문화가 더 풍성해지길 바란다"고 기대했다.

'이 세상은 모두 환영' 다실에 구현

이기정에 앉아 바다를 관조(觀照)하면서 시시각각으로 변하는 자연을 마주한다. 이 같은 자연은 숙우회 다법에 그대로 구현되어 있다. 이기정 윗 층은 입식 발우공양을 위한 공간이다. 다실의 이름은 신기루(蜃氣樓)다. '이 세상은 모두 환영이며 실체가 없다.'라는 진리를 마음에 새기자는 공간이기도 하다.

이기정에서 신기루로 올라가는 계단에는 '사관(死關)'이라는 편액이 있다. 고봉원묘(高峰原妙 1238~1295) 선사가 머물렀던 천목산 동굴 암자의 당호가 사관이었다.

자연 현상계·경전·선어록 다법으로 펼쳐

숙우회 차행법은 선불교와 함께 '화엄경', '법화경' 등 대승경전에 근간을 두고 있다. 그리고 행법은 범패와 한국 민속무에서 차용하였다고 한다.

해도(海濤), 해선(海漩), 해운(海雲), 해조음(海潮音), 란주(蘭舟)는 소용돌이의 파동을 느끼게 해준다. 만다라(曼陀羅), 선풍(旋風), 오륜(五輪) 은하(銀河) 다법은 에너지의 회전을 표현한다. 등만(燈鬘), 양류(楊柳), 염화(拈花), 우담바라(優曇鉢華), 은엽(銀葉), 인드라망(因陀羅網), 청풍(淸風), 향하(香河), 화만(華鬘), 현로(玄路)는 여러 사람이 함께 차를 마시고 선정에 드는 다법이다. 그런가 하면 번기(幡旗), 비복(悲服), 산향(散香), 사라수(娑羅樹), 자하(紫霞) 같은 헌다 다법도 있다. 천처(淺處), 사방찬(四方讚), 해주성(海住城)은 불교 경전의 내용에서 착안하였다. 이밖에 채람(茶籃), 상조(相照), 수경(水鏡), 수류(隨流), 앵통(櫻桶), 청음(淸蔭), 화롱(華籠) 등 접빈 다법도 다채롭다.

그러나 숙우회는 무엇보다 홀로 차를 다려 마시고 선정에 드는 독좌(獨坐) 다법을 가장 중요하게 여긴다. 이 다법은 팬데믹의 시대를 맞아 심신 치유를 위한 방법으로 새롭게 부각되고 있다.

숙우회는 "차행법은 어디까지나 방편이며 목적은 명상"이라고 강조한다. 다법은 신체를 통하여 형식과 순서에 집중하면서 몸과 마음을 일치시키는 명상 수행법이다.

선차의 근원은 발우공양

숙우회는 선차가 발우공양에서 나왔다고 밝힌다. 숙우회 회원이 되면 가장 먼저 배워야 하는 것이 발우공양이다. "사실 차보다 밥이 더 중요하지 않은가?"라고 강 선생은 말한다. 회원들은 직접 채식 음식을 마련하여 발우공양의 식사 작법을 몸에 익힌다. 사원의 발우공양을 단순화시킨 '단발우(單鉢盂)'라는 발우공양법도 있다.

젊은이를 위한 선차

강 선생은 "요즘 서울 강남의 젊은이들 사이에 아주 비싼 보이차를 마시는 것이 유행한다는 말이 들린다"며 "걱정되는 측면도 있지만, 한편으로는 젊은이들이 차에 관심을 보인다는 것이 무엇보다 반갑다"고 밝혔다. 그러면서 "음다(飮茶)에 더하여 자신을 성찰하고 수행으로 삼는 다법이 연결된다면 내면의 성숙에 큰 도움이 되지 않을까"라고 말한다. 차를 찾는 유행과 숙우회 다법 수행이 접목된다면 하나의 문화 현상으로 이루어지지 않을까 기대해 본다.

숙우회는 회원들에게 집집마다 작은 다실(飮茶) 꾸미기를 권한다. 공간의 변화는 곧 정신의 변화로 이어지기 때문이다. 이미 많은 숙우회 회원이 집이나 아파트에 다실을 장만하고 있다. 팬데믹 시대에 다실은 더욱 절실한 공간이 될 것이다.

이기정에 앉아 시시각각으로 변하는 바다를 관조하면 선과 차가 둘이 아님을 문득 깨닫게 된다. 다실은 곧 삶을 변화시키고 성숙시키는 공간임이 명징하게 드러난다. 차를 통해 일상에서 명상을 지속할 때 우리의 일상은 곧 청풍 가득한 정토(淨土)가 될 것이다.

사진제공 : 차행법숙우회(茶行法熟盂會)

은하(銀河)

발우공양(鉢盂供養)

사방찬(四方讚)

[2. 차에 반해 자연과
     벗하며 살아가는 오송열]

　강원도 정선 동강의 강물을 따라 신동읍을 지나 덕천리에 이르며 백운산과 만난다. 그 아래 선도 수련가인 오송열사범이 아담한 차실을 짓고 무심당이란 당호를 걸고 차살이에 빠져 버리길 12년이 지났다. 인연이 깊은 다우들과 오송열 사범과 밤을 새워가며 다담을 나누길 한두 해가 아니었다. 그렇게 자연을 관조하며 차살이를 즐겼던 다우들은 무심당 문살 사이로 시시각각 변하는 풍경을 바라보며 사색에 잠기기도 했다. 날씨가 화창할 때에는 촘촘한 별빛 사이로 북두칠성의 별자리가 나타났다가 사라질 때가 있었다. 그렇게 넋을 잃고 그 광경을 지켜본 다우들은 동강의 자연 풍광과 차 한 잔이 그리워졌다. 태백산에서 발원한 동강의 물결이 흘러 남한강과 북한강이 만나는 양평의 두물머리로 합쳐진다. 그렇게 동강이 알려지면서 사람들의 발길이 잦아졌

다. 2009년 초 겨울날 달빛을 바라보며 일곱 가지 차 맛에 빠져드는 순간이 잊히지 않아 오 사범의 차살이를 조명해 봐야겠다는 생각이 들었다.

7년 만에 무심당을 찾으니 예나 지금이나 변화가 없었다. 오 사범이 마당 앞에까지 나와 우리를 맞이했다. 서울에서 단숨에 달려온 두 다우와 주인과 객이 하나 되어 차향에 빠져들었다. "햇살이 막 무심당을 비출 때 오셨습니다. 역시 최 선생께서는 차복이 있는 것 같습니다."라고 말문을 열었다. 그리고 그를 따라 무심당 차실 문(門)을 열고 들어서자 향기로운 차향이 코끝을 스쳐 갔다. 무심당은 벽면에 장식한 칠자병차가 압권이다. 그 아래는 돌 다반인 단계석이 놓여 있었다.

그리고 갖가지 차들이 방안을 장식하고 있어 마치 차 박물관에 온 느낌을 떨칠 수 없었다. 그리고 방안에 들어서니 원효 대사, 강청화 스님, 남회근 거사, 이규행 회장, 각성 스님의 영정이 모셔져 있었다. 이 사람이 차인이기 이전에 수행자임을 알 수 있었다. 빼꼼히 놓은 철량사와 병차들이 이 사람의 차 철학을 느끼게 했다. 해가 떨어지기 전 오 사범은 차실에 앉아 차를 우려냈다. 반쯤 열린 문살 사이로 빛이 스며들면서 자사호에 떨어질 듯 맺힌 한 방울의 물방울이 깨달음을 담아내는 것 같았다. 시시각각으로 변화를 느끼는 차실 안에서 우주와 다반, 사람이 교감하는 듯했다. 어느덧 해가 서산으로 기울어지면서 밖은 어둠 속에 잠겼다. 오 사범은 귀한 손님이 오셨으니 동강까지 나가 저녁을 먹은 뒤 차회를 갖자고 제안했다. 그렇게 동강에서 저녁 식사를 한 후 어둠을 뚫고 무심당에 이르렀다.

북두칠성을 바라보며 차향에 빠지다

칠흑 같은 어둠을 헤치고 불빛이 환하게 밝혀졌다. 무심당의 뜰 앞에서 하늘을 바라보니 별빛이 총총히 빛나고 있었다. 그 별빛을 바라보다가 오 사범이 하늘을 가리키며 "저기 보세요. 북두칠성이 떠 있어요. 참으로 보기 힘든 광경입니다." 전 작가는 카메라에 그 광경을 담아냈다. 그렇게 북두의 물을 길어 찻자리가 시작되었다. 어둠을 헤치고 차실 안으로 들어섰다. 반쯤 열린 창문 사이로 별빛이 은하수 물결 위에 떠 있는 것 같았다. 우주의 축소판인 돌 다반 중앙에 오 사범이 앉았다. 찻물이 끓어오르자 능숙한 솜씨로 차를 우려냈다. 그리고 단숨에 2층에 모신 단군상 앞에 차를 한 잔 올린 뒤 차실에 모신 달마조사와 관세음보살상 앞에 차를 한 잔씩 올렸다. 한국에서 유일하게 벽면을 가득 장식한 윈난 푸얼 칠자(七子)병차와 오른쪽에 자다(煮茶)라는 글이 압권이었다.

벽면을 가득 안긴 칠자병차는 가로 230m, 세로 180m로 한국에서 이처럼 큰 차는 일찍이 본 적이 없었다. 칠자병차의 양 옆에 이런 말이 쓰여 있다. '죽림에 둘러싸인 풀로 이은 집에 속된 사람은 살지 않는다.' 그 옆에는 난을 감상하고 차를 우리는 것은 신선과도 같다[竹林草閣無俗客賞蘭煮茶似神仙].라고 쓰여 있다. 마침 오늘의 찻자리를 예견한 명문장인 듯했다.

오송열의 찻자리를 엿보다

'차를 마시는 것은 인생을 맛보는 것과 같다.'라는 말이 있듯 오송열 사범에게 차는 인생의 전부와도 같다. 그가 차에 빠져든 것은 문화일보 회장을 지낸 고(故) 이규행 회장이 삼진선원을 운영하고 있을 때 그 문하에서 수련했는데 차 마니아인 이규행 회장을 가까이에서 지켜보면서 자연스럽게 차에 빠져들었다고 고백했다. 이 회장이 삶을 정신적

자사호에 맺힌 한방울의 물

무심당에서 오송열 사범과 차를 앞에 놓고 나눈 다담

으로 유지하기 위해서 차에 빠져들었다면 오 사범은 차와 수행은 결코 둘이 아니라고 이야기했다. 그리고 좋은 차일수록 몸을 건강하게 해 주고 나쁜 차는 몸에서 받아들이지 않는다고 자신의 체험을 말해 주었다. 《끽다양생기》을 쓴 에이사이 선사는 '차는 양생의 선약이요, 사람의 수명을 연장시켜 준다.'라는 말이 수행하면서 차를 마시게 되면 느껴진다고 말했다.

선승들에게 차와 수행이 불가분의 관계에 있듯이 오 사범이 차와 수행에 올인하게 된 것 또한 우연이 아니다. 그날 밤 일곱 가지 차를 앞에 두고 품다를 했다. 첫 번째 천량차로 시작하여 99년 밍하이 차창에서 나온 정병을 끝으로 7시간의 품다는 예전에 보지 못한 광경이었다. 오 사범의 품다인생을 들으면서 아, 이 사람이 진정 차와 더불어 살아온 차인이라는 생각이 들었다. 그는 아침 햇살이 창문에 비칠 때면 무심당 앞에 앉아 경전을 독송하면서 하루를 시작했다. 그가 경전을 염송하게 된 것은 개운조사의 《능엄경》과의 만남에 기인한다. 《능엄경》 번역서를 찾아 헤매다가 각성 스님을 만나 불교와 사상을 체험했으며 한때는 남회근의 선사상에 빠져들기도 했다. 그는 자신을 떠받치는 정신적 스승을 남회근이라고 말한다. 그의 방안에 자신이 스승으로 모시고 있는 원효, 이규행, 각성, 남회근, 청화 스님의 영정에서도 그의 구도자로서의 일면을 보는 것 같았다. 이규행 회장을 통해 차와의 만남은 오늘날 오송열 사범을 떠받치고 있는 정신적 힘이 되고 있다.

일곱 가지 차 맛에 빠져들다

해질 무렵에서 시작된 찻자리는 밤 12시에 끝이 났다. 첫 번째로는 95년산 천량차로 시작했다. 두 번째는 80년대 중반의 숙차로 시작했다. 세 번째는 만한다식(滿漢茶食)이라는 차였다. 청(淸) 광서(光緖) 22년에 만들어진 이 차는 사연이 있다. 몇 해 전 억조풍호(億兆豊號)로 세상을 떠들썩했을 때 이 차가 오 사범에게 들어와 품다를 했으면 했던 차였다. 양가죽에 둘러싸여 그로 인해 3번 우릴 때까지 양가죽 냄새가 났다. 그 뒤부터 양가죽 냄새가 사라지고 차의 온전한 향이 느껴졌다. 네 번째는 1970년대 중반에 나온 복전차(茯磚茶)였다. 다섯 번째는 천운공병(天韻貢餠), 여섯 번째는 99년에 나온 이창호(易昌號), 일곱 번째는 80년대 중반에 밍하이 차창에서 나온 청병이었다. 오사범이 애지중지 아끼는 36년 전에 만들어진 푸얼차로 지금까지 청병의 보좌를 지켜온 차로 찻잔 사이의 물안개가 되어 피어났고 오랫동안 암운이 입안 가득히 향기로웠다. 이렇게 7시간 동안 이어진 품다가 끝날 즈음 북두칠성은 사라져갔고 창밖에서 차실 안을 문살 사이로 바라보았을 때 오 사범이 찻잔 잡은 손이 너무나 행복해 보였다. 이렇게 오 사범의 차살이를 지켜보면서 차와 수행이 결코 둘이 아니고 하나라는 사실을 알게 되었다. 밤새워 차를 마시면서 느낀 '감회는 향기로운 샘은 젖과 같아 물 끓여 차 달였네.'라는 파일휴(波日休)의 〈자다(煮茶)〉라는 시를 떠올리게 했다. 무심당 벽면에 칠자병차로 주조된 자다란 글이 오버랩 되었다.

난을 감상하고 차를 우리는 것이 신선과 같다는 구절은 품다인생을 논했던 오송열 사범을 가리키는 말인 듯했다. 그렇게 동강의 물결을 날마다 관조하며 차와 더불어 살아가는 무심당의 주인이 참으로 행복해 보였다.

[3. 두암초당에 앉아
차와 자연을 이야기하다]

한반도 첫 수도인 고창은 빼어난 경관으로 인해 사람들의 발길이 끊이지 않고 있다. 고창의 선경(仙境)이라고 말할 수 있는 두암초당(頭巖草堂)은 호암(壺巖) 변성온(卞成溫)[1530~1614]과 인천(仁川) 변성진(卞成振)[1549~1623] 형제가 만년에 머물면서 그 명성이 널리 알려졌다. 두암초당은 코로나 시대의 독차시대를 열어갈 빼어난 선경으로 인해 초당에 이르며 자연에 빠져들게 했다.

2021년 4월 9일 유기상 고창군수, 윤정현 신부, 정덕형(정화장군) 차인, 최석환 한국국제선차문화연구회 회장 등이 참여하여 두암초당에서 명가차회가 이루어졌다. 때마침 두암초당에서 다회가 개최뒤 한국관광공사가 선정하는 '2021년 봄 시즌 비대면 안심관광지 25선'에 선정되어 이목을 집중시키고 있다. 두암초당이 초암차실로 알려지면서 전국각지에서 두암초당에 찾아 찻자리 여는 등 고창이 두암초당으로 인해 발길이 끊이지 않고 이어져갔다.

9월 29일에는 한국의 대표적 차단체인 부산 숙우회가 찻자리를 열어 시선을 끌었다.

두암초당 (©고창군 드론 촬영)

소나무가 우거진 바위 한가운데에 자리한 두암초당

두암초당 안에서 내려다본 고창군 아산면 반암리 풍광

두암초당에서 열린 찻자리 (좌로부터 유기상 고창군수, 윤정현 신부, 정덕형 차인, 최석환 저자)

선경(仙境)을 빼닮은 두암초당

초암차의 비조인 매월당(梅月堂) 김시습(金時習.1435-1493)은 한 평의 초암차실(茶室)에서 초암차(草庵茶) 시대를 열었는데 그 원형(原型)이 전북 고창군 아산면 반암리에 자리한 두암초당에 있다. 우뚝 선 소반 바위 절벽 아래에 새집처럼 아슬아슬하게 자리한 정자(亭子)를을 말한다. 호암 변성온(卞成溫).1530~1614), 변성진(卞成振.1549~1623) 형제가 만년을 살았던 곳이다. 두암초당 옆에 신선(神仙)이 술을 마시다가 술병을 땅에 거꾸로 꽂았다고도 전하는 병바위도 있다. 신선이 노닐던 두암초당이 드러나게 된 것은 한 다우가 한 컷의 사진을 보내오면서 두암초당이 세상에 드러났다.

우뚝 솟아오른 소반 바위의 절벽 아래 자리한 두암초당은 좁다란 마루를 들어서며 1평 남짓한 작은 방 한 칸을 두고 있는데 두암초당의 입구에 이르며 염재(念齋) 송태회(宋泰會, 1872-1942) 선생의 두암초당 현판 글이 반긴다. 마루에 오르며 〈부풍향차보〉를 쓴 이재(頤齋) 황윤석(黃胤錫)의 〈두암초당기〉, 호암선생의 10세손인 변종혁의 〈두암초당 중건기〉등 이름난 사대부들의 명문장에서 두암초당의 의미를 말해 준다. 두암초당은 전좌바위(존좌암)라고 부르는 바위는 칼로 자르듯 수직 절벽을 이루며 방 한 칸, 마루 두 칸의 협소한 두암초당에서 내려다보면 그야말로 선경에 빠져들게 한다.

한 평 차실에서 차를 앞에 놓고 선경에 빠져들다

200여 년 전 호암 변성온, 인천 변성진 형제가 자연을 벗하며 살아갔던 두암초당은 이제 비대면 시대를 맞아 매월당 김시습의 초암차 정신을 잇는 명가차회가 2021년 4월 9일 유기상 고창군수, 윤정현 신부와 함께 찻자리가 이루어졌다. 팽주는 정덕형(정화장군) 차인이 맞아 2시간 동안 차를 앞에 놓고 고창의 문화를 담론했다. 지난해 법제한 고창 향차(香茶)로 찻자리가 이루어졌다. 차의 향기가 오감으로 스쳐 갈 즈음 유 군수는 이야기를 꺼냈다.

"이렇게 두암초당에서 찻자리는 의미가 깊습니다. 오래전 이재(頤齋) 황윤석(黃胤錫)을 연구하였는데 이재와 인연이 깊은 초당에서 차를 이야기하게 되어 무어라 말할 수 없이 기쁩니다."

"사실 두암초당은 중국의 천관 설법대와 빼닮고 있어 역사적 의미가 큰 것 같습니다. 이번 찻자리는 각별한 의미가 있는 것 같습니다. 더욱이 매월당의 초암차의 정신을 잇는 두암초당에서 고창의 문화와 화엄사상의 근원을 밝히는 역사적 맥락을 논할 수 있게 되어 무어라 말할 수 없이 기쁘게 생각합니다." 이야기를 듣고 있던 유 군수는 깜짝 놀라며 자신은 풍수지리의 연구자로서 두암초당과 푸젠성 닝더의 천관설법대에 관심을 보였다. 그때 천관설법대가 실린 10년 전 차의세계를 펼쳐 보이자 너무나 빼닮은 사진에 놀라워했다. 선운사 화엄신앙과 천관신앙이 연결되면서 또다른 고창의 문화의 보고로 자리매김 되는 순간이 아닐 수 없다.

유 군수와의 대화를 듣고 있던 윤정현 신부는 두암초당의 의미를 보탠다. "1600년 초에 호암에 살았던 두 형제는 하서 김인후 선생의 제자입니다. 서울 성균관에서 공부할 때, 퇴계 이황을 만나 학문을 더 깊이 하였는데. 호암, 인

천 두 형제는 하서의 제자이자 퇴계의 문하생이기도 하다. 두 형제가 선인취와혈(仙人醉臥穴)의 전좌암 절벽에 3칸 초당을 짓고 후학을 가르쳤습니다. 초당은 그동안 열쇠로 잠가두어 들어가기 불편하였으나 영모정에 살면서 초계 변씨의 선산을 지키는 마지막 며느리 대동 댁을 설득하여 두암초당을 개방하기로 하였습니다. 내가 청소하고 관리해 주겠다고 하고 열쇠를 받아 초당에서 간간히 차회를 열었는데 오늘처럼 뜻 깊은 차회는 의미가 깊다고 말할 수 있어요."

유 군수는 "초당은 비대면 시대 고창의 아름다운 명소로 가꾸어 가겠습니다."

2시간 동안 찻자리가 진행되는 동안 문밖을 내다보니 시시각각으로 변화는 자연현상이 선경에 빠져드는 것 같았다.

팽주를 맞은 정덕형 다우는 "이곳은 이재 황윤석과 인연이 깊습니다. 때마침 이재난고가 고창군으로 기탁되었으니 부풍향차를 고창향차로 새롭게 자리매김 하여야 한다고 말했다.

한 평 남짓한 두암초당에서 차를 앞에 놓고 고창의 문화를 이야기하는 동안 차를 반쯤 마셨는데도 그 향기는 처음과 같다(靜坐處茶半初.妙用詩水流花開)는 추사(秋史) 김정희(金正喜)의 차시가 두암초당과 어우러지는 것 같았다.

유 군수님을 모시고 이루어진 찻자리는 고창의 문화를 세상 밖으로 알리는 계기가 되었다.

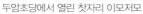
두암초당에서 열린 찻자리 이모저모

두암초당에서 선차를 만나다

2021년 9월 29일 두암초당에서는 뜻 깊은 찻자리가 이루어졌다. 멀리 부산의 숙우회의 선하당이 두암초당를 찾아와 수경잎차, 수경독차, 청음잎차, 상조잎차를 펼쳐 보였다. 찻자리를 지켜본 고창군의 문화예술과 박희정 팀장과 김숙희 학예사는 차행법을 통해 예전에 보지 못했던 선차의 진수를 볼 수 있어 기뻐했다. 찻자리가 펼쳐지기 직전 두암초당의 바위 중간에 꽃과 차와 향을 올리는 의식이 진행되어 보는 이로 하여금 다신에 대해 예를 다했다. 차와 향은 숙우회 성각스님 홍성숙 사범이 오리면서 초암차회의 대미를 장식했다.

두암초당을 잇게 한 호암 변성온의 영혼에게 차를 공양한 뒤 숙우회 선하당의 홍성숙 사범이 1평 남짓한 두암초당에서 수경독차 차행법이 펼쳐졌다. 두암초당은 그야말로 자연과 우주 내가 하나로 어우러지는 자연풍광이 일품이다. 홍사범은 수경잎차을 펼쳐 보는 이로 하여금 감동을 안겨주었다. 두암초당 방 밖의 2평자리 공간에서는 네 명이 둘러앉아 청음잎차 차행법이 펼쳐졌다가 찻자리는 숙우회 선하당의 윤남주의 팽주로 접빈에 원영애, 하혜경, 허진석 씨가 참여하여 이루어졌다. 마지막 대미를 장식한 상조잎차는 1평 자리 두암초암에서 펼쳐졌다. 하늘과 내가 소통하는 초당에 차를 앞에 놓고 선차에 빠져드는 순간이라고 말할 수 있겠다.

초당 위에 목판으로 새겨진 두암초당 기문이 인상적이였다. 그 글을 살피다가 이재 황윤석이 쓴 〈두암초당기〉가 눈에 들어왔다.

"대개 주자의 도가 동쪽으로 흘러가면서부터 동방(東方)의 유도(儒道)가 번성했다. 그 같은 의미는 문정공 김인후와 문순공 이황과 같이 진실함이 있었기 때문이다. 김인후가 일찍이 시에서 말하길 하늘과 땅의 중간에 두 사람이 있으니 공자가 원조이고 자양이 진인이다. 무릇 자질이 생이지지에 가까워 들으면 진실을 알아내는 자가 능히 누구인가? 의당 이자가 서로 깊은 것을 허락하고 뒤에는 삼연이었다. 일찍이 두암에 대해 생각했는데 저울과 저울추가 있어 두 별이 옳음과 같구나! 웅대한 자루는 오히려 이 집과 격이 맞아 떨어진다고 볼 수 있겠다. 이에 바위가 저울과 저울추와 함께 평형을 이루는 구나. 사물이 정말로 이치에 맞는다. 마음 또한 이러할지니 오직 사물에 응하여 얻어지는 평안함이 천하의 가장 큰 안락함이다. 고로 주자는 일찍이 사람의 마음을 논하면서 말하기를 마음은 저울추의 평평함과 같다고 말했다"

그 밖에도 여러 편액들이 두암초당의 역사를 말하고 있다.

해가 서산으로 기울어져 가는데도 두암초당에 좀처럼 발길이 떨어지지 않았다. 이는 초당 밖으로 퍼져나가는 차 향기가 향기롭게 물들어갈 때 조선시대 사대부들은 차를 벗 삼아 살아갔을 것 같았다. 한평 초당에서 차를 앞에 놓고 관조하니 매월당 초암차가 바다를 건너 일본으로 전파되었다. 한국의 차문화는 이 같은 초당에서 자연과 풍류를 즐기면서 한국차문화를 이끌어 갔다고 여겨진다. 그렇게 오랜 세월을 이어온 두암초당에서 맛본 한 잔의 차야말로 선경에 빠져드는 순간이었다.

[4. 긍구당肯構堂에 앉아
물소리, 바람 소리를 듣다]

자연미의 발견자 농암 이현보

낙동강 상류가 굽이쳐 흘러가는 청량산 자락에 농암 이현보(聾巖 李賢輔, 1467~1555)가 태어나고 자란 농암종택이 있다. 1975년 안동댐이 수몰되자, 서원에 딸린 정자와 별당, 바윗돌을 현재의 위치에 옮겨놓았다. 농암의 후손들은 고향을 잃고 농암이 어린 시절을 보낸 분강촌으로 온 지도 30여 년의 세월이 흘렀다. 농암의 17대손 이성원 씨가 종택을 지키며 후손으로서 농암의 정신을 널리 선양하고 있다. 게다가 최근에는 이성원 씨가 《천년의 선비를 찾아서》라는 책에 농암종택에 얽힌 이야기를 담아 잔잔한 바람을 일으키고 있다. 또한 종부인 이원정 씨는 다도를 실천하고 있어 농암종택의 차향이 세상 밖으로 퍼져나가고 있다. 오랜만에 농암종택을 찾아 종부인 이원정 씨가 우려내는 차향에 흠뻑 빠져들었다. 농암종택 내 차실은 〈어부가(漁父歌)〉 중 '어사가'를 따서 이름을 정했다. 이처럼 농암종택에 차향이 배어오고 있

었다. 종부 이원정 씨가 우려낸 한 잔의 차를 음미하면서 17대 종손인 이성원 씨가 들려준 500여 년 전 농암의 선비 정신을 시공을 뛰어넘어 되살아나는 것 같았다.

조선 유맥이 살아있는 긍구당

조선을 대표할 만한 선비는 누구인가. 후세 사람들은 영남에서는 농암과 퇴계를 꼽고, 호남에서는 송강 정철을 손꼽는다. 농암은 강호의 미(美)를 추구하던 청백리며 문학가였다. 또한 농암은 국문학에도 지대한 영향을 미쳐 자연을 노래한 이른바 강호 문학 형성에 결정적인 영향을 끼쳤다. 퇴계는 농암에 대해 말하길 "농암은 벼슬을 버리고 분강(汾江)가로 염퇴(恬退)했다. 부귀를 뜬구름처럼 여기고 회포를 물외(物外)에 붙였다. 때로는 조각배를 타고 물안개가 낀 강 위에서 즐겁게 읊조리거나 낚시 바위 위를 배회하며 물새와 고기를 벗하고 망기지락했으니 강호지락의 진(眞)을 터득했다."라고 했다. 또한 한문과 우리말이 덧붙여진 〈어부가〉를 지어 영남 지역의 가단(歌壇)에 큰 영향을 미쳤다. 나아가 윤선도의 〈어부사시사(漁父四詩詞)〉로 이어지는 조선시대 강호시가의 발전에도 큰 영향을 끼쳤다. 때때옷의 선비로 널리 알려진 농암, 그 내력은 이렇다. 70세가 넘은 나이에 부모의 생신 때 기쁘게 해드리기 위해 때때옷을 입고 재롱을 부린 이야기에서 비롯되었다. 후세 사람들은 효성이 지극한 농암을 두고 명예를 버려 명예를 얻었다고 평가했다. 농암은 세조 13년(1467)에 아버지 이흠(李欽)과 어머니 안동전 사이에서 태어났다. 태어나면서부터 골격과 외모가 범상치 않았고 성격이 활달하여 사냥을 좋아했다. 그가 학문에 열중하기 시작한 것은 19세 때 예안향교에 들어가면서부터였다. 29세에 생원시(生員試)에 합격했고 31세에 관시에 장원하였다. 32세 때 연산군 4년에 문과에 급제했다. 어느 날 농암의 부친이 용수사에서 잠을

긍구당에서 열린 찻자리

이원정 종부의 말차다법

자는데 꿈에 신인이 나타나 "적선하는 집안은 반드시 좋은 일이 있을 것이다."라고 하였다. 잠에서 깨어나고 보니 농암이 태어났다는 소식이 들려와 아버지가 속으로 이상하게 여겼다.

농암의 세계는 영천 이씨로 고려 초에 평장사를 지낸 문한(文漢)을 시조로 한다. 농암은 효성과 충절, 선비 정신이 뛰어나 사계의 사표가 되었다. 그는 벼슬이나 재물에 초연함으로 오늘날까지 많은 사람들의 존경을 받고 있다.

차향이 피어난 긍구당

농암이 태어난 긍구당(肯構堂)에 차향이 피어나기 시작한 것은 종부인 이원정 씨가 워낙 차를 좋아해 정식으로 다도 공부를 배운 뒤 종가 종택 안 어사가에 차실을 마련하면서부터이다. 종택에 차향이 퍼져나간다는 입소문을 듣고 찾아오는 사람들에게 알려지면서 유맥에 차향이 피어나게 되었다.

강호 문학의 산실 농암종택의 들머리에 이르니 긍구당이 나온다. 긍구당은 농암 이현보가 태어나고 죽음을 맞이했던 곳이다. 고조부인 이현이 지은 것을 이현보가 87세 되던 해(1533)에 맏아들 이문향이 손질을 보았다. 600년을 내려오며 농암가의 전통을 이어온 집이다.

농암종택을 찾았을 때 농암의 19대손인 이성원 씨와 종부 이원정 씨가 마중 나와 반겼다. 종부는 〈차의 세계〉의 열렬한 독자라면서 매우 반가워했다. 여러 전각을 둘러보다가 긍구당에서 찻자리를 여는 것이 좋겠다고 말하자 종부가 찻자리를 준비했다.

이원정 씨는 능숙한 솜씨로 차를 우려냈다. 궁구당의 내력을 살펴보면 600년이나 되는 집으로 가로 세 칸, 세로 두 칸의 자그마한 집이다. 전면 세 칸은 모두 앞의 내를 바라볼 수 있는 누마루인데 마루 끝에 궁창 난간을 달아 단정하고 우아했다. 그 난간 사이 마루에서 찻자리가 이루어졌다. 방안에서 문살 사이로 밖을 바라보니 한 폭의 그림 같았다. 찻물 떨어지는 소리가 자연과 조화를 이루었다. 차향이 무르익자 이성원 씨가 "차를 마신다는 것은 차 한 잔의 여유, 차 한 잔의 정담이 아니겠는가 생각합니다."라고 말문을 연다. 농암종택에 차의 향기가 흐른다는 소문이 나자 지난해 민심대장정에 올랐던 손학규 민주당 대표와 이기택 전 위원, 용수사 원행 스님 등이 이곳을 즐겨 찾는다고 했다. 또한 고가에서 들차회도 연 바 있다. 차실 또한 농암의 〈어부가〉 구절인 어사가를 차실의 당호로 썼다. 차실에 들어서니 텅 빈 공간 밖과 안이 소통되었다. 흥미로운 것은 유·불·도가의 사진을 모시고 있어, 차실에 앉으니 유·불·도를 전부 만나는 것 같았다.

물소리 바람소리 들으며 연 행복한 찻자리

궁구당에 차향이 세상 밖으로 퍼져나가자 예천의 차인 이재은 씨가 궁구당을 찾아와 찻자리를 소망하여 우연찮게 이루어졌다.

650년 전 농암의 고조부인 이헌(李軒, 1467~1555)은 궁구당에 앉아 물소리, 바람 소리를 들으며 차향에 빠져들었다. 그 뒤를 이어 농암 이현보(李賢輔, 1467~1555)가 궁구당에서 자연을 관조하며 살았다. 지금도 농암의 자취가 묻어나는 궁구당에 오랫동안 차향이 끊어지지 않은 계기는 종부인 이원정의 차연(茶緣)에서 비롯되었다.

궁구당에서의 찻자리를 소망해 온 이재은(예천다례 원장), 도언형(딸, 안동대 재학 중) 모녀의 찻자리가 이루어졌다. 궁구당에서는 때아닌 차향이 온 세상 밖으로 퍼져나갔다. 이런 날 하늘까지 감동했는지 해맑은 하늘이 차향을 더욱 그윽하게 했다.

궁구당이란 《서경(書經)》에서 따온 구절로 조상의 유업을 길이 이어 가라는 뜻이며 영천자 신잠(申潛, 1491~1554)이 현판의 글씨를 썼다. 앞면 3칸, 옆면 2칸 반 규모의 L자형 건물인 이 궁구당에서 조상의 유업을 차로 이어 가려는 후손의 지극한 정성이 다연으로 맺어진 값진 찻자리였다.

궁구당에서 행복한 차맛을 본 이재은, 도언형 모녀는 "오늘 맛본 차 맛은 평생 잊을 수 없을 것"이라고 고백했다. 차인의 손끝을 통해 차문화 공간으로 거듭난 궁구당에 앉아 물소리, 바람 소리를 들으니 농암 선생이 읊었던 〈어부가〉가 환영처럼 들려오는 것 같았다.

5. 강촌江村의
작은 차박물관茶博物館에서
느낀 차문화의 향기

춘천의 작은 박물관에 가보았더니

강원도 인제군 서화면 무산(巫山)에서 발원한 소양강 댐은 양구군을 통과하며 북천(北川) · 방천(芳川) · 내린천(內麟川) 등의 지류를 합류하여 삼악산(653m)과 검봉(530.2m)을 거쳐 북한강을 끼고 형성된 북한강 지류 지역을 말한다. 강촌천은 남사면의 고깔봉(420.5m)에서 발원하여 구곡폭포를 거쳐 흐르는 소하천과 춘천의 강촌 지역 남단에서 합류하여 흐르는 물결이 도도하게 흘러간다. 그처럼 강촌역을 중심으로 한 강촌은 서울과 2시간 거리에 있어 강촌을 찾는 사람들의 발길이 끊이지 않는다. 수많은 시인 묵객들이 구곡폭포, 문배마을 걸으며 북한강변에 위치한 옛 강촌역 주변 낭만적인 철길을 걸어보는 등 강촌에 빠져든다. 그중 우리가 주목한 곳은 한국다례문화체험관의 의 송양희 대표가 운영하는 '작은 차박물관'이 눈길을 끌고 있다.

전국의 차 박물관들이 등장하고 있는데 춘천의 작은 차 박물관(茶 博物館)처럼 차향을 느낄수 있는 곳이 그다지 많지 않은 것 같다. 원래 작은 박물관은 삼양이엔피의 직원들의 연수원으로 쓰이다가 송 대표가 차에 빠져들면서 건물 전체를 작은 차 박물관으로 개편하여 문을 열었다.

춘천의 작은차박물관

활짝 열린 차박물관

춘천의 강촌의 작은 차박물관의 문 앞에서 송양희 대표가 반겼다. 그를 따라 박물관 문을 열고 들어서니 강촌이 한 눈에 내려다보이는 차실이 펼쳐졌다. 청도재(聽壽齋) 차실 앞에서 우주의 축소판이 팔각형태의 찻자리가 펼쳐졌다. 보듬이을 활용한 차 살림법의 시연을 보여주었다.

송 대표는 이곳에서 6대 다류을 체험할 수 있으며 서울 동방문화대학원 대학교의 학생들에게 차명상 힐링 강좌를 하고 있다.

2층에는 한·중·일의 차실이 갖추어졌다. 먼저 한국의 차실 향천당(香泉堂)에 들어서니 한국형 차실 공간으로 초암차실이 갖추어졌다. 송 대표는 차실 중앙에 앉아 돈수 스님으로부터 전수받은 서귀암 다법을 시연해 보였다. 두 무릎을 꿇고 앉아 다완위로 차선을 잡고 격불을 한 뒤 다완을 두 손으로 높이 들더니 '시방에 계신 모든 부처님께 한 잔의 감로차 공양을 올립니다.'라고 말한 뒤 두 손으로 다완을 허공위로 올렸다. 대중이 침묵하자 죽비 세번을 치고 마무리되었다. 서귀암 다법 시연이 끝난 뒤 창문을 열고 밖을 내다보니 시시각각으로 변화는 강촌의 풍경이 일품이었다. 세설재(洗蒑齋)는 한국형 잎차 차실을 갖추고 있다. 선설재 옆에는 중국차실을 갖추었는데 중국의 명차들이 즐비했다. 중국의 고수차를 마시면서 차에 대한 이야기를 나누었다.

3층으로 올라가니 작은 공연공간을 갖추고 있는데 여기서 한·중·일 차교류도 할 수 있다고 말한다.

작은차박물관에 있는 향천당 선설재 청도재 차실

4층의 차실은 다례체험공간으로 활용하고 있는데 일반 차애호가들이 작은 차박물관을 찾아와 차를 마시며 담소를 나눌 수 있는 공간을 갖추었다.

강촌에 흐르는 강물을 바라보며 곡수다연을 열다

강촌의 작은 차박물관에서 빼놓을 수 없는 공간이 경주의 포석정(鮑石亭)처럼 찻잔을 물 위로 띄워 차를 마실 수 있는 공간이다. 송 대표는 우리를 작은 차박물관 밖으로 안내했다. 그야말로 포석정 같은 곡수다연을 펼칠 수 있는 공간이다. 옛 선비들은 물이 흐르는 사이로 앉아 떠내려오는 술잔을 마시며 시를 짓고 풍류를 즐겼다며 이제는 찻잔을 띄워 차시를 짓고 다연을 일으키게 했다. 춘천 강촌의 작은 박물관이 유상곡수(流觴曲水)와 어울리는 공간(空間)이다. 송 대표는 유상곡수로 떠내려오는 찻잔을 들고 차를 마시며 다선일미에 빠져들었다. 이처럼 차와 자연이 조화를 이루면서 작은 차박물관에서 차문화의 향연에 빠져든다. 유상곡수는 푸젠성 장저우의 천복박물관에서 떠내려오는 물결 위로 찻잔을 잡고 차를 마시며 시어를 읊었는데 이제 춘천의 작은 박물관에서 곡수다연을 뛰어넘어 물이 흐르고 꽃이 핀다는 수류화개를 찻자리로 이끌어 낸 차인들의 안목이 놀랍다.

이처럼 송 대표가 차에 빠져든 것은 15년 전 매월당 김시습을 흠모하여 춘천의 삼양이엔피 내에 초암차실을 갖추고 차를 시작한 것이 계기가 되어 춘천 강촌에 작은 차 박물관의 문을 열게 된 계기가 되었다고 말했다. 송 대표는 준혜헌이 춘천 지역의 새로운 차문화 공간이 되도록 온 힘을 다하겠다고 다짐했다. 이를 위해 매월당의 초암차 정신이 일본(日本)에 전파된 내력 등을 추적하고 초암 다법을 고안, 말차와 초암차 정신 등 광범위한 초암차를 연구해 오늘 이 시대에 부각하려는 의지를 담고 있다. 그러다가 안동의 서귀암 다법을 연구해 온 돈수 스님을 만나 서귀암 다법을 전수받으면서 작은 차박물관을 개관하게 된 결실을 맺기에 이르렀다.

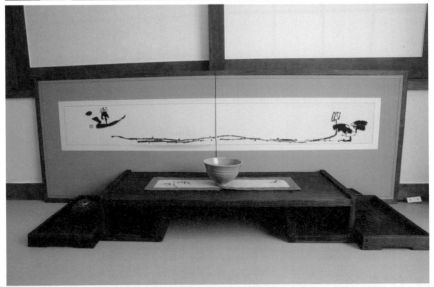

찻자리이모저모

송양희 대표가 소중히 간직하고 있는 차도구들　　　　　　　　　차 살림법으로 활용되고 있는 보듬이

춘천의 작은 차박물관에서
차문화의 향기에 빠진다

　아름다운 강촌에 흘러내리는 강물을 바라보며 작은 차박물관은 그야말로 종일 차를 마셨는데도 차향이 처음과 같다는 추사 김정희의 차시 정좌처 다반향초 묘용시수류화개(靜坐處茶半香初 妙用時水流花開)를 그대로 옮겨놓은 것 같았다. 차박물관을 살피다 보며 자신도 모르게 차에 빠져들어 작은 차박물관을 찾는 사람들이 늘고 있다. 송 대표는 매월당 초암차 정신을 부활시켜 코로나 이후 작은 박물관 앞뜰에서 수류화개 찻자리를 재연해 보고 싶다는 의욕을 보이기도 했다.

　강촌의 또 다른 명소인 작은 차박물관을 통해 춘천의 차문화를 널리 알려 한국차문화의 향기를 많은 사람들에게 전하고 싶다는 말을 건넸다. 작은 박물관에서 초암다법이 세상 밖으로 펴져 나가길 염원해 본다.

[6. 월호月湖의 물빛 사이로
천년의 차향이 녹아나다]

닝보(寧波) 사람들에게 월호(月湖)는 천년을 기억하게 한다. 세월의 흐름에도 월호의 물은 여전히 넘실거린다. 그러나 고건물과 신식 건물이 뒤섞여 있는 주변 환경은 월호 성원(盛園)을 역사와 현대가 만나며 예스러움과 현대적 유행이 서로 섞여 있는 거리로 탈바꿈시키고 있다. 그 거리에 차향이 피어나는 청원다관이 있다. 월호의 중심에서 100년 동안 이어져 온 고택이다. 원래 청원다관은 닝보의 중심거리인 천일광장 옆에 있다. 월호 주변에 있는 청원다관은 제2관이다. 이 다관의 주인은 우리에게 낯익은 우메이화(吳美華) 여사이다. 우 여사는 닝보에서 선차대회가 열렸을 때 뒤에서 지원을 아끼지 않았다. 그런 인연으로 청원다관이 국내 차 잡지에 소개되는 영광을 얻었다. 천일각 앞의, 일명 약황성제전(藥皇聖帝殿)이 있는 청원다관이 차를 마시며 다예와 창극을 보고 음식을 곁들이는 곳이라면 제2 청원다관은 격조 높은 문화공간으로 꾸며져 있다. 불교 신자인 우 여사 덕분에 곳곳에서 불교의 향기가 배어난다. 이곳에서는 츠챠취(喫茶去)라는 선어와 관음보살을 새긴 족자를 걸고 그 아래 차를 한 잔 올리는 광경을 쉽게 만날 수 있다.

알록달록한 청석판(靑石版)을 밟으며 흐릿하게 섞인 흰 벽과 푸른 기와 사이로 문을 열고 들어서면 청원다관이 나온다. 고풍스러운 육중함이 천년을 이어 왔다. 그 물결 위에 흘러내린 낙엽이 운치를 더해 준다. 10여년전 7월 문을 연 이 청원다관은 닝보 사람들의 문화 살롱 역할을 톡톡히 하고 있다. 이는 차를 통해 문화를 이루려는 우

닝보의 청원다관에서 차의 향기를 말하는 우메이화(吳美華) 여사

여사의 의지에서 출발했다. 성벽 문 사이로 들어서면 탁 트인 공간이 마음을 편안하게 해 준다. 1층이 차를 마시며 담소를 나누는 공간이라면 2층은 문화 살롱이다. 앞을 보면 한 건물이지만 두 채로 어우러져 있다. 곳곳에 탁 트인 문살과 문살 사이가 아름답게 이어졌다.

청원다관에 들어서면 정원은 하늘과 소통하는 공간으로, 일식(日式)으로 꾸며진 작은 정원의 높은 흰 벽을 빽빽한 대나무 울타리가 둘러싸고 있으며 녹색의 등나무 덩굴이 그 위를 타고 오른다. 정원에는 돌절구, 돌 초롱, 흰 모래, 민둥산과 물, 각종 기묘한 꽃과 풀이 있으며, 세월에 닳아 낡은 작은 나무 탁자, 나무 걸상, 좌식 의자가 흩어져 있다. 이곳에 앉으면 천고(千古)의 유구함을 생각하고 높은 벽의 편안함을 누리고 꽃을 보고 새들의 말을 들으며 푸얼(普洱)의 유구한 역사를 맛보고 녹차의 신선한 맑은 향을 맡게 된다.

차의 은은한 향은 마음속에 깊이 스며들어 신선한 감동을 준다. 우리들은 조밀한 산중에 갈 필요가 없고 천년의 거문고 소리를 찾으러 갈 필요가 없다. 귓가에 강호(江湖)의 훌륭한 소리가 들리면 지금이 정토(淨土)이다. 소위 '길가의 마음이 정토이고 시내가 도원(桃源)이다.'라는 것이다. 인생은 차와 같고 차는 곧 인생과 같다. 한 잎의 찻잎은 비바람을 맞고 불에 구워지는 고난을 겪으며 사람들에게 맑은 향과 단맛을 전해 주고 정신을 깨워 준다. 그래서 품다하는 사람에게는 변화무쌍하고 현묘(玄妙)하며 심원(深遠)한 경지가 있다.

계단을 따라 2층에 이르면 다다미를 깐 차실이 있다. 창문 사이로 열린 고택의 운치를 감상하고 중국 전통 고금을 들으며 찻자리를 한다.

7개의 현으로 이루어진 고금은 중국 현악기 중의 하나이다. 닝보의 청원다관을 찾던 날 광둥성에서 초대한 고금 연주자 등포융(鄧佈隆) 선생의 고금 연주를 들을 수 있었다. 등 선생이 연주하는 뒤편에 익숙한 달마도가 걸려 있었다. 2010년 닝보에서 선차대회를 개최했을 때 원행 스님이 그려 준 달마도였다.

왕안석(王安石), 양간(楊簡), 전조망(全祖望) 등 학식이 이름난 명인들은 월호를 거울삼아 시를 짓고 노닐었다. 그 천년의 역사를 간직한 월호에 지금 차의 향기가 퍼져나간다. 천년의 세월을 간직한 아름다운 풍경이 있고 천년의 문화가 숨 쉬는 닝보의 사람들은 100년이나 된 고택에서 차를 마시고 문화를 논한다. 그것은 닝보 사람들에게 또 하나의 즐거움이 아닐 수 없다.

[7. 큰 물결 헤치니
거기가 바로
카래산수이枯山水]

　교토는 카래산수이의 요람이다. 교토에만 200여 곳의 정원이 있으니 선정원의 세상을 보는 듯하다. 모래로 물이 흐르듯 그것을 가꾸는 일 자체가 선의 깨달음의 마음이라고 말할 수 있겠다. 500년간 이 같은 신앙을 이끌어 낸 차인들의 안목이 놀랍다. 다이도쿠지(大德寺)에는 사찰마다 차실이 딸려 있다. 그중 즈이호안(瑞峯庵)은 카래산수이로 이름을 떨치고 있다.

　참으로 인연의 끈이란 끈끈한 실타래처럼 이어지나 보다. 2003년 10월 작고한 히사다(久田宗也) 종장의 단독 인터뷰(2003년 3월) 관계로 일본에 갔는데 그때 즈이호안에서 열린 오모테센케 당시 비서실장이 이끄는 차회에 참석하게 되어 깊은 인상을 받았다. 즈이호안을 까마득하게 잊고 있다가 교토의 홍엽이 물들어가는 날 우지의 만푸쿠지를 찾게 되었는데 그날 헌공다례 의식이 끝난 뒤 동행한 이효천 원장이 교토의 즈이호안 행을 권유했다. 우리는 행사가 끝나자마자 교토 즈이호안을 찾았다.

　그날은 즈이호안에서 차회가 열리는 날이었다. 일본 말차도를 배우기 위해 몰려온 차인들이 즈이호안 차실에 둘러앉아 말차 수업을 받고 있었다. 듣자 하니 오모테센케가의 즈이호안에서 한 달에 네 번의 차 수업이 열리는데 한 달에 15만 원이라고 한다.

우리는 차실에 앉아 능숙한 선생이 진행하는 차 수업을 지켜봤다. 먼저 방명록에 자신의 이름을 기록하고 앉아 차 수업을 받았다. 차에 능한 한 다우가 공손히 무릎을 꿇고 앉아 포자로 다완에 물을 붓고 차선을 잡고 차를 우려냈다. 학생들은 그것을 진지하게 바라보았다. 우리 앞에도 다식이 나왔고 이어 다완에 말차가 나왔다. 말차를 마신 뒤 다완을 감상하는 순서는 세월이 흘러도 변함이 없었다. 어떤 기물이 등장하느냐에 따라 그날의 차회가 결정되는 엄격한 일본 다도를 맛볼 수 있었다. 8년 전 이곳의 마에다마사미치(前田昌道) 주지스님으로부터 말차 한 잔을 대접받았던 기억이 주마등처럼 스쳐 갔다.

즈이호안 차회는 엄격하여 한국 차계의 등용문이라고 한다. 한 달에 두 번씩이나 부산에서 즈이호안을 찾아 차 수업을 배우는 사람도 있다고 하니 그 열정이 놀라웠다. 그 찻자리에서 뜻밖에 낯익은 얼굴을 만났다. 바로 8년 전 오모테센케에서 만난 이와사키 비서실장이었다. 차회가 끝날 즈음 먼저 주지스님에게 8년 전 바로 옆방에서 무쇠솥으로 끓는 물을 포자로 떠 차를 마신 기억이 난다고 말하였다. 스님은 나를 찬찬히 보더니 "아, 그때가 히사다 종장을 취재했을 때 만난 최선생이 아닙니까? 어떻게 8년 전을 그리 쉽게 기억하십니까?"하고 물었다. 주지스님과의 다담이 오간 뒤 당시 비서실장에게 물었다. "8년 전 오모테센케에서 봤던 분 아닙니까?" "이렇게 다시 만나니 기쁩니다."

우리 일행은 단 한 번 만남이었는데 이렇게 다시 만나게 되어 놀라웠고 평생 한 번뿐인 일기일회의 차회를 보는 듯 기뻐했다.

차회가 끝날 즈음 즈이호안의 핵심인 카래산수이 앞을 바라보고 있었다. 그 앞에 한 다우가 다소곳이 앉아 카래산수이를 들여다보고 있었다. 얼마나 많은 사람들이 저 카래산수이 앞에 앉았을까? 이 아름다운 정원을 어떻게 가꾸었을까? 산천과 강산은 변해도 즈이호안의 카래산수이는 즈이호안의 수많은 선승들이 마치 수호하듯 가꾸었을 것이다.

즈이호안 석정을 직접 돌보았던 인물 중에는 전후(戰後)의 거장 중 한 사람인 시게모리미래이(重森三玲)가 있다. 미래이의 손자인 교토 코게이센 대학의 시게모리 차사오 씨는 일본의 카래산수이는 원래 《벽암록》의 독좌대웅봉(獨坐大雄峰)에서 연유되어 일본 선정원 미학으로 발전했다고 말했다. '저 모래 위에 태연히 서 있는 석정(石庭)은 선의 깨달음의 경지를 훌륭하게 표현했다.'라고 칭송했다.

해 질 무렵 가을날 즈이호안 법당 앞에서 카래산수이를 바라보았다. 모래 위의 바위가 폭포에 물이 떨어지듯 출렁거렸다. 그 앞에 한복을 곱게 입은 한 다우가 앉아 카래산수이를 관조했다. 그 다우가 꿈꾸는 차의 세상은 어떤 세상일까. 모래 결에 잔잔히 흘러내리는 물결이 깨달음을 주는 듯했다. 이렇듯 500년간 이어져 온 카래산수이는 선 정원(禪庭園)의 효시로까지 이야기된다. 거기에 차를 놓으니 선

즈이호안의 카래산수이 앞에 앉아 자연을 품미하는 해외차인

과 차가 결코 둘이 아닌 하나임을 보여주는 듯했다.

즈이호안은 앞과 뒤가 카래산수이에 둘러싸여 있다. 즈이호안 스님을 따라 공개를 꺼리는 차실로 들어갔다. 거기에 족자 하나가 걸려 있는데 조주의 츠챠취였다. 그 앞의 문을 여니 금단의 성역이 나온다. 돌 하나가 묶여 있었다. 더 이상 나가지 말라는 그 돌 하나에서도 일본인의 차 정신을 느낄 수 있었다. 이번 즈이호안의 일본 다도 교육을 보면서 옛 법도를 변경시키지 않고 500년간 이어 온 일본 다도의 정신을 느낄 수 있었다.

그들은 찻물 뜨는 돌잔 하나에도 역동적 선을 부여했다. 카래산수이 석정 앞에 앉아 돌과 모래가 일렁거리는 지평선을 바라보고 있으니 내 마음도 평온해졌다. 다도의 진면목을 간직한 즈이호안에서 일본 다도를 깊숙이 들여다보면서 정원 하나, 족자 하나, 기물 하나도 일본 다도를 버티게 하는 원천이 되고 있음을 알 수 있었다.

10장
차를 말하는
세계의
차명인들

[1. 선종차 제다맥 이어온
수산壽山스님]

　차를 만들 때 아홉 번 덖고 아홉 번을 비비는 것을 구증구포라고 말한다. 한약(漢藥)에서만 있는 것으로 알려졌는데, 그 비법(秘法)이 선종차 제다법에 전승되어 온 사실이 최근 밝혀졌다. 2003년 5월 11일 불갑사를 찾아가 전통차법을 이어 온 수산 큰 스님(84 · 불갑사 조실)을 찾았다. 스님은 7시간의 제다 공정을 거쳐 탄생한 선종차의 제다 방법을 최초로 공개했다.

　곡우(穀雨)를 전후한 남녘의 차밭은 찻잎 따는 아낙네의 손길로 분주하다. 일창이기(一槍二旗)로 된 어린 찻잎을 따서 가마솥에 아홉 번 덖어 아홉 번 비벼도 잎 하나 파괴되지 않는 선종 특유의 제다 방법이 있어 우리의 눈을 의심케 했다. 한약제를 법제할 때 구증구포가 통용되었으나 차를 법제했을 때 구증구포란 제다방법이 있을 수 없다는 이론이 지배적이었다. 그런데 수산 스님의 제다 방법을 지켜본 결과 구증구포의 방법은 제다의 보존적 의미에서 필요하지, 실제 차를 만드는 입장에서는 구증구포 제다법은 고행이 뒤따르기에 제다인들은 선뜻 이 제다법을 선택하려 하지 않고 있다. 그러나 수산 스님은 거의 40년간 이 제다법을 고수해 왔다. 수산 스님은 1922년 전남 장성에서 태어나 1940년 백양사로 출가, 1941년 만암 스님의 문하에서 다각승으로 선을 닦았다. 그 무렵에 체득한 선다 정신과 강진 월남사지에서 만들어진 이

가마솥에 차를 덖은 뒤 찻잎을 살피는 불갑사 스님들

한영 씨의 백운 옥판차의 제조기술을 터득, 옛 방법대로 차를 만들어왔다. 일 년에 고작 30여 통밖에 만들 수 없는데 "이 차 만드는 일을 왜 40년간 계속 고집하느냐."라고 묻자 큰스님은 '수행의 일부'라고 말하였다.

큰스님께 안부 전화를 한 것이 2003년 5월 10일. 금 년에 차 만드는 일정이 언제쯤인지 물어보았다. 큰스님께서는 11일 오전 10시부터 만들고, 그 날 이후에는 만들지 않는다고 말했다. 전통 선종 제다법을 기록해야겠다는 생각에 다른 일정을 모두 취소하고 불갑사(佛甲寺)를 찾아 나섰다.

불갑사에 도착하자 10시가 넘어섰다. 큰스님이 손에 대바구니를 들고 불갑사 산 아래 500여 평 정도 되는 차밭에서 찻잎을 따고 있었다. 큰스님을 도우러 온 신도들도 함께 찻잎을 따고 있었다. 큰스님은 나를 보더니 반갑게 맞으며 오후 2시까지 찻잎을 딴 뒤 2시부터 찻잎을 볶는다고 했다. 이렇게 전통 선종차 제다법의 첫 공개가 시작되었다.

10여 통의 차를 만들기 위해 7시간 동안 20여 명이 매달렸다. 큰스님은 거의 40년간 이 일을 놓지 않았다. 지금은 경주 영지암의 법성 스님과 도예가인 우송 김대희 선생이 큰스님의 다법을 이어 전승하고 있다고 했다.

수산 스님이 차를 만들게 된 것은 잔병 때문. 40년 전만 해도 뚜렷이 차 만드는 방법을 알고 있는 사람이 그리 많지 않았다. 그래서 수소문 끝에 강진군 성전면 월남리에 있는 이한영(李漢永) 씨를 찾아가 차 제다법을 메모해 온 뒤

구증구포 방식으로 완성한 선종 차 제다법

차를 만들기 시작했다. 당시 이한영 씨는 백운 옥판차(白雲玉版茶)를 만들고 있었다. 백운 옥판차는 돈차(錢茶:엽전 같이 생긴 차)를 말한다. 수산 스님은 학명-만암 스님 등으로 이어지는 백양사 다선의 맥을 이어왔고, 민간에 전승되어 온 백운 옥판차의 제다법을 배워와 이것이 선종차로 태어나게 된 것이다.

선종차 이렇게 만들어진다

오후 2시가 되자 장작불로 가마솥을 발갛게 달아오르게 한 뒤 찻잎을 넣고 차를 볶기 시작했다. 이때 지켜야 할 사항은 맨손으로 차를 볶아야 한다는 것이다. 그렇지 않으면 차를 볶을 때마다 향기를 맡을 수 없다고 한다.

수산 스님은 "찻잎을 처음 딸 때의 향과 아홉 번 덖은 뒤 손으로 차향을 맡았을 때의 향기가 같아야 진정한 선종차"라고 견해를 밝힌다.

또 하나 중요한 것은 수산 스님의 포다법(泡茶法)이 열탕이라는 점이었다. 뜨거운 물을 찻주전자에 붓고 펄펄 끓여 우려낸 뒤 차를 마실 때 그 향과 맛이 온몸으로 느끼게 해야 한다고 전했다. 차가 아홉 번 덖이는 순간 발효차로 바뀌

가마솥에 찻잎을 넣고 덖는 수산스님의 법제
현장을 지켜보면서 선정에 빠져드는 것 같다.

면서 냉기 등이 제거되고 10번 이상 우려내
도 옛맛을 지니고 있다는 것이 이 차의 특징이
다.

우려낸 찻잎을 보자 일창이기인데도 찻잎이
하나도 파괴되지 않고, 잎이 살아 있는 듯했
다. 수행자가 고행을 하듯 차를 만들어 낸 수
산 스님의 상상좌의 말에 따르면 곡우 전후에
첫물차를 만들었는데, 정신을 집중한 바람에
탈진한 적도 있다고 한다. 그만큼 수행하는
것 이상으로 차 만드는 일은 어렵다.

스님은 전통다법에 대해 "이 전통다법은 우
리나라 조사 스님들이 이어온 법통으로 계속
이어져야 합니다. 상업화되어 버리면 전통맥
이 사라지게 됩니다."라고 피력했다.

수산 스님은 찻잎을 자신의 손으로 채취하
지 않으면 진정한 차의 오미를 느낄 수 없다고
말한다. 그만큼 차를 만드는 일이 중요하다고
한다.

수산 스님이 주석한 불갑사는 마라난타가
창건한 백제 땅에서 불교를 가장 먼저 전했던
사찰로 고려말 각진국사가 주석하면서부터 선
종을 크게 일으켰다. 그 뒤 수산 스님이 주석
하면서 다선 도량으로 거듭났다.

수산 스님은 "만암스님이 주석했을 때 불전
에 올리는 차와가 일반차를 별도로 주문했을
정도로 불전의 차를 신성시했던 때도 있었는
데 지금은 그 시절과 너무나 차의 흐름이 바뀌
었다."라고 전했다.

새벽 구름 걷히니 차 한 잔에 행복을 담다

10시에 시작된 차 만드는 작업은 저녁 7시
가 되어서야 끝났다. 찻잎을 따고 덖는 전 과
정을 큰스님이 직접 한다. 그만큼 찻잎은 예

민해 조금만 신경을 흩트리면 제 맛을 못 낸다고 한다. 찻잎을 덖는 전 과정이 끝나자 저녁 공양을 하고 난 뒤 큰스님 방으로 다 같이 모여 마지막 의식을 치른다. 그 날 만든 차를 잘 우려서 맛보는 일이었다.

상좌스님이 다관 앞으로 나아가 뜨거운 열탕법으로 차를 우려낸다. 우리는 현재 뜨거운 열탕법을 쓰지 않고 80℃ 정도로 식혀서 차를 마신다. "왜 식힘 사발을 쓰지 않느냐."고 묻자 "불가의 옛 방법은 뜨거운 물을 부어 우려냈다."라고 한다.

수산 스님의 다법(茶法)을 보자 예전에 장시성 운거산 진여선사에서 일성 방장으로부터 들었던 말이 생각났다. 중국 선종의 모든 차는 펄펄 끓는 물을 부어 차를 우려낸다고 했다. 중국과 한국의 전통제다법이 같음을 알고 무릎을 쳤다.

시좌가 새로 만든 차를 우려낸다. 찻잎을 딸 때의 향과 차를 우려냈을 때의 향이 같다. 드디어 차를 맛보는 순간이다. 오감으로 느낄 수 있을 정도로 진한 차가 온몸으로 녹아든다. 찻잎을 따고 덖지 않은 사람은 이 차의 진정한 맛을 느끼기 힘들리라. 세상에서 이런 차 맛이 있을까 감탄이 절로 나온다.

큰 스님은 "차는 아홉 번 덖은 뒤 한 손으로 찻잎을 한 움큼 쥐었을 때 그 맛이 코끝에 와 닿아야 진정한 차 도인이 될 수 있다."라고 말씀했다.

불가의 차품 예절은 차를 만들 때 수고한 사람들에게 조금씩 차를 나누어 준다. 그야말로 초의선사가 말한 진정한 중정청경(中正淸境)이 아니던가. 수산 스님의 얼굴을 보니 선종차의 맑은 물결처럼 아름답다. 구증구포 정신을 이어 선종차의 전통을 회복해야 할 것이라는 생각이 다시 한 번 든다.

[2. 담백하고 순수한
　　맛을 추구하는
　　원표圓表 스님의 초의선차]

　중기로 쪄서 차를 덖는 방법은 오랫동안 불가로 이어져 왔다. 다선암 응송 스님의 제다맥을 이어 가는 원표스님을 찾아가 차를 중기로 쪄서 법제할 때 찻잎이 타지 않는지 살펴보기로 했다. 그때가 10여년전 곡우를 지난 5월 9일이었다. 놀랍게도 가마솥 뚜껑을 덮고 중기로 찻잎을 법제하는데도 차가 조금도 타지 않음을 확인하고 이 스님의 차 만드는 과정을 소개하기로 마음먹었다.

　봉명산자락 다선암에서 차 만드는 일을 생명처럼 여기며 수행해 오고 있는 원표스님이 본지에 등장하기까지는 오랜 시간이 걸렸다. 스님이 손수 차를 덖을 때마다 시간이 맞지 않아 몇 해가 지나갔다. 그러던 중 중기로 차를 법제하는 과정에서 차가 타느냐 타지 않느냐를 두고 논쟁이 거세졌다. 차를 덖는 방법 가운데 부초차(가마솥에 손으로 덖는 방법)나 증제차(증기로 찌는 방법) 제다법을 이용할 경우, 솥의 온도가 찻잎을 태우지 않는데 왜 태울 수밖에 없다고 기술했는지에 관하여 한 스님이 문제를 제기했다. 그러다가 원표 스님이 떠올라 스님에게 차를 덖을 때 가마솥의 온도로 찻잎이 타는지 물었다. 스님은 전혀 태우지 않는다고 말했다. 그래서 내년 봄 스님의 제다법이 보고 싶다고 말했다. 스님은 곡우를 지난 뒤 제다철에 꼭 한번 와 달라고 했다.

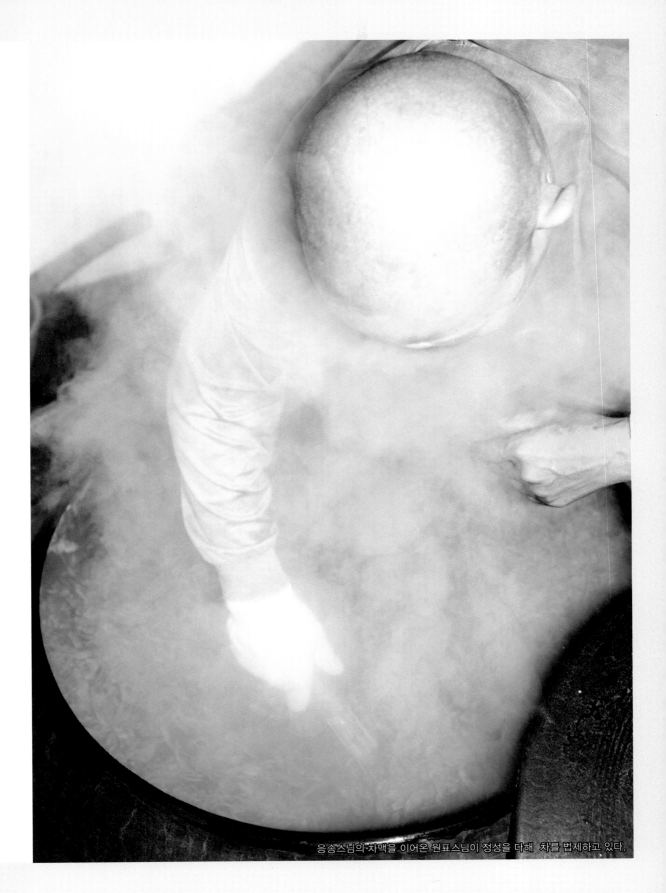

응송스님의 차맥을 이어온 원표스님이 정성을 다해 차를 법제하고 있다.

원표스님 제다 이모저모

그 후 2014년 봄날, 진주의 오성다도연구회 박군자 회장으로부터 올해 원표 스님의 제다법을 체험해 보자는 연락이 왔다. 그렇지 않아도 올해에는 꼭 스님의 제다를 참관하려 했기에 더욱 반가운 소식이었다. 제다철에 다시 만나자는 약속을 하고 5월을 기다렸다. 원표 스님에게서 차를 덖는 일정이 2014년 5월 5일로 잡혔다는 연락이 왔다. 그렇게 몇 년을 벼르던 스님의 제다맥을 만나는 순간이 다가왔다.

원표 스님을 만나다

천년 전 푸젠 닝더의 지제산에서 화엄신앙과 차를 전파한 원표(元表) 스님 연구에 매달려 원표대사의 차가 신라 후기 선종사에 영향을 끼쳤다는 사실을 밝혀냈다. 공교롭게도 봉명산 다선암의 원표(圓表) 스님 또한 차에 일가를 이루고 있다.

원표 스님은 22살 때 불문에 귀의했다. 승가대 졸업 논문으로 〈초의 선사의 선차〉를 쓰게 되면서 초의 선사의 발자취를 찾던 중 백운 스님이 〈불교신문〉에 연재한 '초의 선사'를 읽고 감명을 받아 '내가 살아가야 할 삶을 초의 스님께서 먼저 살고 가신 것 같다.'라고 느꼈단다. 곧바로 인사동 대신화랑에서 백자다기를 구입해 알콜 버너와 함께 걸망에 넣어 와 선방에서 차를 마시고는 '어찌 이렇게 맛있는 것을 몰랐던가.'라며 기뻐했다고 한다.

하루는 백화사에서 주석하고 있던 응송스님을 찾아갔다. 스님께 차를 공부하러 왔다고 하며 인사를 드렸다. 응송 스님은 원표 스님을 보더니 차 한 잔을 내놓았다.

"차 맛이 어떠냐?"

"참 좋습니다."

스님은 빙그레 웃으며 차 맛을 아느냐고 묻고 이런저런 이야기가 오간 뒤에야 원표 스님을 제자로 받아들였다. 이후 원표 스님은 응송 스님 밑에서 시봉을 하며 이른바 서당식으로 차를 배웠다. 초의 선사가 저술한 《동다송》과 《다신전》을 배웠는데 원문을 노트에 적고 해석하는 방식으로 공부했다. 그리고 차를 만드는 철에는 응송 스님을 도와 차를 만들었다. 참새 혓바닥같이 생긴 작설에 대해 응송 스님은 다음과 같이 말했다.

사람들은 냉수를 많이 마시는데 냉수는 차가워서 건강에 좋지 않다. 움푹하게 파인 돌에 물을 담아 끓이면 염분이 발산되어 순수한 물만 남으니 싱겁고 맛이 없어 식수가 되지 않는다. 그래서 나뭇잎이나 열매를 따서 우려 마셨다. 그것이 차의 시원이 되었다.

2년에 걸쳐 응송 스님으로부터 제다법을 배운 원표 스님에게 응송 스님은 "부처님께서 49년 동안 설법하였지만 한 번도 설한 바가 없다고 하셨듯이 너도 차를 마시되 마신 바 없이 마시라" 하여 '무음자(無飮子)'라는 다호를 주었다. 그리고 마침내 응송 스님으로부터 초의 선사의 제다맥을 이었다. 원표 스님은 그렇게 차와 숙명적 인연을 맺게 되었다.

증제차 제다법이 공개되던 날

2014년 4월 9일 이른 아침에 서울을 출발해 점심 무렵에야 경남 진주사천의 봉명산 다선암에 도착했다. 점심 때

원표스님은 선종차의 특징은 담백한 맛을 잘 갖추어야 하고
순수함을 잃지 말아야 한다고 말했다.

라 스님은 공양간으로 안내했다. 산채(山菜)로 차려진 음식은 깔끔하고 정갈했다. 공양이 끝난 뒤 다선암에 펼쳐진 차밭에서 갓 올라온 햇잎을 따 아랫마을 영봉다원으로 내려갔다. 먼저 내려간 다선암주지 원표 스님이 장작불로 솥을 달구었다. 불을 피울 때 냄새가 나지 않는 참나무를 땔감으로 쓰며, 찻잎이 들어 있는 솥 안에 연기가 들어가지 않게 불 때는 아궁이가 밖에 있었다. 가마솥 앞에 앉은 원표 스님은 차를 덖을 때는 솥을 다루는 법을 잘 알아야 한다고 말했다. 솥에 물이 들어가면 절대 안 된다고 강조하며 정갈하게 닦아 냈다. 솥의 온도가 오르지 않아 오전과 오후의 기온 차를 예감했다. 불을 때는 데 귀신이라는 다선암 주지인 상좌가 불의 온도를 조절했다. 30년간 주지스님 밑에서 차를 덖어 이제 수준급이라고 상좌를 치켜세웠다.

원표 스님의 제다법은 어린 찻잎을 따서 즉시 가마솥에 넣고 찻잎의 자체 수분으로 쪄 내는 것이다. 불의 온도가 300℃ 정도 되었음을 손짐작한 원표 스님은 생엽을 솥에 넣고 뚜껑을 닫았다. 2분 정도 솥 안의 찻잎이 익어 갈 즈음 다시 뚜껑을 열자 수증기가 뭉게뭉게 퍼져 나왔다. 재빠르게 솥 안에서 찻잎을 덖어 냈다. 수증기가 밖으로 빠져나가지 않게 대나무 살로 만든 빗자루로 재빨리 뒤집어 주고 뚜껑을 덮는 시간은 불과 30초 내외였다. 다시 뚜껑을 닫고 2분 뒤 반복하여 차를 덖어 냈다. 설익은 잎, 타는 잎 없이 골고루 익힌 뒤 찻잎을 솥에서 꺼내 선풍기나 냉각기로 식혔다. 완전히 익은 찻잎은 손으로 잘 비빈 뒤 솥 안에 적당히 널고 부서지지 않도록 80~90℃의 약한 불로 말렸다. 완전히 말린 뒤 다시 온돌방에서 하룻밤 동안 말렸다.

솥뚜껑을 열고 닫는 것으로 결정되는 원표 스님의 제다법은 지제산 제다맥과 흡사한데 원표 스님은 증기로 찌는 반면 지제산 제다법은 솥의 온도 80℃에서 마무리 짓는다는 차이가 있었다. 또한 찻잎을 덖을 때 잎이 파손되지 않게 공 굴리듯 한다는 것을 알 수 있었다.

그날 2시간 만에 이루어진 제다 체험을 참관한 다우들은 감격했다. 다선암으로 자리를 옮겨 덖은 차를 우려냈다. 찻잎이 살아 있는 듯한 광경을 보고 모두 감격했다. 이로써 차의 법제는 숙련된 고수의 손놀림에 의해 좌우되고 있음을 알 수 있었다. 어느날 한 스님의 증제차 제다 작업에서 찻잎의 30%가 탄 것을 보고 솥에서 차를 덖다 보면 일부를 태울 수밖에 없는 줄 알았는데 솥과 내가 한마음일 때 타지 않는다는 것을 알게 되었다. 문득 10여 년 전 수산 큰스님이 대나무 잔가지를 묶어 만든 빗자루를 들고 구증구포 제다법으로 선정에 빠지듯 차를 법제하는 광경을 본 것이 떠올랐다.

원표 스님은 초의 – 응송으로 이어지는 제다 맥을 이어가야 한다는 사명의식을 가지고 있다. 또한 '차는 담백한 맛을 잘 갖추어야 하고 순수함을 잃지 말아야 한다'는 차 스승 응송 스님의 차 철학을 간직하고 있다. 40년간 차와 숙명적 인연을 맺어 온 원표 스님에게 차는 마음을 비춰주는 거울과도 같다. 그렇듯 원표 스님은 차 맛의 순수함을 잃지 않고 담백함을 추구하는 것을 삶의 지표로 삼으면서 선다일미를 실천해 가고 있다. 밤새 덖은 햇차로 차를 음미했다. 햇차를 한 움큼 다기에 넣고 물이 식기를 기다려 차를 우려내자 감미로운 차향이 오감으로 느껴질 즈음 햇차의 향기가 봉명산자락에 향기롭게 퍼져나갔다.

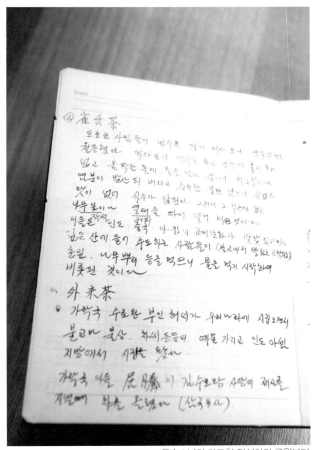

응송스님의 가르친 작설차의 근원부터 노트에 정성껏 기록해 두었다.

3. 차는 나의 종교라고
말해온 평차사
뤼사오쥔駱少君의 삶과 철학

　2016년 10월 27일 향년 75세로 항저우에서 별세한 뤼사오쥔은 중국을 대표하는 평차사(評茶師)였으며 평생 차학기술에 몰두해 왔다. 그녀의 타계를 접한 중국 차계는 안타까움을 드러냈다. 그동안 지병으로 힘들어하면서도 그는 오직 차의 품질 향상을 위해 온몸으로 뛰었다고 해도 지나친 말이 아니다. 한때 심평바람을 일으키면서 차의 관능적 평가는 한국 차계를 뜨겁게 달아오르게 했다. 그런데 뤼선생은 심배화에 비해 그다지 국내에 알려지지 않았다.

　뤼선생은 중국 차과학기술문화의 대표단을 조직하여 미국, 러시아, 호주, 프랑스, 독일, 일본, 한국, 남아프리카 공화국, 케냐, 터키, 싱가폴 등 다양한 국가를 방문하여 차문화 전파와 교류에 힘썼다. 한국 차문화 운동이 전무했던 시기 1984년 한국을 찾기도 했다. 그를 다시 만난 것은 2009년 11월 푸딩 자국사에서 제 4차 세계 선차문화교류대회 개막식에서였다.

　그 후 2010년 12월 11일 항저우 차업연구원 명예 원장실에서 그를 만나 평차사로

푸젠성 자국사에서 열린 세계선차대회에 참가한 뤼사오쥔 평차사(맨 오른쪽).
아래는 항저우 연구실에서 저자와 평차에 대한 대담을 나누었던 당시의 모습.

중국 평차의 진면목을 말하는 뤼사오쥔 평차사

살아온 삶과 철학을 이야기했다.

　첫인상은 선이 굵고 차를 위해 살아온 연구가로 비쳤다. 2016년 뤼 선생의 타계 소식을 듣고 그와의 인연을 떠올려 평차사로 차계에 남긴 업적을 상기하면서 그의 자취를 살펴보게 되었다.

　1942년 출생한 그녀는 차와의 만남은 숙명적이었다. 뤼 선생의 인터뷰에서 밝힌 바와 같이 부친은 병원 원장으로 있었는데 늘 아버지께서 말씀하시길

　"너는 공부를 못하니 차나 배워서 차를 마시며 실천하라고 하셨습니다. 아버지는 항상 사람은 자존심이 있어야 하고, 자존심이 있어야 자긍심이 생기고 그래야 자각심이 생긴다고 말씀하셨습니다. 지금은 제가 차와 만나게 된 인연을 매우 소중하게 생각합니다."

　옛 기억을 회상하며 뤼 선생과의 차에 대한 이야기를 풀어보았다.

　- 평생을 차의 품질 향상에 앞장서온 뤼 선생의 차에 관한 철학을 듣고 싶습니다.

　"제가 차와 인연을 맺게 된 것을 매우 기쁘게 생각하고 있어요. 차는 은사(恩師)와 같고 자모(慈母)와 같아요. 피로를 풀어주고 길을 안내해줍니다. 그래서 나에게 차는 곧 종교라고 말할 수 있지요."

　- 선생께서는 음차는 사람마다 평등

하다는 주장을 해오지 않았습니까?

"네 국가와 민족이 달라도 차 하나면 금방 사이가 좋아지는 것처럼 차향천하(茶香天下)라는 말이 적절한 것 같아요. 중국은 일찍이 차는 국음으로 제창했는지 차에 내재된 정신을 발굴해서 차도(茶道)를 이용하여 민족문화를 널리 알리고, 대외에 차로써 예를 차리고, 차로써 손님을 접대합니다. "차로 벗을 사귀고, 차로 청렴하고 공정하게 하고, 차로서 덕을 닦는다.'라는 것을 국민들이 보편적 풍속이라고 자각할 때 우리들이 진정한 의의로 국음이라고 할 수 있습니다. 어린아이들이 어렸을 때부터 차를 마시는 것을 좋아하게 된다면, 차를 마시면서 다른 문화, 다른 계층과 온화하게 교류한다는 것을 알게 됩니다.

─ 뤼 선생께서는 차의 네 가지 방면을 주장해오지 않았습니까?

"첫 째는 물태문화(物態文化)이고, 두 번째는 제도문화입니다. 세 번째는 행위문화, 네 번째는 심태문화(心態文化)입니다. 즉 차의 제조 재배 소비 음용 등을 통틀어서 4개의 방면으로 나누었어요."

─ 선생께서는 차가명인을 만든다면 말을 자주 해 오셨는데 그 근원은 어디에서 출발했습니까?

"'저는 명인들이 차를 만들어 낸 것이 아니라 차가 명인을 만들었다.'라고 생각합니다. 소동파(蘇東坡, 1037~1101)등 당송팔대 문장가들도 차를 좋아했습니다. 차 때문에 명인이 나오고 영웅이 나옵니다. 하지만 진정한 영웅은 바로 민간에 있습니다. 농민들, 차에 종사하는 그 사람들이 다 영웅 아니겠습니까. 차는 마음을 깨우쳐 주

활짝 웃고 있는 뤼사오쥔

고, 인생이 진실하도록 이끌어 줍니다. 그런 면에서 제가 제일 숭배하는 것은 차입니다."

– 뤼사오쥔선생께서는 오랫동안 차를 연구해 왔는데도 점점 나이가 들수록 알 수 없는 것이 차라는 견해를 밝히지 않았습니까?

"나이가 먹어갈수록 저는 차에 대해 갈수록 모르겠습니다. 저는 이해한 것이 너무 적고, 차를 다 배우지 못했습니다. 진정으로 차를 이해하는 사람은 현지의 숙련된 차농, 차기능사입니다. 그들은 일반인들의 생활과 연관된 활동을 하고 차농과 함께 차의 지식에 대해 가장 잘 공부할 수 있었습니다."

– 선생께서는 세계선차문화교류대회에 자주 모습을 드러내셨는데, 선차라는 말이 선풍을 일으킨 까닭이 어디에 있다고 생각하십니까?

"저는 차는 곧 나의 종교라는 생각을 갖고 살아왔지만 선차대회가 이처럼 광풍처럼 사람들의 마음을 사로잡았다는 것은 매우 충격이었습니다. 저는 2007년 푸딩 자국사에서 열린 제4차 세계선차문화교류대회와 2011년 항저우 영은사에서 열린 제5차 세계선차문화교류대회를 참가했는데 한 잔의 차가 종교와 인종까지 초월한다는 사실을 실감했습니다.

향후 선차대회는 큰 발전을 이룰 것으로 생각됩니다. 더욱이 세계선차대회를 발기하고 주최권을 갖고 있는 한국 차의세계사에 감사를 드립니다. 선차로 중국 차문화가 부흥하고 있음을 실감합니다.

– 뤼 선생께서는 차가 어떻게 변화할 것이라고 생각합니까?

"저는 차가 천년의 전통을 거쳐 진화할 것으로

내다보고 있습니다."

평생을 차학기술에 몰두해 온 그녀는 중국 저명한 차 전문가이다. 그녀는 장기간 차과학기술 연구에 대한 일과 품질검사 일을 했다. 또한 차 품질과 차가공, 차검사 감독과 비준화 등의 영역에서 풍부한 결실과 큰 성과를 쌓았고 특히 차의 풍미 화학연구영역에서 국제적으로 앞서는 연구성과가 있다. 그녀는 다양한 항목의 국가급, 성부급(省部級) 중점연구사업의 완성을 지지하였다. 상업부과학기술진보에 각급 상을 수상했다. 《평차원(評茶員)》,《음차와 건강》, 《세계차》 등 다수의 저작을 남겼다. 연속 3회 전국정협위원(全國政協委員)이 되었으며, 수차례 차사업발전, 생태건설, 초중등학생의 과중한 학습 부담을 줄이고 인류건강에 전향적 제안을 제기하여 관련 부분에서 관심을 얻었다.

뤼 선생은 차는 자연의 종교라고 말할 정도로 그는 평생 차과학기술에 앞장서 왔다. 그의 생애를 뒤돌아볼 때 오각농, 장만방에 이어 중국차학발전에 공헌해 온 뤼샤오쥔 선생은 75세를 일기로 지난 2016년 10월 27일에 타계했다.

[4. 천더화陳德華 "나는 대홍포의 아버지가 아니라 차를 사랑한 사람입니다"]

대홍포의 아버지'로 불리는 천더화 선생이 2020년 10월 28일 오후 3시 23분에 별세하였다. 그는 평생 동안 차를 재배하고 법제하여 제다공법의 개선을 위해 노력해왔으며 푸젠성 무이산(武夷山) 차산업 발전에 적지 않은 공헌을 해왔다. 선생은 평생 차 연구가로서 아무것도 바라지 않고 묵묵히 무이산 차 산업의 발전 방향을 이끌며 전승할 인재를 많이 양성해 향후 무이산 차 산업의 발전에 영향을 많이 끼쳤다. 선생의 타계소식에 중국 차 산업의 거대한 손실이며 국제차계에서도 안타까워했다! 2009년 11월 푸딩에서 개최된 세계선차문화교류대회를 마치고 무이산에 이를 즈음 무이산 선차문화연구회의 샤오챵취안(邵長泉) 비서장에게 연락을 했다. 무이산의 차 명인에 대해 묻자 단박에 천더화를 추천했다. 그렇게 그와의 만남이 이루어졌다.

그러나 천더화의 차 인생에 대한 글은 한참을 쓰지 못한 채 미루어졌다. 다시 붓을 잡게 된 것은 2010년 11월, 1년 만에 다시 무이산을 찾게 되면서였다. 2010년 가을 무이산을 찾아갔을 때 장이머우(張藝謀) 감독이 연출하는 인상대홍포(印象大紅包) 공연이 4,000명의 인원을 수용할 수 있는 규모의 야외무대에서 열려 연일 인산인해

를 이루었다. 대홍포가 널리 세상에 알려지면서 외부에서 들어온 천여 곳에 이르는 차상이 차농과 차 수매를 하는 바람에 진년 대홍포를 맛볼 기회가 점점 사라져 갔다. 그런 모습을 지켜보고 가만히 있을 수 없어 감추어 둔 천더화 탐험을 시작했다.

더욱이 구곡계 내에 있는 영락 선사의 경우 대홍포를 60만 위안에 계약, 전량 차상에게 넘긴 모습도 감지되었다. 그래서 영락 선사는 무이수선만이 기다릴 뿐이다. 이처럼 부를 가진 사람의 등장 및 러시아 사람과 중국의 거부들이 쓸 만한 차를 싹쓸이하는 바람에 무이산의 차 환경이 변하게 되면서 한국에 낯익은 차상 황룡포에서는 소홍포까지 나온 실정이다. 이에 감추어 둔 천더화 명인을 통해 대홍포의 진실을 파헤쳐 본다.

대홍포의 아버지로 불린 천더화

2017년 가을 푸젠 무이산의 북두암차연구소로 천더화 선생을 찾아갔다. 이 같은 인터뷰는 천더화 선생이 타계하기 3년(2017년) 가을 북두암차 연구소를 찾아가는 날 빗방울이 대지를 적셔 북두암차연구소 산문 입구까지 강물처럼 되어버렸다. 물살을 피해 북두암차 연구소에 이르자 천더화 선생이 반갑게 맞이했다. 베이징에서 온 차 연구반 학생들이 전날까지 연수를 받고 있었다. 내가 북두암차 연구소에 도착할 즈음 연수를 마치고 떠나려는 순간이었다.

향기로운 차가 입안을 적셔올 즈음 선생을 바라보면서 '대홍포의 아버지'라고 천더화를 높이려 하자 손사래를 치며 "오직 무이산 차 발전에 조그만한 보탬이 될 뿐 그저 무이산에서 일해 온 몇 십 년간에 대홍포와 특별한 인연을 맺었을 뿐이며 근근이 밥이나 먹고 살게 되었습니다."라고 이야기를 꺼냈다. 천하의 대홍포 차명인의 말에 청천벽력 같은 할을 듣는 것 같았다. 차계의 현실을 꼬집는 것 같아 충격에 휩싸였다. 천더화는 6그루의 차나무를 무성번식에 성공한 중국에서 알아주는 차 명인이다. 그의 차 인생 또한 드라마틱했다.

"대홍포는 대자연이 무이산에게 하사한 진귀한 보물이고 나는 그저 어떤 역사적인 의미에서 널리 보급하는 역할을

대홍포의 아버지로 불린 대홍포 발전에 앞장 선 천더화

했을 뿐이다"라고 겸손해했다. "무이산의 우수한 산수야 말로 대홍포의 부모이다. 나는 다만 차를 사랑하는 사람이고 산에 올라가서 채다(採茶)를 하는 것을 즐기며 그런 검소하고 청정하며 조화로운 생활을 좋아한다."라고 천더화가 이야기했다.

대홍포는 조선 후기의 차인 금령(錦舲) 박영보(朴永輔, 1808~1872)가 주목했던 푸젠차의 트레이드마크처럼 우리에게 다가왔다. 무이산 구곡계의 절벽 위에 여섯 그루밖에 자라지 않는 대홍포 묘수에서 한 해 20g밖에 채취되지 않는 희귀성 대홍포의 가치는 날이 가면 갈수록 높아지고 있다. 게다가 러시아 상인까지 쓸고 지나간 지금의 무이산에서 명차를 찾기란 그리 간단한 일이 아니다.

왜 그토록 대홍포는 가치가 높을까. 차 연구가들은 무이산 구곡계의 신령스러운 산천과 암골화향(巖骨花香)을 머금고 자라는 기운 때문이라고 말한다. 또 대홍포는 엄격한 법제 과정을 거쳐 생산된다. 그처럼 대홍포의 가치가 높아지면서 무이산의 차 명인에 대한 인지도가 부쩍 높아지기 시작했다. 한국에 익히 알려진 숭안(무이산시의 전신)현장을 지낸 쪼오따앤(趙大炎), 기명다업연구소의 왕순밍(王順明), 무이암차의 대명사 야오유에밍(姚月明) 등이 무이암차 발전에 헌신해 오고 있다. 내가 주목하게 된 인물은 천더화 선생이었다.

대홍포 묘수차 무성변식 성공

2010년 11월 그를 만난 곳은 무이산 시내의 한 호텔이었다. 그는 아들을 데리고 나타났다. 첫인상이 천진스러웠고 말수가 적고 부드럽고 조용했다.

천더화는 차와 숙명적으로 만났다. 42년 천더화는 푸안농교(福安農校)를 졸업하고 무이산 차과(茶科)에 배정받아 일했다. 처음에 구룡과(九龍窠)에서 대홍포 모수(母樹)를 보았을 때 그는 얼마의 생각을 하지 못했다. 오래지 않은 어느 날 성차과(省茶科)에서 온 친한 동창과

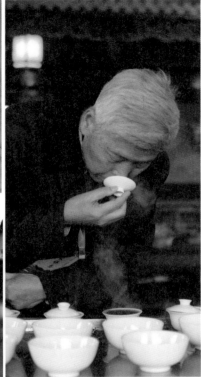

차를 품평하는 천더화 이모저모

대홍포 모수의 순을 연구용으로 잘라와야 했다. 천더화는 그와 함께 갔을 때 호기심이 생겨서 두 개의 순을 자기가 가져와 심어야겠다고 생각했다. 그때 그가 생각하지 못한 것은 예상외로 이 동창은 엄중하게 거부한 것이다. 상급자의 지시가 없으면 어떤 사람도 한 개의 잎이라도 옮길 수 없다고 말했다. 20년 후 천더화는 차과소(茶科所) 소장이 되어 성 안에 열린 차업회의(茶業會議)에서 당시 그 오래된 동창을 만났다. 당시 그는 옮겨 심은 대홍포 나무에서 5개의 순을 잘라 가져왔다. 그리고 조심스럽게 집에 가져와 심었다. 아마 하늘이 도운 것인지 이 대홍포는 매우 잘 자랐고, 매우 빨리 수확할 수 있었다. 이와 동시에 천더화는 대담한 상상을 하기 시작했다.

천더화가 회고하면서 "그 북두의 차나무들은 높이가 30센티미터 되고 온 채차 중에 아주 뛰어나 보였다. 그때 당시 어차원의 100개 넘은 명총 중에 아직 북두에는 없어서 다음날 내가 바로 야오유에밍에게 찾아갔다. 야 씨를 만나자 '저기 심어 있는 북두의 차나무를 나에게 10그루를 달라고' 단도직입적으로 말했다. 그가 아무 말 하지 않은 것을 보고는 나 또한 '어차피 차나무들이 어디에 심어 있는지 내가 알고 있다.'라고 나직이 말했다. 내가 이렇게 혼잣말을 하는 것을 보더니 야 씨는 이 차나무들이 줄 수밖에 없겠구나, 하며 한숨을 내쉬면서 10그루를 파 가져가라고 허락하는 쪽지를 써 주었다. 바로 야오유에밍이 써준 쪽지를 보여주니 다엽연구소의 에이 이파(葉以發)와 잉꾸짜이(應姑仔)등의 동의를 얻어 차나무를 조심스럽게 11그루를 파온 이후에 어차원에 심었다. 차나무를 파던 날은 에이 이파가 차고소에 첫 출근하는 날이었다는 것을 아직도 생생하게 기억하고 있다." 옛날 일들을 생각하면 아직도 엊그제와 같다고 천더화가 이야기했다.

당시 옮겨 심은 대홍포 나무가 잘 자라 빨리 수확할 수 있었다. 그 무렵 무이산 대홍포의 명성이 밖으로 퍼져나갔다. 그러나 모수에서 일 년에 생산하는 양은 몇백 그램에 불과했다. 서민들도 대홍포를 마실 수 있을지 고민하기 시

무이산 차산업에 앞장서온 천더화의 생전 모습

작했다. 해결책은 모수에서 순을 채취, 무성번식시키는 길밖에 없음을 천더화는 깨달았다. 그리고 그는 자신이 심은 나무에서 몇 근 정도밖에 수확되지 않은 차로 담뱃갑만한 크기의 대홍포를 만들었다.

그 담뱃갑만한 대홍포를 들고 차계의 태두인 장티엔푸 선생을 찾아갔다. 장 선생은 천더화가 만든 대홍포를 보고 긍정을 표했다. 그것이 계기가 되어 무이산에서 처음으로 천더화가 직접 가공한 대홍포란 상품이 무이산차의 이름으로 차 시장에 나갔다. 그 차를 맛본 광둥성의 한 바이어는 이런 좋은 차를 살 수 없겠느냐고 물어 왔고 내년 치 계약금까지 지불하기에 이르렀다.

그러나 차 생산량이 문제였다. 순종의 대홍포는 지금 막 심기 시작했고 생산량의 한계에 부딪혔다. 시장을 돌며 조사를 해 보니 의외로 대홍포를 찾는 사람이 많았던 것이다. "황제가 마신 차 아닙니까. 지금은 황제가 없으니 우리들이 마시면 황제가 되는 거죠."

그렇게 시작한 대홍포는 천더화의 노력으로 순종의 번식에 성공하면서 오늘날 세계적 명차가 되었다. 그가 없었던들 어찌 대홍포가 세상 밖으로 모습을 드러냈을까. 70을 바라보는 나이의 그는 차향이 온몸에 배어나는 듯했다. 그는 직접 만든 대홍포를 꺼내더니 개완용 잔에 넣고 차를 우려내기 시작했다. 그 맛을 보자 암운이 입안 가득히 퍼져나갔다.

천더화 선생과 나눈 대화

단도직입적으로 대홍포의 모수에서 순을 채취해 무성번식에 성공한 비결을 묻자 "그것은 행운이었죠. 당시 실험 정신이 없었다면 오늘과 같이 대홍포가 명차로 자리 잡지 못했을 것입니다."라고 그는 말했다.

– 장티엔푸는 유차기 발명으로 차의 혁명을 이루었는데 지금 무이산 자락의 유가공은 어느 정도 이루어지고 있습니까?

"점점 전통적으로 하는 곳은 줄어들고 있습니다. 무이산도 기계화가 되어서 수공으로 하는 과정을 모방하여 만들어지고 있지요. 그러나 수작업으로 하는 차맛에 비해 차향은 떨어질 수밖에 없습니다."

– 무이암차의 제다공법은 어떠합니까?

"초제공정이 복잡합니다. 주로 채청(采淸), 위조(萎調), 요청(搖靑), 살청(殺靑), 유념(?捻), 홍배(烘焙), 건척(虔剔) 등으로 이루어집니다. 그중 무이암차의 제일 중요한 공법은 살청과 요청입니다. 낮은 온도의 불에 말리는 것이 차의 맛을 좌우합니다."

– 품다인들은 왜 그토록 무이암차를 선호합니까?

"무이산이 하늘로부터 받은 암골화향의 신운(神韻)이 없었더라면 무이암차에서 그와 같은 맛이 나올 수 없었을 것입니다. 내가 담뱃갑만한 대홍포를 처음 만들었을 때 장티엔푸 선생에게 그 맛의 품평을 부탁했는데 장 선생께서는 매우 흡족해했습니다. 장 선생께서는 무이산의 독특한 자연환경으로 인하여 품격을 갖추었다고 말씀했지요."

무이산 지역의 대홍포 찻잎을 살피고 있는 천더화

천더화 선생과 나눈 대화는 금과옥조처럼 무이암차의 진면목을 듣는 것 같았다. 그의 아들 천정(陳丞)도 아버지의 뜻을 이어 가업을 이어 간다. 북두명차(北斗茗茶) 연구소가 바로 천더화가 평생을 바쳐 이룩하고자 했던 대홍포의 암운을 그의 아들이 이어 가고 있는 곳이다. 그것은 차가 가업으로 이어진다는 면에서 중요한 의미가 담겨 있다.

그와 다담이 끝날 즈음 자신이 만든 무이암차를 내놓았다. 차통 밖에 대홍포 차나무가 새겨졌다. 그가 얼마나 대홍포를 사랑하는지를 실감할 수 있었다. 오랜 시간 다담을 나누는 동안 그의 잔잔한 미소 속에서 대홍포 같은 신비한 색채를 느낄 수 있었다.

2020년 천더화의 타계로 대홍포의 큰 산맥이 사라지면서 한국이나 중국차계에서 안타까움을 드러냈다.

그가 아니었다면 대홍포 6그루를 무성번식을 상상할 수 없다 그처럼 한 개인의 연구로 대홍포를 발전시킨 것은 천더화의 노력이라고 보여진다. 그를 대홍포의 아버지라고 호칭을 하자 오직 무이산 차발전에 조그마한 보탬이 되었다고 겸손해 했다. 몇 차례 인터뷰 과정을 거쳐 완성된 천더화 연구는 대홍포를 발전시킨 차명인으로 받들어도 조금도 손색이 없을 것으로 말할 수 있겠다.

5. 일본 황실의 어사御寺 센뉴지에서 열린 특별한 차회에서 만난 유와사와 미치코

350년간 이어져 온 일본 전다도를 만나다

유와사와미치코(湯淺美智子) 차인을 만난 것은 2012년 한국에서 열린 제12차 세계선차문화교류대회에서였다. 일본(日本) 동선류(東禪流)의 전다도(煎茶道.잎차)를 들고 나와 신선한 충격을 받았다. 말차 중심 일본 다도에 전다법은 의미가 있다고 하겠다. 전다도는 350여년(1654년) 전 은원((隱元.1592~1673)선사가 명말 일본으로 건너가 전다도를 전해주면서 드러났다. 당(唐)·송(宋)의 말차법(抹茶法)과 다른 간단하고 쉬운 전차법(煎茶法)을 가르쳤다. 그 후 일본과 한국에 전다유파가 형성되면서 유행하게 되었다. 지금도 일본 만푸쿠지(萬福寺)에는 은원 선사가 가르친 전다법이 이어오고 있다. 일본에 전해진 전다법이 350주년(2022)을 맞은 만푸쿠지에서 추모행사를 진행한다고 한다. 유와사와 미치코 여사는 은원의 전다법을 계승해온 까닭은 만푸쿠지에서 대대로 전승되어 온 전다법을 남편이 승려로 계승해오다가 남편이 열반에 들자 동선류(東禪流) 전다법(煎茶法)의 맥을 이어오고 있다. 후베이성 오조사(五祖寺)에서 열린 11차 세계선차문화교류대회에서 동선류 전다법이 선보였는데 유아사와 미치코 여사의 딸에게 전승되면서 일본 다도의 말차 중심에서 유아사와 미치코 여사를 통해 전다 바람을 일으키고 있다. 유아사와 미치코 여사의 차인으로서

350년 이어진 일본의 전다도를 설명하고 있는 유와사와 미치코

일본 황실 고찰 센뉴지와 황실차실

그를 지켜보다가 2014년 10월 일본에서 열린 제6차 세계선차아회를 통해 전다도의 진가를 볼 수 있었다.

일본황실 어사(御寺) 센뉴지에서 열린 전다도 차회

일본 교토는 가는 곳마다 차향을 품고 있다. 2014년 10월의 교토는 홍엽 108경과 어우러져 온통 붉게 물들어 갔다. 350년 전 푸젠에서 우지로 건너간 은원선사가 일본에 전다도(煎茶道)를 전파한 만푸쿠지에서 헌다식과 참선을 병행하여 지금까지 한국의 차문화가 행다 위주의 차행사에서 수행을 겸비한 차 수련을 이끌어 내면서 일본 다도계에 충격을 던져 주었다. 즈이호인의 아카라도(前田昌道) 주지는 "선차의 본거지인 다이도쿠지에서 한국과 차문화 교류를 갖게 되어 매우 각별하게 생각합니다. 마치 큰 물결을 헤치고 드러난 한국의 선차를 보는 것 같습니다"라고 회답했다.

2014년 10월 27일의 센뉴지(泉通寺)에서의 차 교류는 각별했다. 세계선차문화교류대회에 일본 측의 적극지지를 보내준 유아사와 미치코(湯淺美智子) 여사와 각별한 차의 인연이 작용되어 센뉴지의 황실차실에서 특별한 차회가 이루어졌다. 센뉴지는 진언종(眞言宗) 센뉴지파 총 본산으로 일본 황실의 위패가 모셔진 절로 유명하다. 센뉴지 산문에 도착하자 유아사와 선생이 산문까지 나와 우리를 맞이했다. 산문 앞에는 어사(御寺) 센뉴지라는 편액이 이 절이 황실가의 원찰이라는 사실을 말해 주는 듯했다. 이 절에는 양귀비 기념당이 있는데, 양귀비관음좌상이 이곳에 있다.

이 좌상은 보타산의 양류(楊柳)관음좌상(觀音坐像)으로서 1230년에 당나라로부터 전해졌다고 한다.

우리를 놀라게 한 대목은 양귀비의 이름을 딴 미비차(美妃茶)가 있다는 것이다. 일본은 기회가 있을 때마다 전설을 현실화시켜 대중 가까이 다가가려고 한다. 이 차는 중국과 영향이 깊음을 알게 해 준다. 이 절은 한국과도 인연이 깊다. 조선통신사 병풍이 지쇼인(慈昭院)에 보존되어 있다.

유아사와 여사을 따라 센뉴지 본방(本坊)으로 건너갔다. 1884년 메이지 천황(天皇)의 명으로 재건하여 덴치 천황(天智天皇, 624~671) 이래 수많은 역대 천황의 위패가 모셔져 있는 곳으로 한국인으로는 특별히 참관할 수 있는 기회가 주어졌다고 한다. 본방에는 황실의 자취가 곳곳에 배어 있는데 본방에서 바라본 카래산수이 또한 일품이다.

센뉴지의 여러 전각의 좁은 통로를 통과하며 황실 차실의 좁은 문을 살며시 열고 차실로 들어서니 선생의 제자들이 차회를 준비하고 있었다. 이번 선차아회를 위해 한국을 떠나기 한 달 전 유아사와 미치코 여사에게 차회를 제안하면서 극적으로 이루어진 특별한 차회였다. 유아사와 선생은 이번 차회를 위해 기물에서부터 다식까지 완벽하게 준비했다. 팽주를 맡은 유아사와 선생 곁에서 그의 딸이 차를 다루는 모습이 아름다웠다.

황실 차실에서 양쪽으로 병풍처럼 앉아 차를 기다리고 있으려니 준비하는 이들이 다식을 손님 곁에 하나씩 놓고 제자리로 갔다. 찻자리에 앉은 유아사와 선생이 능숙한 손놀림으로 차호를 살며시 열자 두 개로 나뉜 차호에는 각기 다른 차가 담겨 있었다. 선생은 차호에 차를 넣고 낮은 온도로 차를 우려냈다. 찻잔의 온도는 40℃ 정도로 낮은 온도였다. 30명분의 차에서 똑같은 맛의 차 맛을 내기란 여간 어려운 일이 아니다. 찻잔을 들여다보니 일본이 자랑하는

한 방울의 눈물과도 같은 옥로차였다. 마치 제호의 맛에 비견되는 이 옥로차는 일본의 자존심이기도 하다. 찻잔을 받아들고 눈으로 마음으로 감상한 뒤 한 모금을 입안에 머금은 채 곧바로 넘기지 않고 오감으로 느끼다가 차 맛이 감돈 뒤 삼켰다. 아이가 젖을 토한 듯한 우유 맛 같기도 하고 제호맛 같기도 한 이 차는 차 중의 차 옥로차였다. 난보소케이의 《남방록(南方錄)》에는 차회에 임하는 손님의 자세에 대해 다음과 같이 적혀 있다.

"서로의 마음과 마음이 통해야 한다. 그리고 마음이 통하지 않은 사람과 마음이 통한 척하는 것은 좋지 않다."

이날 황실 차실에서 열린 이 특별한 차회는 주인과 손님의 마음이 통하는 차회였다. 이같이 마음의 통합은 유아사와 선생과 특별한 인연의 작용이라고 말할 수 있겠다.

한방울의 감로차를 내는 유와사와 미치코 여사의 진중미

특별한 차회에 임한 한국의 차인들은 한 방울의 눈물같은 차를 앞에 놓고 마음과 마음이 통했다고 말하면서 센뉴지에서의 차회를 오랫동안 간직하겠다고 말했다. 센뉴지는 대대로 일본 황실의 어찰로 헤이안시대 신슈스님이 처음 암자를 짓고 1291년 개산한 이래 가치린(月輪) 대사가 중국 송나라의 건축양식을 도입한 뒤 대가람(大伽藍)이 세워졌다. 역대 황실(皇室)부터 깊은 신앙심을 받아 1242년 시조 천황(天皇)이 이 절에 매장된 뒤부터 역대 천황의 능이 이곳에 조성되어 황실 사찰로 황실의 비호를 받으며 발전했다. 이 절은 정토종(淨土宗)의 센뉴지 다도의 총본산으로 황실 차실과 카래산수(枯山水)이 등 곳곳에 선차의 향기가 살아 있는 곳이다.

일본에 대대로 이어져온 전다도를 시연하고 있는 유와사와 미치코

2시간 동안 차회에 임한 유아사와 선생은 일기일회의 정신으로 한 방울의 차를 30명에게 똑같은 맛으로 내놓는 노련미를 보여 주었다. 그는 차회가 끝난 뒤 산문 앞에까지 나와 환한 미소로 한국 다우들을 환송했다. 센뉴지 황실 차실에서 맛본 한 잔의 차를 마음에 담아왔다.

예전에 교토의 차회에서 유아사와 미치코 여사는 배 모양 같은 찻자리를 펼쳐 보였는데 센뉴지 찻자리에서 빙그레 웃음을 띠며 눈물방울 같은 옥로차(玉露茶)를 권했다.

"차나 한잔하세요."

그의 말속에 350년을 이어져 온 전다도가 향기로운 차향에 실어 되살아나는 것 같았다.

[6. 인생 행로를 열어 준
뤼리젠(呂禮臻의
오묘한 차의 세계]

　뤼리젠(呂禮臻) 사장은 한국 차인들에게 꽤 낯익은 얼굴이다. 푸얼차가 세상에 알려지기 이전에 그를 통해 푸얼차가 한국에 속속 들어왔기 때문이다. 그래서 뤼리젠 사장을 떠올리면 푸얼차가 자연스럽게 오버랩되었다.

　수염을 길게 늘어뜨린 그는 차가 익어가는 노차(老茶)처럼 온몸에 차향(茶香)이 배여 있는 것 같았다. 그와 차를 앞에 놓고 다담이 이루어진 것은 2009년 12월 타이완에서 열린 차문화 교류회에 참여했는데 불현듯 뤼 선생이 스쳐갔다. 판 선생에게 잉거(鶯歌)의 진미다원(臻味茶苑)의 뤼 선생을 한 번 만나 다담을 나누어보자고 제안하면서 선다도 연구가 판엔지우(潘燕九), 중화동방차문화예술학회 왕슈주안(王淑娟) 회장과 같이 진미다원에서 다담이 이루어졌다. 판 선생과 왕 선생과의 구면이던 뤼 사장은 고산우롱차를 한 잔씩 비운 뒤 나를 쳐다보더니 "푸얼차를 좋아하십니까?"라고 물어 왔다. 그의 모습을 바라보다가 말문을 열었다. 여러 종류의 골동 푸얼차와 고수차까지 맛보았다고 말하자 찻자리에서 일어나더니 창고(倉庫)로 내려가 진년(陳年)칠자병차(七子餠茶) 한 덩어리를 가져왔다. "이것이 1950년대 유행한 홍인입니다."라고 말했다. 그 광경을 지켜본 판엔지우 노사는 놀란 표정을 지었다.

　찻자리에 참가한 다우들은 진귀한 홍인의 사진을 찍은 뒤 진년홍인을 가지고 다시

대만의 차인 뤼리젠의 품다도

귀하게 간직한 골동 푸얼을 들어 보인 뤼 사장.

찻자리에 앉은 뤼 사장은 홍인의 포장지를 풀더니 한쪽을 잘라 자사호에 넣고 차를 우려냈다.

"이 진귀한 차를 자르면 팔지 못하지 않습니까?"
"좋은 차일수록 차를 아는 다우와 마셨을 때 그 의미가 새롭습니다."

그리고 차를 각자 한 잔씩 돌렸다. 차호에서 무지개처럼 김이 모락모락 피어났다. 당시 홍인은 시가로 한 덩어리에 1,300~1,500만 원 정도였다. 그 같은 차를 내놓는 뤼 사장의 기질에 놀랐다. 그 뒤 한국에 돌아와 한 다우에게 뤼 사장과 홍인 푸얼차에 얽힌 이야기를 하자 그러한 일은 쉬운 일이 아니라고 말하면서 놀라워했다. 그 뒤에도 뤼 사장을 몇 차례 만나면서 뤼 사장은 2011년 샤먼에서 열린 샤먼 국제차엽박람회에 참가한 뤼 선생을 만났을 때 "이제 차인으로 차문화를 전파하고 싶다."라고 고백하면서 그와의 나눈 대화를 세상에 알리게 되었다.

솔직히 말하자면 나는 푸얼차 마니아도 아니고 푸얼차에 열광하지도 않기 때문이다. 그런데 2011년 2월 윈난 천가채를 찾게 되면서 푸얼차를 좀 더 정확하게 알려야겠다는 사명감을 갖게 되었다. 대만의 떵스하이(鄧時海), 저우위(周渝), 중국 100년 푸얼차 고수인 푸저우 리옌진(李彦錦), 한국에 있는 짱유화(姜育發) 등 푸얼차 마니아를 만나 그들과 푸얼차에 대한 담론을 가졌다. 그러나 한 번도 푸얼차에 관한 글을 매체에 싣지 않다가 1010년 봄 윈난을 찾게 되면서 푸얼차에 대한 정보가 잘못 전해지고 있음을 깨닫고 진실을 알려야겠다는 생각을 하게 되었다. 그중 첫 번째로 소개할 인물이 바로 뤼리젠 사장이다.

그와의 담론은 2009년 12월 타이완의 차시장이

뤼 사장의 차실에 놓인 다반.

밀집된 잉거의 진미다원에서 골동 홍인을 앞에 놓고 다담이 이루어졌다. 뤼 사장이 홍인을 잡더니 한 움큼 차호에 넣고 차를 우려냈다. 그 광경은 선미(禪味)에 빠져드는 것처럼 빈틈없고 엄숙했다. 차를 따르자 찻잔 위로 김이 모락모락 피어났다. 그 순간을 놓칠 수 없어 찻잔을 잡고 차향을 음미하니 찻잔에서 향긋한 기운이 느껴졌다. 차에서만 느낄 수 있는 감미로운 기운이다. 예전에 푸젠성 푸저우에서 100년 푸얼차를 맛보았을 때 이후 두 번째 맞는 또 다른 기운이었다. 나의 표정을 살피다가 뤼 사장이 말문을 열었다.

"사실 푸얼차는 너무 빨리 알려지는 바람에 그 열기가 너무 빨리 식어버렸습니다. 게다가 투기 열풍이 불어 마시는 푸얼차가 골동 푸얼이 되면서 점점 사라져 가게 됨을 안타깝게 생각합니다."

− 예전에 한 잡지 기사에서 '나라의 영토를 개척하고 영토를 확장한다.'라는 '개강벽토(開疆闢土)'라는 표현을 선생이 쓴 글을 보고 놀랐습니다. 그 의미는 무엇입니까.

"특별한 의미가 있는 것은 아니었고 푸얼차의 진귀함이 곧 나라의 영토를 의미한다는 말에서 기자가 힌트를 얻어 적은 것 같습니다."

− 차와 숙명적 인연이 언제부터 시작되었습니까?

"삼촌을 비롯해 집안이 차를 대대로 만들었고 어릴 때부터 차 만드는 것을 지켜보면서 차 만드는 일이 얼마나 힘들

자사호 안에 있는 진년노차를 우려낸 뒤의 탕색

것인가를 잘 알고 있었습니다. 그래서 처음에는 레코드 가게와 식당 등을 운영하다가 자연스럽게 집안 내림으로 차에 빠져들게 되었습니다."

― 다관 이름부터 선생의 체취가 살아 있습니다.

"바로 보셨습니다. 앞의 진(臻)은 제 이름 맨 뒤의 글자를 따서 붙인 것입니다. 모든 차맛이 다 여기 진미다원에 담겨 있다는 의미이기도 합니다."

― 푸얼차에 대한 관심은 언제부터 시작되었습니까.

"제가 1952년에 태어났는데 어렸을 때 집안의 차 만드는 것을 보고 마음에서 우러나온 것 같습니다. 그리고 푸얼차의 출처를 찾기 위해 11번이나 중국을 찾게 되면서 푸얼차에 관심을 갖게 되었습니다."

― 말레이시아 화교출신으로 타이완에 정착하게 되었는데 선생은 푸얼차에 빠지게된 내력이 궁금합니다.

"나는 말레이시아로 이주한 광둥(廣東) 사람입니다. 어렸을 때 화교 사회에서 자랐습니다. 화교들이 잘 마시는 차가 바로 푸얼차였습니다. 그래서 나는 어렸을 때부터 푸얼차를 마시기 시작하였습니다. 사실을 말하자면 차는 마실 수 있는 예술품이며 보다 큰 단계를 거친 후에 더욱 깊이가 있어졌고 진년푸얼(陳年普洱)을 마시지 않으면 좋고 나쁨을 비교할 수 없고 푸얼차의 세계는 바로 이와 같다고 여겼습니다. 1963년 나는 타이완사범대학을 졸업한 후 성적이 우수해서 학교에 남아 교직에 있다가 현재는 퇴직하고 지금은 진미다원을 경영하고 있어요."

– 푸얼과 태극이 서로 융합해야 차문화가 발전할 수 있다는 견해를 피력한 바 있는데 구체적 이야기를 듣고 싶습니다.

"푸얼차(普耳茶)와 태극(太極)은 내 인생에서 가장 사랑하는 두 가지입니다. 또한 그것들의 공통점은 '감성을 나눕니다'. 태극은 자기와 외부의 융합의 감성이 필요하고 푸얼차는 내재된 기운이 행해진 후 더욱 강한 체험을 할 수 있습니다. 그러나 두 가지는 타인과 함께 나누지 않는다면 서로 학습과 인지가 될 수 없습니다."

– 오래 숙성시킨 푸얼차를 선호하는 까닭은 어디에 있다고 보시는지요

"나는 푸얼이 당연히 '숙성시킨 차를 마시고 생차를 보관하고 오래된 차를 마시는 것'이라고 여깁니다. 푸얼차는 생명이 있는 것이며 스스로 허비하는 시간에 공부해야 하며 믿을만한 차상을 찾아 좋은 차 재료를 선택하고 마음과 시간을 써서 천천히 보관해야 합니다. 시간이 되면 푸얼차의 좋은 품질은 당신의 마음에 보답합니다. 만약 여러분이 많은 푸얼을 보관하고 지나치게 많이 채취해서 만들고 노수(老樹)를 말리고 가격을 높이고 소비자를 뒷걸음치게 만든다면 나는 푸얼차의 미래가 실제로 좋지 않은 발전 방향으로 향할 것이라고 생각합니다."

– 진미호(臻味號)를 붙인 푸얼차를 만들 때가 언제입니까.

"1996년부터 1998년 동안 우이(武夷)에서 생산되는 '전통수공으로 만들어진 떡차'를 위탁하기 시작하였는데 바로 '생병(生餅)' 총 6톤이었

뤼 사장의 차실인 타이완 잉거의 진미다원.

습니다. 제가 만드는 차는 수년 동안 자연적으로 발효가 되어야 마실 수 있는 차가 됩니다. 그러나 현지 사람들은 이것이 어떻게 팔리게 될지 의심하였습니다. 그러나 이것은 우이에서 다시 전통생산이 회복된 시작점이었습니다. 당시 주류를 이룬 빠른 발효법은 '악퇴(渥堆)'이며 숙병(熟餠)을 제작하는 생산 공정입니다. 그러나 나는 위탁자로서 이런 생병을 생산하기를 요구하지 않았습니다. 이것은 바로 마실 수 없기 때문에 푸얼의 시세를 무너뜨릴 수 있습니다. 현재 중국 전체에서 생병을 덖고 있는데 여러분은 자연 발효된 것이 진정한 맛이라고 알고 있습니다. 그러나 이것은 장시간이 지나야 결과가 나타나 마실 수 있게 됩니다."

– 선생께서는 씨상판나의 남나산(南糯山)에서 古茶樹를 보고 감격하지 않았습니까.

"남나산의 800년 차나무 아래로 가서 차를 올리고 그 차나무가 영원히 존재하길 기원했습니다. 그러나 지나친 화학비료 사용의 결과로 그 나무가 늙어 죽은 모습을 보고 회한의 눈물을 흘렸습니다. 그 뒤 푸얼차 나무의 생태환경에 관심을 갖게 되었습니다."

차로써 맺은 인연은 오래 사용한 다구처럼 깊다. 80년 초 석성우, 용운 스님 등과 함께 한국과 첫 인연을 맺은 뤼 선생은 누구보다도 한국을 사랑한 차인이다. 그는 한때 한국에서 낯 익은 타이완의 차도매상인 죽군을 운영하다가 진미다원을 창업하기에 이르렀다. 그와 타이완 진미다원에서 골동 홍인을 맛본 뒤 중국과 타이완에서 몇 차례 만남을 더 가졌다. 그리고 2011년 11월 푸젠성 샤먼에서 만났을 때 그는 "이제 차 사업보다 차문화에 더 많은 정력을 쏟고 싶다."라고 말하며 유기농 우롱차를 내놓았다. 그는 남나산에 갔을 때 800년 된 차나무가 말라 죽은 것을 보고 누구보다도 유기차에 정력을 쏟고 있다.

그가 준 대우령우롱(大禹嶺烏龍)차를 앞에 놓고 맛보았다. 향긋한 맛이 입안 가득 퍼져갔다. 차통에 새겨진 노승이 멀리서 차를 바라보는 모습이 영락없는 차인의 풍모를 닮은 것 같았다. 뤼리젠 선생도 그 노승처럼 그렇게 살기를 희망했다. 홍인 푸얼차를 함께 맛본 이후 차로 맺은 인연을 오랫동안 신중히 간직하는 그의 모습을 보면서 진정한 차인의 풍모를 느낄 수 있었다.

7. 도가의 양생법인 잎차를 가루내어 냉차로 마시는 판엔주潘燕九

　30도를 오르내리는 뜨거운 여름날 찻잎을 다연(茶煙)에 갈아 찻물로 우려낸 판엔주 선생이 차 한잔을 권했다. '이렇게 시원하고 감미로운 차가 있습니까.' 차회에 참가한 다우들의 한결같이 말했다. 가만히 생각해보니 예전에 판엔주 선생의 냉차법이 스쳐 갔다. 2007년 봄 타이완의 불광산사(佛光山寺)에서 두리차회가 열리고 있었는데 잔디밭에서 뜻밖에도 판엔주 선생과 마주쳤다.

　그의 모습에서 도풍(道風)이 풍겨 나왔다. 찻자리를 살펴본즉 찻잎을 곱게 맷돌로 갈아 찬물로 차를 우려내는 독특한 방법의 음다법(飲茶法)이었다. 나를 바라보더니 한쪽 손을 내밀며 "냉차나 한잔하시지요."라고 말을 건넸다. 판 선생이 내놓은 차를 음미하였는데 맑고 시원했다. 이 같은 방법은 도가(道家)로 내려오는 음다법이라고 밝혔다. 판엔주는 당시 82세로 만주족 혈통이다. 며칠 후, 타이완에 도착했는데 판 선생이 불광산사에서 내놓은 냉차법이 잊히지 않아 그에게 연락하였더니 뜻밖에 판 선생이 내가 묵고 있는 호텔로 찾아왔다.

　호텔 커피숍에서 나를 보더니 묻어둔 이야기를 꺼냈다. 판 선생과 이런저런 이야기를 나누다가 냉차법으로 옮겨갔다. 불광산사에서 보여 준 냉차법은 도가로 내려온 비법으로 자신이 무이선다도의 계승자라고 밝혔다. 나의 놀라는 모습을 보고 곧바로 호

잎차를 가루내어 냉차로 품다하고 있는 판엔주 선생

텔을 빠져나와 자신의 우거로 초대했다. 그날 밤은 선다도(仙茶道)의 비밀이 밝혀지는 순간이었다. 판 선생의 차실에는 '선다도'라는 커다란 족자가 걸려 있었다. 그 아래에는 진귀한 차호들이 나의 마음을 사로잡았다.

이야기가 익어가자 주석통에서 찻잎을 꺼내더니 돌절구로 찻잎을 가루냈다.

－잎차를 왜 가루를 내어 찻물로 차를 음다합니까?

"이같은 방법은 도가에서 일찍 전해온 냉차법입니다."

－처음 접하는 것 같습니다.

"이 같은 방법은 도가의 전통적인 방법입니다. 찻잎을 가루내어 냉수에 차를 갈아서 마시는 방법을 처음 접하는 차인들은 매우 놀라워합니다."

－ 잎차를 가루를 내어 마시는 방법은 중국전통 차법입니까.

"이 같은 밥법은 도가의 전통비법입니다."

－ 냉차법이 어떻게 전승되었습니까.

"내가 도가로 출가한 뒤, 무이진인이 냉차로 찻잎을 맷돌에 갈아서 마시는 것을 보고 놀랐습니다. 그리고 지금 냉차법은 도가에서 양생으로 쓰여오던 방법으로 그 비법이 아직 이어져오고 있음은 다행스러운 일이 아닐 수 없습니다."

－ 판 선생께서는 벽라춘의 고향 쑤저우에서 태어나면서 차와 인연이 깊어 선다도의 맥을 이어오면서 차법을 부활시킨 것은 대단한 일이라고 여겨집니다.

"나는 어린 시절 짱쑤성(江蘇省) 가정현(嘉定縣)에서 자라면서 인연이 깊습니다. 쑤저우 속담에 '아침에 차를 마시고 저녁에 목욕을 한다.'라는 말이 있습니다. 나는 9살 때부터 차를 마시기 시작했고, 내 고향은 강남의 명차인 벽라춘이 나는 쑤저우입니다.

그런데 내가 8~9세 때, 내 고향 쑤저우에는 해마다 음력 7월 15일 고인(故人)을 제도(濟度)할 때 지방에서 스님이나 도사를 모셔와 복을 비는 기도를 올리는 풍습이 있었습니다. 법회의 규모 또한 아주 성대하여 유년기에 호기심 많은 나는 자주 구경꾼 틈에 끼여 그 광경을 지켜보았습니다. 그때 법회에서 무묘자(無妙子)라고 하는 아산(牙山) 도인의 눈에 내가 띄게 되었지요. 무묘자는 나를 아주 좋아했고 내게 총기가 있어 보인다며 그를 따라 출가할 것을 권유했습니다.

당시 우리 집은 소주에서도 둘째 가는 대부호였고, 무묘자는 해마다 한 번씩 산에서 내려와 저희 집에 와서 공덕을 빌어 줄 때마다 출가를 권유하였지만, 내가 집안의 장손인 까닭으로 부모님은 허락하지 않았습니다. 그로부터 10년이 지나 민국 34년인 1945년에 무묘자는 자신의 제자가 되어줄 가능성이 보이지 않자 자신의 나이가 많아 앞으로 하산하여 설법하지 못할 것과 비록 제자의 인연을 맺지 못했다 해도 당신의 학문과 사상을 충분히 이어받을 수 있을 것이라는 등의 말을 했습니다. 그렇게 해서 나에게 무이산 도인의 평생 전수되어 온 선다도의 맥이 끊기지 않고 있습니다. 그리하여 선다도의 비결을 구술하여 내게 한 자 한 자 받아쓰게 해서 비전케 되었습니다."

　- 판엔주 선생님에 의해 도가의 냉차법이 부활되었듯이 다양한 음다법이 변화를 어떻게 바라보시는지요.

　"처음 중국에서 시작한 차가 양생차였습니다. 이는 도가적 영향을 많이 받았다고 볼 수 있지요. 한나라로 오면서 건강음료가 되었고, 당대에 접어들면서 육우가 나와 차를 품다하는 방법으로 바뀌었고, 송대에 이르러 예술로 승화되었습니다. 이는 송나라 휘종이 영향을 끼쳤다고 볼 수 있고, 명대에는 차문화가 완전히 바뀌어 버렸습니다. 산차(散茶)의 등장입니다."

　명대 이후 산차의 등장으로 중국은 다양한 음다법의 변화를 가져왔습니다. 도가의 냉차법은 송나라 때 찻잎을 가루내어 마신 점다법처럼 발전을 가져올 것으로 보여집니다. 현재 중국과 한국은 전다법이 대세를 이루고 있고 일본은 말차도인데 저의 견해로는 몸을 건강하게 하는 양생차가 차문화를 주도할 것으로 바라보고 있습니다."

냉차법의 부활

　판 선생을 통해 드러난 냉차법은 여름날 차의 새로운 바람을 예견하고 있다. 그는 용정차나 산차로 가루를 내어 냉차로 마셔야 제맛이 난다고 말했다.

　2007년 처음 냉차법을 접한 뒤 그해 가을 여산(廬山) 동림사(東林寺)에서 제 3차 세계선차문화교류대회에 선생을 초대했다. 판 선생은 여전히 냉차법을 선보였다.

　그리고 2009년 12월 타이완 핑린 차문화절에도 나타나 냉차로 차를 우려냈다. 판 선생의 트레이드 마크가 되어 버린 냉차법은 차계의 새로운 바람을 일으켰다.

　당시를 자세히 살펴보겠다.

　무대 한가운데에 올라온 판엔주 노사는 맷돌에 산차를 넣더니 이내 가루를 내기 시작했다.

　그리고 정병을 붙잡고 찻물을 차호에 넣고 그 위에 가루차를 넣고 포자로 차를 나눔잔에 담았다. 그 맛은 시원하면서도 향긋한 맛으로 오감에서 느껴졌다.

　이 같은 방법은 도가의 양생법인데 중국전통 음다법이 변화되었을 가능성을 제시한 바 있다.

　쑤저우가 고향인 그는 어려서부터 벽라춘에 익숙했다. 그런데 아산 무묘자를 알게 되면서 진나라부터 명나라까지 많은 지방에서 차를 가루내어 음다했던 사실을 알게 되었다. 판 선생은 기회 있을 때마다. 자신이 마시고 있는 냉차법은 도가의 전통 비법이지 자신이 창안한 것은 아니라고 자주 이야기해 왔다.

판엔주의 양생법 냉차법에서 찾는다

　언젠가 판 선생은 자신이 건강을 지킬 수 있는 비결은 날마다 찻잎을 가루내어 마시는 냉차법에서 건강비결이 있다고 말한 바 있다.

　"선다도(仙茶道)가 대체 무엇입니까."라고 여쭈었는데 판 선생은 깨알만 하게 쓴 선다도의 비밀이란 문장을 보여

타이완 차박람회에 냉차법을 시연하고 있는 판엔주 선생

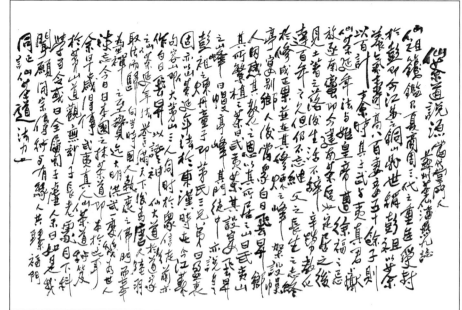

판엔주 선생이 도교에서
전해온 선다도의 비법을
구슬한 친필

주었다. 그 내용은 이렇게 시작되었다.

선조(仙祖) 전갱은 하, 상, 주 세 왕조에 걸쳐 중신을 지낸 인물로, 지금의 장쑤성 동산현인 팽 땅에 봉해졌기에 사람들은 그를 팽조(彭祖)라고 부른다. 팽조는 차로 기를 보양하여 800년을 넘게 살았고, 50명이 넘는 처첩을 거느렸으며, 수백 명에 달하는 자식을 두었다.

진나라 때에 팽조의 아들인 진인 팽무와 팽이는 선차로 수명을 늘리는 비법을 시황제에게 바쳤다. 하지만 시황제가 서복을 만나게 되면서 그들은 남쪽으로 추방되고 말았다. 그들이 추방된 곳은 오늘날의 푸젠성 남쪽에 자리잡은 곳이었다. 그곳에 정착한 팽무와 팽이는 토착 주민들의 낙후된 생활상을 보고 자신의 고달픔도 잊은 채 백년이 넘는 세월 동안 그들에게 교화를 베풀었다. 그러나 그들은 부친의 장생에 대한 의지를 늘 기억하고 있었다. 그들은 부단한 수련을 통하여 마침내 그 정수를 터득하게 되었다. 또한 그들은 연단을 제조하던 산봉우리에 만정을 짓고 다른 고장 사람들에게 잔치를 베풀었다. 나중에 그들은 많은 사람들 앞에서 백일승천(白日昇天)하였다. 그 고장 사람들은 그들의 교화에 감사하여 그들이 살던 산을 '무이산'이라고 명명하고, 그들이 번식시킨 차를 '무이차'라고 명명하였으며, 그들이 잔치를 열고 백일승천한 산봉우리를 '만정봉'이라고 명명하였다.

이렇게 판 선생을 통해 선다도의 비밀이 하나씩 밝혀지는 순간이다.

불교에 심취하였던 당나라 사람들은 선다법을 좌선에 있어서의 지극한 보배처럼 여겼다. 하지만 명나라 홍무 연간에 이르러, 이는 세상 사람들 사이에서 아득히 잊히고 만 것 같았다.

어느 때인가 커우단(寇丹) 선생은 판 선생에게 선다도의 정신을 물어보았는데 그 정신을 다음과 같이 말한 바 있다.

"차를 양생의 단약(丹藥)으로 삼은 것은 신농(神農)에게서 시작되어, 삼대(三代)에 성행하였고, 서주(西周) 당시에는 이미 공차(貢茶)의 제도가 있었다고 생각합니다. 당나라의 육우는 도가의 관점에서 차와 차의 음용을 인식하였습니다. 그는 평생 불문(佛門)과 뗄 수 없는 인연을 맺었습니다. 또한 사찰을 통해 차를 고려와 일본에 전했습니다. 지금 말하는 차는 마치 곧 육우이고 곧 당나라 송나라인 것 같지만, 이는 육우와 그의 '다경'의 영향을 너무 깊이 받고, 또한 '선다의 법이 널리 퍼지지 못해서입니다.'"

언젠가 판 선생은 육우는 차사에 큰 영향을 끼쳤는데, 도가로 육우의 영향을 받았다는 견해를 보였다.

"육우는 중국 차문화에 대한 가치는 긍정적입니다. 다신으로 받들어지는 것도 공인된 것입니다. 하지만 낙양가람기(洛陽伽藍記)에 나오는 공안에 대해서는 아직 풀리지 않고 있습니다. 그러니까 육우는 '다경(茶經)'에서 건차(建茶)를 언급하지 않았습니다. 육우는 식견이 넓었기 때문에 차에 대해서 이외에도 샘물의 12품을 평론할 수 있는 사람이었습니다. 절대로 건차를 모르지 않았을 것입니다. 건차는 그의 이후인 송나라 때에 공차가 되었기에 결코 평범한 차가 아니었기 때문입니다. 이 공안은 제가 '기차기음(紀茶之吟)'에서 거론한 바가 있습니다. 그는 문벌 때문에 그렇게 된 것입니다. 왜냐면 건차 이야기가 나오면 무이진군의 선다양생술을 언급해야 하기 때문입니다. 여기에서 저는 다시금 증거물을 제시하겠습니다.

'풍로(風爐)'는 선도(仙道)에서 단약을 연마하는 화로입니다. 위에 풍, 수, 화, 괘상을 만든 것은 불교의 학문이 아닙니다. 육우는 장안법(障眼法)을 썼고, 게다가 윤공갱육씨차(尹公羹陸氏茶)를 더했는데, 그가 윤공과 마찬가지로 공적이 뛰어났다는 의미입니다. 기실 윤공이 '조정'한 것은 '무창지정'이지 결코 풍로가 아닙니다. 또 하나의 공안은 총약과를 제거하고 소금만을 남겨둔 것입니다. 여기에서 육우는 차를 맛볼 적의 색깔, 향기, 맛의 세 가지 특색을 중요하게 여겼습니다."

점다법의 변화

판엔주를 통해 드러난 냉차법은 양생(養生)의 비결로까지 밝혀지면서 냉차(冷茶)의 뜨거운 반응을 기대한다. 15여년간 판선생의 냉차법을 지켜보면서 2019년 산동성(山東省)의 〈서풍호차문화학당〉 개원 논전이 열렸는데 "한국의 음다문화의 재고찰" 논고에서 다음과 같이 말했다.

"한국인들은 예부터 차를 탕환고(湯丸膏)처럼 마시는 습관이 있는데 이는 잘못된 관습이라고 다산(茶山) 정약용(丁若鏞, 1762~1836)은 《아언각비》에서 지적했다. 신라인들은 차 가루를 솥에 넣고 끓여 마시는 자차법(煮茶法) 점다(點茶)를 동시에 사용한 것 같았다. 차가 중국으로부터 도입되었듯이 당나라 때 유행한 옥차법(沃茶法)이 신라에도 그대로 활용된 것 같다. 16탕품(十六湯品)에 "오직 찻가루를 끓인 물을 부어 마시는 방법을 말한다. 차를 마시는 사람들에게도 법도가 있는데 오직 탕병의 주구(注口)에서 흘러나오는 물줄기의 강약과 완급을 팔의 힘으로써 조절해 가며 마시는 것을 말한다."라고 했다.

위와 같이 신라인들의 음다법은 찻잎을 가루 내어 마시는 음차법을 널리 음용한 것 같았다고 밝혔다. 판엔주를 통해 새롭게 드러난 냉차는 찻잎을 탕관에 넣고 끓여 마시는 옥차법, 차를 가루내어 탕관에 넣고 뜨거운 물을 끓여 표자로 떠서 마시는 점다법과 함께 발전될 가능성이 크다. 판엔주의 혜안이 아니었다면 냉차법은 역사 밖으로 묻혀버렸을 것인데 그를 통해 세상에 드러나게 됨은 벅찬 감동이 아닐 수 없다.

한국의 차인–최석환

커우단(寇丹, 중국저명 차연구가)

최석환 씨가 아시아에서 유명한 선차문화학자이다. 최근 십여년 간에 그는 항상 중국의 차생산구와 국제다화회에서 나타난다. 그는 바쁜데도 아주 열정적이며 성실하고 진지한 이미지가 많은 사람들 마음속에 많은 칭찬을 받고 있다. 그는 책임 편집한 〈차의 세계〉, 〈선 문화〉 등 간행물 매기가 모두 다 뛰어나고 중국 각 지역의 차 생산구와 차인 및 선 문화의 유적을 방문하는 것도 아주 전면적이다.

〈세계의 차인〉, 〈차의 미〉, 〈태고 · 석옥평전〉 저작을 이어서 현재 또 〈선과 차〉를 출판하며 그의 부지런함이 또다시 세계에 굉장히 중요한 책을 제공해 주었다. 아시다시피 중국은 외침과 내란으로 인해 중국에서 기원한 선학 및 차의 문화가 1세기 가까이 억제를 당하였다. 지난 30여년 간에 중국의 역사가 거대한 전환을 발생하면서 선차문화도 전면적인 회복과 발전을 취득하여 이는 중국인민생활에 굉장히 인기가 많은 풍경이 되었다. 그러나 인구가 많은 국가 중에 진정하게 체계적으로 선과 차를 공부하고 파악하며 연구하는 사람이 참으로 드물다. 어떤 고승대덕과 학자들 이외에 대부분은 그저 일반 지식과 외상적인 형식에만 그치고 있으며 이웃 나라와의 교류는 더욱 적다. 그러므로 최석환 씨의 〈선과 차〉의 출판은 또한 국제문화교류의 일부분이기도 하다.

선과 차는 사회생활에 한 가지의 유행과 일시적인 취미가 아니다. 선과 차의 실천과 체오는 한 사람 마음속의 수행과 승화이며 이를 통해 세계만상을 대하고 관찰하게 되는 것이다. 이는 지금 당시에 세계에 물욕이 넘쳐흐르고 이익충돌하며 도덕신앙이 부족한 상태에 마치 가문 마음속에 감로로 촉촉하게 해 주는 청량자재의 작용을 한 것과 마찬가지다. 선차활동을 절실하게 개최하는 것은 특히 젊은이들에게 생활과 사업을 어떻게 올바르게 대해야 하는 데에 있어 분명하고 안정하며 향상하여 노력하는 작용을 하고 있다. 이는 어느 나라든 조화롭게 발전하는 데에 아주 필요한 것이다. 세계의 문화가 이미 과학 기술과 다원으로 향해 나아가고 있는데 전통적인 선차문화는 또한 이미 종교 범위에만 그치지 않는다. 중국의 태허 법사님이 제창하신 '인간불교'와 정혜 법사님이 창도하신 '생활선'의 이념은 하나의 건강수련의 심리과학이라는 것을 이미 실천을 통해 증명하였다. 사람마다 모두가 자신 인생의 가치를 알게 하고 또한 인류 공통의 아름다움과 선량 그리고 평화의 목표를 추구하는 것을 실천하고 있다. 마치 반신불수가 된 환자에게 튼튼한 척추를 설치해 준 것처럼 인생을 담당할 수 있고 직면하게 할 수 있다.

최석환 씨가 지으신 이 〈선과 차〉의 내용이 아주 광범위하고 마치 한 그릇의 향기로운 차와 같이 한 입만 마셔도 뒷맛이 무한하게 달콤하다. 현재 중국의 선차에 관한 저작들이 많이 있다. 예를 들어 많은 사찰이 정기적으로 무료 증정 〈선〉, 〈정각〉, 〈홍법〉, 〈정신〉 등 간행물이 있고 또한 대학생을 대상으로 선문화하기 훈련 캠프를 개최하기도 한다. 마치 성운대사님 이 말씀하신 것처럼 "한 잔 한 잔의 등불을 켜 놓아 마음속에 어두운 구석을 밝게 비치다." 나는 초청을 받아 여러 번의 국제 선차회의를 참석하고 허베이, 후베이, 안후이, 저장, 쨩쑤성 그리고 베이징에서 개최한 선학 하기 훈련 캠프에 참석하여 교육을 받기도 하고 강의를 하기도 하였다. 매 번에 많은 스님과 참가자를 만나는데 그들은 한 송이 한 송이의 다른 지당에서 온 연꽃처럼 서로 진심으로 교류하며 자신과 남을 시사하여 깨닫게 한다. 마치 별이 총총한 하늘 아래에 사람마다 모두 다 동경하는 세계가 존재하고 있다는 것과 같다. 이는 바로 문자도 없고 소리도 없는 선이다.

최석환 씨의 이 중요한 저작은 세계 각 나라로 통하는 문화교류의 교량이다. 이는 사람들이 조선반도의 선차 문화사와 한국의 선차활동 및 마음 수련의 방식을 이해하는 데에 있어 모두 극히 가치가 있다. 나는 이 저작은 여러 나라의 언어로 번역돼서 출판할 수 있기를 바라며 이는 선과 차의 문화를 위한 것이고 우리 자신을 위한 것이며 이 세계를 위한 것이다.

韩国茶者崔锡焕

寇丹(中國 著名 茶人)

崔锡焕先生是亚洲知名的禅茶文化学者。近十多年来,他经常在中国的茶区和在多次国际茶会上出现。他忙碌又热情,诚恳又认真的形象在众人心目中留下了广泛的赞誉。他主编的《茶的世界》《神文化》等刊物每期都很精彩。他采访中国各地的茶区、茶人以及禅茶文化遗迹也是很全面的。

继《世界的茶人》《茶之美》《太古·石屋评传》著作之后,现在又出版,《禅与茶》,他的勤奋又为世界提供了一本相当重要的书。中国因为众所周知的外侵内乱,使源自中国的禅学、茶的文化学受到了近一个世纪的压制。近30年来中国的历史发生了巨大的转折,禅茶文化都得到了全面的复苏与发展,这是中国人民生活中一道非常受欢迎的风景。但是, 在人口众多的国家中,认真去系统地学习、了解、研究禅与茶的人还是不多的。除一些高僧大德和学者以外,大都停留在一般知识和外相的形式上,其中对邻国这方面的交流更少。所以,崔锡焕先生这本书的出版,也是国际文化交流中的一个部分。

禅与茶不是人们在社会生活中的一种时髦和一时的兴趣。禅与茶的实践体悟是一个人内心的修行与提升,并由此去对待和观察世界万象。这对当下世界上的物欲横流、利益冲突和道德信仰缺失的现状,起着像干旱的心田得到滋润的雨露一样清凉自在的作用。禅茶活动切实地开展,尤其对年轻一代的人们如何正确对待生活、事业,都有一种清醒、安定、向上进取的作用,这对任何一个国家的和平发展都是很需要的。世界的文化已走向科技与多元,传统的禅茶文化已不仅仅停留在宗教的范畴中。中国的太虚法师提出的"人间佛教"和净慧法师倡导的"生活禅",通过实践证明这种理念已经发展成一门健康修炼的心理科学。

让每一个人明白自己的人生价值并实践着追寻人类共同的美好、善良、和平的目标,像把一个瘫痪的病人,安上了坚挺的脊梁担当人生,直面人生。

崔锡焕先生写的这本《禅与茶》内容是很广泛的,仿佛是一碗香味浓郁的茶,轻啜一口就回甘无穷。眼下中国的禅茶著作很多。许多大的寺庙有定期赠阅的《神正觉》《弘法》《正信》等刊物和举办大学生为主的禅文化夏令营。正像星云大师说的:"点一盏盏灯,照亮黑暗的心灵角落。"我曾受邀参加过多次的国际禅茶会议和到河北、湖北、安徽、浙江、江苏及北京的禅学夏令营受教与讲座。每一次接触众多的僧尼、营员, 他们都像一朵朵来自不同池塘的莲花,彼此一个微笑,莲花就开放了;大家在月光下普茶,微风摇曳着面前的一支支烛火,彼此真心交流启悟着自己与他人,仿佛在这个星空下,存在的就是一个人人向往的世界,这就是没有文字,没有声音的禅。

　　崔锡焕先生这本重要著作是一座通往各国文化交流的桥。它对人们了解朝鲜半岛的禅茶文化史,了解韩国的禅茶活动与修心方式都极有价值。我希望能以多国文字出版,为禅与茶的文化、为自己、也为这个世界。

20년간 차의 맛과 선의맛을 찾아간
차 한 잔의 깨달음

차의 향기가 선향에 이른다는 차운선미(茶韻禪味)를 한 권으로 탈고하는 순간 20년간 선차라는 화두가 깨달음과 직결됨을 실감했다. 또한 차와 선이 서로 상통(相通)하면서 정신적으로 승화하고 차를 마실 때 맛을 음미하듯이 참선(參禪)을 할 때 마음을 고요히 하고 깨달음에 이른다는 사실을 실감했다.

선의 자취를 쫓아 차의 맛이 선의 맛에 이른다는 다선일여(茶禪一如)의 경지를 간파하면서 이 한 권의 책이 완성되었다.

이 책을 통해 선과 차의 기나긴 역사를 알게 되었다. 이 책을 집필하면서 잊을 수 없는 일화 한 편이 주마등처럼 스쳐 갔다.

"2004년 8월 중국저명 차인 커우단(寇丹) 선생과 후저우(湖州)에서 차를 앞에 놓고 선문답을 펼쳤다. 한 잔의 차가 오감으로 느껴질 즈음 커우단 선생에게 여쭈었다.

'석옥청공은 참다운 후저우인 입니까'

"그대가 석옥을 아는가?"라는 질문을 해 왔다.

"석옥이 심은 15그루의 차나무가 아직도 존재합니까?"

"750년 전 차나무가 아직도 있겠느냐?"는 답이 돌아왔다.

그렇게 커우단 선생과의 선문답이 전개된 미담이 후저우 신문에 소개된 뒤 한중의 다리가 되어 양국의 차문화 발전을 이루는 계기가 되었다.

이처럼 차운선미에는 주옥같은 이야기들이 단편적인 일화들에 담겨졌다.

이 책은 차를 인문학적으로 전개하기보다 품다(品茶)의 세계를 담아냈다. 이 책에서 주목되는 첫 대목은 신라의 원표(元表)대사가 천관 보살을 만난 천관대의 성지로 탄생한 배경이다. 마조의 고향 쓰촨성 시방현에서는 마조가 금의환향한 사실이 두 번째다. 대렴(大廉) 이전에 신라의 차씨를 중국 구화산에 전해준 김지장(金地藏)의 차씨 전래설이 세 번째다. 한·중·일 명차들을 소개하고 차를 마시면서 오감(五感)으로 깨달음을 이룰 수 있는 배경을 적나라하게 그린 것이 네 번째다.

한국 차계에서 보는 차의 역사는 대렴이 당에서 차씨를 가져와 지리산에 파종하면서 차문화가 전파되었다고 보고 있다. 그런데 이 책에서는 대렴보다 100년 전 중국에 차씨를 전파한 김지장과 선차지법을 제창한 신라왕자 무상선사와 푸젠의 차를 신라로 전파한 원표 대사를 통해 한국 덖음차의 원류를 밝혀냄으로써 한국선차문화사의 쾌거를 이룬 사실을 새롭게 기술하고 있다.

이 책을 쓰게 된 계기는 2000년 8월 중국 장시성(江西省) 난창(南昌) 우민사(佑民寺)에서 열린 제1차 강서 선종과 신라 선문의 형성에 관한 학술대회에서 '선가의 차는 곧 깨달음과 직결된다.'라는 의미를 깨달으면서 차운선미가 탄생할 수 있었다.

이 책은 저자의 그간 저서 〈차의 미(2007)〉, 〈선과 차(2011)〉, 〈천하조주끽다거기행(2021)〉에 이어 차운선미는 오로지 차의 맛이 곧 선의 맛에 이른다는 사실에 착안하여 20년간 자료를 추적한 끝에 한 권으로 완성될 수 있었다. '차의 향기가 선향에 이른다.'는 말처럼 온 세상이 선향이 가득 퍼져나가길 염원한다.

최석환
2021년 10월

품차(品茶)는 차맛 이외에 또 다른 맛을 음미한다

- 최석환(崔錫煥)의 〈차운선미 茶韻禪味〉를 읽다

수만(舒曼, 허베이성 차문화학회 상무부회장)

차와 선종의 일맥(一脈)

선차(禪茶)문화를 연구하는 한국학자인 최석환(崔錫煥)은 중국을 자신의 경앙지(敬仰地)로 삼아, 중국의 오래된 전통문화, 특히 선종다도(禪宗茶道)문화를 숭상해 왔다. 최근 몇 년 동안 그의 발자취는 중국의 명산대천(名山大川)을 밟으며 선차(禪茶)의 근원을 찾기 위해 그 뿌리를 찾아다녔다. 수십 년 동안 선차문화를 연구해 온 그 열의는 시종일관 식지 않았다. 특히 한·중 양국관계를 연결하는 그의 교량역할로 인해 한·중 양국은 이미 12회 연속 세계선차(禪茶)문화교류대회를 개최했다.

최석환은 한국선차(禪茶)문화연구회 회장, 한국불교춘추사 사장, 한국동아시아선학(禪學)연구소 소장, 한국 〈차의 세계. 茶的世界〉 잡지사 발행인 등을 맡아 이끌고 있다. 최 선생은 유아군자(儒雅君子)로 드물게 선차(禪茶)문화를 널리 알린 홍보대사이지만, 그보다 더 선도(禪道), 다도(茶道), 인도(人道)를 오랫동안 추구한 차인(茶人)이다. 내가 최 선생을 알게 된 것은 공통 취미인 조주차(趙州茶)에 관심을 가진 인연 때문이다.

2001년 10월 19일 최 선생과 나는 백림선사(柏林禪寺)에서 열린 '한·중 차선일미(茶禪一味) 학술세미나'에서 만나 알게 되었고, 그 후에 여러 차례 '세계선차(禪茶)문화학술교류'를 함께 해 친한 친구가 되어, 오래전에 한국의 선사(禪師)들이 중국으로 건너가 불법(佛法)을 탐구하러 왔을 때 남긴 발자취를 함께 찾아다녔다. 2011년 11월 13일 나는 최 선생을 모시고 중국 후저우(湖州) 하막산(霞幕山)으로 찾아가, 고려말 태고보우(太古普愚) 선사(禪師)의 구법지(求法地)인 원나라 임제종(臨濟宗) 제19대 석옥청공(石屋淸珙) 선사(禪師)의 하늘호수(天湖) 옛터를 찾아 하막산(霞幕山) 운무차(雲霧茶)로 공양했던 기억이 선연하게 잊히지 않았다. 그다음 날에는 임안(臨安)에 도착하여 천목산(天目山)의 사자

바위(獅子岩)를 찾아, 옛적에 고려왕자가 어향(御香)을 받들어 입산(入山)하여 참배했던 중봉명본(中峰明本) 선사(禪師)의 스승인 고봉탑원(高峰塔院) 유적지를 찾아 샘물로 차를 끓여 고봉선사(高峰禪師)에게 공양하여 감회가 새로웠다. 2012년 8월 12일, 또 한 번 최 선생을 모시고 후저우(湖州) 장흥(長興) 희안진(泗安鎭) 선산촌(仙山村)에 가서 지장보살도량인 현성선사(顯聖禪寺)에서 당나라 시대의 신라 왕족 김교각(金喬覺) (법명:석지장 釋地藏) 스님께서 이곳에 남긴 '발자국' –《지장경(地藏經)》비석에 헌다(獻茶)했다. 이후 2014년 6월 18일 나는 최 선생을 모시고 허베이성(河北省) 형태(邢臺) 사하(沙河)를 찾아 당 태종 이세민의 칙서로 건립된 황실사찰 칠천사(漆泉寺) 유적지를 탐방했다. 이 유적지를 찾게 된 것은 이 사찰의 개산 주지가 바로 하택신회(荷澤神會) 선사(禪師)의 유일한 한국인 직계 제자로 고대 신라에서 온 일대(一代) 고승 혜각선사(慧覺禪師)였기 때문이다. 유적지 옆에 돗자리를 펴고, 여린 잎으로 만든 차를 다려 헌다(獻茶)하여 혜각선사(慧覺禪師)께서 불법으로 중생을 구제하신(法乳법유) 깊은 은혜를 추모했다.

모름지기 불교가 중국에서 한반도로 전래 된 지 일 천여 년이 된 역사를 알아야 하며, 긴 역사 속에서 중국 불교계와 한국 불교계 간에는 교류가 끊이질 않을 정도로 우정이 돈독했다. 최 선생은 심혈을 기울여 그 옛 시절 신라 고승(高僧)이 중국에서 불법(佛法)을 구했다는 자취를 탐방하는 일을 여태껏 한 번도 멈추지 않았는데, 이것은 나에게 늘 왠지 모를 감동을 주는 것 이외에도, 한·중 불교계, 특히 선종(禪宗) 일맥(一脈)의 교류로 맺어진 두터운 우의는 끊임없이 이어졌고, 이것이 곧 역사이자 전승(傳承)이며, 바로 우의(友誼)인 것은 두말할 필요도 없다. 최 선생이 했던 모든 일은 바로 한·중 양국의 깊은 우정을 구현한 것이 아닌가?

차의 암운과 선의 맛은 한 맛

본론으로 돌아가서, 올해 최 선생의 신작 〈차운선미(茶韻禪味)〉는 이 깊어가는 가을에 독자와 만나게 될 것이다. 이 책에 쓰여있는 내용들 중에 많은 것은 이미 내가 알고 있거나, 이해하고 있거나 감탄했던 것이라 읽으면서 책에 몰입하게 되었다. 〈차운선미(茶韻禪味)〉 이 책의 제목은 의미가 깊은데, '차운(茶韻)'이라는 이 두 자만 놓고 보면 최 선생의 차에 대한 아름다운 정취를 글로 표현할 수 없으며, 선(禪)의 운(茶韻)이 있어야만 더 철학적이고 또 나아가 선(禪) 맛을 낼 수 있다.

최 선생은 학자신 분 이외에 선차(禪茶)문화 행사의 기획자이다. 그가 매년 참여하여 조직하고 기획한 다채로운 세계선차문화교류대회(世界禪茶文化交流大會)는 황금빛이 출렁이는 가을(金秋)에 개최하는데, 이 책 또한 가을에 출간하는 것은 최 선생이 가을 선(禪)에 대한 의미에 무한한 감회와 인지(知知)를 갖고 있다는 의미심장한 생각이 들게 할 뿐만 아니라, 그가 매년 늦가을에 한·중·일(韓中日) 삼국 다우(茶友)들이 '일기일회(一期一會)'를 기대하고 있기 때문이다. 그래서 추선(秋禪)의 의미와 정취를 읽을 수 있도록 '가을' 숨결을 듬뿍 품은 이 책, 〈차운선미(茶韻禪味)〉를 추천한다.

사료성, 학술성, 과학성, 가독성까지 갖춘 이 책은, 최 선생이 차를 배우는 재미를 더해서, 그 완벽한 융합성으로 한·중 양국 선차(禪茶) 문화 교류사의 참고서가 될 만하다. 이 책은 '하늘이 열린 차의 세상', '찻잎을 살피다', '천년 제다의 비밀', '황금보다 귀한차', '잊혀진 한국의 명차를 깨우다', '천하제일의 중국의 명차', '차(茶)를 선향(禪香)에 담다', '차 한잔에 마음을 깨우다', '선향이 깃든 차실', '차를 말하는 사람들' 등 10장으로 구분하였다. 본서에서는 한·중 양국의 민족적 특색과 회상적 사고에서 한·중 양국 차문화 혹은 선차(禪茶)문화 교류의 정취를 서술하고 있다.

최 선생은 제 1장 '하늘이 열린 차의 세상'에서부터 차를 중국 문인의 글에서 '인품 즉 차품(茶品), 품차(品茶) 즉 품인(品人)'과 같이 '차(茶)가 곧 사람(人)'이라는 철학적 사고를 했다. 역사적으로 얼마나 많은 한반도 신라 고승(高僧)들이 중국에 와서 불법을 구하고, 동시에 중국차를 한국으로 가져왔는지 모른다. 이런 상호작용 관계는 후세 한·중 양국 선차(禪茶)문화 교류의 수준을 높이 끌어올렸다. 마찬가지로 한국의 선차문화(禪茶文化)는 일본에도 영향을 미쳐왔다. 최 선생은 15세기 조선의 저명한 철학자, 시인, 소설가 매월당(梅月堂) 김시습(金時習)의 초암차(草庵茶)와 일본 다도(茶道)의 연원(淵源)을 서술했다. 최 선생은 〈화엄경·보살주처품(華嚴經·菩薩住處品)〉을 연구하면서 당대(唐代)에 한반도 신라 고승 원표(元表)대사가 푸젠성(福建省) 닝더(寧德) 초성(蕉城) 천관설법대(天冠說法臺)와 상당히 깊은 연원을 가지고 있다는 것을 알게 되었고, 최 선생은 한국 선차순례단을 이끌고 천관설법대(天冠說法臺)에 올라, 차를 우려내고 헌다(獻茶)하여 평화의 다례를 올렸다. '화엄경'과 원표(元表)대사에 차로서 예(禮)를 다했다. 차맛과 선(禪)맛이 어우러져, 최 선생은 천관설법대(天冠說法臺)에서 '세상살이 맛이 어떠하던가, 이 차 맛이 오래 가리라.'고 감탄했다.

제2장 '찻잎을 살피다'에서 최 선생은 중국 농경 선조 신농(神農)의 차에 대한 기여도를 감회(感懷)하면서, 중국 선종(禪宗)의 시조(始祖) 달마조사(達摩祖師)가 소림사 면벽 때 자꾸 내리감기는 눈꺼풀을 떼어내 뜰에 던져버렸는데 그것이 자라 차나무로 변했다는 전설에 경탄했다. 또한 저장(浙江) 전라산(田螺山) 유적지에 6천여 년 전 차나무 뿌리와 윈난성(雲南省)의 애뢰산(哀牢山)의 천가채(千家寨)) 고수차왕(古樹茶王)의 비밀도 밝혀냈다. 그 외에 신라시대 김교각(金喬覺) 스님이 중국 구화산(九華山)에 와서 찻씨앗을 심고 참선(禪)수행하여 마침내 지장보살이 되어 아름다운 이름을 남겼고, 이때부터 금지차(金地茶)(구화불차.九華佛茶)가 명성을 떨쳤다. 이 장에는 또 당나라 대렴(大廉)이 신라에 사신(使臣)으로 갔을 때 천태산(天台山) 귀운동(歸雲洞)에서 가져간 차수종(茶樹種)을 지리산에 심었을 뿐만 아니라 후저우(湖州) 하막산(霞幕山)의 석옥청공의 '운무차(雲霧茶)'와 한국선차의 연원도 서술했다. 이 장에는 다채로운 민족풍속도 있고 한·중 선차(禪茶)문화 교류의 역사적 인연도 있다.

제3장을 읽으면 사람에게 자못 선의(禪意)를 느끼게 하는 몇 편의 산문과 따뜻한 차향이 있다. 최 선생은 중국 선차(禪茶)사원을 찾아다니는 것을 좋아했고, 이를 통해 선차(禪茶) 문화의 조사(祖師)가 홍법(弘法)하는 선종(禪宗)사찰 조정(祖庭)의 매력을 느끼고 깨달았고, 어떤 곳은 여러 번 가보았다. '사

람 냄새 물씬 풍기는 구갑(九甲)마을 사람들', '오대산 사람들', '강물의 물결 따라 흐르는 배 위의 선객(禪客)', '하루 종일 찻잎을 따는 당신은 '체(體)'만 얻고 '용(用)'을 보지 못했다', '천진무구(天眞無垢)한 어린 동자(童子)의 정중동 동중정(靜中動動中靜)', '수류화개(水流花開)', '일본 교토(京都) 무사노코지 센케(武者小路千家)에서 열린 일기일회(一期一會) 차회(茶會)' 등의 순례기를 통해 그가 한 · 중 · 일 3국의 선차(禪茶)문화에 농후한 정취를 가지고 있다는 것을 증명하기에 충분하며, 선차(禪茶)문화를 연구하는 것은 그에게 있어 빼놓을 수 없는 아주 중요한 임무이다. 특히나 '하루 종일 찻잎을 따는 당신은 '체(體)'만 얻고 '용(用)'을 보지 못했다'는 문장은 '선(禪)'과 '차(茶)'의 체용(體用) 관계를 말하여, 물질적인 측면에서 '찻잎(茶葉)'과 정신적 측면에서 '선차(禪茶)'라는 두 시각의 전환을 설명했다.

이 책 제4장에서 최 선생은 중국의 노차(老茶)에 대해 애틋한 정과 깊은 감흥을 담고 있다. 그가 중국의 오래 묵은 차(진년차.陳年茶)를 "황금보다 귀한차"라고 말하는 속에는 차의

깊고 깊은 뜻이 가득 담겨 있다. '백년 보이차를 맛본' 후 나온 평가는 '붉은 빛을 휘감은 보이 노차(老茶)'였다. 그는 '노차(老茶)에서 차운(茶韻)의 향기를 느낄 수 있다.'라고 했다. 물론 또 하나의 노차(老茶), '잊히지 않는 후난(湖南) 흑차'도 있다.

최 선생은 한국명차(茗茶)에 대해 자신의 독자적인 이해를 갖고 있다. 그는 제5장에서 푸젠(福建) 닝더(寧德) 화엄사에서 한국 수제차의 근원을 찾았다고 자세히 소개했다. 송나라 개보(開寶) 4년(서기 971년)에 창건된 화엄사는 당대(唐代)에 신라 고승 원표(元表) 대사께서 천관보살의 자취를 쫓아 닝더(寧德) 지제산 나라암(那羅巖)에서 '화엄경'을 설법하고 독송한데 인연한다. 최 선생은 한국 수제차 '원형'은 당대(唐代) 신라 고승 원표(元表)선사가 화엄사(華嚴寺)에서 차를 만들고 달여 마신다는 것에 기원한다고 보고 있다. 이곳 차(茶)를 기원으로 한국 팔영산(八影山)의 천지단차(天地團茶)와 추사(秋史), 만허(晚虛), 이한영(李漢永)과 같은 한국의 훌륭한 차인(茶人)들이 파생되었고, 이 차인들이 한국 땅에 깃든 패기와 다인(茶人)정신을 끌어냈다.

차의 영성과 향기로운 운치를 담은 차

최석환은 명차(茗茶)에 대한 견해에 자기만의 저울을 가지고 있다. '천하제일의 중국의 명차'라는 장에서 그는 여섯 가지 종류의 차를 열거했는데, 그중 5종류는 중국에서 왔고, 유일하게 일본에서 가져온 '옥로차(玉露茶)'가 있다. 이 몇 가지 종류의 차에 대한 그의 묘사도 꽤 새롭다. 예를 들어, 장흥(長興)의 역사적 공차(貢茶) 고저자순차(顧渚紫笋茶)에 대해서는 '자주빛이 감도는 황제의 자순차(紫笋茶)'라고 생각했고, 복정백차(福鼎白茶)의 역사적 추적에 대해서는 '백차의 시조(始祖) 녹설아(綠雪芽)'로 여겼다. 그는 안씨(安溪)에서 철관음(鐵觀音)의 아름다운 전설을 알게 되었을 때, "관세음보살의 현몽이 철관음이구나."라고 진지하게 말했다. 그는 구곡계수(九曲溪水)를 한가로이 거닐며 우이암차(武夷岩茶) '암골화향((岩骨花香)'의 패기를 음미할 때는 저절로 엄지손가락을 치켜세우며 "차왕(茶王) 대홍

포(大紅袍)"라고 탄복했다. 처음으로 안길현(安吉縣)에서 녹차 안길백차(安吉白茶)를 맛보고, 이 새로운 차 맛에 취하여 "참신한 안길백차를 발견했다."라고 기뻐했다. 최 선생은 아름다운 시(詩) 같고 또 그림처럼 멋진 자연풍광이 있는 중국차향이 깊은 곳에서, 바로 그의 영민함과 섬세함으로 이 명차(茗茶)들을 아주 조금씩 잘 포착해서 산문형식으로 표현했다.

중국 유명한 사찰에서 명차(茗茶)가 나오는데, 최석환은 명산명찰(名山名刹)에서 만든 명차(茗茶)는 마음을 깨우는 차(茶)라고 여긴다. 제8장 '차 한잔에 마음을 깨우다'에서 그는 시각, 청각, 미각, 후각, 촉각 등 '오감(五感)'으로 차 한 잔의 의미를 체득할 수 있고, 옥룡설산(玉龍雪山)에서는 "무미지미(無味之味) 바로 최고의 바로 그 맛!"이라는 것을 깨닫게 하는 차 한 잔을 음미할 수도 있었다. 최 선생은 만약 일상의 삶 속에서 늘 정신을 맑히는 차 한 잔이 없다면, 선경(禪境) 속에서 마음을 깨우치게 할 수 없다고 여긴다. 조주선사(趙州禪師)의 "끽다거(喫茶去)" 추종자인 그는 매번 차를 끓여 음미할 때마다 감사하는 마음을 지니고, 선차(禪茶)문화에 대한 가슴 가득한 열정을 지니고, 적절한 기회를 계기로 삼아 매회 선차(禪茶)문화교류회를 만들어 다인들에게 인생의 또 다른 맛인 "이심리심흡흡심(怡心離心恰恰心)"의 안심법문(安心法門)을 공유했다.

차(茶)에는 차의 영성(靈性)이 있고, 향에는 향기로운 운치가 있고, 물에는 물의 청량함이 있고, 고금에는 고금의 언어가 있고, 그릇에는 그릇의 색채가 있다...., 유독 이 선미미학(禪美美學)이 가득한 차실(茶室)에서만은 최 선생이 가만히 있기만 해도 자연의 본연의 소리를 귀담아들을 수 있다. 제9장 '선향(禪香)이 깃든 차실'에서 최 선생은 '이기정(二旗亭)', '무심당(無心堂)', '긍구당(肯構堂)', '불심암(不審庵)', '청원(淸源)' 등 한·중·일 3국의 차실(茶室)을 열거하며, 이 차실들이 자연 자체의 틀에서 나온 창작된 미적 전환을 했다는 것을 깨닫는다. 최 선생이 마음을 다해 이런 차실과 茶 미학(美學)의 언어 환경에 푹 빠져 머물게 되면, 선향(禪香)이 담긴 차실(茶室)에서 일종의 정서를 불러일으켜 경계를 드높일 때, 그 감정과 경계의 전환은 틀림없이 '차운선미'의 생명력을 이끌어 낸다.

최 선생은 선(禪)과 차(茶)를 함께 행하기도 하고, 또한 그가 생각하는 차계(茶界)의 걸출한 사람과도 함께한다. 이 책의 마지막 장에는 한·중·일 3국 인물의 실루엣이 있다. 중국 대륙에는 뤄사오쥔(駱小君), 천더화(陳德華), 중국 대만의 경우 뤼리쩐(呂禮榛), 판옌지오(潘燕九), 한국의 수산(壽山)스님, 원표(圓表) 스님, 일본의 유와사와 미치코(湯淺美智子)가 있다. 최 선생의 소견으로 이분들은 茶 애호가로 "개오자開悟者)", 곧 "茶로 말하고 표현하는 사람들"이다. 비록 최 선생이 일곱 분만 소개했지만, 차와 함께한 이분들의 인생이 이토록 싱그럽고 풍요롭다는 것을 우리가 알 수 있게 된 것은 전적으로 최 선생이 이들에 대한 진술한 감정의 표현과 인생에 대한 식견 때문이다.

최석환의 생활에서 선차(禪茶)문화를 떼어낼 수 없기 때문에 그는 선차(禪茶)문화와 "끽다거(喫茶

去)"-선기(禪機)에 대한 일종의 친근감을 느끼고 있고, 또한 법신으로 여긴 것이 〈차운선미(茶韻禪味)〉와의 인연이다. 그래서 그가 이 책에 담은 것은 '선(禪)'에 대한, '茶'에 대한, 그리고 인생에 대한 그의 이해와 해석을 농축한 것이기 때문에, 이 책은 또한 인문학적 가치도 크다. 최 선생은 "품차(品茶)는 차맛 이외에 또 다른 맛을 음미한다."라고 말한 바 있다. 어쩌면 이것이 바로 〈차운선미〉의 정수일지도 모른다!

나는 〈차운선미(茶韻禪味)〉라는 이 책을 통해 한 한국학자의 눈에 비친 한·중 양국의 선차(禪茶) 문화에 대한 무한한 존경심을 더 많은 독자들이 알게 될 것이라 믿는다.

필자(筆者) : 수만, 남성, 저명한 선차문화 연구학자. 중국국제차문화연구회 학술위원, 만리차도(萬里茶道)협회 부주석, 허베이성(湖北省) 차문화학회 상무부회장, 〈끽다거(喫茶去)〉잡지 총편집장

번역((飜譯) : 상하이중의약대학(上海中醫藥大學) 교수 홍원숙(洪原淑) 의학박사

品茶要品另一种味道

读崔锡焕《茶韵禅味》

舒 曼（河北省茶文化学会常务副会长）

　　作为一个研究禅茶文化的韩国学者，崔锡焕一直把中国当作自己的敬仰之地，崇尚中国古老传统文化，尤其是禅宗茶道文化。近些年，其足迹踏遍中国的名川大山，寻根问祖于禅茶之根，几十年来研究禅茶文化的劲头始终未减。值得一提的是，在他的穿针引线之下，在中韩两国已连续举办了十二届世界禅茶文化交流大会。

　　崔锡焕是韩国禅茶文化研究会会长、韩国春秋佛教社社长、韩国东亚细亚禅学研究所所长、韩国《茶的世界》杂志社社长等，不一而足。崔先生是位儒雅君子，是一位难得的推广禅茶文化大使，但他更是一位追循禅道、茶道、人道的老茶人。对于我来说，认识崔先生因为一个共同爱好——兴味于赵州茶的缘分。

　　2001年10月19日，我和崔先生在柏林禅寺召开的"中韩'茶禅一味'学术研讨会"上相识，之后又多次在一起参加世界禅茶文化学术交流，以至于成为好朋友后，便一同寻访当年朝鲜半岛有不少禅师前来中国求法时留下的"足迹"。记得2011年11月13日，我陪同崔先生专程到湖州霞幕山寻找当年高丽国僧人太古普愚禅师求法之地——元代临济宗第十九世石屋清珙禅师的天湖遗址，并以霞幕山云雾茶设供。第二天又到临安登临天目山狮子岩寻访当年高丽王子奉御香入山参拜中峰明本禅师之师高峰塔院遗址，并汲泉煮茶，供奉高峰。2012年8月12日，再陪同崔先生来到湖州长兴泗安镇仙山村，在地藏菩萨道场显圣禅寺寻找唐代时期新罗王族金乔觉（金地藏）在此留下的"脚印"，并设茶顶礼《地藏经》石碑。此后在2014年6月18日，我专程陪同崔先生前往邢台沙河寻访唐太宗李世民敕建的皇家寺院漆泉寺遗址，因为这座寺院的开山住持就是菏泽神会禅师唯一朝鲜籍的嫡传弟子——来自朝鲜古国新罗的一代高僧慧觉禅师。在遗址旁，置席旋瀹香茗，缅怀慧觉禅师法乳深恩。

　　须知，佛教从中国传入朝鲜半岛已有一千多年的历史，在漫长的历史长河中，中国佛教界与朝鲜半岛佛教界之间交往不断，友情深厚。如果说，崔先生不遗余力地探访当年朝鲜半岛高僧在中国求法的印记从来没有停息过，让我总会有一种莫名感动之外，毋宁说，中国与朝鲜半岛的佛教界尤其是禅宗一脉的交往，所结成的深厚情谊是割不断的，这既是历史，也是传承，更是友谊。崔先生所做的一切，这不正是中韩友情的温度体现吗？

言归正题，今年崔先生的新著《茶韵禅味》将在这个深秋将与读者见面了。书中所写之事、之人、之地，有不少是我所知、所识、所叹，读起来让人身临其境。《茶韵禅味》这书名很有意味，单单就"茶韵"两字而言是不能表达崔先生对茶的美好愿望，只有禅化了的茶韵，才能更富哲理，更有禅味。

崔先生除了学者身份之外，还是禅茶文化活动的策划人。他每年参与组织和策划丰富多彩的世界禅茶文化交流大会都是在金秋时节举办，这本书选择在金秋出版，不仅意味深长，让人觉得崔先生对秋天的禅意有着无限感触和认知，因为他每年在深秋季节都会期盼与中日韩三国茶友的"一期一会"。所以，我愿意把这本《茶韵禅味》推荐给大家，因为这本书散发着"秋"的气息，让人能读到秋禅的意味和情趣。

这本书，既有史料性、学术性，也有科学性、可读性，更多的是崔先生习茶的趣味性，因其完美融合性，不失为为中韩两国禅茶文化交流史的参考书。这本书共分"开启茶的世界"、"观察茶叶"、"茶香禅味"、"比黄金还贵的茶"、"觉醒韩国的茗茶"、"天下第一的茗茶"、"一杯茶觉悟心灵"、"蕴含禅香的茶室"和"用茶说话的人们"等九个部分，书中从中韩两国的民族风情、回忆思考来书写中韩两国茶文化抑或是禅茶文化交流的情怀。

崔先生从"开启茶的世界"这一章节开始，就把茶视作中国文人笔下"人品即茶品，品茶即品人"的那般"茶即是人"的哲学思考。历史上，不知有多少朝鲜半岛高僧来中国求法，同时也把中国茶带到了朝鲜半岛，这种互动关系直接提升后世两国禅茶文化交流的高度。同样，韩国的禅茶文化也影响到日本——崔先生笔下描述了十五世纪朝鲜著名的哲学家、诗人、小说家金时习的梅月堂里草庵茶与日本茶道的渊源。崔先生在研读《华严经·菩萨住处品》时，了解到唐代有朝鲜僧人元表法师与福建宁德蕉城天冠说法台有着颇深渊源，崔先生便率韩国茶礼团登临天冠说法台，止语、落座、泡茶、奉茶……以茶顶礼《华严经》和元表法师。茶味、禅味交融，让崔先生在天冠说法台感叹于"世味何如茶味长"。

在"观察茶叶"的第二章，崔先生在感怀于中国农耕先祖神农对茶的贡献同时，亦惊叹中国禅宗初祖达摩祖师在少林寺面壁时丢下眼皮而变茶树的传说，还有反映浙江田螺山遗址六千多年前的茶树根以及云南山寨里古树茶王的秘密。此外，从新罗时期金乔觉来到九华山植茶禅修，终成地藏菩萨之美名，从此金地茶（九华佛茶）名声在外。此章节还描写了遣唐使大廉在韩国智异山栽种来自中国天台山归云洞的茶树种，直至湖州霞幕山太古宗的"云雾茶"与韩国禅茶的渊源。这一章节，即有多姿多彩的民风民俗，也有中韩禅茶文化交流的历史因缘。

读到第三章节，让人感受颇有禅意的篇篇散记和有温度的茶香。崔先生很喜欢在中国禅茶寺院游走，以此来感悟禅茶文化的祖庭魅力，有些地方不止去过一次。通过"有人情味的九甲村"、"在五台山人们"、"顺着河流流动的船上禅客"、"整日摘茶叶的你只得到'体'，没看到'用'"、"天真无垢的小童子的静中动、动中静"、"水流花开"、"在日本京都武者小路千家举行的一期一会茶会"等游记，足以证明他对中日韩三国禅茶文化有着浓厚的情结，研究禅茶文化是他不折不扣的工作重点。尤其是一篇"整日摘茶叶的你只得到'体'，没看到'用'"的文章，道出了"禅"与"茶"的体用关系，道出了物态层面上"茶叶"与精神层面上"禅茶"这两个视角的转换。

本书第四章节，崔先生饱含着对中国老茶的深情而深有感触："比黄金还贵的茶"充满了他对中国陈茶的褒义。在"品尝百年普洱茶"之后给出的评价却是"缠绕红色光的普洱老茶"，他需要"从老茶中体会到茶韵的香气"，当然，还有一款老茶，就是不能"遗忘的湖南黑茶"……

对于韩国茗茶，崔先生也有自己独到的理解。他在第五章节详细介绍了他在福建宁德华严寺找到了韩国手工制茶的源头。创建于宋开宝四年（公元971年）的华严寺，缘于唐代高丽僧人释元表在此讲颂《华严经》。崔先生认为，韩国手工茶制作"原形"，是源于唐代高丽僧人释元表在华严寺（又称华藏寺）制茶饮茶有关。从这杯茶的源头开始，引申出韩国八影山的天地团茶，以及像秋史、晚虚、李汉永等韩国优秀茶人，以及这些茶人在韩国这片土地上所焕发出来的朝气和茶人精神。

对于茗茶的见解，崔锡焕心中自有一杆秤。在"天下第一的茗茶"这一章节中，他列举了六款茗茶，其中五款来自中国，惟一款"玉露茶"来自于日本。他对这几款茶的描述也颇为新意。如，对于长兴的历史上贡茶顾渚紫笋茶，他认为这是"缠绕紫色的皇帝紫笋茶"；对于福鼎白茶的历史追踪，他认为"白茶的始祖绿雪芽"；当他在安溪了解到铁观音的美丽传说时，他很认真说：这是"观音菩萨现梦的铁观音"啊；当他徜徉在九曲溪水而品味武夷岩茶"岩骨花香"霸气时，不得不伸出大拇指叹服说出"被称为茶王的大红袍"；对于第一次到安吉品尝安吉白（绿茶）这一新宠时，他高兴说道："发现了崭新的安吉白茶"。崔先生在如诗如画、自然风光绚丽的中国茶乡深处，正是以其灵敏和细腻，捕捉到了这些名茶的点点滴滴，以散记的形式表述出来。

中国名寺出名茶，而名寺所出的名茶，在崔锡焕心里，更多的是能够觉悟心灵的茶。在"一杯茶觉悟心灵"的第七章节，他可以用视觉、听觉、味觉、嗅觉和触觉等"五感"来体会一杯茶意义，也可以在玉龙雪山品味到了"无味之味乃之味"的一杯醒悟茶。崔先生认为生活中若没有了时时让人觉悟心灵的一杯茶，是不可能在禅境中启悟心扉，因此，作为赵州禅师"吃茶去"的追随者，他每每在煮茶品味之际，一直在寻找适当的契机，以感恩之心把对禅茶文化的满腔热忱化作一场场禅茶文化交流分享会，分享给大家另一种人生况味——"怡心离心恰恰心"的安心法门。

茶有茶的灵性，香有香的韵味，水有水的清凉，琴有琴的语言，器有器的色彩……唯独这禅味美学赋能的茶空间，最能让崔先生静下来倾听它与自然的原味。在"蕴含禅香的茶室"第八章节，崔先生列举了"二旗亭"、"无心堂"、"肯构堂"、"佛审庵"、"清源"等中日韩三国的茶空间，感悟这些从大自然本身框架中跳出来进行创作的审美转换。当崔先生用心细细地停留在这些茶空间和沉浸在这些茶美学的语境里，在蕴含禅香的茶室里唤起一种情感，扬起一种境界，而这种情感与境界的转换无疑也促成了《茶韵禅味》的生机。

崔先生与禅茶结伴而行，亦与他认为的茶界佼佼者结伴而行。在这本书的最后章节中有中日韩三国人物剪影：中国大陆有骆少君、陈德华，中国台湾的有吕礼臻、潘燕九，韩国的有寿山法师、无表法师，日本的有浅美智子。以崔先生之见，他们都是嗜茶的"开悟者"，就是"用茶说话的人们。"尽管崔先生只写了七位人物，但我们所看到他们的茶样人生是那样清新和丰盈，完全是崔先生对他们的真情流露与人生识见。

在崔锡焕的生活里离不开禅茶文化，因此，他对禅茶文化、对"吃茶去"禅机有一种亲切感，并视作法身，视作"茶韵禅味"的因缘，故而他写这本书，浓缩了他对"禅"对"茶"以及对人生的理解和诠释，所以这本书又极具人文价值。崔先生曾言："品茶要品另一种味道"。也许这正是《茶韵禅味》的精华所在！

我相信，通过《茶韵禅味》这本书，会让更多读者了解到一位韩国学者眼中对中韩两国禅茶文化的无限敬仰。

（作者：舒曼，男，著名禅茶文化研究学者。中国国际茶文化研究会学术委员、万里茶道协作体副主席、河北省茶文化学会常务副会长、《吃茶去》杂志总编）

茶韻禪味
차의 맛을 선에 담다

지은이 | 최석환
펴낸곳 | 월간 〈차의 세계〉
펴낸이 | 최석환
디자인 | 장효진

2021년 11월 30일 초판 인쇄
2021년 12월 6일 초판 발행

등록 · 1993년 10월 23일 제 01-a1594호
주소 · 서울시 종로구 율곡로6길 11, 4층
전화 · 02) 747-8076~7
팩스 · 02) 747-8079

ISBN 978-89-88417-82-9 03300

값 33,000원